Reisepraktisches

Fünfseenland

Das Blaue Land

Tölzer Land
Karwendel / Zugspitze

Tegernsee -
Schliersee -
Wendelstein

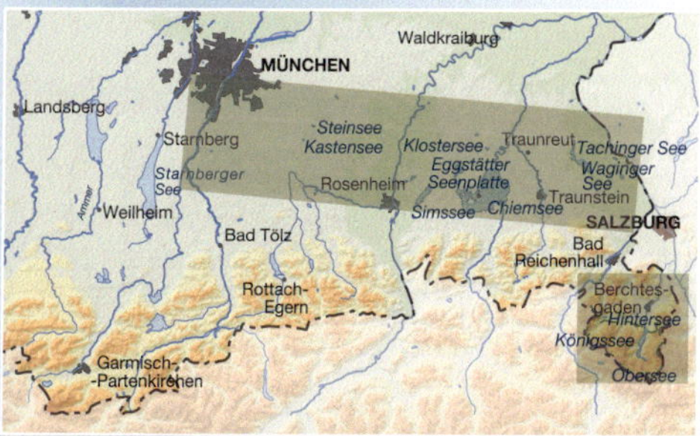

Münchner Umland
Chiemgau

Berchtesgadener
Land

Text und Recherche: Thomas Schröder
Recherche und Textergänzungen für die vorliegende Auflage: Christian Gehl
Lektorat: Carmen Wurm
Redaktion und Layout: Sven Talaron
Karten: Hana Gundel, Judit Ladik, Veronica Schön-El Baioui, Matthias Patrzek
Fotos: siehe Fotoverzeichnis S. 252
Covergestaltung: Karl Serwotka
Covermotive: oben: Ammersee
unten: Königssee
Seite 3: Weßlinger See (alle: Thomas Schröder)

Herzlicher Dank für die Unterstützung und die Bereitstellung von Fotomaterial geht an Angelika Nuscheler und Kathrin Irmer vom Tourismusverband München-Oberbayern sowie an Chiemsee Tourismus e.V. und das Tourismusamt Murnau.

ISBN 3-89953-266-X

2. komplett überarbeitete und aktualisierte Auflage 2006

OBERBAYERISCHE SEEN

Thomas Schröder

INHALT

Was haben Sie entdeckt?

Haben Sie die gemütliche Gaststätte gefunden, ein freundliches Hotel mit Atmosphäre, einen schönen Wander- oder Radweg an den oberbayerischen Seen?

Wenn Sie Ergänzungen, Verbesserungen oder neue Tipps zum Buch haben, lassen Sie es uns bitte wissen. Wir freuen uns über jeden Brief!

Thomas Schröder
Stichwort „Oberbayerische Seen“
c/o Michael Müller Verlag
Gerberei 19
91054 Erlangen
thomas.schroeder@
michael-mueller-verlag.de

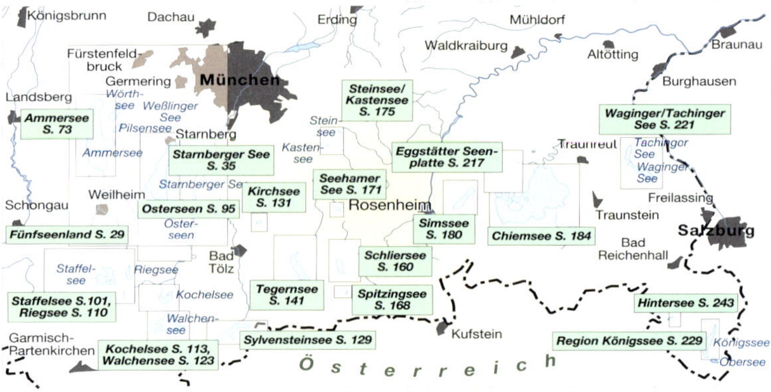

Verzeichnis der Karten

Wanderungen und Radtouren

Zeichenerklärung für die Karten und Pläne

Autobahn	Gipfel	Kloster	Taxistandplatz
Bundestraße	Aussichtspunkt	Schloss/Burg	Bushaltestelle
Hauptstraße	Campingplatz	Kirche	S-Bahn
Landstraße	Badestrand	Sehenswürdigkeit	Flughafen
Piste	Badestelle	Museum	Parkplatz
Fußweg	Bootsverleih		Information
Wanderung	Surfcenter		Post
Fähre	Naturschutzgebiet		Krankenhaus
Bahnlinie	Nationalparkgrenze		

Prächtig: Kloster Seeon am Klostersee

Erlebnis oberbayerische Seen

Ohne sie wäre Oberbayern nicht halb so schön. Dutzende von großen und kleinen Seen zieren das Alpenvorland und die bayerische Bergwelt. Jeder hat seinen ganz eigenen, unverwechselbaren Charakter.

Entstanden sind die meisten der Seen in der Würmeiszeit vor etwa 115.000 bis 10.000 Jahren. Gletscher drangen weit nach Norden vor, frästen dabei die Becken der großen Seen aus. Nach dem Ende der Eiszeit schmolzen einzelne, mit Schotter bedeckte Eisblöcke nur langsam: aus ihnen entstanden kleinere Seen, die sog. Toteisseen.

Das Beste ist sicherlich: 99 Prozent der oberbayerischen Seen sind sauber. Aktuelle Studien von EU und Stiftung Warentest attestieren nur zwei oberbayerischen Seen keine Badequalität. Alle anderen Badestellen, getestet wurden über 90 Seen, erfüllen die strengen Prüfkriterien und werden offiziell als „EU-Badegewässer" geführt. Die beiden „Nachsitzer", der Ebersberger Klostersee (nicht zu verwechseln mit seinem Namensvetter am Chiemsee) und der kleine Kranzberger See bei Freising, erhielten bis auf Weiteres ein Badeverbot. Ersterer wird deshalb gerade aufwendig saniert und sollte das begehrte Siegel schon bei der nächsten Prüfrunde wieder erhalten.

Fazit: Schwimmen ist in den oberbayerischen Seen gefahrlos möglich. Aber das ist natürlich nicht alles: Den Freizeitmöglichkeiten sind kaum Grenzen gesetzt – ob Sie nun baden, wandern oder radeln, Natur entdecken, eine Schiffsrundfahrt unternehmen, die nahen Berge bezwingen, sich auf einer Seeterrasse frischen Fisch

Idyllisch: der Ostersee

schmecken lassen oder einfach in einem schönen Biergarten am Ufer eine kühle Maß zischen wollen. Auch kulturell hat Oberbayern vieles zu bieten. Eine Attraktion neueren Datums ist das Buchheim Museum nahe Bernried am Starnberger See. Unübertroffen bleibt aber sicherlich die große Anzahl Kirchen und Klöster, beredte Zeugnisse sakraler Kunst und Architektur.

Heute leben in Oberbayern 4,2 Mio. Menschen, davon allein 2,5 Mio. in der Region München. Die Bevölkerungsdichte ist mit 240 Einwohnern pro km^2 deutscher Durchschnitt. Die Touristendichte ist es nicht: Oberbayern ist nach wie vor, vor allem auch dank ausländischer Gäste, Deutschlands beliebteste Ferienregion. Jährlich verbringen hier 9,6 Mio. Menschen ihren Urlaub, rechnet man den Sonderfall München heraus, bleiben 6 Mio. – die Tagesausflügler nicht mitgezählt.

Doch die Seen sind größtenteils nach wie vor wahre Naturparadiese und selbst an den beliebtesten finden sich stets auch einsame Flecken.

Dieses Handbuch will Ihnen dabei helfen, „Ihre" Lieblingsseen zu entdecken. Ausführlich beschreibt es die großen Seen und ihre Umgebung, widmet sich aber auch so manch kleinerem, weniger bekanntem Gewässer. Zahlreiche Rad- und Wandertouren empfehlen Ihnen Wege abseits der Autorouten. Zur leichteren Orientierung sind die Seen nach Regionen eingeteilt, hier können Sie sich einen ersten Überblick verschaffen:

Das **Fünfseenland**, das Gebiet um den Starnberger See und den Ammersee, zählt weit mehr als nur fünf Seen. Praktisch im Vorhof der Landeshauptstadt gelegen, ist es rund ums Jahr ein Lieblingsziel der Münchner Ausflügler. Schicke Restaurants, noble Golfplätze und Yachthäfen kontrastieren mit bäuerlich geprägter Landschaft und bodenständiger Kultur. Eine ausgesprochen vielfältige Region, die durch Wander- und Radwege bestens erschlossen ist.

Der **Staffelsee im Blauen Land** ist ein idyllischer See mit sieben Inseln, umgeben von Mooren, die die Heimat vieler seltener Pflanzen und Tierarten sind. Seine landschaftliche Schönheit zog schon Anfang des Jahrhunderts Künstler wie Wassily Kandinsky und Gabriele Münter an. Als Badesee beliebt ist er besonders wegen des sehr warmen Wassers.

Obwohl **Kochelsee und Walchensee im Tölzer Land** durch das Walchenseekraftwerk miteinander verbunden sind, zeigen die beiden Seen doch ganz unterschiedliche Gesichter. Der kleinere Kochelsee schmiegt sich an den Fuß der Alpen. Er ist seiner kühlen Temperaturen wegen kaum zum Baden geeignet, lockt aber mit einer an Sehenswürdigkeiten reichen Umgebung. Schon mitten in den Bergen liegt der Walchensee. Weitgehend unverbaute Ufer erfreuen das Auge, die stets steife Brise macht ihn zum Mekka der bayerischen Surfer.

Die **Zugspitzregion** wartet mit kleineren attraktiven Gebirgsseen auf, besonders schön gelegen ist der **Eibsee** direkt unterhalb des steil aufragenden Zugspitzmassivs. Für Wanderer die ideale Urlaubsregion.

Tegernsee und Schliersee im Wendelstein-Gebiet: Zwei Nachbarn, die sich ähneln – und doch wieder nicht. Gemeinsam ist ihnen die schöne Lage nah an den Bergen und das dichte Wegenetz für Wanderer und Mountainbiker. Doch während am berühmten Tegernsee schon seit Ludwig Thomas Zeiten die Prominenz zuhause ist, zeigt sich der kleinere Schliersee von der ländlicheren, ruhigeren Seite. Von hier ist es nicht weit zum Dritten im Bunde, dem auf über 1000 Meter Höhe gelegenen **Spitzingsee**.

Auch das direkte **Münchner Umland** bietet den Stadtbewohnern und Touristen attraktive Ausflugsziele an seinen zumeist kleineren Seen, wie dem **Deininger Weiher**, **Kastensee** oder **Steinsee**.

Chiemgau: Das „Bayerische Meer", der **Chiemsee**, bildet den Mittelpunkt einer facettenreichen Urlaubsregion, die ihresgleichen sucht. Seine Lage in der alten Kulturlandschaft des Chiemgaus, das umfangreiche Angebot an Sportmöglichkeiten, hochrangige Sehenswürdigkeiten wie das „Märchenschloss" Herrenchiemsee, die Nähe zu den Alpen und die Nachbarschaft zu zahlreichen kleineren Seegebieten sind nur einige der Trümpfe des größten unter allen Seen des Freistaats. **Waginger See und Tachinger See**, die beiden miteinander verbundenen Seen, liegen weit im Osten Bayerns, unweit der Grenze zu Österreich. Von der sanften Hügellandschaft des Rupertiwinkels umgeben, zählen sie zu den wärmsten Badeseen des Freistaats, sind mit insgesamt acht Zeltplätzen gleichzeitig ein Elorado für Camper.

Königssee im Berchtesgadener Land: Der meistbesuchte See Oberbayerns ist auch wirklich einer der schönsten, nicht zuletzt dank der fantastischen Lage inmitten der alpinen Bergwelt des Nationalparks Berchtesgaden. Zum Baden ist der Königssee zwar zu kalt, seine Umgebung bietet Wanderern, Bergsteigern und allen Freunden der verschiedenen Abenteuersportarten jedoch beste Möglichkeiten. Und an Sehenswürdigkeiten herrscht zu Füßen des Watzmanns auch kein Mangel, vom Berchtesgadener Schlossmuseum bis hin zum komplett besuchertauglich ausgerüsteten Salzbergwerk.

Mehr erfahren Sie auf den folgenden Seiten – auch über den stillen **Haarsee**, die verwunschenen **Osterseen**, das Naturparadies der **Eggstätter Seenplatte**, den wildschönen **Hintersee**, den artenreichen **Hackensee**, den märchenhaft versteckten **Grubsee** und die Reize von mehr als einem Dutzend anderer Gewässer.

Das „Chiemseebockerl", eine 120 Jahre alte Schmalspurbahn in Prien, ist bis heute ungemein beliebt

Reisepraktisches

Anreise/Unterwegs

Es muss nicht immer das Auto sein – viele Seen Oberbayerns sind gut mit öffentlichen Verkehrsmitteln zu erreichen. Dabei schont man nicht nur die Umwelt, sondern auch die eigenen Nerven. Gerade im Sommer werden viele Orte an den Ufern der Seen von Blechlawinen regelrecht überrollt. Parkplätze sind dann eine Rarität, Staus dagegen fast die Regel. Ein weiterer Vorteil: Wer mit Bus oder Bahn anreist, muss auch beim Besuch einer der vielen schönen Biergärten keine allzu große Zurückhaltung walten lassen ...

Mit dem Auto: Durch die Nähe zu München ist die Verkehrsanbindung der Oberbayerischen Seen sehr gut. Über die A 8 Richtung Salzburg und die A 95 nach Garmisch-Partenkirchen lassen sich fast alle im Buch beschriebenen Seen bequem erreichen. Kein Gewässer liegt mehr als eine halbe Stunde von der nächsten Autobahnausfahrt entfernt, die Landstraßen sind alle gut ausgebaut. Nähere Einzelheiten in den jeweiligen Kapiteln.

Mit der Bahn: Fast alle größeren Seen Oberbayerns sind an das Schienennetz der Deutschen Bahn beziehungsweise im Großraum München (s. Fünfseenland) an das des Münchner Verkehrsverbundes MVV angeschlossen. Die Landeshauptstadt ist natürlich das Zentrum des oberbayerischen Schienenverkehrs; von hier beträgt die Fahrzeit zu den einzelnen Seen nur in wenigen Fällen mehr als eine Stunde. Zum tief im Berchtesgadener Land gelegenen Königssee etwa dauert die Reise (mit Busanschluss) rund drei Stunden, zum Waginger See an der Grenze zu Österreich etwa zwei Stunden.

• *Sondertarife/Kombi-Fahrkarten* Aufgrund des komplizierten Tarifgefüges der Deutschen Bahn sei nur auf folgende Spezialtarife hingewiesen: Bahn-Card 25 und 50, die Zugreisen ein Jahr lang um ein Viertel bzw. die Hälfte billiger machen, sowie auf das Bayern-Ticket, das fünf Personen einen Tag lang für 25 € (Singles zahlen 18 €) an die Seen bringt und dort bei Schiffsfahrten, Bergbahnen oder in Museen ermäßigte Eintrittspreise ermöglicht. Weitere Informationen über Spezialtarife für Gruppen, Senioren, Wochenendfahrten etc. erhält man in jedem Bahnhof sowie bei den Filialen des Deutschen Reisebüros DER, über das Infotelefon der Bahn ✆ 11861 oder unter www.bahn.de. Die Mitnahme von Fahrrädern ist in den meisten Zügen möglich (s. u.).

Mit dem Bus: Eine Alternative zum Auto sind Busse nicht nur bei der Anreise, sondern oft gerade auch bei der Fortbewegung vor Ort. Das recht dichte Verkehrsnetz des Regionalverkehrs Oberbayern GmbH (RVO) schließt einen großen Teil der in diesem Handbuch beschriebenen Seen ein. Der Wermutstropfen dabei: Da viele Verbindungen auf Berufspendler abgestimmt sind, fahren an Wochenenden oft deutlich weniger Busse als unter der Woche, teilweise werden die Linien dann auch ganz eingestellt. Dies gilt jedoch nicht für die Ausflugslinien, wie sie vor allem im Umfeld viel besuchter Seen (Tegernsee, Kochelsee) eingerichtet sind.

• *Information* **Regionalverkehr Oberbayern GmbH**, Hirtenstr. 24, 80335 München (beim Hauptbahnhof); ✆ 089/551640, ✆ 55164199, www.rvo-bus.de. Die Abfahrtsstellen liegen direkt am Hauptbahnhof.

• *Tarife/Sondertarife/Kombi-Fahrkarten* Die Preise sind nach Entfernungsstufen gestaffelt. Ähnlich der Schienenkonkurrenz bietet auch die RVO eine Reihe von Sondertarifen an, außerdem Kombi-Karten mit Bergbahnen, Schiffslinien etc.; sogar die Bahn-Card ist in den RVO-Bussen gültig. Fahrpläne sind im DB-Kursbuch H abgedruckt; als regionaler Auszug sind sie in den jeweiligen RVO-Stützpunkten erhältlich, meist auch bei den Verkehrsämtern des betreffenden Gebiets und natürlich im Internet unter www.rvo-bus.de. Die von uns angegebenen Frequenzen beziehen sich auf den Sommerfahrplan, der etwa von Ende Mai bis Ende Oktober gültig ist. Die Mitnahme von Fahrrädern in den Bussen ist normalerweise für 1,80 € möglich, die letzte Entscheidung trifft der Fahrer.

Mit dem Fahrrad: Der stark gewachsene Stellenwert des Fahrrads als umweltfreundliches Freizeitgefährt spiegelt sich in einem ständig erweiterten Netz von Radwegen – allein der Chiemgau zählt über 1100 Kilometer. Sehr reizvoll ist meist die Umrundung eines Sees, durchquert man dabei doch oft auch Gebiete, die dem Autofahrer verschlossen bleiben.

Erfreulicherweise wurde vielerorts darauf verzichtet, Radwege zu asphaltieren und damit wieder ein Stück Natur zu versiegeln; stabile Mountainbikes oder Trekkingräder sind deshalb für Touren besser geeignet als hoch gezüchtete Rennmaschinen. Ohnehin sollte man darauf verzichten, Geschwindigkeitsrekorde aufstellen zu wollen, da Radwege häufig gleichzeitig auch Wanderwege sind. Leider sorgen rücksichtslose Raser immer wieder für Konflikte mit Fußgängern; mancherorts wurden deshalb schon Strecken für Radler gesperrt. Dass Mountainbiker im Interesse der Natur die Wege nicht verlassen sollten, hat sich ja mittlerweile herumgesprochen.

• *Fahrradtransport mit Bahn und Bus* In den Zügen ist mittlerweile die Mitnahme von Fahrrädern gestattet, eine Fahrradkarte kostet im Fernverkehr 8 € (mit Bahn-Card 6 €). Nötig ist hier eine Stellplatzreservierung. Im Nahverkehr sind 3 € für 1–2 Tage (abhängig von der Kilometerzahl) fällig. Die entsprechenden Zugabteile sind mit einem Fahrradsymbol gekennzeichnet. Nähere Informationen in der Broschüre „Bahn & Bike", die an jedem Bahnhof und bei www.bahn.de als pdf-Download erhältlich ist.

In den RVO-Bussen entscheiden die Fahrer, ob für das Rad Platz ist. Ein etwaiger Transport kostet 1,80 €.

• _Fahrradverleih_ Wer sein eigenes Rad nicht an die Seen mitnehmen will, kann vor Ort eines leihen. Adressen von **Fahrradvermietern** sind im Text angegeben, im Zweifelsfall wissen die Fremdenverkehrsämter Bescheid.

Fahrrad am Bahnhof: Auch an einer Reihe von Bahnhöfen lassen sich Fahrräder mieten. Die Deutsche Bahn hat hierfür eine Reservierungs- und Info-Hotline eingerichtet, die täglich von 8 bis 20 Uhr unter ✆ 01805/151415 zu erreichen ist. Zu zahlen sind zwischen 3 € und 11,70 € pro Tag, abhängig vom Fahrradtyp.

• _Geführte Touren_ Manche Verkehrsämter offerieren geführte Radtouren, deren fachkundige Leitung dem Teilnehmer verborgene Schönheiten erschließt; als Tagestouren sind sie für Gäste mit Kur- oder Gästekarte (s. Übernachten) meist kostenlos. Mehrtagestouren mit Übernachtung offeriert u. a. der Fremdenverkehrsverband Ammersee-Lech e.V. Für 370 € geht es 6 Tage lang durch das Fünfseenland, Leihfahrrad und Übernachtungen im DZ inklusive. (s. Fünfseenland, Information).

• _ADFC_ Der „Allgemeine Deutsche Fahrrad-Club" informiert über alle Belange rund ums Radl, veranstaltet für Mitglieder Pannenkurse, Ausfahrten etc. Geschäftsstellen finden sich in den meisten größeren Städten.

ADFC Bayern, Landwehrstr. 16, 80336 München, ✆ 089/553575, ℻ 5502458, www.adfc-bayern.de (dort finden Sie auch die Adressen der 40 Kreisverbände). Mo–Fr 9–16 Uhr (Besuche nur nach telefonischer Vereinbarung). In München gibt es auch eine zweite Anlaufstelle mit einem öffentlich zugänglichen Infoladen: Platenstr. 4, 80336 München, ✆ 089/773429, ℻ 778537, ab dem 9. März jeden Do und Fr 17–19.30 Uhr.

Gut beschildert: Wanderwege beim Tegernsee

Baden

Eine gute Nachricht vorweg: Vor allem dank der aufwändigen Ringkanalisationen erreicht die Wasserqualität aller großen oberbayerischen Seen seit einigen Jahren regelmäßig gute bis sehr gute Werte, vielfach entspricht sie sogar den gesetzlichen Anforderungen an Trinkwasser. Doch auch an den kleineren Gewässern muss der Badegast kaum um seine Gesundheit fürchten: Das Wasser aller Seen muss laut EG-Richtlinie regelmäßig, das heißt zur Badesaison mindestens alle 14 Tage, von den Gesundheitsämtern kontrolliert werden. Bei entsprechend schlechten Messergebnissen sind Badeverbote auszusprechen. Bis auf einige seltene Fälle von Allergien, die im Grenzgebiet zu Österreich auftraten und durch Erreger in Entenkot ausgelöst wurden, gab es in den letzten Jahren jedoch keine gravierenden Probleme. Eine Überschreitung der Grenzwerte wird aktuell (Berichtsjahr 2005) nur für den Klostersee bei Ebersberg gemeldet (der deshalb saniert wird) und für den Kranzberger See bei Freising, der zwar mikrobiologisch einwandfrei, jedoch nicht transparent genug ist, um ein ungefährdetes Baden zu ermöglichen.

Freibadeplatz am Weßlinger See bei München

Ein Badeparadies sind die oberbayerischen Seen dennoch nur bedingt. Das liegt zum einen an den mancherorts recht kühlen Wassertemperaturen, die nach ein paar Schlechtwettertagen auch im Hochsommer schnell mal um noch ein paar Grad absacken können. Als besonders warme Seen seien verfrorenen Gemütern Weßlinger See, Staffelsee und Waginger See empfohlen, die in guten Jahren Spitzenwerte von bis zu 27 Grad erreichen. Zum anderen wird man in Oberbayern kilometerlange Traumstrände vergebens suchen. Oft sind die Ufer feucht, ist der Einstieg ins Wasser morastig oder wird durch spitze Steine zum Balanceakt – Badestege sind dann eine Wohltat. Eine weitere Einschränkung betrifft den Zugang zum Wasser. Der nämlich ist längst nicht überall frei möglich: Vor allem im Fünfseenland, in geringerem Maße aber auch an anderen Seen Oberbayerns, sind weite Teile der Ufer als Privatbesitz für die Öffentlichkeit gesperrt. Baden kann man oft nur an speziell ausgewiesenen Stellen, die zwar den Nachteil meist geringer Gebühren haben, aber auch den Vorteil einer kompletten Infrastruktur.

In **Strandbädern**, wie sie sich an fast jedem See finden, gehören Stege meist zur Grundausstattung. Dort gibt es auch Umkleidekabinen, Duschen, Toiletten, oft einen Kinderspielplatz und fast immer eine Gaststätte oder einen Kiosk mit einer zum See gelegenen Terrasse. Dieser Service ist zwar leider nicht überall umsonst, doch bleibt er bezahlbar: Mit 2–3 € müssen Erwachsene als Eintrittsgebühr rechnen; wer nur die Gaststätte aufsuchen will, kann dies in der Regel tun, ohne Eintritt zahlen zu müssen. Oft völlig verwehrt bleibt der Zugang dagegen dem vierbeinigen Liebling: In vielen Strandbädern herrscht Hundeverbot.

Freibadeplätze und **Erholungsgebiete** am See können sehr unterschiedlich ausgestattet sein. Die Skala reicht hier vom sumpfigen, unbefestigten Ufer ohne jedwede Einrichtung bis hin zum noblen, mit Kiosk, Sanitäranlagen und sogar mit Sportmöglichkeiten versehenen, aber gratis zugänglichen Gelände. Dafür kosten meist die Parkplätze (bis zu 2 € pro Tag).

Hinweis: Sowohl die Strandbäder und Erholungsgebiete wie auch eine Auswahl an Freibadeplätzen sind im Text zum jeweiligen See näher beschrieben.

Essen und Trinken

Dass die Bayern deftige Speisen lieben, ist bekannt. So fett und schwer, wie das Vorurteil es wissen will, isst man jedoch längst nicht immer und überall. Gerade an den touristisch stärker frequentierten Seen dominiert oftmals die internationale Küche – wer „original bayerisch“ speisen möchte, muss dort schon etwas suchen.

Die **Brotzeit** ist ein Eckpfeiler des täglichen Speiseplans. Vormittags und/oder nachmittags genossen, kann sie zum Beispiel aus warmem oder kaltem Leberkäs, Geräuchertem, Wurstsalat oder diversen Würsten bestehen, möglichst begleitet von Brezen und Bier. Am besten schmeckt sie natürlich in einem schattigen Biergarten – die alte Sitte, sich seine Brotzeit in den Biergarten selbst mitbringen zu dürfen, ist allerdings zumindest im Umfeld von Fremdenverkehrsorten langsam am Aussterben. **Suppen** sind der traditionelle Beginn einer Hauptmahlzeit, beliebt vor allem als Leberknödel-, Leberspätzle-, Grießnockerl- und Pfannkuchensuppe.

Fleischgerichte bilden den wichtigsten Bestandteil jeder bayerischen Speisekarte. Schweinsbraten und Schweinshaxn, jeweils mit Knödel serviert, gelten zwar als die Visitenkarte jedes Wirts, doch erschöpft sich bayerische Kochkunst keineswegs in der Zubereitung von Schweinernem. Kalbfleisch (als Kalbshaxn oder gefüllte Kalbsbrust), Rindfleisch (vor allem als Tellerfleisch, gekocht und mit frischem Meerrettich serviert) und Wildgerichte sowie Innereien haben ebenfalls Tradition. Auf die Gemüsebeilagen wird weniger Wert gelegt, meist begleiten Sauerkraut oder Blaukraut (Rotkohl), eventuell auch einmal Wirsing oder Spinat das Gericht.

Kurzer Speiseführer für Nicht-Bayern

Auszogne: in heißem Fett gebackene Hefeküchlein

Böfflamott: Boeuf à la mode – geschmorter Rinderbraten

Dampfnudeln: Hefeteig, gekocht in Milch, Butter und Zucker, mit Vanillesauce serviert

Fleischpflanzerl: Frikadellen, Bulette

Gselchts: geräuchertes Schweinefleisch

Haxn: gebratene Schweins- oder Kalbshaxe

Knödel: Klöße in vielen Variationen: Kartoffel-, Semmel-, Leber-, Schinken-, Grieß-, Zwetschgenknödel ...

Krautwickerl: Kohlrouladen mit Hackfleischfüllung

Leberkäs: weder Leber noch Käse, sondern passiertes und gewürztes Rind- und Schweinefleisch

Kren: Meerrettich

Obatzter: zerdrückter Camembert mit Butter, gehackten Zwiebeln, Paprika und Kümmel verrührt, eine typische Biergartenbrotzeit

Presssack: Wurst aus Kopf- und Schwartenstücken, serviert mit Essig und Öl

Radi: Rettich, kunstvoll geschnitten und stark gesalzen, schmeckt ebenfalls im Biergarten am besten

Reherl: Pfifferlinge

Reiberdatschi: Kartoffelpuffer

Schwammerl: Pilze

Semmeln: Brötchen

Topfen: Quark

Wammerl: geräucherter Schweinebauch

Weißwürste: Kalbsbrätwürste, serviert mit süßem Senf. Sie „dürfen das Mittagsläuten nicht hören“, müssen also bis 12 Uhr gegessen, besser gesagt „gezuzelt“ sein; beste Begleitung sind Brezen und Weißbier.

Zwetschgendatschi: Pflaumenkuchen

Kiosk mit kleinem Biergarten am Seehamer See

Fischgerichte sollte man sich gerade an den Seen nicht entgehen lassen – es muss ja nicht der Matjes sein, der zur entsprechenden Saison in den Touristenhochburgen angeboten wird. Stilvoller sind Forelle, Zander, Karpfen und vor allem die Renken, die auch geräuchert eine Delikatesse sind. In Biergärten gibt es häufig Steckerlfisch: verschiedene Fischsorten (oft Makrelen oder Renken), die auf einen Holzspieß gesteckt über offenem Feuer gebraten werden und, stark gesalzen, für kräftigen Durst sorgen.

Bei den **Desserts** sind Mehlspeisen die Könige der bayerischen Küche: Apfelkücherl, Hollerkücherl (aus Holunder), Dampfnudeln, Strudel, Schmarrn und, und, und ...

Die viel gescholtene Pseudo-Internationalität mit Spaghetti Bolognese und Balkan-Platte ist stark auf dem Rückzug. Die Wirte setzen heute verstärkt auf regionale Gerichte und hochwertige, frische Nahrungsmittel. Gefördert wird der Trend durch den **Wettbewerb „Bayerische Küche“**, der alle drei Jahre vom bayerischen Landwirtschaftsministerium und den Verbänden für Gaststätten, Hotels und Tourismus durchgeführt wird. 700 Lokale haben sich 2004 beteiligt, 75 dürfen sich bis 2007 mit dem Titel Bezirks- oder Landkreissieger schmücken.

Information Die kostenlose Broschüre „Gemütlich genießen im bayerischen Wirtshaus“, in der alle Sieger und rund 500 weitere Restaurants in Wort und Bild vorgestellt werden, kann unter broschueren@stmlf.bayern.de bestellt werden.

Bier ist bekanntermaßen das bayerische Nationalgetränk. Gebraut wird es ausschließlich nach dem Bayerischen Reinheitsgebot von 1516, dem ältesten Lebensmittelgesetz der Welt. Was ahnungslose Politiker in Brüssel auch an Gesetzen erlassen mögen – ein Bier zu brauen, das andere Inhaltsstoffe enthält als Wasser, Hopfen und Malz, kann sich vielleicht eine norddeutsche Brauerei leisten, eine bayerische nicht. Ursprünglich war bayerisches Bier ein *Dunkelbier*, kräftig und von süßlichem Malzgeschmack; das *Helle Vollbier* kam erst gegen Ende des letzten

Jahrhunderts auf. *Pils* ist immer noch relativ unüblich. *Weißbier* (Weizenbier) hat dagegen lange Tradition; die rasche Gärung sorgt für eine starke Nachgärung, die reichlich Kohlensäure produziert. Nur zur Fastenzeit zwischen Aschermittwoch und Karfreitag gibt es das *Starkbier*, das rund sechs Prozent Alkohol enthält. *Leichtes Bier* (40 % weniger Alkoholgehalt) und *Alkoholfreies Bier* sind auf dem Vormarsch. Gemischt mit Zitronenlimonade ist Bier als „Radlermaß“ oder „Radlerhalbe“ ein perfekter, alkoholarmer Durstlöscher.

Korrekte Bestelleinheiten sind die „Maß“ (1 Liter) und die „Halbe“ (0,5 Liter); wer ein „kleines Bier“ (0,25 Liter) ordert, kann sich außerhalb der Fremdenverkehrszentren der Verwunderung des Wirts sicher sein.

Brauereigaststätten: Trotz des zu Recht viel beklagten „Brauereisterbens“ und der Eingliederung traditioneller Marken in internationale Bierkonzerne (Spaten-Löwenbräu ging an die belgische Inbev, Paulaner kooperiert mit Heineken und Carlsberg) gibt es in Oberbayern noch eine ganze Reihe kleiner Brauereien, die meist vorzügliches Bier herstellen. Oft sind Gaststätten angeschlossen, in denen man nicht nur die Erzeugnisse von nebenan verkosten kann – die **„Bräustüberl“** sind auch für Liebhaber deftiger Kost meist einen Umweg wert.

An oder bei oberbayerischen Seen finden Sie diese unter folgenden Orten beschrieben: im Kloster Andechs und bei Herrsching (Ammersee), in Murnau (Staffelsee, der Tipp für Weißbier-Fans!), im Kloster Reutberg (Kirchsee), im Ort Tegernsee und in Berchtesgaden beim Königssee.

Feste und Feiertage

Vom Skifasching bis zum Fischerstechen, vom Waldfest bis zur Wallfahrt: An Festen ist rund um die oberbayerischen Seen einiges geboten. Die wichtigsten lokalen und überregionalen Ereignisse sind in den jeweiligen Ortskapiteln aufgeführt. Eine Broschüre, die die bedeutendsten Veranstaltungen Oberbayerns beschreibt, ist beim Fremdenverkehrsverband München-Oberbayern (s. Touristeninformation) erhältlich. Ratsam ist es, sich über die Festivitäten in den einzelnen Gemeinden bei den dortigen Verkehrsämtern zu informieren, weil viele Feste nicht an einem fixen Datum stattfinden, sondern auf das jeweils nächste Wochenende gelegt werden. Soweit dies im Voraus überhaupt möglich ist, bietet das gut gemachte Magazin des Tourismusverbandes Oberbayern einen verlässlichen Veranstaltungskalender für die nächsten Monate. Tagesaktuell präsentiert sich die Liste unter dem offiziellen Internet-Auftritt www.oberbayern.de.

Feiertage in Bayern Zusätzlich zu den bundesweiten Feiertagen ruht die Arbeit in Bayern auch am Dreikönigstag (6. Januar), Fronleichnam (zweiter Donnerstag nach Pfingsten), Mariä Himmelfahrt (15. August) und Allerheiligen (1. November).

Schifffahrt

Die Rundfahrt auf einem der Seen öffnet naturgemäß ganz andere Perspektiven als der Blick vom Ufer; der Königssee lässt sich gar nur per Schiff erobern. Ganzjährig je nach Wetterlage wird die Schifffahrt allerdings nur auf dem Tegernsee, dem Chiemsee (im Winter nur von Prien zur Herren- und Fraueninsel) und dem Königssee Betrieben. Saisonale Schiffslinien gibt es am Starnberger See, Ammersee, Staffelsee, Kochelsee und Schliersee. Nähere Informationen zu Fahrpreisen, der Mitnahme von Fahrrädern, Sonderfahrten etc. finden Sie unter dem jeweiligen Seekapitel. Viele Schiffslinien bieten jetzt auch Tanzabende, Vernissagen und Schmankerl-Fahrten an – so sollen mehr Gäste angelockt werden. Denn die Bayerische Seenschifffahrt macht Verlust, nur auf dem Königssee lohnt sich der Betrieb.

Dennoch: Die einst diskutierte Privatisierung – die mit starken Preiserhöhungen einhergegangen wäre – wurde von der CSU abgelehnt.

• *Sonderangebote* Für ihre größten Fans hält die Bayerische Seenschifffahrt ein Jahresticket bereit. 139 € kostet die tägliche Nutzung sämtlicher Schiffslinien auf den vier größten Gewässern, Chiemsee ausgenommen: also Starnberger See, Ammersee (neueste Attraktion ist der luxuriöse Schaufelraddampfer RMS Herrsching), Königssee und Tegernsee. Auf dem Chiemsee können Sie für 24 € zu den berühmten Inseln schippern, die Kampenwandbahn nutzen und zu ermäßigten Preisen das Erlebnisbad Prienavera besuchen. Ein Shuttlebus bringt Sie zum Bahnhof in Prien oder Aschau.

Sport und Freizeit

Es gibt wohl kaum eine Sportart, und sei sie noch so exotisch, die man in Oberbayern nicht ausüben könnte – einzige Ausnahme ist vielleicht das Wellenreiten (obwohl sich am Münchner Eisbach auch hierfür Möglichkeiten auftun). Ganz klar, dass Wassersport an den Seen oberste Priorität genießt, doch kann man hier auch Golfen, Reiten, sich in den nahen Bergen am Gleitschirm in die Tiefe stürzen ... Im Winter sind die dann oft zugefrorenen Seen ein Dorado für Schlittschuhläufer und Eisstockschützen; allerdings sollte man dabei die üblichen Vorsichtsmaßregeln beachten und sich vor Ort genau über den „Eisstand" und etwaige Gefahrenstellen erkundigen. Die Adressen einzelner Anbieter von Sportmöglichkeiten finden Sie unter den jeweiligen Orten; weitergehende Auskunft erteilen die Verkehrsämter, Gesamtübersichten sind beim Fremdenverkehrsverband München-Oberbayern (s. Touristeninformation) erhältlich.

Angeln: In ganz Bayern ist das Angeln nur mit staatlichem Fischereischein gestattet; die zusätzlich benötigten Angelscheine stellen die Fischereimeister der Gemeinden aus.

Bergwandern/Bergsteigen: Klar, dass Aktivitäten in den Bergen zu den wichtigsten Freizeitvergnügungen in Oberbayern zählen. Möglichkeiten dazu bieten sich im Umfeld vieler Seen; wer nicht vom Tal aus starten will, kann sich oft auch mit Bergbahnen in die Gipfelregion bringen lassen. Gewisse Grundregeln sind jedoch auch bei einfachen Spaziergängen in den Bergen zu beachten: Gehen Sie nie alleine und nie bei schlechten oder unklaren Wetterverhältnissen; tragen Sie immer feste Bergschuhe und führen Sie auch bei strahlendem Sonnenschein immer Wetterschutzkleidung mit; informieren Sie immer jemanden, zum Beispiel Ihren Vermieter, über Route und Ziel Ihrer Wanderung. Für echte Bergtouren empfiehlt sich ein Führer; eine Bergschule findet sich in Berchtesgaden.

Fliegen: Gleitschirm- und Drachenfliegen haben sich als Breitensportarten etabliert. Eine Gleitschirmschule gibt es bei Rottach-Egern am Tegernsee (www.paragliding-tegernsee); dort kann man auch das Drachenfliegen erlernen, ebenso bei Übersee am Chiemsee. Ballonfahrten (wer „fliegen" sagt, muss eine Runde ausgeben) werden vor allem am Starnberger See und am Chiemsee angeboten (www.ballon-fahrer-online.de); die einzige Segelflugschule Oberbayerns gibt es in Unterwössen (www.dassu.de), südlich von Übersee am Chiemsee.

Golf: Oberbayerns Golfplätze sind kaum mehr zu zählen. Gute Möglichkeiten bieten insbesondere die Regionen um Chiemsee, Tegernsee und das Fünfseenland; dort liegt bei Feldafing auch einer der landschaftlich schönsten Golfplätze Deutschlands. Noch als Geheimtipp darf der am Rande des Hochgebirges liegende Golfclub Karwendel bei Wallgau zwischen Walchen- und Sylvensteinsee gelten.

Mountainbiking: Auf die Fans der breiten Stollenreifen ist man besonders am Tegernsee, Schliersee, Walchensee und im Gebiet des Königssees gut eingestellt; in diesen Regionen finden sich auch die schönsten Routen. Wer sein Bike nicht mitgebracht hat, kann sich oft vor Ort eines leihen; die Preise liegen allerdings deutlich höher als bei normalen Rädern.

Reiten: Auch Reitmöglichkeiten sind in solcher Anzahl vorhanden, dass sie in diesem Handbuch nicht alle aufgelistet werden können. Ein besonders renommierter Reiterhof ist Gut Ising am Chiemsee, zwischen Seebruck und Chieming gelegen.

Mit dem Kanu zur Zugspitze? Auf dem Eibsee

Rudern: Ruderboote gibt es, ebenso wie Elektro- oder Tretboote, an allen größeren Seen zu mieten; die entsprechenden Stellen sind im Text jeweils angegeben. Wanderrudern über mehrere Tage und mit wechselnden Unterkünften offeriert die Kurverwaltung Prien am Chiemsee.

Segeln: An allen größeren Seen mit Ausnahme des unter Naturschutz gestellten Königssees finden Segler passable bis gute Bedingungen. Chiemsee, Starnberger See und Ammersee zählen zu den bayerischen Spitzenrevieren – dort findet zur Saison an fast jedem Wochenende eine Regatta statt und es gibt auch eine gute Auswahl an Schulen. Wer sein eigenes Boot an die Seen mitbringen möchte, hat eine Reihe unterschiedlicher Regelungen zu beachten, über die die jeweiligen Verkehrsämter Auskunft geben.

Wandern: Ob im gestreckten Tagesmarsch rund um den See oder nur in Form eines gemütlichen Spaziergangs – Wandern dürfte das mit Abstand beliebteste Freizeitvergnügen an den oberbayerischen Seen sein. Wanderkarten gibt es an jedem Kiosk oder, meist preiswerter und nicht unbedingt schlechter, auch in den Verkehrsämtern. Diese bieten oft auch geführte Wanderungen an; die Teilnahme ist für Gäste mit Kur- oder Gästekarte (s. Übernachten) meist kostenlos.

Windsurfen: Schulen, die oft auch Material ausleihen, finden sich an vielen Seen. Surfertreff Nummer eins in Oberbayern ist ganz eindeutig der Walchensee, an dem es regelmäßig ab Mittag so richtig pfeift; auch Starnberger See, Ammersee und Chiemsee bieten recht gute Möglichkeiten. Wie das Segeln ist auch das Surfen an manchen Seen verboten oder eingeschränkt; im Zweifelsfall informieren die Verkehrsämter.

Touristeninformation

Praktisch jeder größere Ort an den oberbayerischen Seen besitzt ein Fremdenverkehrsbüro, das *Verkehrs-* oder *Kuramt* (Adresse und Öffnungszeiten sind jeweils im Text angegeben). Fast immer sind diese Informationsstellen eine wertvolle Hilfe, ob es nun um Rad- oder Wanderkarten, um die Vermittlung von Privatunterkünften oder um die Frage geht, wo man beispielsweise Surfen lernen kann. Auf Anfrage versenden die Verkehrsämter auch Broschüren mit Übernachtungsadressen und -preisen, Tipps zu Sport und Freizeit etc.

Tourismusverband München-Oberbayern, Radolfzellerstr. 15, 81243 München, ☏ 089/8292180, 📠 82921828, touristinfo@oberbayern.de, www.oberbayern.de – zuständig für die gesamte Region und insbesondere ein guter Ansprechpartner für generelle Informationen über Sportmöglichkeiten, Kultur, Camping etc. Ortsprospekte und Preislisten erhält man direkt beim jeweiligen Verkehrsamt. Auf erfreulich hohem Niveau bewirbt das Verbandsmagazin „Oberbayern" die Region – eine schöne Reiseeinstimmung. Neu im Angebot ist die „Oberbayern Card", die den Besuch touristischer Highlights bis zu 30 € billiger werden lässt. Je nach Gültigkeitsdauer kostet das Erwachsenen-Ticket 38–62 €, Jugendliche zahlen zwischen 20 und 31 €.

Übernachten

An Quartieren besteht rund um die Seen wahrlich kein Mangel. Die Skala reicht vom einfachen Zimmer auf dem Bauernhof, das mancherorts schon ab unter 10 € pro Kopf zu haben ist, bis hin zum luxuriösen Nobelhotel, in dem für eine Nacht mehrere hundert Euro hingeblättert werden wollen. Unterkunftsverzeichnisse mit teilweise recht ausführlichen Beschreibungen können bei den Verkehrsämtern der einzelnen Orte angefordert werden. Da Oberbayern die beliebteste Ferienregion Deutschlands ist, besteht zu den Hauptreisezeiten (vor allem Ende Juni bis Mitte September) natürlich erhöhte Nachfrage – rechtzeitige Reservierung empfiehlt sich. Das gilt auch für Campingplätze, die oftmals mit herrlicher Lage bestechen.

In Ammerland am Starnberger See

• *Hotels und Gasthöfe* Hotels und Gasthöfe sind unter den jeweiligen Ortschaften beschrieben. Dabei wurde besonderer Wert auf eine gute Auswahl gelegt, da es unzählige Gasthöfe gibt, die sich sehr ähnlich sind. Eine Klassifizierung der Hotels und Gasthöfe ist nicht immer gegeben, soweit vorhanden, gilt: Einfacher Standard entspricht zwei Sternen, Luxus fünf Sternen. Ist keine Klassifizierung nach Sternen vorhanden, lässt sich der Standard aus der Charakterisierung erschließen. Die im Text angegebenen Preise beziehen sich in der Regel auf das **Doppelzimmer mit Bad und Frühstück (DZ/Bad/F)**.

• *Pensionen/Privatvermieter* Die Unterkunft in Pensionen und bei privaten Vermietern ist sicher eine der preisgünstigeren Möglichkeiten, an den Seen Urlaub zu machen. Allerdings erwarten beide in der Regel einen längeren Aufenthalt von mindestens drei Nächten; nur in seltenen Fällen akzeptieren Pensionen und Privatvermieter auch Kurzzeitgäste. Listen mit Adressen und Preisen gibt es bei den Verkehrsämtern; teilweise sind dort im Eingangsbereich Computerterminals installiert, an denen Spätankömmlinge auch außerhalb der Öffnungszeiten freie Kapazitäten abfragen können. Eine schöne Möglichkeit, mit Kindern unterzukommen, bietet der *Urlaub auf dem Bauernhof*. Adressen sind ebenfalls bei den Verkehrsämtern erhältlich oder unter www.bauernhof-urlaub.com zu finden. Auf Bauernhöfen gibt es neben Privatzimmern oft auch Ferienwohnungen.

- *Ferienwohnungen* Eigener Herd ist Goldes wert – gerade für Gruppen oder große Familien kann sich das Mieten einer Ferienwohnung oder eines Apartments finanziell durchaus lohnen. Natürlich erwarten auch deren Vermieter einen Aufenthalt, der über ein oder zwei Nächte hinausgeht, in der Hochsaison ist vielfach eine Wochenmiete das Minimum. Anschriften gibt es bei den Verkehrsämtern.
- *Jugendherbergen* Sie sind an den Seen eher rar gesät und, wo vorhanden, im Text angegeben. Eine komplette Liste ist erhältlich bei: Deutsches Jugendherbergswerk Bayern e.V., Mauerkircher Str. 5, 81679 München, ✆ 089/9220980, 📠 92209840 oder unter www.jugendherberge.de/bayern (mit Suchfunktion nach freien Plätzen).
- *Camping* Campingplätze gibt es, meist in ausreichender Anzahl, an jedem größeren See Oberbayerns; etwas unterversorgt ist nur der Tegernsee. Als besonderer Tipp für Camper gilt der Waginger See, der trotz seiner vergleichsweise geringen Größe gleich acht Plätze zählt. Ein Teil der Plätze an Oberbayerns Seen ist allerdings von Dauercampern mehr oder minder in Beschlag genommen – für Urlauber und Durchreisende bleibt da mancherorts nur eine schattenlose, geneigte Wiese. Auf die Beschreibung von Plätzen, die ausschließlich für Dauercamper zur Verfügung stehen, wurde in diesem Handbuch verzichtet.

Recht unterschiedlich fällt die Sanitärausstattung der einzelnen Plätze aus; nicht überall entspricht der Standard dem, den mancher in Deutschland vielleicht erwartet. Doch mögen Duschen und WC da und dort auch eher schlicht ausgestattet sein – der Pflegezustand ist fast immer in Ordnung. Zur Hauptreisezeit etwa ab Ende Juni bis Mitte September empfiehlt es sich generell, den Stellplatz rechtzeitig zu reservieren; die Telefonnummern der einzelnen Plätze sind im Text angegeben. Allerdings nehmen nicht alle Plätze Reservierungen an; als einzige Möglichkeit, sich eine gute Chance auf einen Stellplatz zu bewahren, bleibt dann die rechtzeitige Ankunft.

- *Kurkarte/Kurtaxe* In den meisten Urlaubsorten an den Seen erhält man bei Übernachtung eine Kur- oder Gästekarte, auch ohne dort zur Kur angemeldet zu sein. Beide bringen gewisse Vorteile, beispielsweise Verbilligungen beim Besuch örtlicher Veranstaltungen, die kostenfreie Teilnahme an geführten Wanderungen und Radtouren etc. Die Kehrseite ist die Kurtaxe (oder: Kurbeitrag), ein allerdings relativ geringer Betrag, der vom Vermieter eingezogen wird und oft bereits in dem im Katalog angegebenen Übernachtungspreis enthalten ist.

Das einzige Hotel am Eibsee unterhalb der Zugspitze

- *„Passantenzuschlag"* Nicht Fußgänger werden hier zur Kasse gebeten, sondern Übernachtungsgäste, die nur ein oder zwei Nächte im selben Hotel oder Gasthof bleiben. Bei Privatvermietern wird manchmal auch noch bei einem Aufenthalt unter sieben Nächten ein Zuschlag fällig. Der Mehrpreis kann, je nach Region, Betrieb und Geschäftslage, relativ gering ausfallen oder auch einem sattem Aufschlag von bis zu 25 % auf den Zimmerpreis entsprechen.

Der Maibaum gehört zu Oberbayern wie Weißwurst und Biergarten

Kurze Geschichte Oberbayerns

Jungsteinzeit Wie Siedlungsfunde beispielsweise auf der Roseninsel im Starnberger See belegen, siedeln schon ab etwa 3500 v. Chr. Menschen an den oberbayerischen Seen.

Ab 1200 v. Chr. *Illyrer* aus dem Osten dringen nach Bayern ein, um 500 v. Chr. gefolgt von den ebenfalls indogermanischen *Kelten*.

15 v. Chr. Die *Römer* erobern mit zwei Heeren Bayern. Das „wilde Land", wird als römische Provinz zivilisiert. Ein halbes Jahrtausend lang spricht man in Bayern Latein.

6.–12. Jh. Nach dem Abzug der Römer vermischt sich die keltisch-germanisch-römische Restbevölkerung zu den *Bajuwaren*. Von Norden gewinnen die Franken an Einfluss, bringen die althochdeutsche Sprache mit und etablieren das Christentum. Ab 550 herrschen die *Agilolfinger* weitgehend selbständig; ihre Herzöge gründen eine Reihe von Klöstern, darunter Tegernsee, Benediktbeuern, Wessobrunn und Frauenchiemsee. 788 setzt Karl der Große den letzten der zu stark gewordenen Dynastie ab: Bayern wird *fränkische Provinz*. Es folgen Jahrhunderte wechselnder Herrschaftsverhältnisse. 955 besiegt Otto der Große auf dem Lechfeld die Ungarn; relative Ruhe kehrt ein, die Klöster blühen auf. 1070 erhalten die *Welfen* das Herzogtum Bayern, 1180 wird ihr letzter Herzog, Heinrich der Löwe, entmachtet.

12.–15. Jh. Die *Wittelsbacher* übernehmen das Ruder – und geben es bis 1918 nicht mehr ab. Schnell kommt die Dynastie zu Macht, gestützt auf großen Landbesitz und den Salzhandel.

16.–18. Jh. Die *Reformation* findet in den Wittelsbachern erbitterte Gegner, die Bayern zu einer Festung der Gegenreformation und des Katholizismus machen. Als Mitglied der „Katholischen Liga" beteiligt sich das Land am *Dreißigjährigen Krieg* (1618–48), der schwere Verwüstungen mit sich bringt. Im *Spanischen Erbfolgekrieg* (1701–1714) stellt sich der barock-verschwenderische Kurfürst Maximilian II. Emanuel auf die Seite Frankreichs. Ein Fehler: Bayern wird von Österreich besetzt. Der vom legendären „Schmied von Kochel" geführte Bauernaufstand gegen die Besatzer endet 1705 in der blutigen „Sendlinger Mordweihnacht". Nach dem *Bayerischen Erbfolgekrieg* kommt 1777, sehr zum Verdruss der Bevölkerung, die pfälzische Wittelsbacher Linie an die Macht.

19. Jh. Die *Säkularisation* von 1803 bringt den Einzug des kirchlichen Besitzes; viele Kirchen und Klöster erleiden erhebliche Zerstörungen. 1806 wird Bayern unter Maximilian I. Joseph *Königreich*, auch dank Napoleons nicht uneigennütziger Hilfe. 1818 erhält das Land eine konstitutionelle Verfassung. Ab 1825 regiert der absolutistische Griechenfreund König Ludwig I., dem Bayern das griechische „y" im Namen verdankt – vorher hieß das Land „Baiern". Nach einer Affäre mit der Tänzerin Lola Montez muss Ludwig I. 1848 abdanken. Sein den neuen Zeiten aufgeschlossener Sohn Maximilian II. stirbt 1864. Neuer Regent wird der „Märchenkönig" Ludwig II. Nach dem Deutsch-Französischen Krieg tritt Bayern 1871 dem Deutschen Reich bei, bewahrt sich aber viele Sonderrechte. Nach dem Tod Ludwigs im Starnberger See folgt von 1886 bis 1912 die Regierung des Prinzregenten Luitpold.

20. Jh. Die *Novemberrevolution 1918* zwingt den letzten König, Ludwig III., ins Exil – fast 800 Jahre Wittelsbacher Herrschaft sind beendet. Am 7./8. November 1918 ruft Ministerpräsident Kurt Eisner den *Freistaat Bayern* aus. Der Ermordung Eisners im Februar 1919 folgen schwere Unruhen. Im Mai 1919 wird die kurzlebige „Räterepublik„ von Reichstruppen blutig niedergeschlagen. Als Teil der *Weimarer Republik* verliert Bayern viele seiner Sonderrechte. Im November 1923 scheitert der Hitlerputsch in München. Bei den Wahlen 1932 unterliegen die Nationalsozialisten nur knapp; München wird zur „Hauptstadt der Bewegung" erklärt. 1934 wird Bayern *Reichsprovinz* ohne Hoheitsrechte. Der *Zweite Weltkrieg* bringt München schwere Zerstörungen, der ländliche Rest Oberbayerns bleibt weitgehend verschont. 1946 tritt die Verfassung des *Freistaats Bayern* in Kraft. 1948 tagt auf Herrenchiemsee der Verfassungskonvent. 1949 wird Bayern nach einigem Widerstreben Teil der Bundesrepublik Deutschland. 1978–1988 ist Franz Josef Strauß bayerischer Ministerpräsident.

21. Jh. Die CSU erreicht unter dem Parteivorsitzenden und Ministerpräsidenten Edmund Stoiber 2003 die Zwei-Drittel-Mehrheit im Landtag.

Das Kurparkschlösschen in Herrsching am Ammersee

Fünfseenland

Einprägsam ist der Name, eine Erfindung von Fremdenverkehrsstrategen, ja durchaus. So ganz richtig ist er aber nicht: Zwischen Starnberger See und Ammersee liegen noch deutlich mehr Seen.

Neben den beiden großen zählen noch der Pilsensee, der Wörthsee und der Weßlinger See zu den fünf Gewässern, denen das Gebiet im Südwesten von München seine werbewirksame Bezeichnung verdankt. Beim näheren Blick auf eine detaillierte Karte finden sich noch der Maisinger See, der Deixlfurter See, der Esssee, der Buchsee und und und ... Nicht zu reden von den über 20 kleinen Gewässern im Gebiet der Osterseen gleich südlich des Starnberger Sees, das zumindest vom touristischen Standpunkt aus auch noch zur Region zu zählen wäre.

Unbestritten dagegen ist die natürliche Schönheit des Fünfseenlandes. Im sanft gewellten Voralpenland südwestlich von München, nicht viel mehr als eine halbe Stunde Fahrzeit von der Landeshauptstadt entfernt, erstreckt sich diese vielerorts noch bäuerlich geprägte Landschaft, in der unverbaute kleine Dörfer, überraschend prächtig ausgeschmückte Kirchlein und der beeindruckende Föhnblick auf die bayerische Alpenkette die Akzente setzen.

Die reizvolle Umgebung, das ausgedehnte Netz von Wander- und Radwegen, die vielen schönen Badeplätze und originellen Gaststätten verführen nicht nur zahlreiche Feriengäste zu längerem Aufenthalt (allein der Landkreis Starnberg zählt 600.000 Übernachtungen jährlich), zusammen mit den guten Verkehrsverbindungen locken sie an Wochenenden auch Scharen von Besuchern aus München und Umgebung an. Und so mancher Hauptstädter träumt davon, seinen Wohnsitz in

eine dieser traumhaften Villen mit Seezugang zu verlegen … Bis zu fünf Millionen Tagestouristen zieht der Starnberger See jährlich an, Villen-Sightseeing ist eine beliebte Freizeitbeschäftigung. Um in einer der Residenzen wohnen zu können, braucht es angesichts der horrenden Grundstückspreise finanzieller Mittel, die kein Normalverdiener jemals aufbringen kann. Leichter fällt dies schon Filmstars, Industriekapitänen, Bestsellerautoren und manchem Spieler des FC Bayern. Kein Wunder, dass das Fünfseenland, insbesondere der Starnberger See, als wichtigster Vorposten der Münchner Promi-Gesellschaft gilt.

• *Information* **Fremdenverkehrsverband Starnberger Fünfseenland** (s. auch Starnberg), zuständig für die gesamte Region mit Ausnahme des Ammersee-Westufers. Wittelsbacher Str. 2c, 82319 Starnberg, ✆ 08151/90600, 📠 906090, www.sta5.de. **Fremdenverkehrsverband Ammersee-Lech e.V.**, Hauptplatz 152, 86899 Landsberg, ✆ 08191/128246 oder 128245, 📠 128160. Ansprechpartner für den Bereich des westlichen Ammersees; Dießen, Utting und Schondorf besitzen dort auch eigene Verkehrsämter (Adressen jeweils unter den einzelnen Orten).

• *Verbindungen* Praktischerweise sind alle fünf Seen an das **S-Bahn-Netz** des Münchner Verkehrsverbundes MVV angeschlossen. Der Starnberger See ist mit der **S 6** zu erreichen; zum Weßlinger See, Wörthsee, Pilsensee und Ammersee fährt die **S 5**.
Innerhalb des Landkreises Starnberg sind die **Fahrkarten**, sofern auf ausreichende Entwertung geachtet wurde, auch in den Bussen gültig.
Tipp: Mit der **München Welcome Card**, erhältlich bei den Fremdenverkehrsämtern in München (Marienplatz, Hauptbahnhof, U-Bahn-Haltestelle Poccistr.), können Sie das MVV-Gesamtnetz zum Pauschalpreis von nutzen. Preisbeispiele für 3 Tage: Singles 28 €, Gruppen mit bis zu 5 Personen 43 €.
Die **Mitnahme von Fahrrädern** in S-Bahnen und den dem MVV angeschlossenen Zügen der DB ist möglich; Einschränkungen: pro Person nur ein Rad, Sperrzeiten Mo–Fr 6–9, 16–18 Uhr (während der Schulferien nur 6–9 Uhr), in Lok bespannten Zügen der DB keine Sperrzeit. Der Transport kostet 2,50 € für Erwachsene (Fahrrad-Tageskarte) und 2,10 € für Kinder unter 14 J.

• *Schiffsverkehr* „Leinen los" heißt es auf **Starnberger See** und **Ammersee** in der Regel ab Ende März bzw. dem Ostersonntag; die Saison endet Mitte Oktober. Details zu den Schiffsverbindungen finden Sie im Text zum jeweiligen See. Fahrradmitnahme ist in begrenztem Umfang, aber nicht auf allen Schiffen möglich.

• *Baden* Dank der Ringkanalisation, über die jeder der Seen verfügt, ist die Wasserqualität überall gut, teilweise sogar sehr gut.

• *Wander- und Radwegkarte* Kompass Nr. 180 „Starnberger See, Ammersee" (Wanderkarte), 1:50.000. An fast jedem Seekiosk für 6,95 € erhältlich. Für Radl-Fans empfiehlt sich die Tourenkarte 0180 von Kompass „Fünfseenland, Landkreis Starnberg" für 5,95 €. Enthalten sind hier auch Adressen von Fahrradverleihern.

• *Organisierte Touren* Zu Fuß: „König-Ludwig-Weg". Mit dem Rad: „Super-8 vom Ammersee". Auch Touren mit der Kutsche sind möglich. Organisiert werden die Touren z. B. von der Landsberger Touristikfirma **Alpenland**, zu erreichen unter ✆ 08191/308620 oder 0171/3866776, 📠 08191/4913, www.alpenlandtouristik.de.

Starnberger See

Der größte See der Region ist, zumindest an den Besucherzahlen gemessen, auch der beliebteste: An sonnigen Sommerwochenenden scheint hier halb München versammelt. Und dabei ist nur die Hälfte des 54 Kilometer langen Ufers frei zugänglich, die andere ist von den Villen-Residenzen alteingesessener und unablässig neu hinzu ziehender Prominenz belegt. Glaubt man Umfragen, sind es die glücklichsten Menschen Deutschlands: 86 Prozent der Landkreis(!)-Bewohner sagen, dass es sich „hier sehr gut leben lässt".

Den „See der Seligen" nannte die *Süddeutsche Zeitung* das Gewässer im Süden von München, gerade mal 30 S-Bahn-Minuten vom Hauptbahnhof entfernt. Die Arbeitslosigkeit im Landkreis beträgt 4,5 Prozent, das Durchschnittseinkommen liegt bei 23.600 € (Deutschland: 17.087 €), nirgends gibt es so viele Spitzenverdiener. Und dann dieses Umfeld: der See samtig weich und selbst im Hochsommer von einer erfrischenden Gebirgsseekühle, die Alpen zum Greifen nah, der lichte Mischwald, der sich fast um den ganzen See zieht, die aussichtsreichen Hügel, die eleganten Strandbäder und die idyllischen Biergärten ...

Das Székler-Tor zum „Biene-Maja-Haus" in Ambach

Kein Wunder, dass schon die Wittelsbacher den Reiz der vielfältigen Landschaft vor den Toren ihrer Münchner Residenz entdeckt hatten. Bereits 1466 erkor Herzog Albrecht III. die Starnberger Burg als Sommersitz. Auch seine Nachfolger verbrachten manch lauschigen Sommer am See, errichteten an den Ufern ihre Lustschlösser und hielten große Jagdgesellschaften ab (die, nebenbei bemerkt, nicht allzu waidmännischer Natur waren: Man trieb das Wild ins Wasser und stach es dann von Booten aus ab). Im Zeitalter der Renaissance und des Barock nahmen die höfischen Vergnügungen geradezu absonderliche Formen an. So unterhielt Kurfürst Ferdinand Maria (1651–1679) eine ganze Flotte von Vergnügungsschiffen, deren Flaggschiff, der berühmte „Bucentaur", dem Dreidecker eines venezianischen Dogen nachempfunden war. Den Herrschern folgte der Hof, später auch die Kunstwelt. Adel, obere Verwaltungsränge und das wohlhabende Bürgertum wetteiferten im Bau von Schlösschen und Villen, die zum Teil noch heute, mittlerweile denkmalgeschützt, manch feine Adresse zieren. Wohl seit jener Zeit nennt der Volksmund den Starnberger See „Fürstensee". Dies im Gegensatz zum „Bauernsee" Ammersee, der mit den Grafen von Andechs (11.–13. Jh.) zwar noch ältere Herrschergeschlechter für sich reklamieren kann – aber schließlich gab es da auch noch Ludwig II. (1845–1886). Und der war fast so etwas wie ein echter Starnberger. Immerhin hatte der sagenumwobene „Bayernkini" einen guten Teil seiner Jugend auf Schloss Berg verbracht, auf der Roseninsel bei Feldafing seine acht Jahre ältere Kusine Elisabeth („Sissi") hofiert und mit Richard Wagner dessen Geburtstag gefeiert. Hier im Starnberger See erfüllte sich auch sein Schicksal, als er am 13. Juni 1886 unter nie geklärten Umständen vor Schloss Berg ertrank.

Erlebt hat Ludwig II. noch die Zeit, als sich das einfache Volk des Starnberger Sees als Ausflugsziel bemächtigte. Auslöser war der Bau der Bahnlinie von München nach Starnberg im Jahre 1854 durch den Unternehmer Johann Ulrich Himbsel (1787–1860). Schon einige Jahre früher, nämlich 1851, war das erste reguläre Ausflugsschiff zur Seerundfahrt gestartet, ein Raddampfer der „Aktien-Dampfschiffahrts-Gesellschaft Würmsee". Würmsee? Ja, denn so hieß der See – benannt nach seinem Abfluss – bis in unsere Tage: Erst seit dem 16. Mai 1962 darf er sich auch offiziell Starnberger See nennen. Dass sich das Windsurfen von hier aus in alle

Welt verbreitet habe, ist übrigens ein Gerücht, das sich an windigen Tagen immer wieder zu bestätigen scheint ...

• *Topographische Angaben* Fläche: 56,4 Quadratkilometer – zweitgrößter See Bayerns, Länge 21 Kilometer, Breite 2 bis 5 Kilometer, Tiefe 128 Meter, Uferlänge 54 Kilometer, davon etwa 30 Kilometer frei zugänglich.

• *Wasserqualität* Gut bis sehr gut.

• *Wassertemperatur* Sommer 20 Grad, Maximalwert 24 Grad.

• *Verbindungen* Ein Taschenfahrplan mit den genauen Abfahrtszeiten der Zug- und Buslinien des Landkreises ist beim Fremdenverkehrsverband Starnberg erhältlich.

Zug: Neben Starnberg sind auch die Westuferorte Possenhofen/Pöcking, Feldafing und Tutzing ans Münchner S-Bahnnetz angeschlossen; Fahrzeit der S 6 ab München Hauptbahnhof nach Starnberg ca. 30 Minuten. Die südlicher gelegenen Orte Bernried und Seeshaupt sind dagegen nur mit Zügen der Deutschen Bahn (Alternative: Bus ab Tutzing) zu erreichen.

Bus: Die MVV-Buslinie Nr. 961 bedient ab S-Bahnhof Starnberg die am Ostufer gelegenen Orte Percha, Kempfenhausen, Berg und Ammerland (Abfahrten Mo–Fr 12-mal, Sa 6-mal, So 3-mal täglich). Spärlicher sind die Verbindungen nach Pöcking (Bus 964, Mo–Fr 5-mal), Weßling (Bus 955, Mo–Fr 2-mal) und via Andechs nach Herrsching am Ammersee (Bus 951, Mo–Sa 3-mal, So 2-mal).

Auto: Direkte Autobahnverbindung München–Starnberg A 95/A 952. An Sommerwochenenden füllen sich die teilweise gebührenpflichtigen Parkplätze im Seenbereich sehr schnell.

• *Schiffsverkehr* Anlegestellen der Starnberger Flotte, die jüngst um den fünf Millionen Euro teuren Galerie-Katamaran MS Starnberg sowie das Buchheim-Museumsschiff MS Phantasie erweitert wurde, sind die Ortschaften Starnberg, Berg, Leoni, Possenhofen, Tutzing, Ammerland, Bernried, Ambach und Seeshaupt. Die elegante Linienführung der MS Starnberg soll an die legendäre Luxusgaleere „Bucentaur" erinnern, die im 17. Jh. von 150 Ruderern bewegt wurde und bis zu 500 fürstliche Gäste fasste. Fahrpläne und Preise sind am Dampfersteg in Starnberg ausgeschildert. Weitergehende Einzelheiten und die offizielle Broschüre gibt es beim lokalen Fremdenverkehrsverband, Wittelsbacher Str. 2c, Mo–Fr 8–18 Uhr, im Sommer zusätzlich So 9–13 Uhr, sowie von der Staatlichen Schifffahrt Starnberg, Dampfschiffstr. 5, 82319 Starnberg, ✆ 08151/12023 oder 8061, ✆ 15229. Für Ausflüge mit dem Schiff stehen drei Schiffsrundfahrten zur Auswahl, die südliche kostet 9,50 € (90 Min.), die nördliche 7,50 € (60 Min.) und die Komplett-Rundfahrt 14 € (3 ½ Std.) Zudem gibt es Tanzfahrten auf dem neuen Katamaran, letztere an Samstagabenden zwischen Juli und Anfang September. Angeboten werden noch Brunch-, Disco-, Winzer-, Fischer- und etliche andere Mottoreisen.

Rund um den Starnberger See

Gut 50 Kilometer sind bei einer Umrundung des Starnberger Sees zurückzulegen. Im Uhrzeigersinn ist die Strecke mit gelben Pfeilen (Kreiswanderweg Nr. 1) gut beschildert. Für die Umwanderung an einem Tag ist die Entfernung jedoch etwas zu groß – Wanderer sollten eine Zwischenübernachtung einlegen oder nur Teilstrecken gehen.

Mit dem Rad lässt sich die Umrundung dagegen bequem in einem Tag schaffen. Leider existiert am Westufer kein durchgehender Radweg. Wer gesetzestreu vorgehen und sich an die Radfahrersperrungen halten will, muss auf verkehrsreiche Straßen ausweichen, was sich leider ohnehin nicht ganz vermeiden lässt – mit Kindern beschränkt man sich deshalb besser auf das verkehrsarme Ostufer – oder muss an mehreren Stellen kilometerlang schieben. Dass die Praxis zumindest in manchen Bereichen anders aussieht, wissen wohl auch die Verantwortlichen selbst: Wie sonst erklären sich Schilderkombinationen wie „Radfahren verboten" und, wenige Meter weiter, „Radfahrer, bitte Rücksicht auf Fußgänger nehmen"... Ganz gleich jedoch, wie man die Sache angeht – sonnige Sommerwochenenden sollte man auf jeden Fall meiden, denn dann wird es selbst zum Schieben des Radls oft zu voll.

Possenhofen und Pöcking
siehe S. 51 f.
Tagungshotel La Villa (in Niederpöcking)
Forsthaus am See
Hotel Garni Kefer
Gasthof Zur Post
Jugendherberge/ Camping Possenhofen
Gaststätte Alte Kanzlei
Kiosk Paradies
Kiosk Schlosspark
Yachthafen
Seefeld (Pilsensee), Herrsching
Weßling, A 96, Gilching
Leutstetten, Gauting, München
Starnberg
Stadtplan siehe S. 35
A95 München-Garmisch-Partenkirchen
952
Perchting 668
Maisinger Schlucht
Maisinger See
Freizeitgelände Kempfenhausen
Kempfenhausen
Niederpöcking
Berg siehe S. 43
Seehotel Leoni
Schloss Berg
Landgästehaus Lechnerhof
Erholungsgelände d. Stadt München
Votivkapelle
Kloster Andechs, Herrsching (Ammersee)
Aschering
Pöcking
Schloss Possenhofen
Possenhofen
Leoni
Aufkirch
Wieling
Traubing
Roseninsel
Bismarckturm
Feldafing siehe S. 54 f.
Golfhotel Kaiserin Elisabeth
Alte Linde
Café-Gaststätte im Strandbad Feldafing
Gasthof Karl Poelt
Wolfratshausen
Deixlfurter See
Buchsee
Garatshausen
Weilheim
Schloss (Ev. Akademie)
Tutzing siehe S. 55 f.
Hotel, Rest. und Café am See
Hotel Tutzinger Hof
Hotel Andechser Hof
Pension Möwe
Schloss Tutzing
Häring's Wirtschaft
Forsthaus Ilkahöhe
Wirtschaft im Nordbad
Ammerland
siehe S. 46
Hotel am See
Gasthaus Gerer
A95 München – Garmisch-Partenkirchen, Wolfratshausen
Ilkahöhe 728
Münsing
siehe S. 49
Gasthaus Limm
Unterzeismering
Karpfenwinkel
Seeheim
Holzhausen
Höhenried
Kloster Bernried
Ambach siehe S. 48
Landhotel Huber am See
Schlossgut Oberambach
Gasthof Bierbichler
Buchscharner Seewirt
Bernried siehe S. 58
Hotel Marina
Hotel Seeblick
Gasthof März
Gasthof Drei Rosen
A952 Starnberg, München
Erholungsgebiet Ambach
95
Seeseiten
Ehem. ADAC-Badegelände
Sankt Heinrich siehe S. 49 f.
Hotel Schöntag
Gästehaus "Beim Fischer"
Gasthaus Fischerrosl
siehe S. 60 f. Seeshaupt
Seeresidenz Alte Post
Gasthof-Café Seeseiten See-Restaurant Lido
Restaurant-Café am See
Weilheim
Murnau, Kochel, Garmisch-Partenkirchen
Osterseen, Iffeldorf, A95 München–Garmisch-Partenkirchen
1 km
Starnberger See

Starnberg

Erst 1912 wurden der heutigen Kreisstadt offiziell die Stadtrechte verliehen. Wichtigster Ort am See ist Starnberg mit seinen ca. 23.000 Einwohnern jedoch bereits seit vielen Jahrhunderten – wenngleich bei weitem nicht der schönste.

Bedeutung errang Starnberg vor allem durch den Ausbau der Burg durch die Wittelsbacher im 15. und 16. Jh. Mittlerweile hat sich das einstige Fischerdorf zum lebendigen Städtchen gemausert, in dessen Ortsbild sich historische und moderne Bauten mischen – oft durchaus ansprechend, an anderer Stelle wieder weniger geglückt. Kühle Zweckarchitektur dominiert die Eingangsschneise am Ende der Zuführer-Autobahn, auch das eigentliche Stadtzentrum rund um den Kirchplatz wird von moderner Funktionalität beherrscht, die wenig Freizeitstimmung aufkommen lässt. Selbst das Eiscafé Dolomiti, jahrzehntelang bekanntester Treffpunkt im Ort, musste vor einigen Jahren mitsamt seinem schattigen Garten einem sterilen Boutiquen-Mix weichen. Die *Süddeutsche Zeitung* urteilte: „Sofern das Ortsbild Starnbergs etwas anderes hervorrufen kann als Wut und Enttäuschung, dann ist es die Idee, hier handle es sich um einen groß angelegten und weit gehend gelungenen Versuch, einen ursprünglich anmutigen Flecken brutalstmöglich zu verschandeln." In diesem Zusammenhang erscheint die Gründung eines Stadtmarketingvereins, der mit neuen Events, Rocknächten für die Jugend etwa und einer internationalen Segelregatta, für eine bessere Wahrnehmung der Stadt sorgen will, als Ergebnis des schlechten Gewissens.

Die meisten Ausflügler kommen allerdings sowieso nur wegen des Sees – Starnbergs Prunkstück ist eindeutig der Spazierweg am Wasser. Zudem wird die Seepromenade durch die Eisenbahnlinie auch noch vom eigentlichen Ortskern abgeschnitten, was die Besucherfrequenz dort weiter reduziert. Die Einwohner haben sich aber daran gewöhnt, ist dem Schienenstrang doch auch der Aufschwung zum bedeutendsten Fremdenverkehrsort des Fünfseenlandes zu verdanken.

Und noch in anderer Hinsicht ist Starnberg Spitze: Wendet sich der Besucher dem häufig staugeplagten Stadtkern zu, dann wird ihm angesichts der ungewöhnlich hohen Zahl von Nobellimousinen und teuren Cabrios schnell klar, dass er sich hier nicht unter armen Leuten bewegt – der Landkreis besitzt im Verhältnis zur Einwohnerzahl einen der höchsten Millionärsanteile Deutschlands. Umso erstaunlicher, dass Starnberg bisher kein Luxushotel hatte – die Lücke wird jetzt geschlossen: 2006 soll ein großer, im Vorfeld durchaus kontrovers diskutierter Komplex am See fertig gestellt werden. Der Grundstein für eine Drei-Sterne-(Business)Herberge an der Stadteinfahrt wurde bereits ein Jahr zuvor gelegt. Eröffnung ist im Mai 2006.

Information/Übernachten/Essen und Trinken

• *Information* **Fremdenverkehrsverband Starnberger Fünfseenland**, direkt am Kirchplatz. Mo–Fr 8–18 Uhr, Ende Mai–Anfang Oktober auch Sa 9–13 Uhr. Wittelsbacher Str. 2c, 82319 Starnberg, ✆ 08151/90600, 📠 906090, www.starnberg.de oder www.sta5.de.

• *Übernachten* *** **Hotel Seehof (10)**, direkt gegenüber dem Bahnhof. Gut eingerichtete Zimmer, viele mit Seeblick. Hauseigene Garagen und Parkplätze vorhanden; ein italienisches Restaurant ist angeschlossen. DZ/Bad/F 70–130 €. Bahnhofsplatz 6, ✆ 08151/908500, 📠 28136, www.hotel-seehof-starnberg.de.

** **Hotel Garni Bayerischer Hof (13)**, ebenfalls in Bahnhofsnähe. Historisches, altehrwürdiges Haus; die Zimmer sollte man sich vor Anmietung zeigen lassen, denn sie fal-

Übernachten

5 Hotel Vier Jahreszeiten
6 Pension Fersch
7 Gästehaus Sonnenblick
10 Hotel Seehof
12 Pension Happach
13 Hotel Garni Bayerischer Hof

Essen & Trinken

1 Wirtshaus Obermühltal
2 Schloßgaststätte Leutstetten
3 Forsthaus Mühltal
4 Gasthof Sonne
8 Gasthof Brückenwirt
9 Illguths Gasthaus Starnberger Alm
11 Waldgasthof Manthal
14 Seestuben Percha
15 Seerest. Undosa

250 m

Starnberg

len recht unterschiedlich aus. Zum Hotel gehören das traditionsreiche Café Prinzregent, das Restaurant Fischerstüberl und die Wasserskischule in Pöcking-Possenhofen. DZ/Bad/F 90–105 €. Bahnhofsplatz 12, ✆ 08151/2750, 📠 12190, www.hotel-bayerischer-hof-starnberg.de.

Hotel Vier Jahreszeiten (5), ein luxuriöses Business-Hotel, eröffnete im Mai 2006 an der Stadteinfahrt, von München kommend. Die DZ-Preise bewegen sich zwischen 125 und 190 €. Vor Drucklegung dieses Buches konnten wir das Hotel nicht besuchen, daher hier nur die Kontaktdaten: Münchner Str. 17, ✆ 08151/4442910, 📠 44427910, www.vier-jahreszeiten-starnberg.de.

Pension Happach (12), moderner Bau nicht weit vom Bahnhof. Ordentliche Zimmer, Parkplatz und Garage; relativ preiswert, daher oft ausgebucht – Reservierung dringend zu empfehlen. DZ/Bad 70 €, ohne Bad 50 €. Achheimstr. 2, ✆ 08151/12537, 📠 739712.

Percha Der östlich des Zentrums gelegene Ortsteil bietet teilweise recht preisgünstige Übernachtungsalternativen zum Zentrum.

Gästehaus Sonnenblick (7), ca. 500 m östlich vom Ortsrand Percha, an der Straße Richtung Wangen. Hübsches Häuschen, schön im Grünen gelegen, angenehme Zimmer. DZ/Bad mit Frühstücksbuffet 50–60 €. Buchhofstr. 33, ✆ 08151/89561, 📠 274718, www.pension-sonnenblick.info.

Pension Fersch (6), am Ortsrand, zu erreichen über eine Abzweigung der Buchhofstraße Richtung Wangen. Mit kinderfreundlichem großem Garten. Die Zimmer liegen trotz der nahen Autobahn relativ ruhig. DZ/Bad/F 62 €, ohne Extra-WC (nur Bad) 52 €. Kreuzstr. 8, ✆ 08151/89367.

Gasthof Brückenwirt (8), an der zumindest tagsüber vielbefahrenen Hauptstraße Richtung Berg/Wolfratshausen. DZ/F, viele ohne Bad im Zimmer, 50–60 €. Beliebt auch als Speisegaststätte mit kleinem Biergarten, eigene Metzgerei (Hausschlachtung), zudem preisgünstig: viele Hauptgerichte um 10 €. Mo Ruhetag. Berger Str. 7, ✆ 08151/89883, 📠 972764.

Leutstetten Das hübsche Örtchen, rund 3 km nördlich von Starnberg, ist ein beliebtes Ausflugsziel und gleichzeitig Ausgangspunkt für schöne Wanderungen im Auwald des Mühltals, zu erreichen über die Straße nach Gauting (die S-Bahn-

Station „Obermühlthal" wurde leider aufgelöst).

Forsthaus Mühlthal (3), an der Straße nach Gauting, ca. 1 km von der S-Bahn-Station entfernt. Schmuckvoll restauriertes, über 100 Jahre altes Haus mit Terrasse und Biergarten. Gemütlich-rustikale Zimmer, DZ/Bad/F 95 €. Die Speisekarte verzeichnet neben Kaffee und Kuchen verschiedene Brotzeiten ab 5 € und Hauptgerichte – Fleisch, Fisch, zur Saison auch Wild – für ca. 10–15 €. So vormittags Brunch, tägl. geöffnet. Mühltal 124, ✆ 08151/36090, 📠 360998, www.forsthausmuehltal.de.

• *Essen und Trinken* **Gasthof Sonne (4)**, alteingesessene Wirtschaft. Gaststube ohne Schnickschnack, bekannt für gutes Essen: Fleisch- und Wurstwaren aus eigener Metzgerei, überwiegend um 10 €, Fisch- und Pfannengerichte z. T. etwas mehr; Parkmöglichkeit für Gäste. Ungewöhnliche Öffnungszeiten: nur Mo–Fr 10–20.30 Uhr, Sa 10–14.30, So und Feiertage Ruhetag. Auch Zimmer, DZ mit Bad allerdings für 84 €, mit Etagendusche immer noch 68 €. Hanfelder Str. 7, ✆ 08151/2060 oder 36230, 📠 28752, www.unserfenster.de (Suchbegriff: Alois Scholler), scholler-starnberg@vr-web.de.

Seerestaurant Undosa (15), geradezu eine Institution in Starnberg. Das ehemalige Wellenbad vom Anfang des Jahrhunderts ist in ein gastronomisches Multiunternehmen verwandelt worden: Restaurant, Café, Eiscafé, Tanzbar und Night-Club. Schön gelegene Terrassen am See, gehobene Preise (Obazter 5,90 €, Schnittlauchbrot 2,50 €, 2 Paar Wiener 4,50 €, Renke „Müllerin Art" 16,90 €, Grillteller 14,90 €); günstiger sind die Mittagsmenüs (bis 9,50 €). Nach dem S-Bahn-Fußgängertunnel rechts die Promenade entlang. Tägl. 10–24 Uhr. www.undosa.de.

Illguths Gasthaus Starnberger Alm (9), äußerlich unauffälliges Haus, innen fast wie ein Heimatmuseum eingerichtet, besonders in der „Museumsstub'n" im ersten Stock. Die schwäbisch angehauchte bayerische Küche, großteils zu Preisen um 10–12 €, wurde schon von verschiedenen Restaurantführern ausgezeichnet. Üppige Auswahl an Württemberger Weinen (180 Sorten!), Andechser Biere vom Fass. Warme Küche von 16–24 Uhr, So, Mo Ruhetag. Schloßbergstr. 24, oberhalb der Straße nach Söcking, bei der Fußgängerbrücke. Reservierung ratsam: ✆ 08151/15577.

Percha **Seestubn Percha (14)**, der Klassiker am dortigen Freibadegelände. Die sonnige Terrasse Richtung See ist zweigeteilt: Auf der einen Seite werden komplette Mahlzeiten (Preisniveau 10–15 €) serviert, an den Biergartentischen dagegen Brotzeiten um 5–6 €. Spezialitäten des Hauses sind Fischsuppe und Kaiserschmarrn. Von der davor liegenden, an sonnigen Tagen stets proppevollen Liegewiese hat man freien Blick bis zu den Alpen. Täglich außer Di bis Mitternacht geöffnet. Schiffbauerweg 20, www.seestubn-percha.de.

Kiosk „Namenlos", etwa 500 m südlich der Seestubn. Ähnliche Lage, Biergartentische und preiswerte Brotzeiten. Bei schönem Wetter hat der Kiosk jeden Tag geöffnet.

Waldgasthof Manthal (11), südlich an Percha anschließend, die Abzweigung ist ausgeschildert. Angenehm bodenständiges Wirtshaus etwa 1 km im „Landesinneren" gelegen und damit bereits abseits der touristischen Rennstrecken. Idyllische Lage im Grünen, in einer kleinen, unverbauten Senke. Schöne Innenräume in einem alten Bauernhaus, der kleine, schattige Biergarten hat einen Kinderspielplatz. Auch als Startpunkt für Spaziergänge durch den vor der Haustür gelegenen Wald geeignet. Gutes und preiswertes Essen in üppigen Portionen: Kalbsleber 12,90 €, Bärlauchknödel 6,80 €, Renke 12,90 €. Mi Ruhetag. Manthalstr. 1, 82335 Berg, ✆ 08151/444767.

Leutstetten In allen Gaststätten von Leutstetten werden Kaltenberger Biere ausgeschenkt: Die Besitzer der Schloßbrauerei Kaltenberg, Prinzessin Irmingard und Prinz Luitpold von Bayern, sind auch die Eigentümer des dortigen Schlosses.

Schloßgaststätte Leutstetten (2), ein Klassiker und beliebter Treffpunkt: sonnige Terrasse und Biergarten, viel Betrieb, besonders an Wochenenden. Auf der Tageskarte viele relativ preisgünstige Gerichte unter 10 € (der täglich ofenfrisch servierte Schweinebraten etwa kostet 7,80 €), frischer Fisch aus dem eigenen Teich ist für 12–14 € zu haben. Tägl. außer Di 10–1 Uhr. Altostr. 11.

Wirtshaus Obermühlthal (1), traditionsreiches, bereits 1892 errichtetes Haus. Die gleichnamige S-Bahn-Station davor wurde aufgelöst, von der nächstgelegenen (Starnberg Nord) sind es 3 km, ein Fahrrad erscheint also ratsam. Gemütliche Stuben (eine für Nichtraucher reserviert), hübsche Terrasse, lauschiger Biergarten und gutes Essen. Die ambitionierte Speisekarte ver-

Das Wirtshausschild des Seerestaurants Undosa

zeichnet Spezialitäten wie „Ab'bratene Blut- und Leberwurst mit Rieslingkraut und Erdäpfelschmarrn", „Haussulz mit Kürbiskernöl, blauen Zwiebeln, Gstürzte" oder „halbe Bauernente in der Pfanne", alles von etwa 8–15 €. Im Biergarten gibt's verschiedene Brotzeiten unter 5 € und von April bis Oktober jeden Sa ab 17 Uhr und So ab 12 Uhr Live-Jazz (Eintritt frei) – sofern das Wetter mitspielt. Dann ist auch täglich geöffnet, das Wirtshaus selbst hat Mo Ruhetag. Obermühlthalstr. 130 (an der Straße nach Gauting, kurz nach der Brücke über die Würm), ✆ 08151/8585.

Baden/Freizeit/Sport/Veranstaltungen/Feste

• *Baden* **Freibadegelände Starnberg-Percha**: Beim gleichnamigen Ortsteil, Wiese mit Bäumen, Gaststätte, Kiosk (s. Seestubn Percha). Der weit in den See hineinreichende Badesteg öffnet einen schönen Blick auf die Alpen, an heißen Tagen dient er als Bühne für Reich und Schön. Parkplätze (2 €) sind reichlich vorhanden, dennoch wird es im Sommer oft eng. Vor allem, weil das etwas weiter südlich gelegene **Freizeitgelände Kempfenhausen** (s. Berg) ebenfalls viele Parkplatzsucher anzieht. Dennoch: Kempfenhausen ist für Sonnenhungrige eine gute Ausweichvariante.

Wasserpark Starnberg: Nicht weit vom Bahnhof, Strandbad (Erw. 3 €, Kinder 1,50 €) und Hallenbad (4/2 €) mit Wasserrutsche, Sauna, Solarium und Chinarestaurant. Strandbadstraße 5, ✆ 08151/12666, www.wasserpark-starnberg.de.

• *Freizeit/Sport* **Ballonfahrten**: Reizvoll, aber kein ganz billiges Vergnügen (75 Min. Fahrt 165 €, 2 Std. 230 €). Wer auf den Geschmack gekommen ist, will vielleicht mal ganz hoch hinaus: in 4000–6000 m über die Alpen nach Oberitalien. Landstettener Ballonfahrten, Klosterholzweg 1, Starnberg-Landstetten, ✆ 08157/9104, ℻ 9105, www.landstettener-ballonfahrten.de. Mo–Fr 9–12 Uhr

Bootsverleih: Mehrere Vermieter an der Seepromenade Richtung Restaurant Undosa.

Fahrradverleih: Bike it, Maximilianstr. 4, ✆ 08151/746430, www.bikeit.de. Organisiert auch Touren.

Golf: Im Würmtal, 3 km von Starnberg entfernt, liegt ein hügeliges, anspruchsvolles Gelände. Anfahrt Richtung Gauting, nach dem Ortsende von Starnberg weist ein Schild zum „Golf- und Landclub Gut Rieden". Die 18-Loch-Anlage bietet schöne Ausblicke auf See und Alpen. ✆ 08151/90770, ℻ 907711, www.gut-rieden.de.

• *Veranstaltungen/Feste* **Französische Woche**: Stets gut besuchte Feier der Städtepartnerschaft mit Dinard (Bretagne) am Kirchplatz, von Di vor bis So nach Christi Himmelfahrt, also Ende Mai; Musik, Austern- und Hummerschmaus, sportliche Wettkämpfe etc.

Jahrmarkt: 4. So im Juni und 2. So im Oktober auf dem Kirchplatz: Lederwaren, Textilien, Puppen und Natursteine.

Kino Open Air: Ende Juli auf dem Kirchplatz, Filmprogramm unter www.breitwand.com.

Pfälzer Weinfest: Erstes Wochenende im Juli, Kirchplatz.

Schlossberghalle: Das Kulturzentrum am Fuß des Schlossbergs (neben dem Rathaus) hat täglich Veranstaltungen im Programm, bekannt ist das *Bluesfestival* im Juli. Vogelanger 2, Karten und Infos auch beim Tourismusverband.

Segel- und Ruderregatten: An fast jedem Wochenende der Saison; große Ruderregatta am zweiten Wochenende des Münchner Oktoberfestes. Seit 2004 findet jährlich Anfang Juni ein internationaler Segelwettkampf mit vielen Olympiateilnehmern statt. Begleitet wird das *Volvo Champions Race* natürlich von einem Rahmenprogramm mit Auto-Präsentation am Ufer.

Sommernachtsfeste (*Starnberger Sinneslust, Karibische Nacht*): An wechselnden Wochenendterminen und -schauplätzen im Juli und August, rund um das Undosa oder am Festplatz vor dem Landratsamt, Strandbadstr. 2.

Starnberger Fischerstechen: Traditioneller Lanzenkampf von Booten aus. Nur alle fünf Jahre, das nächste Mal 2007; voraussichtlicher Termin Ende Juli, Anfang August.

Südbayerisches Theaterfestival: Ganzjährig Aufführungen von Dramen des 20. Jh., vor allem in der Schlossberghalle. Aktuelles Programm erhältlich beim Tourismusverband.

Sehenswertes

Vielen Besuchern reicht ein Spaziergang entlang der Promenade am See (parallel zur S-Bahnlinie, Station „Starnberg"). Es gibt jedoch noch einiges mehr zu entdecken.

Seepromenade: Erstes Ziel fast aller Neuankömmlinge – gleich hinter dem Bahnhof liegt der See. Bummelt man bis an das südwestliche Ende der Promenade, vorbei an der Terrassenanlage des „Undosa", stößt man auf einen martialisch gestalteten bayerischen Löwen: Er zierte einst das Heck des Dampfschiffs Bavaria, das zwischen 1878 und 1919 seinen Dienst versah.

Ostwärts des Bahnhofs dagegen wendet sich die Promenade recht bald vom Ufer ab. Über den Nepomukweg und vorbei am Gelände des Wasserparks trifft man auf den Abfluss des Sees, die Würm. Hier steht die Nepomukbrücke, die nach dem Schutzheiligen der Brücken benannt wurde. Der Klappmechanismus dieser schönen alten Holzkonstruktion ermöglicht es kleineren Schiffen, in das Gelände der traditionsreichen Bootswerft Ramsbeck einzufahren. Weiter östlich geht es über eine jüngere Zugbrückenversion zum Badegelände von Starnberg-Percha und dann über den Uferweg Richtung Freizeitgelände Kempfenhausen und weiter nach Berg (s. Starnberger See – Ostufer, S. 42ff.).

Heimatmuseum der Stadt Starnberg: Fast ein „Muss", nicht nur für historisch interessierte Starnberg-Besucher. Als stimmungsvoller Rahmen dient das 1538 erstmals urkundlich erwähnte *Lochmannhaus*; das ehemalige Anwesen einer Fischerfamilie wurde in den achtziger Jahren grundlegend saniert. Die informative Ausstellung, deren rund 800 Exponate großteils aus der Zeit des 18./19. Jh. stammen, gibt Einblick in die ländlichen Lebens- und Arbeitsbedingungen jener Zeit und beleuchtet die Geschichte des Starnberger Raums bis hin zum Einsetzen des Fremdenverkehrs. Angeschlossen ist eine Sammlung von Gemälden, Graphiken und Plastiken, darunter als Prunkstück „Die Heilige" des Rokoko-Bildhauers Ignaz Günther. Gegenwärtig wird das Heimatmuseum um einen dreistöckigen Bau erweitert, der 2007 durch einen gläsernen Gang mit dem Lochmannhaus verbunden wird. Das letzte erhaltene Prunkschiff der Wittelsbacher, der „Delphin" – gegenwärtig in Restauration – geht dort für immer vor Anker. Die Dauerausstellung „500 Jahre höfische Schifffahrt" soll das Angebot ergänzen.

• *Öffnungszeiten* Di–So 10–12 und 14–17 Uhr, Februar geschlossen. Possenhofener Str. 5, Zugang vom Bahnhofsplatz, ✆ 08151/772132, www.heimatmuseum.starnberg.de. Eintritt Erwachsene 2 €, Kinder 1 €. Wer den Schiffsrestauratoren bei der Arbeit zusehen möchte, kann unter ✆ 08151/772110 eine „Delphin"-Führung vereinbaren.

Starnberger Schloss: Bereits 1244 stand auf dem Schlosshügel eine Burg der Grafen von Andechs. Der wuchtige Bau, der sich heute weithin sichtbar über dem Ort erhebt, stammt jedoch aus dem Jahre 1541 und ist – für Starnberg nicht unpassend – Sitz des Finanzamtes.

Alte Pfarrkirche St. Joseph: Ebenfalls auf dem Schlosshügel gelegen, gilt sie zusammen mit dem Schloss selbst als Wahrzeichen der Stadt, gleichzeitig als ein Paradebeispiel bayerischer Dorfkirchen des Rokoko. Der äußerlich eher schlichte, ab 1764 errichtete Bau beeindruckt durch die aufwändige Ausstattung des Inneren. Die Deckenfresken stammen von Christian Winck, die Kanzel und der grandiose Hochaltar sind Arbeiten von Ignaz Günther.

Die alte Pfarrkirche St. Joseph

Wanderung: Starnberg – Maisinger See – Kloster Andechs

Die landschaftlich vielseitige Wanderung führt auf dem Kreiswanderweg Nr. 3 durch die wildromantische Maisinger Schlucht zum Naturschutzgebiet Maisinger See. Von dort bieten sich verschiedene Varianten, deren reizvollste weiter zum Kloster Andechs führt.

Route: Starnberg – Maisinger See – Kloster Andechs: 13 km; vom Kloster per Bus zurück nach Starnberg oder hinab zum Bahnhof Herrsching (dann insgesamt 17 km) mit S-Bahn-Anschluss nach München. **Routenvarianten**: A. Starnberg – rund um den Maisinger See – Starnberg (17 km). B: Starnberg – Maisinger See – S-Bahnhof Possenhofen mit Anschluss nach Starnberg und München (11 km). **Einkehr**: **Gaststätte Maisinger See**, hübsches, traditionelles Wirtshaus mit sonniger Terrasse; am schönsten sitzt man an den Biergartentischen oben auf dem Uferdamm. Neben einer guten Auswahl an Brotzeiten werden auch anspruchsvollere Gerichte serviert. Im Winter Mo Ruhetag. ✆ 08151/3318. Weitere Einkehrmöglichkeiten in Pöcking und natürlich im Kloster Andechs. Näheres siehe jeweils unter den einzelnen Orten.

Vom Ausgang des S-Bahnhofs in Starnberg hält man sich links und folgt dem Verlauf der Bahnhofsstraße über die abknickende Vorfahrt hinaus geradeaus und den Berg hoch bis zur Ampel. Hier geht es geradeaus auf den oberhalb gelegenen Fußgängerweg (Straße unterhalb beschildert: „Finanzamt, Söcking") und vorbei am Gasthof „Starnberger Alm", bis sich der Weg wieder zur Hauptstraße nach Söcking senkt. Nach einer kleinen Brücke dann links ab in die Maisinger-Schlucht-Straße bis ans Ende. Hier in die für Kraftfahrzeuge gesperrte Straße und rechts am Wasserwerk vorbei, dann mehrfach auf kleinen Brücken über den Maisinger Bach. Etwa 700 m hinter dem Wasserwerk entfernt sich der Pfad vom Bachlauf und führt über eine Wiese, vorbei an einem eingezäunten Gelände, auf ein kleines Asphaltsträßchen zu. Dort links, aber bereits nach 100 m wieder rechts ab und den Kiesweg hinein in die Maisinger „Schlucht": Ein schönes Fleckchen, angenehm kühl, begrenzt von ausgewaschenen Nagelfluhfelsen.

Etwa 2 km weit folgt man der Schlucht, bis der Weg am Ortsrand von Maising auf ein schmales Asphaltsträßchen trifft. Hier links, am Stoppschild dann rechts und auf der ansteigenden Hauptstraße quer durch Maising. Gleich hinter dem rechterhand liegenden, nur selten geöffneten Gasthaus „Georg Ludwig" weist links ein blaues, gekröntes „K", das Zeichen für den König-Ludwig-Weg, auf einen unbefestigten Weg, der Hügel abwärts durch lichte, offene Wiesenlandschaft zum Maisinger See führt: Ab Starnberg hat man bisher rund 6 km zurückgelegt.

Maisinger See: Das flache Gewässer ist ein wichtiges Brutgebiet seltener Vogelarten und deshalb unter Naturschutz gestellt. Baden ist nur im Bereich der Gaststätte erlaubt, der Badespaß hält sich angesichts einer maximalen Wassertiefe von meist kaum einem Meter aber ohnehin sehr in Grenzen. Die zunehmende Verlandung bereitet den Naturschützern Kopfzerbrechen – immer weiter dringen die Schilfgürtel in den See vor. Im Winter ist der kleine See meist zugefroren und dann ein beliebtes Revier der Schlittschuhläufer und Eisstockschützen.

Von der Gaststätte Maisinger See, die sich gut für eine Einkehr eignet, führt ein Weg entlang des Fallbachs nach Süden. Etwa 500 m südlich des Sees teilt sich der Weg: Geradeaus geht es nach Aschering und Andechs sowie auf den Rundweg um den See; linkerhand kommt man, vorbei an der Häusergruppe von Neu-Maising, nach Pöcking.

Die Route führt an der Gabelung geradeaus und vorbei an einem einzeln stehenden Hof nach Aschering. Im weiteren Verlauf folgt man immer der Beschilderung des Kreiswanderwegs Nr. 3, der hier mit dem König-Ludwig-Weg identisch ist. Unterwegs bietet sich ein Ausblick auf den Eßsee, der durch das dortige Max-Planck-Institut für Verhaltensforschung bekannt wurde. Wenig später geht es am Sträßchen Frieding–Machtlfing links zum Waldrand, dann rechts ab Richtung Rothenfeld, jedoch bald wieder links, dem Wanderweg nach zur Straße Perchting–Andechs; dort am Parkplatz in den Hohlweg und schließlich über den Andechser Kreuzweg zum Kloster. Von Andechs (s. Ammersee) aus kann man entweder den Bus zurück nach Starnberg nehmen oder weitere 4 km zum Bahnhof Herrsching (S 5 nach München) wandern.

Variante A Starnberg – rund um den Maisinger See (5 km) –Starnberg: Aus Naturschutzgründen verlaufen die

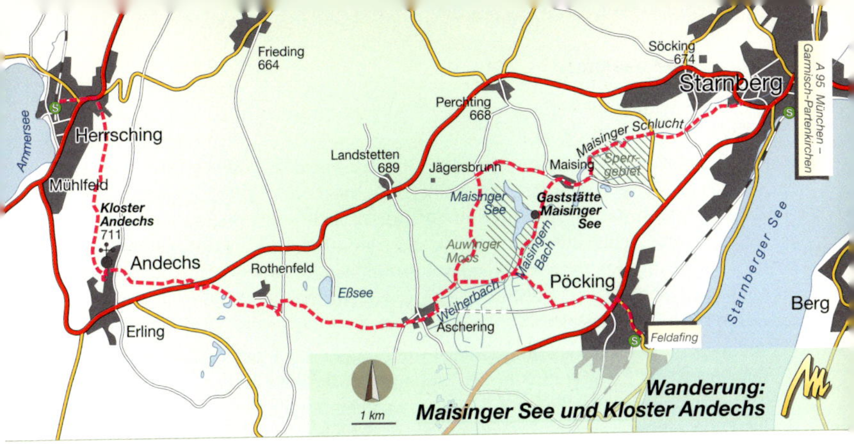

Wege meist weit abseits des Ufers. Bei dieser Variante nimmt man zunächst den selben Weg wie oben, hält sich jedoch bei dem einzeln stehenden Hof rechts und folgt dem Weg durchs Auwinger-Moos und über einen bewaldeten Hügelrücken nach Jägerbrunn. Dort am Ortsende rechts ab und auf einem schmalen Asphaltsträßchen wieder nach Maising und zurück durch die Maisinger Schlucht nach Starnberg.

Variante B Starnberg – Maisinger See – S-Bahnhof Possenhofen: Auf diesem Weg muss man an der oben angesprochenen Gabelung links abbiegen und gelangt so, zunächst noch auf einem Feldweg, später auf der von Aschering kommenden, wenig befahrenen Nebenstraße, bis zur Ampel in Pöcking. Dort links und die Hauptstraße entlang bis zum Gasthof „Zur Post“, dann rechts bergab bis zum etwa 900 m entfernten Bahnhof der S 6 nach Starnberg–München.

Starnberger See – Ostufer

Am Ostufer geht es eindeutig ruhiger zu als am Westufer des Starnberger Sees. Wichtigster Grund: In weiten Teilen, nämlich von **Berg** bis hinter **Ambach**, ist die Seeuferstraße für den öffentlichen Kraftfahrzeugverkehr gesperrt – ein Paradies für Wanderer und Radler also; Autofahrer erreichen die einzelnen Orte nur über Stichstraßen. Gleichzeitig ist der Osten auch deutlich dünner besiedelt, denn die hinter dem Ufer schnell steil ansteigenden Moränenhänge ließen nicht viel Platz für größere Ortschaften. Den Ausflügler erwarten stattdessen viel schattiger Wald, Dutzende nobler Villen in Traumlage und ein schöner Wirtsgarten neben wirklich jedem Dampfersteg. Nicht zu vergessen die Sonnenuntergänge hier ... An Badeplätzen allerdings herrscht zwischen Berg und Ambach ein gewisser Mangel, die kiesigen Uferstreifen sind schmal und längst nicht überall frei zugänglich. Für einen kurzen Sprung ins Wasser reicht es da und dort aber allemal; südlich von Ambach finden sich dann auch wieder große Strandbäder.

• *Abstecher für Familien* **Märchenwald im Isartal bei Wolfratshausen**, jenseits der Autobahn Garmisch–München, mit dem Auto vom gesamten Ostufer aus relativ schnell zu erreichen. Geboten werden u. a. 52 Märchenszenen, eine Westerneisenbahn und eine mechanische Pferdereitbahn. Eine Woche vor Ostern bis Mitte Oktober tägl. 9–18 Uhr, hoher Eintrittspreis von 9,25 € für Erwachsene und 8,25 € für jedes Kind bis 1,40 m. 3% Rabatt bei Barzahlung. Kräuterstr. 39, Wolfratshausen (im Ort ausgeschildert), ✆ 08171/18760, 📠 22236, www.maerchenwald-isartal.de

Berg

Eine kleine Gemeinde nur mit ca. 8.700 Einwohnern, doch im Fremdenverkehr fast ein Riese: Mit jährlich über 60.000 Übernachtungen macht Berg sogar Starnberg Konkurrenz. Vielleicht ist es der Ruf des Dorfes als Prominentenwohnsitz, der die Leute anzieht. Schließlich hat so manche Berühmtheit hier ihr wohlgehütetes Domizil, angefangen vom rennfahrenden Prinzen bis hin zum Fußballnationalspieler. Und nicht ohne Grund wurde der Klosterweg im Ortsteil Aufkirchen in „Heinz-Rühmann-Weg" umbenannt.

Die meisten Besucher allerdings folgen wohl immer noch den Spuren der Legende *Ludwigs II.*, der hier am 13. Juni 1886 auf mysteriöse Weise im See ertrank. Sein Todestag (bzw. der nächstliegende Sonntag) ist alljährlich Anlass zu einer großen Gedenkfeier Königstreuer bei der Votivkapelle im Schlosspark. Genau dort beginnt auch der berühmte „König-Ludwig-Weg", der in fünf Wandertagen und diversen Varianten bis ins 120 Kilometer entfernte Füssen führt, eine Tour, die als Pauschalarrangement über den Fremdenverkehrsverband Ammersee-Lech gebucht werden kann.

Ein bayerischer Querkopf – Oskar Maria Graf

Lange hat man ihn als bayernseligen Bierdimpfl verkannt, den 1894 in Berg geborenen Schriftsteller Oskar Maria Graf. In drangvoller Enge als eines von elf Kindern eines Bäckers aufgewachsen, zieht es den literaturbegeisterten jungen Mann bereits mit 17 Jahren in die Großstadt München. Doch der schnelle Erfolg als Autor lässt auf sich warten; über ein Jahrzehnt lang muss Graf sich mit Hilfsarbeiten ernähren. Erst 1927 verschafft er sich mit *Wir sind Gefangene* breite Anerkennung, *Bolwieser, Roman eines Ehemannes* wird 1931 einer seiner größten Erfolge.

Wohl weil viele seiner Bücher das Leben auf dem Land thematisieren, finden die Nationalsozialisten fast so etwas wie Gefallen an dem politisch eigentlich links eingestellten Schriftsteller. Der jedoch lässt sich nicht vereinnahmen. Die Bücherverbrennungen 1933 beantwortet er von einer Vortragsreise aus Wien mit dem Aufruf *Verbrennt mich!* („Nach meinem ganzen Leben und meinem ganzen Schreiben habe ich das Recht zu verlangen, dass meine Bücher der reinen Flamme des Scheiterhaufens überantwortet werden ... „) Nach dieser Reaktion, erst recht nach der höhnischen Darstellung des grundsätzlich unpolitischen, aber die Gunst der braunen Stunde nützenden Postinspektors *Anton Sittinger* (1937), bleibt Graf nur das Exil, zuerst in Österreich, Prag und der Sowjetunion, ab 1938 dann in den Vereinigten Staaten. In Deutschland will der eigentlich so heimatverbundene Schriftsteller nicht mehr leben; er stirbt 1967 in New York. Sein Heimatdorf tat sich lange schwer mit dem „roten" Sohn. Doch 1994, zu seinem 100. Geburtstag, ehrte die Gemeinde ihn mit einer großen Ausstellung. Und heute erinnert eine große Bronzeplastik im Viertel Aufkirchen an ihn, eine Schule heißt nach ihm und sein **Geburtshaus** liegt jetzt in der Grafstraße 9. Dort, im **Oskar-Maria-Graf-Stüberl**, lässt sich übrigens vorzüglich speisen und, vor allem an den sonnigen Plätzen vor dem Haus, ausnehmend nett sitzen. Die Berger, so scheint es, haben ihren Frieden mit dem politischen Querkopf gemacht, der sich in seinen Romanen immer gegen falsche Idyllen gewehrt hatte.

• *Information* Kein Tourismusbüro, aber Infomaterial im Rathaus, Mo, Di, Do und Fr 7.30–12.30, Do auch 14–18 Uhr, Ratsgasse 1, 82335 Berg, ✆ 08151/5080, 📠 50888.

• *Übernachten* **** **Seehotel Leoni**, am Dampfersteg im kleinen Ortsteil Leoni, der unmittelbar südlich von Berg rechts der Hauptstraße liegt (ein Spazierweg verbindet die beiden Ortsteile auch unten am See entlang). Das Hotel an sich ist architektonisch keine Schönheit, bei Preisen von 138–208 € für DZ/Bad/F darf man jedoch einen gewissen Komfort erwarten – besondere Attraktion ist das Hallenbad mit direktem Zugang zum See. Das Restaurant mit Seeterrasse bietet Hauptgerichte von 15–20 € ; günstiger ist es im ebenfalls zum See gelegenen Biergarten mit Selbstbedienung und Brotzeiten unter 5 €. Assenbucher Str. 44, ✆ 08151/5060, 📠 506140, www.hotel-leoni.com.

Schloss Berg, ein paar hundert Meter nördlich des Ortskerns von Berg. Das 1994 renovierte, stilvolle Strandhotel liegt direkt am Dampfersteg, stammt vom Anfang des 20. Jh. und glänzt mit schöner Restaurantterrasse am See. Das etwas zurückversetzte Parkhotel ist ein komfortabler Neubau; DZ/Bad/Frühstücksbüffet kosten in beiden Häusern 85–195 €. Hauptgerichte im angeschlossenen Restaurant gibt es großteils um 10–20 €. Täglich geöffnet. Seestr.17, ✆ 08151/9630, 📠 96352, www.hotelschlossberg.de.

Landgästehaus Lechnerhof, eine ganze Ecke weg vom See in Berg-Aufhausen (Straße nach Wolfratshausen). Sehr kinderfreundliche Familienpension: großer Garten, Tiere, hübsche Zimmer, auf Wunsch Kinderbetreuung möglich; eigener Fischweiher. DZ/Bad/F 62 €. Oberlandstr. 25–27, ✆ 08151/50508, 📠 50332, www.lechnerhof.de.

Die Votivkapelle im Schlosspark

• *Baden* **Freizeitgelände Percha-Kempfenhausen**: Etwa 1,5 km nördlich von Berg, bei Percha (s. Starnberg, Baden). Mit 70.000 Quadratmetern ein recht ausgedehntes Areal; Clou ist der fast 100 m lange Badesteg. Viel Platz, viel Andrang – an Sommerwochenenden sind die 400 großteils gebührenpflichtigen Parkplätze (2 €) schnell belegt.

• *Freizeit/Sport* **Bootsverleih**: Jeweils nahe des Hotels Schloss Berg und des Seehotels Leoni.

Fahrradverleih: Radl-Sepp in Berg-Bachhausen (rund 3,5 km östlich von Leoni), Dorfstr. 5, ✆ 08151/50343.

Fünfseenland

Sehenswertes

Die insgesamt drei Schlösser im Gemeindegebiet (in Berg, Allmannshausen und Kempfenhausen) sind allesamt in Privatbesitz und leider nicht zugänglich. Doch auch der Blick von außen und der Besuch des Parks lohnen sich.

Schlosspark Berg: Wer die Hauptattraktion des Dorfes besuchen will, muss sich vom Dampfersteg beim Hotel Schloss Berg erst einmal ein Stück weit die steile Wittelsbacher Straße hoch quälen. Bald jedoch bietet der schattige, uralte Baumbestand des Schlossparks willkommene Erholung. Das schlichte *Schloss* wurde 1640 als Herrenhaus erbaut, bereits wenig später jedoch von Kurfürst Ferdinand Maria gekauft, der auch den Park anlegen ließ; sein heutiges Aussehen erhielt das Schloss

„Ein ewiges Rätsel will ich bleiben mir und anderen"

Zumindest dieser Wunsch Ludwigs II. ging in Erfüllung: Kaum eine andere Persönlichkeit der bayerischen Geschichte blieb bis heute Objekt so zahlreicher Spekulationen. Zwar gilt inzwischen als gesichert, dass der „Märchenkönig" eine Zuneigung zu hübschen jungen Männern hegte und auch dem Alkohol mehr zusprach als ihm gut tat. Rätsel bleiben dennoch genug. Nicht einmal mehr die Abstammung des berühmtesten aller Bayernkönige ist unumstritten. 1991 nämlich präsentierte der Universitätsprofessor Karl Bosl eine Untersuchung, der zufolge Ludwig II. das Resultat eines Seitensprungs seiner Mutter Marie von Preußen war. Für die rund 10.000 Mitglieder der 56 bayerischen Ludwig-Vereine ein Alptraum: der „Kini" kein Wittelsbacher, somit als Herrscher illegitim ... Pikanterweise verweigert das Haus Wittelsbach bis heute einen anhand von Gewebsprobenvergleichen technisch durchaus möglichen Vaterschaftstest Maximilians II. – auch künftig ist also für Kontroversen gesorgt.

Schon bei seiner Thronbesteigung 1864 besaß Ludwig II. die besten Voraussetzungen, zur Legende zu werden: gerade 18-jährig, gut aussehend und mit der Statur eines Hünen, dabei friedliebend und romantisch. Seit seiner Jugend ein Freund der Natur und der Künste, besonders der Opern Richard Wagners, brachte ihm seine Regentschaft bald unsanften Kontakt mit den Realitäten der Zeit: 1866 der verlorene Krieg auf Seiten Österreichs gegen Preußen, 1870/71 die Teilnahme am Krieg gegen Frankreich, dann der unangenehme Beitritt Bayerns zum Deutschen Reich, dem Ludwig seine Unterstützung vielleicht nur deshalb nicht versagte, weil er bereits auf finanzielle Hilfen Bismarcks angewiesen war.

Mehr und mehr hatte sich der „Märchenkönig" nämlich von der Politik abgewandt und in eine teure Traumwelt geflüchtet. Schon 1868 ließ er Schloss Neuschwanstein erbauen; 1870 folgte das Jagdschloss Schachen im Wettersteingebirge, in dessen orientalisch inspiriertem Inneren türkisch gekleidete Diener Wasserpfeifen rauchen mussten; 1874 Schloss Linderhof mit seiner dem „Tannhäuser" nachempfundenen beleuchteten Grotte, durch die sich der König mit einem vergoldeten Kahn in Form einer Riesenmuschel schippern ließ; ab 1878 schließlich Schloss Herrenchiemsee, das Versailles Konkurrenz machen sollte – nicht umsonst erinnern diese Schlösser allesamt an Opernkulissen, hatte der König doch jeweils Theatermaler mit der Gestaltung beauftragt. Der wahre Schöpfer dieser jedes Maß sprengenden Inszenierungen war jedoch der exzentrische Monarch selbst. „Das Unechte an Ludwigs Kunst ist so monströs, so gewaltig, daß die Quantität bereits in Qualität umschlägt. Der echte Stil Ludwigs II. ist das Unechte" (Herbert Rosendorfer).

Beim Volk, das den eigenbrötlerischen König innig liebte, hatte Ludwig II. unbegrenzten Kredit. Die bayerische Staatskasse war jedoch nicht so unerschöpflich, der baldige Bankrott abzusehen – 1885 mussten die Arbeiten an Herrenchiemsee abgebrochen werden. Zu jener Zeit mehrten sich auch die Zweifel am Geisteszustand des Königs, der schon seit Jahren mit seinem Kabinett nur noch über Mittelsmänner verkehrte.

Die näheren Umstände der Geschehnisse, die schließlich zum Tod des Königs führten, werden wohl ewig ein Geheimnis bleiben. Bekannt ist nur der chronologische Ablauf: Am 9. Juni 1886 wird Ludwig II. aufgrund eines ärztlichen

Gutachtens durch eine Staatskommission entmündigt; statt seines Bruders Otto übernimmt der Onkel Luitpold die Regentschaft. Am 12. 6. bringt eine Kutsche den entmachteten König nach Schloss Berg. Dort geht Ludwig II. in den späten Abendstunden, begleitet vom Psychiater Dr. von Gudden, auf einen Spaziergang zum See. Wenig später werden die beiden Männer tot im nur brusttiefen Wasser gefunden. Hat der immer noch kräftige Ludwig bei seinem Selbstmord den eher schwächlichen Arzt mitgerissen? Oder wurde der störende Ex-Regent beseitigt, der unglückliche Zeuge dieses Mordes gleich mit? Neue Studien legen eher den Schluss nahe, dass Ludwig II. sich dem Griff der Psychiatrie entziehen wollte. Bernhard von Gudden hatte die Zwangseinweisung in eine geschlossene Anstalt bereits arrangiert – dem kam der König zuvor, behauptet Prof. Heinz Häfner, langjähriger Direktor des Zentralinstituts für Seelische Gesundheit in Mannheim. Er hatte Zugang zu bisher unveröffentlichten Dokumenten aus dem Hausarchiv des Herzogs Franz von Bayern und kommt zu dem Schluss, dass der Märchenkönig weder geistesschwach noch paranoid, wie damals behauptet, sondern „bausüchtig" gewesen sei, eine Form der „nicht substanzgebundenen Sucht", wie sie auch bei Glücksspielern vorkommt.

In memoriam: Hier starb Ludwig II.

Wie dem auch sei ... Sicher ist jedenfalls, dass die Bayern ihren geliebten „Kini" bis heute nicht vergessen haben. Sicher auch, dass sich seine Verschwendungssucht auf lange Sicht bezahlt gemacht hat: Allein durch die Eintrittsgelder für Ludwigs Märchenschlösser fließen pro Jahr über 11 Millionen Euro in die Kasse des Freistaats, allein Neuschwanstein wird jährlich von 1,2 Millionen Gästen besucht; insgesamt bringt der Kult um den König, so hat ein Spezialist des Münchner Fremdenverkehrsamtes einmal ausgerechnet, alljährlich rund 1,5 Milliarden Euro Umsatz. Dazu gehören auch die Einnahmen aus den zahlreichen medialen Inszenierungen des sagenumwobenen Lebens. Helmut Käutner machte 1955 den Anfang, es folgte 1972 der berühmte Film von Lucchino Visconti mit Helmut Berger in der Titelrolle, 1998 verwandelte Georg Ringsgwandl den König an den Münchner Kammerspielen in einen Punk und 2000 baute Füssen ihm zu Ehren ein ganzes Theater, für das bereits zwei Ludwig-Musicals geschrieben wurden. „Ludwig II – Sehnsucht nach dem Paradies" führte das Festspielhaus Neuschwanstein zwischen 2000 und 2003 rund 1.600-mal auf und dessen Nachfolger „Ludwig²", komponiert unter anderem von Konstantin Wecker, läuft seit März 2005 mehrmals wöchentlich. Der aktuelle Spielplan ist unter www.ludwig2musical.de zu finden.

im 19. Jh. durch Umbauten im neugotischen Stil, die von Maximilian II. und Ludwig II., der als Kronprinz und junger König oft hier gewohnt hatte, in Auftrag gegeben wurden. Ein Stück südlich des Schlosses, im ganzen Park gut ausgeschildert, steht die um 1900 errichtete, neuromanische *Votivkapelle*. Gleich unterhalb ist die Stelle, an der Ludwig II. den Tod fand, durch ein schlichtes Kreuz im Wasser markiert.

Zwischen Leoni und Ammerland: Südlich des Schlossparks gelangt man zunächst in das kleine Dorf *Leoni*, benannt nach dem Münchner Hofopernsänger Giuseppe Leoni, dessen Seefeste den kleinen Weiler in den zwanziger Jahren des 19. Jh. zum Anziehungspunkt für die Münchner Kunstszene gemacht hatten. Im weiteren Verlauf der gut sechs Kilometer bis Ammerland folgt die Straße bis kurz vor dem Ort immer dem Ufer, das aber als Privatbesitz großteils unzugänglich bleibt.

Abstecher nach Aufkirchen: Das Dorf, knapp zwei Kilometer östlich des Ortsteils Leoni gelegen, war bereits vor 700 Jahren ein bedeutender Wallfahrtsort. An der Stelle der damaligen Kapelle entstand um 1500 die spätgotische *Wallfahrtskirche Mariä Himmelfahrt*; ihre Außenwände schmücken volkstümliche Fresken aus dem frühen 18. Jh., im Inneren sind lebensgroße Holzfiguren Christi, der Jungfrau und der zwölf Apostel zu sehen.

Bismarckturm: Wadlkräftige Wanderer können diesen 80 Meter über dem See gelegenen Aussichtspunkt auf einem Fußweg erreichen, der bei *Seeleiten*, etwa einen Kilometer südlich von Leoni, abzweigt. Errichtet wurde das arg nationalistisch wirkende Monument Ende des 19. Jh. von einer Gruppe Münchner Bürger unter Führung von Franz von Lenbach. Wer auf der Landstraße unterwegs ist, wählt die Abzweigung nach *Assenhausen*, ein penibel gepflegtes Villendorf am Waldrand.

Ammerland

Das schmucke alte Fischerdörfchen mauserte sich im 19. Jh. zu einer Kolonie der Münchner Künstler. Bekannt wurde es als Wohnsitz des „Kasperl-Grafen" Franz Pocci, der ab 1830 im hiesigen Seeschloss aus dem 17. Jh. lebte, das heute in Privatbesitz ist. Pocci, Oberzeremonienmeister und Intendant Ludwigs I., gleichzeitig Dichter und Zeichner, war bei allen Würden ein fröhlicher, kinderfreundlicher Mensch, Autor vieler Stücke für Marionettenbühnen und Erfinder des „Kasperl Larifari", dem er seinen kuriosen Beinamen verdankt. In gewisser Weise die Nachfolge Poccis angetreten hat der heute in Ammerland lebende Humorist Vicco von Bülow, besser bekannt unter seinem Künstlernamen Loriot).

• *Übernachten/Essen und Trinken* **Hotel am See** , traditionsreiches Haus direkt neben dem Dampfersteg, seit rund 160 Jahren im Besitz der Familie Sailer. Der kastanienbestandene Biergarten liegt direkt am Wasser. Die Zimmerpreise (37 Betten) variieren je nach Lage und Ausstattung zwischen 54 und 84 € für DZ/F. Spezialität des Hauses im angeschlossenen Restaurant sind Renken, je nach Gewicht ab 12,90 €, Fleischgerichte (Tafelspitz 10,20 €) sind etwas günstiger. Nachmittags gibt es auch Brotzeiten. Di und Mi Ruhetag. Südliche Seestr. 4, 82541 Ammerland, ✆ 08177/93150, 📠 931522, www.hotel-am-see.net.

Gasthaus Gerer, 400 m vom See an der Straße nach Münsing. Ebenfalls eine solide Wirtschaft, kleiner Biergarten vor dem Haus, Kinder können das Damwild im Freigehege beobachten. Die Tageskarte verzeichnet viele Hauptgerichte zwischen 8 und 12 €, Fisch wie üblich etwas teurer. Mo und Do Ruhetag. Hauptstr. 22, ✆ 08177/700.

• *Baden/Freizeit* Nördlich und südlich des Ortes nur kleine Badeplätze mit schmalen, oft schattigen Uferstreifen. Bootsverleih 400 m nördlich und 2 km südlich des Hotels am See.

Startpunkt der Kurzwanderung: das Hotel am See in Ammerland

Kurzwanderung: Am Seeufer von Ammerland nach Ambach

Eine für Kraftfahrzeuge gesperrte Straße verläuft radlfreundlich unmittelbar entlang des meist unzugänglichen Seeufers, dessen schönste Fleckchen den Besitzern der feudalen, am Berghang gelegenen Villen vorbehalten bleiben. Trotzdem: es ist ein schöner, etwa einstündiger Spaziergang durch schattigen Laubwald entlang einer ganzen Reihe von architektonischen Kunstwerken. Vor allem das auf dem Weg liegende *Seeheim* gilt dabei als Nobelwohnsitz *par excellence* – große, mit uralten Bäumen bestandene Gärten, an deren Abhang noch viele Gründerzeitvillen liegen und unten, am See, die kleinen privaten Bootshäfen. Die Anwohner haben sich lange gegen den Bau des Uferwegs gewehrt, weil er die Grundstücke zerschneidet, aber letztlich war der öffentliche Wille stärker.

Ambach

In dem lang gezogenen, über 1100 Jahre alten Dorf bricht an Wochenenden regelmäßig ein Parknotstand der Luxuskarossen aus – und dies, obwohl Ambach wegen der Sperrung der Uferstraße für Kraftfahrzeuge nur über Münsing und Holzhausen zu erreichen ist. An ruhigeren Tagen mag manchem Besucher das hübsche, *Székler-Tor* genannte Holztor an der Uferstraße auffallen, das mittlerweile über 100 Jahre auf dem Buckel hat. Benannt ist es nach einem ungarischen Volksstamm im heutigen Rumänien. Der damalige Direktor der Maler-Meisterschule von Budapest errichtete es für die Frau des Villenbesitzers; es sollte wohl das Heimweh der aus Siebenbürgen stammenden Gattin vertreiben helfen. Später lebte in der Villa der Schriftsteller Waldemar Bonsels (1880–1952), Autor der „Biene Maja“. In dem Haus an der *Seeuferstraße 25* wurde eine Werkbibliothek mit einigen Erinnerungsstücken ausstaffiert und der – wenn auch stark eingeschränkten – öffentlichen

Nutzung freigegeben: Besuchstag ist jeden Mi von 11 bis 12 Uhr (nach Voranmeldung unter ✆ 08177/1328). Hauptziel der Porsche- und Harley-Fahrer ist in Ambach allerdings der „Gasthof Bierbichler" nur wenige Meter entfernt, einer der beliebtesten Treffs am ganzen See.

• *Übernachten* **Landhotel Huber am See**, im nördlichen Ortsbereich, ein kleines Stück abseits des Sees. Die gut ausgestatteten DZ/Bad/F kosten 85–125 €. Zu Recht ist das Haus besser bekannt als „Hubers Fischküche", denn Fischgerichte (Zander und Renken nach Gewicht ab 12,30 €) sind eindeutig die Spezialität des Hauses. Im Biergarten, dem Terrassen-Café und in der sonnigen Stube des etwas abseits des Sees gelegenen Neubaus werden allerdings auch kalter Schweinsbraten (7,50 €), Wild, Vegetarisches sowie Kaffee und hausgemachter Kuchen serviert. Kein Ruhetag. Holzbergstr. 7, 82541 Ambach, ✆ 08177/9320, ✆ 932222.

Schlossgut Oberambach, wer auf der Landstraße von Münsing Richtung Süden unterwegs ist, muss gut aufpassen, um die (beschilderte) Abzweigung zu dem bewaldeten Hügel nicht zu verpassen, hinter dem dieses Kleinod der Hotellerie versteckt liegt. Die gepflegte Anlage bietet einen traumhaften Blick über den Starnberger See und lockt zudem mit dem Begriff „ökologisch geführtes Biohotel". Besitzer ist Andreas Schwabe, dessen Urgroßvater das heute älteste homöopathische Unternehmen der Welt gründete. Das Restaurant führt entsprechend nur Gerichte aus biologischem Anbau, es gibt zahlreiche Ayurveda- und Kosmetikangebote. Zum Hotel gehört ein Badeteich und ein eigener Zugang zum Starnberger See. Rauchen ist strikt verboten. Vor einigen Jahren zog sich Rudi Völler mit seinen Jungs in diese abgeschiedene Idylle zurück, Loriot, der in der Nähe wohnt, schaut öfter mal vorbei und Wim Wenders erholte sich hier vom Dreh. DZ/Bad/F 145–215 €. Restaurant warme Küche 12–15 (kleine Karte) und 18–21 Uhr (große Karte). Oberambach 1, 82541 Münsing, ✆ 08177/9323, ✆ 932400. www.schlossgut.de.

Camping Hirth (Münsing-Ambach), am Nordrand des Erholungsgebietes, Zufahrt von der Straße Münsing–St. Heinrich. Ganzjährig geöffnet, mit Restaurant und Einkaufsmöglichkeit. Preise: Erwachsene 4,20 €, Zelt 5,20 €, Pkw 2 €. ✆ 08177/546, ✆ 8820.

• *Essen und Trinken* **Gasthof Bierbichler**, eigentlich **„Zum Fischmeister"**. Wie es heißt, eines der Lieblingslokale von Filmemacher Herbert Achternbusch; der hatte 1976 mit dem Theaterschauspieler Sepp Bierbichler in Ambach eine WG gegründet, die beiden bildeten jahrelang auch eine kreative Gemeinschaft. Die WG löste sich recht schnell auf, Bierbichler übernahm den alten Gasthof und schnell entstand daraus so etwas wie der Sommersitz der Münchner Medienschickeria. Auf jeden Fall ist es ein originelles und gemütliches Gasthaus, innen viel Holz, außen ein schöner Biergarten mit Blick über die Straße zum See. Zu essen gibt's Bayrisches und Bodenständiges internationaler Provenienz, darunter auch vegetarische Gerichte und vieles aus Italien. Hauptspeisen um 10–15 € (Schweinsbraten 10,50 €). Mi und Fr Ruhetag. Oft voll, deshalb am Wochenende abends Reservierung ratsam. Seeuferstr. 31, ✆ 08177/533.

Buchscharner Seewirt, unser Tipp im Freizeitgebiet Ambach, rund 2,5 km südlich vom Gasthof Bierbichler. Schöne Lage auf einer kleinen Anhöhe etwas über dem See, tolle Terrasse mit Sonnenuntergangsblick. Gekocht wird bayerisch-international, mit phantasievollen Anleihen aus dem nahen Ausland. Hauptgerichte, auch Fisch, 15–18 €, Vegetarisches etwas günstiger. Kein Ruhetag. Die Autozufahrt zur Gaststätte ist über die Straße nach St. Heinrich möglich, Parkplätze jedoch sind meistens rar – besser auf den großen Parkplätzen der Umgebung parken. Buchscharn 1, 82541 Münsing, www.buchscharner.de.

• *Baden/Freizeit/Sport* **Erholungsgebiet Ambach**, ein ausgedehntes, knapp 70 ha großes Gelände, das rund 1,5 km südlich des Gasthofs Bierbichler beginnt und sich über mehr als 2 km am See entlang erstreckt. Reichlich Platz also, mehrere große, gebührenpflichtige Parkplätze (2,50 €) für über 2600 Pkw, an schönen Sommerwochenenden natürlich reichlich Rummel. Ziemlich flach abfallender Strand, gut für Kinder; eine Besonderheit ist die Bademöglichkeit für Rollstuhlfahrer. Eintritt frei.

Fahrradverleih: Bei der Töpferei von Corinna Post in Holzhausen, St. Heinricher Str. 5, ✆ 08171/997900 (erst anrufen).

Abstecher zur Wallfahrtskirche Holzhausen: Von Hubers Landhotel im Norden von Ambach führt ein steiles Nebensträßchen (Vorsicht, Autoverkehr) in nordöstlicher Richtung nach Holzhausen. Etwas abseits dieser Straße steht leicht erhöht die *Wallfahrtskirche St. Johann Baptist und Georg* (15./18. Jh.). Errichtet wurde sie auf uraltem heiligen Boden: Schon die Kelten hatten hier eine Kultstätte und bereits ab 818 besetzte eine christliche Kapelle den aussichtsreichen Hügel. Fast ebenso alt, nämlich über tausend Jahre, soll die Linde an der Seeseite des Friedhofes sein.

Münsing

Rund drei Kilometer landeinwärts, also östlich von Ambach, liegt das ländliche Pfarrdorf, das bereits 740 urkundlich erwähnt wurde. Ein schönes Ziel für Radausflüge und Wanderungen ist der kleine *Buchsee*, der sich knapp drei Kilometer nördlich von Münsing zwischen Wälder und Felder schmiegt.

• *Essen und Trinken* **Gasthaus Limm**, in Münsing an der Hauptstraße Richtung Wolfratshausen und allein schon den Weg in den Ort wert. Manchem ist der Gasthof vielleicht noch unter dem früheren Namen „Neuwirt" bekannt – der Name hat gewechselt, der passionierte Küchenchef, ein ehemaliger Witzigmann-Schüler, nicht. Geboten wird authentische bayerische Küche mit besten Zutaten; das Fleisch stammt aus der eigenen Metzgerei, doch auch die Fischgerichte sind hervorragend. Dabei bleiben die Preise erstaunlich günstig: Hauptgerichte kosten meist 10–13 €, Renkenfilet zwischen 12 und 16 €, Schweinskrustenbraten 9,90 €. Mi und So abends geschlossen. Hauptstr. 29, 82541 Münsing, ✆ 08177/411. Vor allem an Wochenenden Reservierung ratsam.

Buchsee: Die Abzweigung zu dem kleinen Moorsee ist in Münsing ausgeschildert. Hier kann man schon relativ früh im Jahr baden, weil das Wasser sich schnell erwärmt. Der See liegt in einer fast runden Mulde, die an der einen Seite von Wald, an der anderen, der Straße zugewandten, von Liegewiesen umgeben ist. Es ist ein noch weitgehend unentdecktes Badeparadies, das vor allem von älteren Stammgästen besucht wird, die hier unter feierlichem Vogelgezwitscher ihre Bahnen ziehen. An der Gaststätte oberhalb des Sees ist für das Baden im See 1 € zu entrichten, dort ist auch das liebenswert anachronistische „Oben-ohne"-Verbotsschild angebracht. Die idyllische Gartenwirtschaft hat nur bei schönem Wetter geöffnet und bietet neben Getränken auch günstig warme Würstl (nur zur Badesaison), Kaffee und Kuchen an; bedient wird durch ein Fenster zur guten Stube.

Sankt Heinrich

Hinter dem Freizeitgelände Ambach trifft die von Münsing kommende Hauptstraße auf das Seeufer und führt eine Weile direkt daran entlang, erreicht dann in einem Bogen um den beliebten Badeplatz am Karniffelbach *St. Heinrich*. Glaubt man der Sage, so geht der Name der kleinen Ortschaft (ca. 140 Einwohner) in der Südostecke des Sees auf einen der Grafen von Dießen und Andechs zurück, der hier im 12. Jh. als Einsiedler gelebt haben soll.

• *Übernachten* **Hotel Schöntag**, nicht weit vom Gasthaus Fischerrosl. Neuerer Bau; Restaurant und Fitnessraum. Zwölf Zimmer, DZ/Bad/F 75–95 €. Beuerberger Str. 7, ✆ 08801/90610, ℻ 906133, www.hotel-schoentag.de.

Gästehaus „Beim Fischer", beim Campingplatz, eine preiswerte Übernachtungsmöglichkeit. DZ, nur mit Etagendusche, 31–42 €. Buchscharnstr. 10, ✆ 08801-802, ℻ 913461.

Campingplatz „Beim Fischer", neben dem Strandbad (s. u.). Liegewiese und eigenes Seeufer; bei schönem Wetter Einkaufsmöglichkeit am Kiosk. Vor einigen Jahren neu angelegt. Geöffnet 1.4. bis 1.10, Preise: Erwachsene 5 €, Zelt 3,60–7 €, Pkw 1,60 €.

Fischernetze in Sankt Heinrich

Buchscharnstr. 10, ✆ 08801/802, 📠 2036, www.camping-beim-fischer.de.

• *Essen und Trinken* **Gasthaus Fischerrosl**, eine echte Traditionsgaststätte: Schankrecht seit 1528! Seit mehreren Generationen ist das Haus in Familienbesitz, vor einiger Zeit hat der Pächter gewechselt, das Haus wurde renoviert, auch die Fassade leuchtet im bayerischen Glanz. Die Spezialitäten des Hauses sind weiterhin, ganz dem Namen gemäß, alle Arten von Fisch aus Süß- und Salzwasser (Büsumer Fischpfanderl 14,80 €, Zanderfilet vom Grill 13,70 €), doch gibt's in den gemütlichen Stuben natürlich auch Fleischgerichte (Steak 10,80 €), Vegetarisches und im Sommer Brotzeiten. Kein Ruhetag. Beuerberger Str. 1, direkt an der Kreuzung zur Autobahn, ✆ 08801/746, 📠 913423.

• *Baden/Freizeit/Sport* **Badeplatz am Karniffelbach (Zum kleinen Seehaus)**, knapp 1 km nördlich der Kreuzung zur Autobahn in St. Heinrich, Buchscharnstr. 9. Das schöne, rund 40.000 Quadratmeter große Gelände im Wald gehörte früher dem ADAC und ist heute als Eigentum der Gemeinde Münsing allgemein zugänglich. Die Gaststätte, früher ein einfacher Kiosk, führt vor allem Fisch, aber auch eine Wildschweinlende ist zu haben oder ein Spanferkelkotelett. Das lockte sogar mal Edmund Stoiber an. Wer sicher gehen will, sollte reservieren: ✆ 08801/550. Do Ruhetag (außer es ist schönes Wetter).

Strandbad „Beim Fischer", nahe der Kreuzung zur Autobahn nach München. Kleineres Wiesengelände, wenig Bäume, Kiosk, kein Steg; der sehr flach abfallende Strand ist wohl für allem für Kinder (und die Anfänger der Surfschule) ein Vergnügen. Eintrittsgebühr. Zusätzliche Attraktion: **Ballonfahrten**. Die **Surfschule im Strandbad** unter freundlicher Leitung bietet Kurse für Anfänger und Fortgeschrittene. Surfbretter, Surfbikes und Katamarane werden auch verliehen: Brett 16 €/Std., Bike 13 €/Std., Katamaran 26 €/Std. Kontakt vor Ort oder über: Windsurfschule Geretsried, Fritz Schreiber, Richard-Wagner-Str. 19a, 82538 Geretsried, ✆/📠 08171/80226 oder ✆ 0172/8034331, www.surfschule-starnbergersee.de.

Von St. Heinrich nach Seeshaupt: Die beiden Orte gehen fast ineinander über. Da das Südufer des Starnberger Sees in weiten Teilen verschilft ist, finden sich hier nur wenige Badeplätze; die besten Möglichkeiten im Umkreis bieten sich beim Campingplatz Seeshaupt und beim See-Restaurant Lido.

Starnberger See – Westufer

Zwischen Starnberg und Seeshaupt liegen die größeren und wichtigeren Ortschaften des Sees, wie überhaupt das Westufer stärker besiedelt ist als die gegenüberliegende Seite. Das bedeutet zwangsläufig auch mehr Verkehr. Glücklicherweise jedoch verläuft die ziemlich stark befahrene Straße zwischen Starnberg und Seeshaupt meist etwas abseits des Ufers. So bieten sich auch im Westen viele Gelegenheiten zu Spaziergängen und leichten Wanderungen; zu den schönsten Revieren zählen das Gebiet zwischen dem Schlosspark Possenhofen und Tutzing sowie der ausgedehnte Park von Bernried.

Possenhofen und Pöcking

Erste Station auf dem Weg von Starnberg nach Süden ist die kleine Siedlung **Niederpöcking**, fast ein Vorort der Kreisstadt, denn die Bebauung geht nahezu nahtlos vom einen in den anderen Ort über. Entstanden ist Niederpöcking Mitte des 19. Jh. als Villensiedlung Münchner Bürger. Daran hat sich bis heute nichts geändert – dem Münchner Journalisten Karl Forster zufolge trägt Niederpöcking im Volksmund deshalb den schönen Spottnamen „Protzenhausen“.

Possenhofen: Gleich südlich von Niederpöcking durchquert die Straße ein ausgedehntes Parkgelände, das mit seinen Liegewiesen (s. u. Erholungs„Paradies“ Possenhofen), vielen Spazierwegen und altem Baumbestand bis an den See reicht: es ist der ehemalige, heute öffentlich zugängliche Park des 1536 erbauten *Schlosses Possenhofen*. Bekannt wurde es als das „Sissi-Schloss“, in dem die berühmte Herzogin Elisabeth (1837–1898), spätere Kaiserin von Österreich, ihre Jugend verbrachte. Einst eine der ganz feinen Adressen am See beherbergt das Schloss heute Eigentumswohnungen. Deren Besitzer dürfen sich über einen hohen Freizeitwert freuen: Der Schlosspark, heute großteils im Eigentum der Stadt München, ist einer der schönsten Badeplätze am See. Der Ort selbst zählt knapp 360 Einwohner.

Südlich des Schlossparks von Possenhofen stößt man als Spaziergänger zunächst auf den Yachthafen. Weiter südlich liegen noch einige kleinere, aber nicht unbedingt einsamere Badeplätze als jene im „Paradies“; kurz hinter dem Hotel „Forsthaus am See“ beginnt dann das Gebiet der Gemeinde Feldafing.

Pöcking thront auf 672 Metern Höhe ein ganzes Stück über dem See und ist mit Possenhofen über ein steiles Serpentinensträßchen verbunden. Zwar nicht ganz so hochherrschaftlich wie die Siedlung ums Schloss, profitiert Pöcking dank S-Bahnanschluss dennoch von dessen Anziehungskraft auf den Tourismus.

• *Übernachten* **Tagungshotel La Villa**, restaurierte Villa von 1854, oberhalb des Seeufers in Niederpöcking. Sofern Platz vorhanden, auch für Individualreisende geöffnet – die traumhafte Lage und Architektur haben allerdings ihren Preis: DZ/Bad/F 177 €. Für Veranstaltungen wie Hochzeiten etc. auch als Restaurant zu buchen. Ferd.-v.-Millerstr. 39–41, 82343 Pöcking, ✆ 08151/77060, 📠 770699.

Forsthaus am See, Luxushotel ganz im Süden von Possenhofen, praktisch schon am Rand von Feldafing. Nette Terrasse, durch den Uferweg vom Wasser getrennt. Die schönen Zimmer des Hotels kosten je nach Lage und Saison 120–175 € für DZ/Bad/F. Restaurantstuben mit Seeblick. Die Preise entsprechen denen des Hotels: Fisch 18–23 €, Fleischgerichte 14–20 €. Kein Ruhetag (Tipp für den kleinen Hunger/Geldbeutel: Die Gaststätte im Strandbad Feldafing – siehe dort – liegt nur wenige Meter weiter). Am See 1, ✆ 08157/93010, 📠 4292, www.forsthaus-am-see.de.

Hotel Garni Kefer, Villenbau in Pöcking an der Straße nach Possenhofen und zum S-

Bahnhof. Komfortable Zimmer, Wintergarten, Solarium, Terrasse und Liegewiese, hoteleigene Fahrräder. DZ/Bad/F 58–76 €. Hindenburgstr. 12, ✆ 08157/93170, 📠 931737, www.hotel-kefer.de

Gasthof Zur Post, an der Hauptstraße in Pöcking, direkt bei der Abzweigung nach Possenhofen und zum S-Bahnhof. Die nach hinten gelegenen Zimmer sind deutlich ruhiger. DZ/F je nach Ausstattung 64–72 €. Ferienwohnungen (ab 5 Tagen) für 2 Pers. 63 €. Ländliche Wirtschaft mit zwei gemütlichen Stuben und rauem bis herzlichem Umgangston. Brotzeiten unter 5 €, Hauptgerichte einschließlich Fisch ab 10 €. Hauptstr. 19, ✆ 08157/1398, 📠 7176, www.posthotel-poecking.de.

Jugendherberge/Camping Possenhofen, Schlafräume (4- und 6-Bett-Zimmer) und Campingplatz (für 50 Zelte) wurden 2002 in Betrieb genommen. Die Jugendherberge mit Zugang zum See befindet sich neben dem Erholungsgelände Possenhofen in unmittelbarer Nachbarschaft zum Schloss. Preise: 20,45 € für die Übernachtung, 28,05 € mit Vollpension. Ein Zeltplatz kostet 4 € pro Tag, mit Frühstück 7,50 €, Vollpension 15,40 €. Kurt-Stieler-Str. 18 (ab der S-Bahn-Haltestelle „Possenhofen" ausgeschildert, 10 Min. zu Fuß), ✆ 08157/996611, 📠 996612, www.jugendherberge.de/jh/possenhofen.

• *Essen und Trinken* **Gaststätte Alte Kanzlei**, beliebter Treffpunkt und gehobene Speisewirtschaft an der Hauptstraße in Pöcking, etwa 200 m südlich der Post. Vielseitige Speisekarte mit südeuropäischem Einschlag, Hauptgerichte 10–20 €, Mittagsmenüs ab 7,50 €. Mo Ruhetag. Hauptstr. 5.

Kiosk Paradies, am nördlichen Rand des Erholungsgeländes von Possenhofen, nahe der Grillplätze. Tolle Lage, die Biergartentische reichen bis fast in den See; zu essen gibt's Kleinigkeiten wie Wiener Würstl, außerdem Kaffee und Kuchen; Sa/So auch oft Grillgerichte und Kuchenbuffet. Bei gutem Wetter Mai–September tägl., sonst an schönen Tagen am Wochenende nachmittags.

Kiosk Schlosspark, im Zentrum des Erholungsgeländes Possenhofen. Leider nicht am Wasser, aber mit kleinem Biergarten. Im Angebot diverse Brotzeiten, außerdem Eis, Kuchen etc. Bei schönem Wetter täglich geöffnet.

Yachthafen, neben dem Schloss Possenhofen liegt die kleine Marina mit mehreren einladenden Restaurants, darunter der edlen „Schiffsglocke".

• *Baden* **Erholungs„Paradies" Possenhofen**: Das Gelände der Stadt München umfasst 150 ha des ehemaligen Schlossparks. Mit altem Eichen-, Buchen und Fichtenbestand, Liegewiesen, Badestegen, Grillplätzen und eigenem Windsurfbereich. Durch den Park verlaufen mehrere schöne Spazierwege; man kann, immer in Seenähe, auch bis Tutzing und weiter wandern. An Sommertagen sind die zahlreichen, dann gebührenpflichtigen Parkplätze (2,50 €) oft überfüllt – das Badegelände ist jedoch auch mit der S-Bahn (Spazierweg durch den Schlosspark ausgeschildert) oder mit dem Boot ab Starnberg (Dampfersteg am Südrand des Areals) zu erreichen. Eintritt frei.

• *Freizeit/Sport* **Bootsverleih am Yachthafen Possenhofen**: Bootsverleih Goetzke (Nähe Hotel Forsthaus am See), nur Elektroboote, pro Stunde nach Leistung 20 €, auch halbe Stunde möglich für 12 €.

Segelschule: Segelschule Glas, Seeweg 10 (nahe Forsthaus am See), ✆ 08157/8100.

Wasserski: Wasserskischule Rudi Gaugg, Nähe Dampfersteg, ✆ 08157/2750, 📠 12190. Die einzige Wasserskischule Bayerns. Der Inhaber führt auch das Hotel Bayerischer Hof in Starnberg (Infos dort oder in Possenhofen am Landesteg 16 zwischen Mai und September).

Ozonhallenbad: Pöcking, Beccostr. 29 (nahe der Verbindungsstraße vom S-Bahnhof zur Hauptstraße), ✆ 08157/901725.

Feldafing

„Die Perle am See": Der stolze Beiname, mit dem sich das ca. 4.500 Einwohner zählende Dorf seit langem schmückt, soll auf den besonders schönen Blick zurückgehen, den man von den dortigen Hängen genießt. Fast die gleiche Aussicht erfreute schon die Kaiserin Elisabeth von Österreich – 24 Jahre lang hatte „Sissi" hier ihren Sommersitz. Ihre damalige Unterkunft ist heute als „Golfhotel Kaiserin Elisabeth" Zentrum des eher auf Exklusivität denn auf Masse ausgerichteten Fremdenverkehrs. Der Namenszusatz verweist auf eine weitere Attraktion von Feldafing, näm-

Die Villa Waldberta in Feldafing beherbergt Stipendiaten des Kulturreferats München

lich den reizvoll gelegenen *Golfplatz*, der zu Recht als „landschaftlich schönster Golfplatz Deutschlands" ausgezeichnet wurde.

Doch nicht jeder Besucher kommt weit genug die Hänge hoch, um den berühmten Ausblick von Feldafing zu genießen. Unten am See ist es nämlich auch schön. Man badet im herrlich altmodischen Strandbad oder in einer der kleinen Buchten unterhalb des Golfplatzes, besucht eine Ausstellung in der *Villa Maffei* (Seestr. 4, an der Biegung zum Strandbad, nur Fr–So, 14–18 Uhr), Jugendstil-Zweigstelle des neu gebauten Buchheim-Museums von Bernried, wirft vielleicht noch einen Blick auf die berühmte *Roseninsel* – und spaziert dann weiter, je nach Gusto Richtung Schlosspark Possenhofen oder südwärts gen Tutzing. Internationalen Ruf genießt die gut hundertjährige *Villa Waldberta* (Höhenbergstr. 25) hoch über dem Ort, die jährlich etwa zwei Dutzend jungen Schriftstellern und Künstlern aus aller Welt eine kostenlose Wohn- und Arbeitsstätte auf Zeit ist. Lesungen mit den Stipendiaten finden regelmäßig in der Landeshauptstadt statt (Termine im Kulturreferat der Stadt München, Karin Sommer, ✆ 089/23328718, Veranstaltungen unter www.muenchen.de/Rathaus).

Roseninsel: Auf der kleinen Insel, etwas südlich des Strandbads von Feldafing gelegen, wurden die ältesten Siedlungsspuren des Fünfseenlands entdeckt. Irgendwann zwischen 3500 und 2000 v. Chr. hatten steinzeitliche Siedler hier Pfahlbauten oder einen Verbindungssteg zum Festland errichtet; eine archäologische Sensation war 1989 die Bergung eines 13 Meter langen Einbaums.
Ihren heutigen Namen (früher: „Insel Wörth") trägt die Roseninsel erst, seit Max II. sie 1853 mit Tausenden von Rosen bepflanzen ließ; aus jener Zeit stammt auch die Villa („Casino") im pompejanischen Stil. Später nützte Ludwig II. das abgeschiedene Plätzchen für geheimnisumwitterte, da heimlich erfolgte Treffen mit seiner angebeteten Kusine Sissi. Bei schönem Wetter können Besucher mit der „Plette",

einem flachen Holzboot, zum Inselchen übersetzen und einmal selbst die romantische Atmosphäre dort genießen. Seit 2003, pünktlich zum 150. Geburtstag, ist der legendäre Rosengarten wieder bepflanzt – an den äußeren Ringen mit Hochrosen, zur Mitte hin werden die Blumen niedriger. 380 Rosensorten, nach alten Vorlagen gepflanzt, blühen im Frühling. Nachdem Teile der historischen Glassäule, ehemals ein Geschenk des preußischen Königs an seine bayerische Kollegin und Kusine, vor einigen Jahren gefunden worden waren – das Zierdeobjekt galt 50 Jahre lang als verschollen – steht das restaurierte Kunstwerk nun wieder im Zentrum der berühmten Gartenanlage.

• *Fährbetrieb* Von Frühjahr bis Herbst tägl., Mo–Sa 11–18, So 10–18 Uhr; nicht bei schlechtem Wetter. Minimum 2 Pers., Maximum 10 Pers., auch für Rollstuhlfahrer möglich. Fahrpreis 4 €, Jugendliche bis 16 J. 1 €. Kontakt für abendliche Sonderfahrten an Wochentagen: Norbert Pohlus, Fährmann, ✆ 0171/7222266 oder 08157/998309, 📠 998309, www.faehre-roseninsel.de.

• *Tipp* Falls Sie gerade vorhaben zu heiraten, geht das jetzt auch in der frisch restaurierten Königsvilla auf der Roseninsel, dem Casino. Standesamt Feldafing ✆ 08157/931129. Aber auch Serenadenabende sind ein schönes Erlebnis – die neu erwachte Insel ist, wie zu Zeiten des Märchenkönigs, ein populärer Ort für Musik- und Tanzveranstaltungen. 2006, zu Mozarts 250. Geburtstag, finden mehrere Aufführungen seiner Instrumentalwerke statt (Mai–August). Programm unter www.perlen-der-klassik.de.

Richtung Tutzing folgt der Spazierweg weiterhin der Uferlinie, da und dort findet sich auch ein kleiner Badeplatz. Beim Ortsteil *Garatshausen*, knapp drei Kilometer südlich der Roseninsel, liegt linkerhand ein Schloss aus dem 16. Jh., in dem heute ein Altenheim untergebracht ist. Fans von Hans Albers ist Garatshausen vielleicht als Wohnsitz des „blonden Hans" bekannt – für sie gibt es frohe Botschaft: Das Grundstück seiner Villa, bislang Sitz der Landesfischereianstalt, soll für sechs Millionen Euro verkauft und der Öffentlichkeit zugänglich gemacht werden.

• *Übernachten/Essen und Trinken* **** **Golfhotel Kaiserin Elisabeth**, das Schmuckstück des Ortes. Für 125 und 155 € für DZ mit Frühstück erhält man woanders wesentlich weniger Ambiente. Das Sissi-Zimmer, 24 Sommer lang Herberge der Kaiserin, befindet sich im 1. Stock und ist unverändert. Auf der Aussichtsterrasse (die nahe Straße stört nur wenig) und im Restaurant speist man stilvoll bis ins Detail und, gemessen am Ambiente, nicht einmal allzu teuer: Hauptgerichte zumeist 15–25 €. Kein Ruhetag. Tutzinger Str. 2–6, 82340 Feldafing, ✆ 08157/93090, 📠 9309133, www.kaiserin-elisabeth.de.

Alte Linde, im winzigen Weiler Wieling, etwa 2,5 km westlich von Feldafing. Die Zimmer werden größtenteils nur an Nichtraucher vergeben. DZ/Bad/F 80–105 €. Exzellentes bodenständiges Essen (von den Juroren des Wettbewerbs „Bayerische Küche" zum Landkreissieger 2003 erklärt), wenn auch recht gehobene Preise: Schweinelendchen 14,10 €, Rinderlende 15,90 €, Lammhüftsteak 14,90 €. Biergarten, kein Ruhetag. Wieling Nr. 5, ✆ 08157/933180, 📠 933189, www.linde-wieling.de.

Forsthaus am See, gerade noch im Gemeindebereich Pöcking-Possenhofen, s. dort.

Café-Gaststätte im Strandbad Feldafing, 100 m südlich des Forsthauses. Hübsche Terrasse mit Seeblick an der Liegewiese; kleine Gerichte für 5 €, Kaffee und Kuchen, warme Speisen nach Tageskarte. Zur Saison tägl., Oktober–April Mo Ruhetag.

Gasthof Karl Poelt, beschaulicher Biergarten eine Minute von der S-Bahn enfernt. Die holzgetäfelte Wirtsstube ziert Ur-Bayerisches, ebenso die Speisekarte. Bahnhofstr. 41.

• *Baden* **Strandbad Feldafing**, elegante Anlage mit einem guten Schuss Nostalgie: Die denkmalgeschützten Holzbauten stammen aus den zwanziger Jahren. Gepflegte Liegewiese, Badesteg mit Rutschbahn, flach abfallendes Wasser, schöner Blick. Mai–September; Eintrittsgebühr: am Wochenende 2,50 € für Erwachsene und 1,50 € für Kinder, Mo–Fr günstiger. Wem das mitgebrachte Handtuch nicht komfortabel genug ist, kann eine Liege für 7,50 € ausleihen. Die romantischen Tageskabinen sind für 2,50 € zu mieten. Anfahrt: bei der gut sichtbaren Villa Maffei abwärts zum See.

Fischer- und Bootshütten am Starnberger See

Strandbad Garatshausen, rund 3 km weiter südlich, kurz vor Tutzing. Rund ums Jahr geöffnete Liegewiese (Eintritt frei) mit reizvoller Aussicht; der zugehörige Kiosk mit Biergartentischen zum See ist nur bei schönem Wetter in Betrieb, dann aber ein echter Tipp.

Tutzing

Ihren überregionalen Bekanntheitsgrad hat die größte Siedlung am Westufer (ca. 9.500 Einwohner) in erster Linie den oft bundesweit verfolgten Diskussionen der „Evangelischen Akademie“ zu verdanken, deren Tagungen im ehemaligen Schloss (16./19. Jh.; im Juli und August werden auch Gästezimmer für Urlauber angeboten, s. Übernachten) am See stattfinden; auch die „Akademie für politische Bildung“ residiert in Tutzing.

Tutzing ist eine der ältesten Siedlungen am See, wurde 742 erstmals urkundlich erwähnt. Über ein Jahrtausend lang nährte sich das Dorf bescheiden vom Fischfang – dann kamen die ersten Ausflügler, angelockt vom Ausbau der Bahnlinie von Starnberg im Jahre 1865. Tutzing nahm einen raschen Aufstieg als wichtigster Fremdenverkehrsort des Fünfseenlandes, überflügelte in den zwanziger Jahren sogar Starnberg. Heute geht es hier, touristisch gesehen, etwas ruhiger zu als damals, doch hat der Luftkurort den Urlaubern und Ausflüglern immer noch einiges zu bieten. Neben dem breiten Angebot an Wassersportarten zählen dazu vor allem die vielen schönen Fleckchen am See, wie die *Brahmspromenade* im Norden oder die alte *Pfarrkirche St. Peter und Paul* beim Schloss. Einen weiten Blick über den See und die Alpenkette genießt man vom *Johanneshügel* nahe dem Südbad und, noch reizvoller, von der *Ilkahöhe* oberhalb der Ortschaft (s. Wanderung).

• *Übernachten/Essen und Trinken* **Hotel, Restaurant und Café am See**, unweit nördlich des Dampferstegs. Die Terrasse zum See wird so von Gebäuden eingerahmt, dass sie fast wie ein lauschiger Innenhof wirkt. Das Hotel offeriert verschiedene Unterkünfte: DZ/Bad/F 88–92 €, Suiten 125–140 €. Im Sommer ist eine Reservierung ratsam. Hoteleigene Fischerei, die Gäste können sogar zum Fischen mitfahren. Die Menüs liegen preislich zwischen 30 und 40 €. Marienstr. 16, 82327 Tutzing, ✆ 08158/99500, ℻ 7526, www.hotelamsee-tutzing.de.

Hotel Tutzinger Hof, bodenständige Wirtschaft mit Kegelbahn an der verkehrsreichen Hauptstraße im Ort. DZ/Bad/F 70–75 €. Kleiner Biergarten, wechselnde Tageskarte mit günstigen Mittagsmenüs und Hauptgerichten zwischen 7 und 15 €. Hauptstr. 32, ✆ 08158/9360, ℻ 936100, www.tutzinger-hof.de.

Hotel Andechser Hof, wenige Meter weiter. 2000 wurden die Zimmer im Haupthaus renoviert, dort kostet das DZ/F 80 €, im Nebengebäude 70 €. Im Restaurant wird bayerische Küche für 7–15 € serviert. Hauptstr. 25–27, ✆ 08158/1822, ℻ 6151, www.andechserhof.com.

Pension Möwe, zentral gelegen, dabei aber abseits der großen Verkehrsströme. Einfaches Haus mit gut ausgestatteten Zimmern (WLAN-Internetanschluss), DZ/Bad mit Frühstücksbuffet 50–75 €. Kirchenstr. 4a (zwischen Hauptstraße und Bahnlinie), ✆ 08158/93160, ℻ 93169, www.pension-moewe.de.

Schloss Tutzing, die Alternative zum Hotelurlaub: die Evangelische Akademie nutzt die veranstaltungsfreie Zeit im Sommer, um sich etwas nebenher zu verdienen. 55 Zimmer werden im Juli und August an Urlauber vermietet. Preise über Fr. Sabien: sabien@ev-akademie-tutzing.de oder hotel@ev-akademie-tutzing.de. Für die Abendgestaltung stehen Billardraum, Filmsaal und mehrere Salons mit reicher Zeitungsauswahl zur Verfügung. Schlossstr. 2–4, ✆ 08158/2510, ℻ 251137.

Häring's Wirtschaft, im Midgardhaus, einer bezaubernden klassizistischen Villa am See, tolle Terrasse. Das wohl beliebteste „Prominentenlokal" im Fünfseenland; etwa 12–23 € muss man für die meisten Hauptgerichte aber schon anlegen, lecker: Bouillabaisse 9,95 €. Günstiger ist es im zugehörigen Biergarten, in dem auch Brotzeiten unter 5 € angeboten werden. Das Lokal mit den viel fotografierten Löwen vor der Terrasse liegt gleich südlich des Nordbads, am Ende der Brahmspromenade. Mai–September tägl., sonst Mo Ruhetag. Reservierung ratsam. Midgardstr. 3–5, ✆ 08158/1216, www.haering-wirtschaft.de.

Forsthaus Ilkahöhe, ebenfalls ein beliebter und schicker, dabei etwas weniger abgehobener Treffpunkt, vor allem ein Tipp für Wanderer. Mit dem Auto über die Straße nach Weilheim zu erreichen (Abzweigung beschildert). Die Lage auf der Ilkahöhe garantiert tolle Aussicht vom Garten und dem großen Restaurantbalkon im ersten Stock. Nebenan liegt eine Pferdekoppel, sonst nur Wald und Wiesen. Gehobene Küche für 16–30 €, im Biergarten bei Selbstbedienung nur wenige, günstigere Gerichte. Mo und Di Ruhetag. ✆ 08158/8242, www.ilkahoehe.de.

Wirtschaft im Nordbad, unser Tipp in Tutzing. Auf einer in den See gebauten Holzterrasse, bei Föhn Alpenblick vom Feinsten. Beliebter Surfertreff, die Schule liegt gleich nebenan. Das Speiseangebot ist zwar eher schmal (Kuchen, Brotzeiten und einige Tellergerichte für 5–8 €), aber die Lage! Mai–Oktober, an schönen Tagen auch schon mal ab März.

• *Baden* **Nordbad**: Kleines Wiesengelände, relativ schnell abfallender Grund. Toll gelegene Wirtschaft (s. o.). Eintrittsgebühr.

Südbad: Am entgegengesetzten Ortsende beim Sportgelände (auch Minigolfplatz); Kiesstrand, Gaststätte. Eintrittsgebühr.

• *Freizeit/Sport* **Ballonfahrten**: Rudolf Klein, Fischerbuchetstr. 4, ✆/℻ 08158/6997.

Bootsverleih, Segelkurse: Auch Elektroboote, je nach Leistung 15–20 €/Std. Müller, Marienstr. 13 (nördlich unweit des Dampferstegs), ✆ 08158/9588.

Postkutschenfahrten: Offeriert vom Unternehmen Andreas Nemitz im Weiler Kerschlach, westlich von Tutzing gelegen. Zum Beispiel in zwei Tagen zu den Königsschlössern oder Tagesfahrt im Zweispänner ab 230 € für bis zu 4 Personen. ✆ 08808/386, ℻ 1349, www.coaching-in-bavaria.com.

Windsurfschule: Windsurfing Center Tutzing; solider, schon seit Jahrzehnten eingeführter Betrieb beim Nordbad. ✆ 08158/6819, ℻ 2699, www.nordbad.de.

• *Feste/Veranstaltungen* **Wochenmarkt**: Jeden Sa 8–13 Uhr vor dem Rathaus.

Fischerstechen: Lanzenkampf von Booten aus; alljährlich Mitte/Ende Juli (wechselnde Termine).

Historische Fischerhochzeit: Ebenfalls im Juli, leider aber nur alle fünf Jahre, erst wieder im Jahr 2010.

Wanderung: Tutzing – Deixlfurter See – Ilkahöhe

Die Ziele dieser relativ kurzen Wanderung sind ein kleines, idyllisch gelegenes Seengebiet und eine Aussichtshöhe mit weitem Blick über den Starnberger See bis ins Gebirge. Sonnige und schattige Abschnitte wechseln sich ab.

Route: Tutzing – Deixlfurter See – Ilkahöhe – Tutzing (9 km). **Einkehr**: Im Forsthaus Ilkahöhe (s. o.).

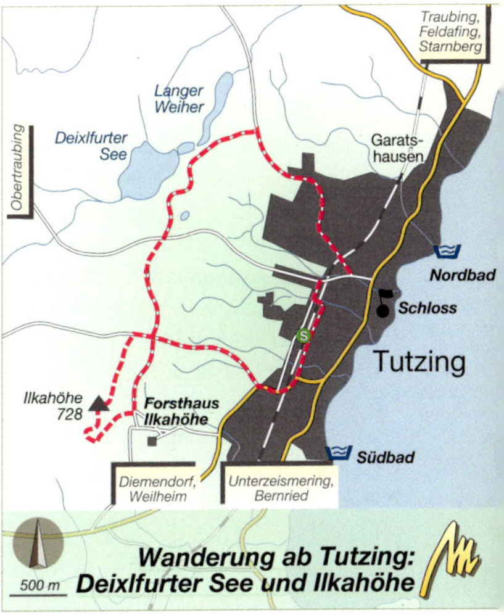

Vom S-Bahnhof Tutzing folgt man zunächst der Bahnhofstraße nach Norden, dann der Heinrich-Vogel-Straße durch die Unterführung und danach nach rechts; an der Traubinger Straße links und in weiten Kurven bergauf durch das verkehrsberuhigte Wohngebiet. Etwa 700 m hinter den letzten Häusern geht es links ab auf den beschilderten Waldweg zum Deixlfurter See; nach weiteren 700 m ist der Weiher „Rüdiger" erreicht.

Deixlfurter See: Etwas rechterhand des Rüdigerweihers liegt dieser schilfumstandene Moorsee, der alles andere als ein Badesee ist – der Sprung ins Wasser ist nur an wenigen Stellen erlaubt und bei einer maximalen Wassertiefe von kaum 3 Metern auch wenig empfehlenswert. Eine Umwanderung des Sees ist leider auch nicht möglich, da das Nordufer sich in Privatbesitz befindet. Beliebt ist der Deixlfurter See samt den umliegenden Weihern, die Namen wie „Johannaweiher" und „Barbaraweiher" tragen, dagegen bei Anglern.

Nun könnte man entlang des Damms spazieren, der den Deixlfurter See vom Rüdiger- und Cermakweiher trennt, doch wird die Orientierung später kompliziert. Besser, man folgt dem bisherigen Weg weiter in zunächst südlicher, später südwestlicher Richtung, vorbei am Clenzeweiher. Die Straße Tutzing–Obertraubing wird geradeaus überquert. Etwa 1 km weiter, an der Nebenstraße Tutzing–Monatshausen, zunächst rechts bergauf, dann nach etwa 200 m links in den Feldweg zur Ilkahöhe.

Ilkahöhe: Von den Wiesen des Höhenzugs (728 m) über dem See bietet sich einer der schönsten Ausblicke im Fünfseenland. Bei entsprechendem (Föhn-) Wetter sieht man die gesamte Alpenkette vom Allgäu bis zum Chiemgau. Und damit der Wandersmann beim Schauen nicht stehen muss, hat man hier mehrere Bänke aufgestellt. Seinen Hunger kann er in der beschaulichen, wenn auch etwas teuren Gaststätte (s. Tutzing) stillen, die ihre Preise durch eine feine Stammkundschaft bestätigt sieht.

Vom Spazierweg steigt man am Rand eines kleinen Wäldchens nach links ab zum Parkplatz des Forsthauses Ilkahöhe. Die parallel zum Höhenweg verlaufende, kurz vor dem Parkplatz linker Hand abzweigende Allee führt wieder zurück zur Nebenstraße Tutzing–Monatshausen; hier rechts bergab, in Tutzing dann links auf die Weilheimer Straße und erneut links zum S-Bahnhof (beschildert).

Bernried

Um zum „schönsten Dorf in Bayern" gekürt zu werden, wie es Bernried 1983 gelang, ist schon auch persönlicher Einsatz der ca. 2.000 Bewohner nötig. Die Lust an der schmuckvollen Ausgestaltung ihrer Hausfassaden und Gärten scheint den Bernriedern erhalten geblieben zu sein – das Dörfchen ist immer noch einer der reizvollsten Flecken im Fünfseenland. Anteil daran haben aber auch die Umgehungsstraße, die den Verkehr fernhält vom putzigen Dorfkern mit seinen Bauernhäusern aus dem Bilderbuch, die romantische *Klosteranlage* nahe des Sees und nicht zuletzt der Bernrieder Park, ein ausgedehntes Gelände mit uralten Bäumen. Nach schier endlosen Diskussionen über den geeigneten Standort wurde das *Buchheim-Museum* schließlich vor einigen Jahren am Nordrand des Dorfes in einer weitläufigen Parklandschaft gebaut. Es war sofort ein Besuchermagnet und wird heute von Starnberg aus mit einer eigenen Schiffslinie angefahren.

• *Information* **Fremdenverkehrsbüro**, in der Gemeindeverwaltung, Mo–Fr 8–12, Do auch 16–19 Uhr. Dorfstr. 3, 82347 Bernried, ☏ 08158/993900, 📠 993901.

In der **Tourist Information** am Bahnhof verkauft Franz Mayr Wanderkarten, verleiht Fahrräder und vermittelt Zimmer. Mo–Fr 9–12 und 16–19 Uhr, ☏ 08158/8045, 📠 8047.

• *Übernachten/Essen und Trinken* **Hotel Marina**, ein ganzer Komplex aus Neubauten am zugehörigen Yachthafen; Hallenbad, eigene Liegewiese am Wasser etc. DZ/Bad/F 140–160 €. Im Restaurant am See serviert man mittags Bayerisch-Regionales (Hauptgerichte 7–14 €), abends internationale Gerichte (14–23 €), besonders stolz ist man auf den Fisch aus eigener Zucht. Kein Ruhetag. Am Yachthafen 1–15, ☏ 08158/9320, 📠 7117, www.hotelmarina.de.

Hotel Seeblick, an der Hauptstraße im Ort; kleiner Biergarten. Das Hotel (Hallenbad, Sauna, etc.) zählt immerhin 220 Betten. DZ/F, je nach Ausstattung, 87–118 €. Die Wirtsleute, damals noch Pächter des Andechser Hofs in Tutzing, erhielten eine Urkunde beim „Wettbewerb für Bayerische Küche" – vielleicht ein Grund, mal ihre Spezialität zu probieren, die hausgemachte Bratensülze; sonst liegen die meisten Hauptgerichte zwischen 9 und 16 €. Tutzinger Str. 9, ☏ 08158/2540, 📠 08158/3056, www.hotel-seeblick-bernried.de.

Gasthof März, im oberen Ortsteil unweit des Bahnhofs. Mit Biergarten und Metzgerei, weithin bekannt für gute Fleischgerichte. Di Ruhetag. Bahnhofstr. 26.

Gasthof Drei Rosen, das schöne, alte Lokal zieht schon von weitem die Blicke auf sich. Es liegt mitten im Dorfzentrum ein paar Schritte vom Kloster weg und ist noch recht preisgünstig: Viele Gerichte kosten weniger als 8 €. Mo und Di Ruhetag. Schattiger Biergarten. Dorfstr. 11, ☏ 08158/6350.

• *Baden* **Strandbad Hubl**, südlich des Dampferstegs, nicht weit vom Kloster. Als Badeplatz eher bescheidener Natur (flacher, steiniger Einstieg) und ziemlich klein. Immerhin werden nostalgische Gefühle durch die hölzernen Umkleidebahnen der vorletzten Jahrhundertwende geweckt. Und: Mit gemieteten Ruder- oder Segelbooten können Sie stundenlang auf dem See verweilen, denn Reservierungen werden nur für ganze Tage angenommen: ☏ 08158/1313. Saison ist vom 15.5. bis zum 15.9.

• *Feste* **Lichterprozession** mit jahrhundertelanger Tradition an Mariä Himmelfahrt (15. August).

Sehenswertes

Nicht versäumen sollte man einen **Spaziergang** durch den hübsch herausgeputzten Ortskern nahe des Klosters, in dem noch viele der typischen Holzhäuser stehen, darunter das historische „Stupperhaus". Eine Bürgerinitiative arbeitet derzeit einen beschilderten Rundweg durch das historische Unterdorf aus. Bis es so weit ist: Lassen Sie sich treiben. Im kleinen Dorfzentrum gibt es viele märchenhaft schöne Ecken, die ganz ohne Erklärung auskommen.

Kloster Bernried: Bereits 1121 war hier ein Augustiner-Chorherrenstift gegründet worden. Ab der Mitte des 17. Jh. entstand eine Reihe neuer Gebäude, von denen einzig der Südflügel die stürmischen Zeiten der Säkularisation überdauerte; 1853 ist er in ein Schloss umgebaut worden. Heute befindet sich die Anlage im Besitz der Missionsbenediktinerinnen. Die frühbarocke ehemalige Klosterkirche *St. Martin* steht an der Stelle ihrer romanischen Vorgängerin; ihr Turm ist ein Werk des Baumeisters Kaspar Feichtmayr. In der Nähe bewahrt die *Pfarrkirche Santa Maria* sehenswerte Seitenaltäre von Tassilo Zöpf (1769); die zur Wallfahrtskapelle umgebaute Gruftkapelle birgt das Bernrieder Gnadenbild, eine gotische Pietà von 1440.

Auf dem Weg zum Kloster Bernried

Buchheim-Museum: Lothar-Günther Buchheim, der Autor des Weltbestsellers „Das Boot“ hat es geschafft. Seine millionenschwere Sammlung ist nach jahrelangem Streit (zuletzt blitzte Buchheim sogar in seinem Wohnort Feldafing ab) endlich an einem Ort vereint. Und der ist so malerisch, wie er es sich nur gewünscht haben konnte. Am Ufer des Starnberger Sees, umgeben von einem großzügig angelegten Park, errichtete der berühmte Architekt des Münchner Olympiastadions, Günter Behnisch, ein modernes Museum, das, so die erklärte Absicht, die vielfältige Sammlung durch eine betonte Mehrgliedrigkeit spiegeln soll. Herausgekommen ist ein wie zerhackt wirkendes Gebäude, das der wilden Aufbruchskunst der Expressionisten (Erich Heckel, Ernst Ludwig Kirchner, Otto Mueller u. a.) durchaus gut ansteht. Auch der stark heterogene Charakter der völkerkundlichen Sammlung (Briefbeschwerer, Druckgraphik, Masken, Bauernschränke, Jugendstilvasen) findet sich in der Architektur wieder. Der große Erfolg des Museums – jährlich kommen 200.000 Besucher, drei Mal so viele wie erwartet – gibt seinen Machern und natürlich dem Sammler Recht. Dass dieser sich nach der Eröffnung bei jeder Gelegenheit über den Bau mokierte, hat die Neugierde wohl letztlich noch gesteigert.

• *Anfahrt* Das 20 Mio. € teure Museum liegt an der Landstraße Starnberg–Seeshaupt kurz vor Bernried. Am Parkplatz empfangen zwei überdimensionale Giraffen aus Holz die Besucher, im Park folgen Amphoren und eine Pagode.

Ein Schiff, die **MS Phantasie**, fährt tägl. außer Mo von Starnberg zum Museum, und zwar um 12.30, 14.45 und 17 Uhr, der Preis beträgt 14 € hin und zurück.

• *Öffnungszeiten/Preise* Di–So 10–18 Uhr, von November bis März nur bis 17 Uhr. Erwachsene 8,50 €, Jugendliche unter 18 J. 3,50 €. Das Kombiticket, das die Fahrt mit dem Museumsschiff beinhaltet, kostet 16 €. Am Hirschgarten 1, ☏ 08158/997060 oder 99700, ✆ 997061, www.buchheimmuseum.de.

• *Café* Vor dem Museum lässt sich auf der Terrasse des **Café Phoenix** Aussicht und Sonne genießen.

Kurzwanderung von Bernried nach Seeshaupt

Das erste Stück des Weges ist das schönste, führt es doch vom Kloster Bernried direkt durch den *Bernrieder Park*, der – etwas übertrieben – manchmal auch „Bayerischer Nationalpark“ genannt wird. Mit seinem alten Baumbestand, den Wasserläufen und kleinen Teichen ist das ausgedehnte Parkgelände südlich des Klosters ein wahres Eldorado für Ruhe suchende Spaziergänger. Gestiftet wurde der Park von der Deutsch-Amerikanerin Wilhelmina Busch-Woods; vielleicht verstand die hochherzige Dame ihren Doppelnamen ja als Aufforderung zu dieser Spende ... Unterwegs stößt man auf kleine, freie Badeplätze, die eine herrliche Sicht auf die Alpen bieten.

Bei *Seeseiten* treffen Wander- und Radweg auf die Straße nach Seeshaupt; eine Rast im dortigen Gasthof (s. u.) lohnt sich vor allem wegen der wundervollen Aussicht.

Seeshaupt

Stärker noch als Bernried steht Seeshaupt im Schatten der nördlicher gelegenen Uferorte mit S-Bahnanschluss. Manchem kommt diese relative Ruhe vielleicht gerade recht, ist der an vielen Wochenenden in Starnberg oder Tutzing herrschende Trubel doch nicht jedermanns Sache. Dabei ist das beschauliche kleine Dorf (ca. 3.000 Einwohner) mit seinen hübschen Bauernhäusern ein guter Standort für Ausflüge, nicht nur am Starnberger See, sondern auch im Gebiet der *Osterseen* (s. S. 94ff.), einer unter Naturschutz gestellten Seengruppe im Süden des Ortes. Große Sehenswürdigkeiten gibt es in Seeshaupt allerdings nicht zu bewundern, denn das Dorf brannte bei einer großen Feuersbrunst 1815 nahezu vollständig ab – eine Ausnahme ist die 1522 errichtete Gedenksäule am Dampfersteg, an der einst das Seegericht tagte.

• *Information* Tourist Information im **Seeshaupter Hofladen**, Mo–Sa 9–13 Uhr, Di, Do und Fr auch 15–18 Uhr. Bahnhofstr. 40, 82402 Seeshaupt, ☏/✆ 08801/913847 (Verena Hausmann). Daneben verkauft ein **Schaugarten** Blumen, Gemüse und Kräuter, immer Do, Fr und Sa. Das Gelände, das wie ein Lehrgarten angelegt ist, erstreckt sich auf 2500 m². ☏ 08801/592, ✆ 913519.

• *Übernachten* **Seeresidenz Alte Post**, der auffallendste Bau von Seeshaupt liegt mitten im Ort und verbindet heute, nach dem Abriss der historischen „Alten Post“ 1992, Altenheim, Hotel, Restaurant und Wellnesszentrum. Die modern-elegant eingerichteten Fremdenzimmer kosten zwischen 125 und 185 €. Das noble Restaurant hat für das Gebotene recht günstige Preise: Hauptgerichte 14–17 €, Abendmenü für 2 Personen um die 50 €. Schön speist es sich vor allem auf der großen Terrasse, wo zwischen 14 und 18 Uhr kleine Gerichte bis 10 € angeboten werden. Es gibt eine Galerie für Kunstausstellungen, im Festsaal finden etwa alle zwei Wochen Konzerte und Lesungen statt. Alter Postplatz 1, ☏ 08801/9140, ✆ 913210, www.seeresidenz-alte-post.de.

** **Gasthof-Café Seeseiten**, 2 km Richtung Bernried, neben der Straße, dennoch in Traumlage auf einer kleinen Anhöhe über dem See. Angeboten werden einige Zimmer (hauseigener Badestrand): DZ/Bad/F 63–90 €. Vom Biergarten fantastische Aussicht auf Seeshaupt und, entsprechendes Wetter vorausgesetzt, bis zum Karwendel und Wettersteingebirge. Mittlere Preislage, vorwiegend im Bereich um 10 €, die Spezialität Fisch ab 12 €; auch kleine Gerichte und hausgemachte Kuchen. Tagesbetrieb, warme Küche nur bis 15 Uhr; Mo Ruhetag. Seeseiten 3, ☏ 08801/742, ✆ 1342.

Campingplatz Seeshaupt, am See unweit östlich des See-Restaurants Lido. Gut ausgestatteter Platz mit Kiosk, Gaststätte und Liegewiese am See. Geöffnet April bis Ende Oktober. Preise: Erwachsene

5 €, Zelt 3,60–7 €, Pkw 1,60 €. St. Heinricher Str. 127, ✆ 08801/1528.

• *Essen und Trinken* **See-Restaurant Lido**, knapp 2 km vom Ortszentrum Richtung St. Heinrich. Die ufernah gelegene Wirtschaft im bayerisch-gehobenen Stil wurde kürzlich von neuen Pächtern übernommen. Spezialitäten bleiben aber Fisch und Wild: Bouillabaisse 6,90 €, Wildgulasch 12,80 €, Seesaibling 14,90 €. Der herrliche Biergarten hat 500 Plätze. Tägl. geöffnet. St. Heinricher Str. 113, ✆ 08801/533, ✆ 789, www.seerestaurant-lido.de.

Restaurant-Café am See, im Ort, unterhalb der Straße nach St. Heinrich. Terrasse direkt am See mit Blick bis ans Nordufer. Neben Eis, Kaffee und Kuchen in guter Auswahl werden auch Tagesgerichte sowie Speisen à la carte angeboten, letztere zwischen 10 und 15 €; auf Wunsch auch kleinere, ermäßigte Portionen. Do Ruhetag. Hauptstr. 29.

• *Baden* **Strandbad Lidl**, im Ort nahe des Dampferstegs; seichtes Wasser, Einstieg über Steg, Eintrittsgebühr. Der kleine Biergarten offeriert Brotzeiten, Mi und Sa gibt's Steckerlfisch, am 3. Samstag im Juli ein Fischerstechen und am 1. Freitag im August ein Open-Air-Konzert. Außerdem können im Strandbad Boote ausgeliehen werden. Seepromenade 10.

Strandbad Lido, etwas außerhalb beim gleichnamigen See-Restaurant; beliebt sind der Anlegesteg und die Wiese davor.

Strandbad im Campingplatz, Eintritt prinzipiell frei, für Autos ist jedoch Parkgebühr zu zahlen.

• *Fahrradverleih* Im Bahnhof Seeshaupt, ✆ 08801/754. Tägl. geöffnet.

Radtour: Schloss Hohenberg und die Hardtwiesen

Start und Ziel: Bernrieder Bahnhof. **Streckenlänge**: 32 km. **Charakter**: leicht sportlich. **Einkehr**: Gasthof Seeseiten (s. o.); Schlossgaststätte Hohenberg, ✆ 08801/626, Di und Mi Ruhetag, Hauptgerichte 7–10 €. **Karte**: Kompass Nr. 179 (Pfaffenwinkel).

Vom *Bernrieder Bahnhof*, der mit dem Zug ab der S-Bahnstation Tutzing leicht zu erreichen ist, führt die Bahnhofstraße geradewegs in die Dorfmitte, die wenige Meter vom Kloster entfernt ist. Links daran vorbei geht es auf leicht abschüssiger Straße zum Dampfersteg, an den sich rechts die Promenade (Vorsicht Fußgänger!) und im fließenden Übergang der König-Ludwig-Fernwanderweg anschließt. Der schöne Pfad führt durch den *Bernrieder Park* über Kilometer am See entlang. Nach einer kleinen Villa, die sich links auf einer Anhöhe erhebt, folgt ein wilder Badeplatz mit sandigem Seegrund und weitem Blick auf die Alpen. Nächster Orientierungspunkt ist Seeseiten, dessen herrlicher Biergarten Gelegenheit zur Einkehr bietet (s. u.). Etwa 500 m später zweigt eine Straße vom König-Ludwig-Weg nach rechts ab und überquert die Hauptverbindungsstraße Bernried–Seeshaupt. An der Kreuzung nach Hohenberg/Eberfing geht es rechts zum Seeshaupter Ortsteil *Ulrichsau*. Dieses

kurze Stück verläuft auf einer asphaltierten Überlandstraße. Kurz hinter Ulrichsau zweigt ein Fahrradweg nach links in den Wald ab. Jetzt geht es mal rauf, mal runter durch eine stille Wald- und Wiesenlandschaft fernab jeden Verkehrs. Der erste Anstieg ist etwas kräftiger, danach läuft es wie von selbst.

Am Gutshof Ellmann vorbei erreichen Sie *Schloss Hohenberg* mit seinem schönen Biergarten (s. o.) und den Freiluft-Kegelbahnen aus Holz. Von hier geht es auf einer kaum befahrenen Nebenstraße Richtung Eberfing, mitten durch eine idyllische Szenerie aus Bauernhöfen, Wäldchen, Bachläufen und Wiesen. Bei der ersten T-Kreuzung nach rechts abzweigen, an der Riedl-Kapelle vorbei und weiter geradeaus (Eberfing bleibt linker Hand) nach *Marnbach*. Die Strecke ist hier eben und lässt Zeit zur Erholung von den Anstiegen zuvor. Wer will, kann sich unterwegs für eine kleine Erfrischung nach rechts zum idyllischen *Haarsee* absetzen. In Marnbach quert man die Hauptstraße Weilheim–Seeshaupt und weiter geht es Richtung Kirche und geradeaus zu den *Hardtwiesen*, einem kleinen Höhenzug. Der Wald-Wiesen-Mix setzt sich fort und es wird wieder hügeliger. Nach wenigen Kilometern der Abzweigung zur Siedlung Hardt folgen und weiter nach *Bauerbach* – eine der schönsten Teilstrecken dieser Tour, mit seinen Wiesen, Bäumen und Kühen ein oberbayerischer Traum. Von Bauerbach führt, nach einer Links-Rechts-Kurve, eine leicht abschüssige, fast gerade Straße nach Bernried. Dort über die Bahngleise und gleich rechts zum Bahnhof, dem Start- und Zielpunkt dieser Tour.

Weßlinger See

Nicht ganz 18 Hektar misst der kleinste der fünf „offiziellen" Seen des Fünfseenlandes; in kaum mehr als zwanzig Minuten hat man ihn zu Fuß umrundet.

Den Badegast mag die geringe Ausdehnung des Weßlinger Sees freuen, erwärmt sich sein Wasser deshalb doch deutlich früher und stärker als das seiner nahen und größeren Konkurrenten. Allerdings leidet der See aufgrund des starken Algenwuchses im Hochsommer an Atemnot, weshalb ihn dann eine Fontäne belüftet. 80.000 Euro hat die Anlage gekostet, die täglich 120 Kilogramm Sauerstoff in die unteren Wasserschichten pumpt und den See so vor dem Umkippen bewahrt. Nur 25 Prozent mehr hat die Gemeinde für den gesamten See gezahlt, als sie ihn 1968 Graf Toerring abkaufte, dem Besitzer von Schloss Seefeld und der gleichnamigen Brauerei.

Im Winter friert das Gewässer schnell zu und zeigt sich bevölkerter noch als im Sommer – Eisstockschützen und Schlittschuhläufer vergnügen sich zu Dutzenden.

Wie manch anderer kleinere See des Alpenvorlands ist auch dieser während der letzten Eiszeit aus einem isolierten, langsam abschmelzenden Eisblock entstanden, also ein sogenannter „Toteissee". Obwohl der Ort *Weßling* (rund 5.200 Einwohner) den See fast umschließt, sind die Ufer weitgehend unverbaut geblieben. Die Idylle, die der französische Impressionist Auguste Renoir 1910 beschrieb, ist heute noch anzutreffen: „Binsen am Ufer. Die riesige Zwiebelhaube des Kirchturms. Die Bänke in den Anlagen. Die Wiesen und Villen um den See. Und im Osten spiegelt sich der Wald im Wasser." Neben Binsen wachsen am Weßlinger See auch so seltene Sumpfpflanzen wie der Wasserschierling, das Tausendblatt und der Wasserknöterich. Einen Knacks bekommt das schöne Bild nur an Sommerwochenenden, wenn sich die zahlreichen Besucher auf den wenigen und dazu recht schmalen Liegeflächen drängeln ...

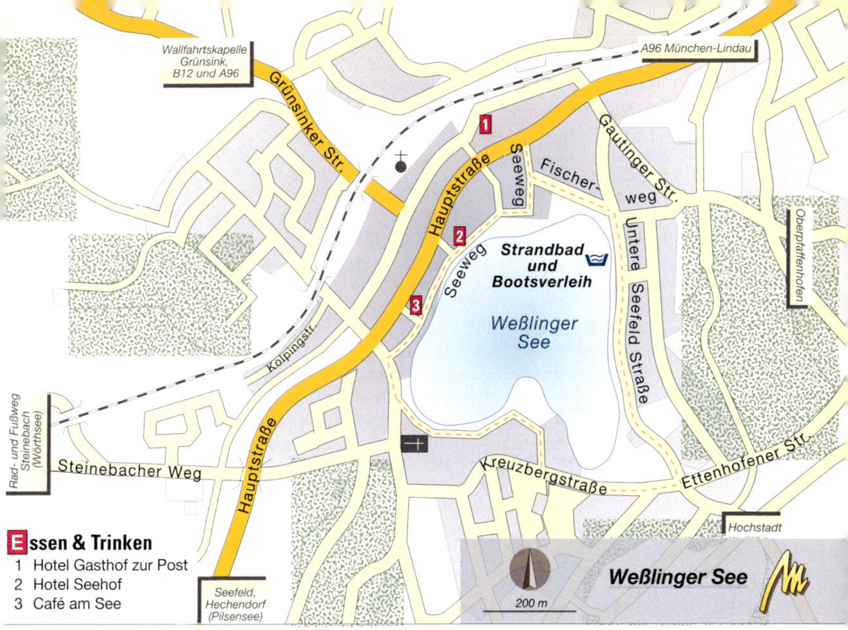

• *Topographische Angaben* Fläche 0,17 Quadratkilometer, Länge 600 Meter, maximale Breite 500 Meter, Tiefe 12 Meter, Uferlänge 1780 Meter, großteils frei zugänglich.

• *Wasserqualität* Gut.

• *Wassertemperatur* Sommer 23 Grad, Maximalwert 27 Grad.

Weßling – Spaziergang rund um den See

Ein Klacks, selbst für Kinder, ist die Umrundung des Sees zu Fuß. Vom Bahnhof in Weßling geht man auf der Hauptstraße Richtung Hotel Post, biegt kurz vorher links in den Seeweg ein, nach hundert Metern erneut links in den Fischerweg. Fortan hält man sich, vorbei am Strandbad, immer dicht am Wasser. Unterwegs bieten sich schöne Ausblicke auf den überdimensionalen Zwiebelturm der 1938/39 (!) gegen den Willen der örtlichen NSDAP errichteten Neuen Pfarrkirche Christkönig. Am Karpfenwinkel in der Südostecke muss man das Ufer ganz kurz verlassen, kann aber gleich danach rechter Hand wieder in einen Fahrweg zurück an den See einbiegen. Wenig später lohnt sich ein Blick auf die im Mauerwerk gotische, während des 18./19. Jh. jedoch umgebaute Alte Pfarrkirche Mariä Himmelfahrt; ihre wertvolle ehemalige Innenausstattung (darunter Kruzifixe und Skulpturen des 15.–17. Jh.) ist allerdings zum großen Teil in die Neue Pfarrkirche verbracht worden.

• *Verbindungen* Parkplätze in Weßling nur an der Hauptstraße, kurz vor dem Ortsende. Besser ist es, mit den öffentlichen Verkehrsmitteln zu fahren. Weßling ist ans Münchner S-Bahnnetz angeschlossen, Fahrzeit der S 5 ab München Hauptbahnhof ca. 30 Minuten.

• *Übernachten/Essen und Trinken* **** **Hotel Seehof (2)**, unmittelbar in Seenähe liegt dieser moderne Bau, der vielleicht etwas unpersönlich wirkt, aber gut ausgestattete Zimmer anbietet: Telefon, Modemanschluss, SatTV, Safe, Minibar. DZ/Bad/F 138–182 €. Zum Haus gehören zudem Restaurant (Pfifferlinge 13,80 €, Blattsalat 11,50 €, Palatschinken 6,80 €), Biergarten, Seeterrasse und ein beheizter Außenpool. Seeweg 4, 82234 Weßling, ✆ 08153/9350, 935435, www.hotelseehof.de.

Hotel Gasthof Zur Post (1), an der Hauptstraße in Bahnhofsnähe, mit schattigem Biergarten. Einfache, frisch renovierte Zimmer mit Internet-Anschluss, DZ/Bad/F 75–92 €. Das Restaurant bietet neben Hauptgerichten zwischen 6 und 12 € auch ein günstiges vegetarisches Tagesgericht sowie Brotzeiten an. Kein Ruhetag. Hauptstr. 34, ✆ 08153/90730, 📠 08153/9073373.

Gasthof Schuster, im 2 km entfernten Hochstadt. Rustikale Gästezimmer, ohne kitschige Übertreibungen. DZ/Bad/F 56 €. Beliebte Landgaststätte, beim Wettbewerb „Bayerische Küche" prämiert und kürzlich renoviert; kleiner Biergarten (Ayinger Biere). Preiswerte und gute Küche, kaum ein Hauptgericht über 8 € (Schweinsbraten 6,70 €). Do Ruhetag. Am Drössel 5, Hochstadt, ✆ 08153/3641, 📠 4592.

Café am See (3), mit reizvoller, an schönen Tagen stets bis auf den letzten Stuhl besetzter Terrasse direkt am Wasser, schräg gegenüber des Strandbads. Der Fußweg um den See verläuft zwischen Außenbereich und Haus. Neben Kaffee, hervorragendem Kuchen und Eis gibt es auch kleine warme (Gulaschsuppe 4,20 €) und kalte Gerichte (Putensalat 6,20 €). Di Ruhetag. **Tipp**: Einige Meter weiter in Richtung Strandbad führt ein Steg ins Wasser, auf dem es sich geruhsam sonnen lässt.

• *Baden* **Strandbad Weßling**, am Nordostufer, mit Kiosk samt Tischen am See, WC und Bootsverleih; Eintritt frei. Die kleine Liegewiese füllt sich an Sommerwochenenden sehr rasch, der Grund ist vorwiegend steinig (Stege ins Wasser). Die Wasserqualität wird 14-tägig kontrolliert, bei schlechten Ergebnissen behält sich die Gemeinde das Recht vor, den See zu sperren.

• *Veranstaltungen* Am letzten Julisonntag und am Sonntag nach Mariä Himmelfahrt (15.8.) Feldgottesdienste bei der sehenswerten **Wallfahrtskapelle Grünsink** (18. Jh., schöne Votivtafeln), die etwa 2 km nordwestlich des Ortes an der Straße nach Etterschlag in einer Waldlichtung steht.

Wanderung zum Wörthsee (und weiter zum Pilsensee)

Die einfache, nur knapp fünf Kilometer lange Wanderung führt von Weßling über freie Flur und durch schöne Mischwälder nach Steinebach am Wörthsee; beschildert ist sie als Wanderweg 5 C, außerdem als Kreisradwanderweg. Von Steinebach ist eine Verlängerung der Tour bis Hechendorf am Pilsensee möglich, für die weitere gut drei Kilometer einzuplanen sind. Sowohl Steinebach als auch Hechendorf verfügen über S-Bahnanschluss (S 5).

Weßling – Steinebach am Wörthsee: Vom Gasthof Post in Weßling folgt man der Hauptstraße nach Südwesten (Richtung Seefeld/Pilsensee). Nach 500 m rechts in den Walchstadter Weg und sofort wieder links, also parallel zur Hauptstraße; nach weiteren 400 m an der Kreuzung nach rechts (Schild: Wörthsee). An der Weggabelung kurz nach den letzten Häusern und dem Ortsschild links halten. Auf dem Feldweg bis in den lichten Wald, an der Gabelung mit den drei Bäumen rechts. An der nächsten Kreuzung (etwa 1,5 km weiter) erneut rechts, durch die Unterführung, dann gleich links und nochmals links. Fortan immer geradeaus, bis der Weg schließlich, parallel zur S-Bahn, in *Steinebach* auf die Weßlinger Straße trifft. Dieser folgt man linkerhand bis zum S-Bahnhof oder weiter bis in den Ort.

Falls sich unterwegs Lust auf ein frisches Bier einstellt: Der **Umweg** über den „Landgasthof Zum Sepperl" in *Meiling* (mit Biergarten, Mo Ruhetag; von dort weiter über *Auing*), an der Kreuzung vor der Unterführung ausgeschildert, nimmt etwa 3 km in Anspruch.

Steinebach – Pilsensee: (Wanderweg 7 B): Bei der Kirche am Ende der Weßlinger Straße in Steinebach geradeaus, der Kurve der Dorfstraße nach Süden folgen; später links in die Auinger, dann gleich rechts in die Günteringer Straße. In der Siedlung *Güntering* erst links, dann rechts bis zur Hauptstraße von *Hechendorf* (Inninger Straße); hier bergab und links in die Bahnhofsstraße zum S-Bahnhof.

Wörthsee

Sein sauberes, oft geradezu türkisfarben leuchtendes Wasser, das sich zudem im Sommer kräftig erwärmt, prädestiniert den Wörthsee eigentlich zum Badeparadies schlechthin. Schade deshalb, dass ein großer Teil der Ufer als Privatbesitz nicht zugänglich ist.

An Sommerwochenenden drängen sich die vielen Besucher an den wenigen frei zugänglichen Stellen, nimmt der Kampf um die ebenfalls raren Parkplätze manchmal fast absurde Formen an. Auch die landschaftliche Schönheit des Sees lässt sich an diesen Tagen des überstarken Andrangs nur erahnen. Richtig gut haben es dann nur die vielen Segler und Surfer, die in geziemendem Abstand vom überfüllten Ufer als einzige den Anblick der sanften Hügel und grünen Wälder ringsum voll genießen können – sie sind die eigentlichen Könige des Wörthsees.

- *Topographische Angaben* Fläche 4,3 Quadratkilometer, Länge 3,5 Kilometer, Breite bis zu 1,7 Kilometer, Tiefe 34 Meter, Uferlänge 9,8 Kilometer.
- *Wasserqualität* Gut.
- *Wassertemperatur* Sommer 22 Grad, Maximalwert 25 Grad.

Steinebach

Obwohl die Siedlung mit dem weiter östlich gelegenen *Walchstadt* zur Gemeinde Wörthsee zusammengefasst wurde, bildet Steinebach doch den eigentlichen Hauptort des Sees. In dem weiträumigen, teils noch ländlich wirkenden, aber auch gut auf den Fremdenverkehr eingestellten Dorf erstreckt sich die einzige Uferpromenade, findet sich die Mehrzahl der Gaststätten, Unterkünfte und Sportmöglichkeiten. Walchstadt ist mit Steinebach fast zusammengewachsen. Der Ort muss uralt sein: Der aus „welsch“ abgeleitete Name der Siedlung verweist auf die keltisch-römische Mischbevölkerung der vorbajuwarischen Zeit.

- *Verbindungen* Die schmalen Parkmöglichkeiten in Steinebach sind schnell erschöpft. Der S-Bahnhof liegt knapp einen Kilometer östlich des Sees; Fahrzeit der S 5 ab München Hauptbahnhof etwa 35 Minuten.
- *Übernachten* **Pension am See (2)**, nahe Strandbad Fleischmann. Das Haupthaus liegt etwas zurückversetzt; am eigenen Seegrundstück steht ein älterer, flacher Bau, in dem ebenfalls Zimmer, z. T. mit klei-

ner Terrasse und Seeblick angeboten werden. DZ/F je nach Lage und Ausstattung 40 €; auch eine Ferienwohnung wird vermietet, 65 € für 4 Personen, Endreinigung 38 €. Zum Haus gehört die **Sportschifffahrtschule Wörthsee**. Pauschalangebote für Surf- und Segelkurse: Wochenende ohne Übernachtung 57 €, oder eine Woche mit Übernachtung ab 200 €. Seestraße 63, 82337 Steinebach, ✆ 08153/7650, ✆ 89527, www.sspw.de.

*** **Gästehaus Jakl-Hof (5)**, etwas weiter südlich und ebenfalls nicht weit vom See. Hübsches Haus, moderne Zimmer; Sauna, Solarium und Terrasse. DZ/F je nach Ausstattung 64–72 € (ab 2 Übernachtungen). Dorfstr. 16, ✆ 08153/98100, ✆ 981098.

Hotel Gasthof Mutz (6), beim Westufer direkt an der Straße durch *Bachern* gelegen. Bei einer Seeumrundung im Uhrzeigersinn ist der „Mutz" mit seiner kastanienbeschatteten Terrasse mit die letzte Gelegenheit zur zünftigen Einkehr vor Steinebach. Neben Speis und Trank werden auch 12 ruhig gelegene Zimmer um 70 € angeboten; außerdem vermietet der Gasthof Ruder- und Elektroboote. Fischerstr. 4, 82266 Bachern, ✆ 08143/93070, ✆ 930710.

Campingplätze Wörthsee I und II, am Ostufer etwa 3,5 bzw. 3 km südlich von *Steinebach*. Viele Dauercamper, aber auch Platz für Urlauber. Wörthsee I ist der etwas größere Platz und bietet in seinem öffentlich zugänglichen Kiosk mit netter Terrasse und Seeblick auch das breitere Speisenangebot (Brotzeiten, Kuchen). Am Ufer erstrecken sich jeweils Liegewiesen, Stege bieten bequemen Zugang zum flach abfallenden See. Geöffnet ist von April (I) bzw. Mai (II) bis Ende September. Preise auf beiden Plätzen: Zelte und Wohnwagen 7–10 €, Erwachsene (auch Badegäste) 3 €, Kinder ermäßigt. Wie andere Plätze in der Gegend Wörthsee/Pilsensee sollen die beiden möglicherweise bis zum Jahr 2011 geschlossen werden – doch bis dahin ist es ja erstens noch eine Weile hin, zweitens arbeitet ein eigens gegründeter Verein, dem sich auch andere bedrohte Campingplätze angeschlossen haben, bisher erfolgreich dagegen an. ✆ 08153/78837 bzw. 76415.

• *Essen und Trinken* **Kulturgaststätte Steinebacher (7)**, unser Tipp in Steinebach: *der* All-in-One-Club am Wörthsee. Schönes Ambiente im denkmalgeschützten alten Bahnhof Steinebach, direkt an der S-Bahnstation. All in One heißt: Gaststätte, Biergarten, Musikkneipe mit Live-Konzerten, Disco. Anspruchsvolle, täglich wechselnde Speisekarte, auf der sich bayerische mit mediterranen Spezialitäten treffen. Hauptgerichte überwiegend zwischen 7 und 12 €; es gibt aber auch Kleinigkeiten wie Tapas (spanische Häppchen). Ihrem Namen alle Ehre macht die Kulturgaststätte mit einem breiten Wochenendprogramm, das von Musik über Vernissagen bis hin zu Theater reicht. Kein Ruhetag. Bahnhofstr. 2, ✆ 08153/990459, www.steinebacher.de.

Raabe's Wirtshaus (4), gleichfalls oben im Ort, gegenüber der Kirche. Gemütliche Stube mit einer angesagten **Kleinkunstbühne** im 1. Stock. Vor der Tür ein Biergarten unter Kastanien. Die Auftritte vieler regional bekannter, aber auch internationaler Kabarettisten und Volksmusiker finden meist Do 20 Uhr statt. Eintritt 13 €, Kartenvorbestellung unter ✆ 08152/6446 (Agentur Monika Rother), aktuelles Programm bei www.kulturmoni.de. Zu essen gibt es Bayerisch-Rustikales in großen Portionen für 9–12 €. Werktags ab 17 Uhr, So ab 10 Uhr, kein Ruhetag. Weßlinger Str. 1, ✆ 08153/990550.

Strandrestaurant Raabe am See, beim gleichnamigen, traditionsreichen Strandbad. 1992 eröffneter Neubau, Terrasse direkt am See. Hauptgerichte meist 7–10 €, Fisch 11–15 €, hausgemachte Kuchen und Strudel ab 2 €. Kein Ruhetag. Seestr. 27, ✆ 08153/7205, www.raabe-am-see.de.

Augustiner am Wörthsee (3), im Strandbad Fleischmann. Große Sonnenterrasse zur Liegewiese am See, nebenan ein Biergarten mit Selbstbedienungstheke. Suppen ab 1,30 € (!), Schweinsbraten 5,99 € (!!), bis 12 Uhr: 1 Weißwurst 99 Cent (!!!). Tägl. 10–24 Uhr.

Alter Wirt, in Etterschlag. Nichts für Vegetarier: Hier gibt es nur Fleisch und das in ausgezeichneter Qualität, nämlich prämiert beim Wettbewerb „Bayrische Küche". Weiterer Pluspunkt: Die Preise bleiben unter 10 €. Großer Biergarten. Der Alte Wirt ist seit fast 20 Jahren Heimat des Theaterensembles **Bauernbühne Wörthsee**, das jährlich zwei bis drei neue Stücke zeigt (2005: „Die liebe Nachbarin, ein Stiegnhaus-Idyll" und „Der ewige Spitzbua, ein ländlicher Schwank"). Gespielt wird immer samstags 20 Uhr, Eintritt 7 €. Anfahrt: Auf der anderen Seite der Autobahn München–Lindau, Zufahrt über die Etterschlager Straße von Steinebach aus, 5 Min. vom Wörthsee ent-

Rund um den Wörthsee

Gut elf Kilometer sind bei einer Tour um den Wörthsee zurückzulegen, davon einige hundert Meter auf einer relativ stark befahrenen Straße. Der Rest der Strecke verläuft auf Fußwegen und wenig befahrenen Nebenstraßen.

Am Ostufer bewegt man sich als Wanderer und Radfahrer zwar überwiegend in Seenähe, doch ist der Zugang zum Wasser durch Privatgrundstücke fast überall blockiert. Gebührenpflichtige Badeplätze gibt es im südlichen Teil des Ostufers dagegen gleich mehrfach: Die Campingplätze und auch manche Gaststätten lassen Badegäste gegen geringes Entgelt ans Ufer. Freie Badeplätze von ausreichender Größe finden sich erst wieder am Westufer.

Nahe der Südspitze des Sees kann man beim **Gasthof Wörthsee (9)** noch ein kurzes Stück quer durch den dortigen Campingplatz abkürzen. Dann bleibt bis zum knapp einen halben Kilometer entfernten *Erholungsgelände Oberndorf* jedoch keine andere Wahl mehr, als die relativ verkehrsreiche Verbindungsstraße Hechendorf–Inning zu benützen.

Am Westufer trifft der Weg jenseits des Erholungsgeländes auf eine weniger befahrene Nebenstraße, die etwas abseits des Westufers zunächst durch den kleinen Weiler *Bachern* und später über freies Feld nach *Walchstadt* führt. Zwischen diesen beiden Orten besteht kein Zugang zum See (Landschaftsschutzgebiet), man bleibt also besser auf der Straße.

fernt. Inninger Str. 6, Etterschlag, ✆ 08153/8282, www.alter-wirt-etterschlag.de.

Paradieswinkel **Gasthof Woerl (8)**, am Ostufer knapp 4 km südlich von Steinebach. Hier findet sich die wohl schönste Seeterrasse am Wörthsee: Ein echter Biergarten direkt am Wasser, besonders zum Sonnenuntergang ein herrliches Plätzchen. Hauptgerichte kosten um die 10 €, doch im Biergarten oder von der Tageskarte kann man sich auch für 6–7 € satt essen. Kein Ruhetag. Übernachten kann man auch, insgesamt 6 Zimmer, DZ/Bad/F 50 €; außerdem Camping- (1 Person mit Zelt 7 €) und Bademöglichkeit. Wörthseestr. 25, ✆/℻ 08152/76445, www.paradieswinkel.de.

Adria-Grill, fast an der Südspitze des Sees, etwa 800 m vom Gasthof Woerl entfernt. Hübscher Wirtsgarten unter Bäumen vor einer kleinen Liegewiese (Eintrittsgebühr), mit freiem Blick auf den See. Der Name lässt allerdings Falsches vermuten: Hier gibt es bayerische Küche zu ländlichen Preisen, also meist unter 10 €. Mo Ruhetag. Zum Gasthof gehört auch ein kleiner Campingplatz.

• *Nachtleben* **Buddha**, beim „Steinebacher". Disco-Kneipe mit Biergarten in der ehemaligen Bahnhofsgaststätte gegenüber der S-Bahnstation, Nachfolger der legendären „Gifthütte", die zuletzt immer wirkungsloser wurde. „Am Arsch der Welt? Nein, am Busen der Natur", wirbt der Veranstalter und hat damit zweifellos recht. Mi–Sa, vor allem schwarze Musik aller Stilrichtungen. Bahnhofstr. 1, ✆ 08153/9786.

• *Baden* Im Ortsgebiet von Steinebach gibt es mehrere freie Badeplätze, allerdings von geradezu mikroskopischem Format – der weitaus „größte", südlich des Strandbads Fleischmann, misst vielleicht 80 m Uferlänge.

Strandbad Fleischmann, mit relativ großem, teilweise schattigem Wiesengelände und modernen Einrichtungen (Umkleiden, WC etc.). Flach abfallender Grund, ins Wasser besser über den Steg. Eintrittsgebühr.

Strandbad Raabe (1), ein paar hundert Meter nordwestlich. Hübsch nostalgische Anlage, die kontinuierlich seit den zwanziger Jahren besteht. Deutlich kleiner als das „Fleischmann", viel Schatten. Auch hier seichtes Wasser, deshalb mehrere Stege als Einstieg; Eintritt 3 €.

Erholungsgelände Oberndorf, südlich von *Bachern*, der größte und schönste freie Badeplatz am Wörthsee. Das gepflegte, teilweise mit Bäumen bestandene Wiesengelände erstreckt sich über einen knappen Kilometer entlang des südlichen Westufers. Mehrere Stege ermöglichen den Zugang zum sonst durch Schilf versperrten See, „Heidis Biergart'l" bietet Getränke und einfache Gerichte (großes Schnitzel mit Kartoffelsalat 7 €) an. Reichlich Parkplätze, WC,

Duschen und ein Surferzugang sind ebenfalls vorhanden.

Badeplatz Roßschwemme, zu erreichen über ein Asphaltsträßchen, das kurz hinter dem Ortseingang von *Walchstadt* seewärts abzweigt; nach etwa 200 m links abbiegen. Beliebt vor allem bei Surfern. Kleine Liegewiese mit Kiosk und WC, Parkplatz (gebührenpflichtig).

• *Freizeit/Sport* **Bootsverleih (1)**: Im Strandbad Raabe (s. o.), Ruder-, Tret-, und Elektroboot 6–13 €/Std., und bei der Sportschifffahrtschule Wörthsee (s. Pension am See).

Bootsverleih in *Bachern* beim Gasthof Mutz (s. o.), ab 6 € pro Std., je nach Bootstyp.

Segel- und Surfschule: Sportschiffahrtschule Wörthsee, neben dem Strandbad Fleischmann (s. Pension am See).

Die Mausinsel im Wörthsee

Offiziell heißt das Inselchen vor dem Westufer Insel Wörth. Der volkstümlichere Name „Mausinsel" geht auf eine alte Sage zurück: Vor Jahrhunderten lebte auf Schloss Seefeld am Pilsensee ein hartherziger Graf – so geizig, dass ihm die vielen Bettler und Hungerleider, die sein Reichtum anzog, zutiefst verhasst waren. Eines Tages ließ er sie allesamt in eine Scheune einsperren und diese anzünden. Die Todesschreie der Verbrennenden rührten ihn nicht: „Hört ihr das Wimmern der Ratten und Mäuse?" spottete er höhnisch. Zur Strafe für diese Grausamkeit sandte ihm Gott ein Heer echter Mäuse auf sein Schloss – und die Mäusearmee zernagte alles, was ihr zwischen die Zähne kam. Entsetzt flüchtete der Graf auf die Insel im Wörthsee. Doch selbst hierhin schwamm das Mäuseheer ihm nach. In seiner Not schwor der Graf, alle Armen fortan fürstlich zu beschenken, wenn nur die Plage ein Ende hätte – und so geschah es. Oder doch nicht? Eine andere, blutrünstigere Version nämlich lässt die Mäuse den bösen Grafen fressen ...

• *Zugang* Die Insel mit ihrem Barockschloss aus dem 18. Jh. kann man zwar mit dem Ruder- oder Elektroboot umrunden (Bootsverleih beim Gasthof Mutz in Bachern), sie darf aber nicht betreten werden, da sie Eigentum der Grafen Toerring ist, die außerdem auch das Schloss Seefeld und die gleichnamige Brauerei besitzen.

Pilsensee

Schade – auch an diesem zweitkleinsten See des Fünfseenlandes sind weite Teile des Ufers für die Öffentlichkeit gesperrt. Ein Abstecher lohnt sich aber schon allein zum Besuch des sehenswerten Schlosses Seefeld, das hoch über dem Ostufer thront und sich mit seinen schönen Räumen für Kultur und Kunsthandwerk in ein viel besuchtes Freizeitzentrum verwandelt hat.

Am Ostufer findet sich auch die Mehrzahl der Badeplätze. Das Westufer ist, von einem kleinen Strandbad abgesehen, dagegen fast völlig unzugänglich (weil durch Villengrundstücke verbaut). Und im Süden liegt die Moorfläche des Naturschutzgebietes Herrschinger Moos, die nicht nur das Baden dort, sondern auch eine Umrundung des Sees verhindert (es sei denn über Herrsching). In längst vergangenen Zeiten erstreckte sich von hier bis zur heutigen Herrschinger Bucht eine einzige Wasserfläche – der Pilsensee ist nämlich nichts anderes als ein ehemaliger Seitenarm des Ammersees, der durch Verlandung von diesem abgetrennt wurde.

Gut für Schlittschuhfans: Im Winter kann die relativ kleine Wasserfläche zufrieren und so ein Eldorado auf Eis schaffen. Allein die Länge des Sees beansprucht auf Kufen eine gute halbe Stunde, eine Umrundung verlangt schon eine richtig sportliche Natur. Platz jedenfalls ist stets genug, auch für abenteuerlustige Radfahrer und hie und da sogar einen Eissegler.

• *Topographische Angaben* Fläche 1,95 Quadratkilometer, Länge 2,6 Kilometer, Breite bis zu 1 Kilometer, maximale Tiefe 30 Meter, Uferlänge 6,5 Kilometer.

• *Wasserqualität* Gut.

• *Wassertemperatur* Sommer 22 Grad, Maximalwert 26 Grad.

Hechendorf

Durchquert man Hechendorf auf der Hauptstraße vom Wörthsee nach Seefeld, so wirkt die Siedlung, als sei sie erst in den letzten 30 Jahren entstanden. Der eigentliche Dorfkern aber gruppiert sich um die Kirche, die ein ganzes Stück weiter südlich hoch über dem Pilsensee steht. Ein Abstieg zum Ufer lohnt sich nur, wenn man vorhat, das einzige Strandbad am Westufer zu besuchen; den gesamten Rest der Uferlinie beanspruchen Privatgrundstücke.

• *Verbindungen* S-Bahnhof Seefeld-Hechendorf im Ort; Fahrzeit der Linie S 5 ab München Hauptbahnhof knapp 40 Min.

• *Übernachten/Essen und Trinken* **Landgasthof Hotel Alter Wirt (1)**, bei der Kirche. Die angenehm eingerichteten DZ/Bad/F kosten 105 €. Ansprechendes Haus mit bekannt guter bayerischer und steirischer Küche und kleinem Biergarten. Im Angebot sind Fleischgerichte von 9 bis 15 €, Fisch in guter Auswahl (ca. 13–15 €), daneben auch vegetarische Gerichte und „schlanke Portionen"; mittags gibt's günstige Menüs inkl. alkoholfreiem Getränk für 7,50 €. Mi Ruhetag. Hauptstr. 49, 82229 Hechendorf, ✆ 08152/989220, 📠 989222, www.alterwirt.net.

Restaurant La Pineta (4), im Strandbad unten am See. Große Terrasse mit Blick darauf, feine italienische Küche nach etwa wöchentlich wechselnder Karte; für den etwas kleineren Geldbeutel gibt es aber auch Pizza (5–8 €). Im Sommer tägl., im Winter Di Ruhetag.

• *Baden* **Strandbad Hechendorf**, vom Dorfkern über einen steilen Abstieg (Badeweg) zu erreichen. Nostalgisch angehauchte Anlage mit hübscher Aussicht; gepflegte Liegewiese mit etwas Schatten, Einstieg ins flache, saubere Wasser über einen Steg. Eintritt frei.

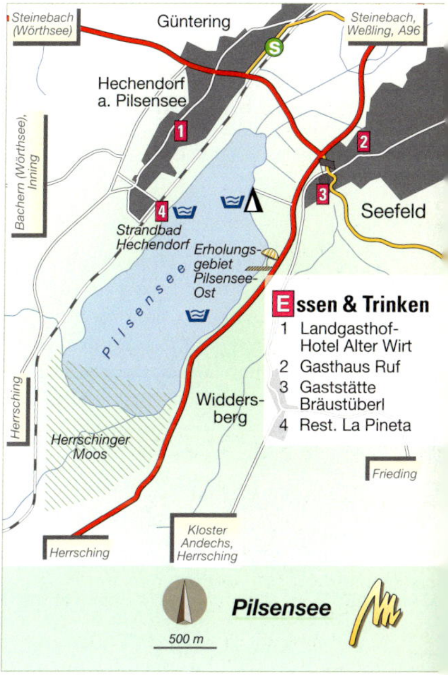

Seefeld

Das Dorf *Seefeld* (7.000 Einwohner) steht ganz im Zeichen des gleichnamigen wuchtigen Schlosses, das sich auf einem Hügel am Ortsrand erhebt. Seit dem 15. Jh. ist es im Besitz der Grafen von Toerring, denen weite Teile der Umgebung gehören; sie waren es auch, die vor rund 200 Jahren die prachtvolle Eichenallee anlegten, die Seefeld mit Weßling verbindet.

Von der großen Kreuzung unterhalb des Schlosses führt eine meist seenah verlaufende Straße am Ostufer entlang; über diese ziemlich stark befahrene Verbindung nach Herrsching sind die meisten der Badeplätze am Pilsensee zu erreichen.

Schmuckstück am Pilsensee: das Schloss Seefeld

Schloss Seefeld: Spätestens seit 1150 ist im Gebiet des Ortes das Geschlecht der Herren von Seefeld bezeugt. Damals noch unter der Herrschaft der Grafen von Andechs, übernahmen sie nach deren Aussterben selbst die Macht im Ammerseegebiet. Etwa um diese Zeit, Mitte des 13. Jh., entstanden wohl der mächtige Bergfried und die Ringmauer der Burg. Im 15. Jh. heirateten die *Grafen von Toerring* in die männlicherseits erloschene Seefeld-Dynastie ein. Auf sie gehen die verschiedenen, zunächst spätgotischen, später barocken An- und Umbauten zurück, die im Laufe der Jahrhunderte die einstige Festung in ein wohnliches Schloss verwandelten. Der wehrhafte Charakter einer mittelalterlichen Burg blieb jedoch trotz aller Veränderungen noch gut zu erkennen. Nach Jahren der Restaurierung hat sich Schloss Seefeld zu einem echten Schmuckstück gewandelt; Handwerker sind im ehemaligen Kuhstall zu finden, im früheren Pferdestall werden schicke Möbel und Wohnaccessoires verkauft und in den Garagen arbeiten Künstler. Zum wachsenden Freizeitangebot gehören, neben wechselnden Ausstellungen zu altägyptischer Geschichte (s. u.), ein mehrfach ausgezeichnetes Arthouse-Kino und das beliebte Bräustüberl mit dem „Alten Sudhaus“, einem als Kulturzentrum genutzten Festsaal. Alle Firmen finden Sie aufgelistet unter www.toerring-seefeld.de. Im Schlosspark beginnt ein schöner Wanderweg, der über den Weiher bei Widdersberg nach Andechs führt; da der Weg jedoch nicht markiert ist, ist eine genaue Karte unverzichtbar.

Schloss-Museum Im hinteren Bereich des Schlosses ist seit kurzem eine Dependance des Staatlichen Museums Ägyptischer Kunst München eingerichtet. Die Ausstellungen wechseln jährlich zwei Mal; 2005 wurden Exponate zu den altägyptischen Themen „Aus Pharaos Werkstatt. Handwerk und Material“ und „Tor zum Jenseits – Totenkult und Jenseitsglauben“ gezeigt. Di–So 10–17 Uhr (April–November; im Winter nur Sa, So). Eintritt 3,50 €, Kinder bis 16 J. frei. 82229 Seefeld, ✆ 08152/70652 oder 79394.

• *Verbindungen* Der S-Bahnhof Seefeld-Hechendorf (Linie S 5 von München) liegt im Ortsgebiet von Hechendorf, etwa 1 km von der Kreuzung bei Seefeld entfernt. Teilweise gebührenpflichtige Parkplätze finden sich unterhalb des Schlosses, beim

Campingplatz und beim Erholungsgebiet Pilsensee-Ost; an Wochenenden überall starker Andrang.

• *Übernachten/Essen und Trinken (s. Karte S. 69)* **Landgasthof zum Sepperl**, noch ein, aktueller, Sieger des Restaurant-Wettbewerbs „Bayerische Küche". Von außen typische Dorfschänke, innen bürgerlich-gehobene Gastronomie, viele Münchner Geschäftsleute. Im Sommer sitzt man im Biergarten, die Kleinen sind am Streichelzoo beschäftigt. Die 70 € teuren DZ (zur Fußball-WM und zum Oktoberfest: 88 €) sind schnell belegt, frühzeitige Reservierung ist daher geboten. Dorfstr. 35, 82229 Meiling (von Seefeld auf der Landstraße Richtung München, Abzweigung ins Dorf), ✆ 08153-3406, ℻ 4378, www.sepperlwirt.de.

Schlossgaststätte Bräustüberl (3), tolle Lage im Innenhof des Schlosses Seefeld. Die Gaststätte, früher, der Name sagt's, die Schlossbrauerei, ist großteils denkmalgeschützt und hat einen schönen Biergarten (wenn auch, aufgrund der asphaltierten Lage, ohne Kastaniendach). Preislich zeigt man sich hier zurückhaltender, als mancher vielleicht annehmen würde: Hauptgerichte 9–14 € (Schweinsbraten 9,10 €), Suppen kosten 3,90 € und Brotzeiten 5–9 €. Ganzjährig tägl. 10–24 Uhr. ✆ 08152/99120, ℻ 99129, www.braeustueberl-seefeld.de.

Gasthaus Ruf (2), am Marienplatz von Seefeld, direkt neben der Kirche, liegt diese hundert Jahre alte Traditionsgaststätte – ein Ort für den großen Hunger, denn die rustikale Küche spart nicht an Fleisch, der Bruder vom Wirt führt nebenan eine Metzgerei. Es gibt aber auch Fisch, alles ab 10 €. Mi Ruhetag. Marienplatz 2 a.

Camping Strandbad Pilsensee, Zufahrt südlich der Kreuzung bei Seefeld. Als Badeplatz auch für Nicht-Camper ein Tipp (Eintrittsgebühr 1,60 €). Große, teilweise schattige Liegewiese, Zugang ins Wasser wegen des steinigen, flach abfallenden Grundes über Stege. Zwei Gaststätten, SB-Geschäft, Bootsverleih, Windsurfschule. Ganzjährig geöffnet. Person 5,70 €, Zelte/Wohnwagen 7,30 €; es gibt auch Mietwohnwagen für 28 € pro Nacht zzgl. Personengebühr. ✆ 08152/7232, ℻ 78473, www.toerring-seefeld.de.

• *Nachtleben* **Hazienda**, Inhaber Michael Ruf (die Rufs sind zehn Geschwister und besitzen auch das Gasthaus Ruf und eine Metzgerei in Seefeld, s. o.) importiert die Münchner Tex-Mex-Mode und feiert Erfolge mit seiner Inneneinrichtung in war-

Auch für Nicht-Camper: Gaststätte Strandbad Pilsensee

men Farben. Das Speiseangebot ist reichhaltig und preislich meist zwischen 7 und 12 € angesiedelt. Ab 22 Uhr schwenkt man auf Cocktails um, die Latino-Tanznächte von Do bis Sa dauern bis 4 Uhr morgens (warmes Essen bis 3 Uhr). Moosdorfstr. 3, Seefeld (in der Nähe der Kirche), ✆ 08152/70156.

• *Einkaufen* **Kleiderfabrik Kloiber**, Direktverkauf von Lodenwaren (Mäntel, Blazer etc.) mit Trachtentouch. Hauptstr. 40, Seefeld, ✆ 08152/7758.

• *Baden* **Erholungsgebiet Pilsensee-Ost**, südlich fast an den Campingplatz anschließend. Langgezogenes, schmales und terrassiertes Wiesengelände, teilweise schattig, die Straße (Parkplätze gegenüber) in Hörweite; Surfereinlassstelle, Duschen und WC. Das Wasser bleibt lange flach, der Grund ist ziemlich steinig — schade, dass es keine Stege gibt (dafür Treppen). Vielleicht tröstet man sich ja beim von Mai bis Oktober geöffneten Kiosk „Zur Wurz'n" mit einer ausgesprochen preiswerten kühlen Maß oder Radlermaß, schattige Bierbänke dafür sind ausreichend vorhanden ...

Fünfseenland

Ammersee

Der zweitgrößte See des Fünfseenlandes steht immer noch ein wenig im Schatten des „fürstlichen" Starnberger Sees. Die etwas ländlichere Atmosphäre des Ammersees hat jedoch durchaus ihre Vorzüge.

An schönen Sommerwochenenden erfasst die Besucherlawine aus München natürlich auch den Ammersee. Unter der Woche jedoch wird schnell spürbar, dass der „Bauernsee" weniger stark auf den Fremdenverkehr ausgerichtet ist. Zudem beschränken sich die meisten Ausflügler auf einige wenige Ziele, zu denen vor allem der Hauptort *Herrsching* am Ostufer und das nahe, weltberühmte *Kloster Andechs* zählen. Schon ruhiger zu geht es in dem reizvollen alten Markt *Dießen* in der Südwestecke des Sees. Und in den kleineren Dörfern am Ammersee schließlich sehen die Bewohner außerhalb der Saison kaum ein fremdes Gesicht.

Wer vorwiegend baden oder geruhsame Spaziergänge ohne größere Steigungen unternehmen möchte, findet im hügeligen Osten des Sees zwar auch Möglichkeiten, die schönsten Strandbäder des Ammersees liegen jedoch eindeutig am flacheren Westufer, das durch einen reizvollen, durchgehenden Wander- und Radweg bestens erschlossen ist.

Seit der Ammersee am Ende der letzten Eiszeit aus einer Gletscherzunge entstand, schrumpft seine Fläche langsam, aber stetig. Ursache ist die starke Strömung des südlichen Zuflusses Ammer, die große Geröllmengen in den See schwemmt. Langsam füllt sich das Becken – wenn es so weiter geht, bleiben dem Ammersee noch 20.000 Jahre, prophezeien Wissenschaftler. Kein Grund zur Sorge also, weder für Badegäste noch für die zahlreichen Vögel, die am Ammermoos im Süden und am nördlichen Abfluss Amper weite Moor- und Schilfflächen vorfinden. Über 200 Arten sollen hier Brutplätze haben oder die verschwiegenen Orte als Rastmöglichkeiten nutzen.

• *Topographische Angaben* Fläche 46,6 Quadratkilometer (drittgrösster See Oberbayerns nach Chiemsee und Starnberger See, Länge 16 Kilometer, Breite 3 bis 5 Kilometer, Tiefe bis zu 82 Meter, Uferlänge 42 Kilometer.

• *Wasserqualität* Gut bis sehr gut.

• *Wassertemperatur* Sommer 20 Grad, Maximalwert 25 Grad.

• *Verbindungen* **Zug**: Herrsching am Ostufer ist ans Münchner S-Bahnnetz angeschlossen; Fahrzeit der S 5 ab München Hauptbahnhof knapp 45 Minuten.
Die Westuferorte Schondorf, Utting, Riederau und Dießen sind mit Zügen der Deutschen Bahn zu erreichen, Linie Augsburg–Garmisch-Partenkirchen.

Bus: Eine Reihe von Buslinien des Münchner Verkehrsverbundes MVV und des Regionalverkehrs Oberbayern (RVO) verbinden die einzelnen Ortschaften; Dießen wird von der RVO ab München Hauptbahnhof Mo–Fr 2-mal tägl. (etwa 15.30 und 16.45 Uhr) angefahren (Linie 9658). Für Ausflüge besonders interessant: die MVV-Linie 951, die von Starnberg über Kloster Andechs nach Herrsching und zurück führt (Mo–Sa morgens, mittags und nachmittags, So nur morgens und spät am Nachmittag).

Auto: Autobahn- bzw. Landstraßenverbindung von München über die A 96/B 12 Richtung Landsberg am Lech und Lindau, Ausfahrt Herrsching oder Inning/Stegen.

• *Schiffsverkehr* Die vier Ausflugsschiffe der Ammersee-Flotte legen in folgenden Ortschaften an: Stegen, Buch, Schondorf, Breitbrunn, Utting, Holzhausen, Herrsching, Riederau und Dießen. Flaggschiff der Flotte ist die „RMS Herrsching", 2002 vom Stapel gelassen und seit 70 Jahren der erste Schaufelraddampfer hierzulande. Ihr Gegenstück ist die 1908 gebaute „Dießen", der dienstälteste Raddampfer Deutschlands. Angeboten werden verschiedene Rundfahrten (Mitte April–Mitte Oktober). Erwachsene 9,10 €–14,50 €, Kinder 6–14 J. die Hälfte,

Eching
A96 München
Landsberg, Lindau
Stegen
Erholungs-
gebiet
Eching
Inning siehe S. 83
Pension Broslhof
Pension Ingolde
Ferienwohnungen Schüßler
Steinebach
Schondorf siehe S. 85
Seepost
Gasthof Zum Wastl
Restauration Schondorfer
Strandbad Schondorf (mit Seerest.,
Café Forster)
Stegen siehe S. 84
Seehaus Schreyegg
Gasthaus Fischer am See
Wörthsee
Buch
Hechenwang
Hechendorf
Seefeld
Achselschwang, Landsberg, Lech
Breitbrunn
a. Ammersee
Breitbrunn siehe S. 82
Gasthof Seefelder Hof
Perchting, Starnberg
Ellwang
Utting siehe S. 86
Restaurant/Biergarten Alte Villa
Landgasthof Schneiderwirt
Pension Marx
Café-Seerestaurant Utting
Strandpavillon
Erholungs-
gebiet
Rieder Wald
Pilsensee
Rausch
Ammersee
Lochschwab
Holz-
hausen
Frieding
Herrsching
Stadtplan siehe S. 77
Riederau siehe S. 88
Seehaus
Hotel-Landgasthof Kramerhof
Gasthaus Pfeffermühle
Mühlfeld
Andechser
Wander-
weg
Kloster
Andechs
Andechs
Bierdorf
Landsberg, Lech
Starnberg
St. Alban
Erling
Traubing, Feldafing, Tutzing
Dießen siehe S. 89 f.
Hotel-Gasthof Maurerhansl
Gasthof Drei Rosen
Schatzbergalm
Seerest. St. Alban
(im gleichnamigen Campingplatz)
Erholungs-
gebiet
Wartaweil
Marienkirche
Rott
Aidenried siehe S. 81
Restaurant Aidenried
Naturschutz
Gebiet
Birkenallee
Ammer
Alte Ammer
Vorderfischen siehe S. 81
Osteria Va Béne
Raisting siehe S. 93
Gasthof Zur Post
Weilheim, Pähl
Stillern,
Rad- u. Fußweg
Wessobrunn
Erdfunkstelle
Raisting
1 km
Ammersee

Familienkarte 32 €). Ausführliche Informationen über Preise, Fahrpläne, Sonderfahrten etc. bei den Fremdenverkehrsämtern Herrsching und Dießen sowie von der Staatlichen Schiffahrt Ammersee, Landsberger Str. 81, 82266 Inning/Stegen, ✆ 08143/94021, 📠 94023, sowie im Internet unter www.bayerische-seenschifffahrt.de.

Rund um den Ammersee

Je nach Routenführung legen Fußgänger und Radler bei einer kompletten Umrundung des Ammersees leicht 45, oft sogar mehr als 50 Kilometer zurück. Aufgrund der großen Distanz werden Wanderer aber wohl entweder übernachten oder nur Teilstrecken gehen und die Rückfahrt dann per Schiff antreten wollen. Der besseren Beschilderung wegen empfiehlt es sich, die Tour im Uhrzeigersinn anzugehen.

Um stark befahrene Straßen möglichst zu vermeiden, müssen Radler vor allem am hügeligen Ostufer nördlich von Herrsching, aber auch im Süden zwischen Dießen und Vorderfischen jeweils einen beträchtlichen Abstand zum See einhalten. Am flacheren Westufer ist der See zwar oft auch nicht in Blickweite, doch existiert hier ein durchgehender Rad- und Fußgängerweg zwischen Stegen und Dießen: die beste Empfehlung für alle Wanderer und Radler, die nur eine Teilstrecke zurücklegen wollen. Wanderwege am See finden sich im Westen durchgehend, am Ostufer entfernt sich der Pfad, teils bedingt durch Ortschaften, oft recht weit vom Wasser. Unzugänglich ist das Ammermoos im Süden.

Ammersee – Ostufer

Wie am Starnberger See lassen auch am Ammersee die steileren Moränenhänge des Ostens wenig Raum für ausgedehnte Ufersiedlungen. Die einzig bedeutende Ausnahme bildet *Herrsching*, größte Ortschaft am See, aber nicht unbedingt dessen kulturelles Zentrum. Schon eher das Anrecht auf diesen Titel hätten Dießen am Westufer und das berühmte *Kloster Andechs*, rund fünf Kilometer südlich von Herrsching hoch über dem See gelegen.

Herrsching

Seinen Aufstieg zum Hauptort des Ammersees erlebte Herrsching erst im Lauf des 19. Jh., als das damalige kleine Fischerdorf vom wohlhabenden Münchner Bürgertum als Sommerfrische entdeckt wurde. Spätestens mit dem 1972 erfolgten Anschluss ans S-Bahnnetz der Landeshauptstadt avancierte Herrsching (heute ca. 11.000 Einwohner) dann zum Fremdenverkehrszentrum des Sees – ein Status, der sich in den Preisen der Gastronomie und Hotellerie spiegelt. Mit jährlich 135.000 Übernachtungen ist die Kleinstadt zu einem der wichtigsten Erholungsorte in ganz Oberbayern avanciert.

Echte Sehenswürdigkeiten im engeren Sinn hatte die mehr als 10.000 Einwohner zählende Siedlung dabei bisher kaum zu bieten – sieht man von der zehn Kilometer langen *Promenade* oder dem *Kurparkschlössl*, Sitz der Volkshochschule, nördlich des Landungsstegs mal ab. Doch mit der Eröffnung des *Archäologischen Parks* am Herrschinger Friedhof vor einigen Jahren besitzt Herrsching auch eine gut besuchte überregionale Attraktion. Im Mittelpunkt steht eine teilweise noch aus Originalsteinen rekonstruierte Adelskirche aus dem 7. Jh., deren Fundamente zusammen mit denen einer noch älteren Pfostenkirche 1982 bei Erweiterungsarbeiten entdeckt wurden. Eine archäologische Sensation – die Kirche hinter dem Friedhof am

Holzboot an der Uferpromenade von Herrsching

Mitterweg gilt als die älteste ihrer Art in Bayern. Hochinteressant waren auch die Funde in den nahegelegenen Gräbern, darunter eine vergoldete Gürtelgarnitur, die um das Jahr 620 in einer langobardischen Werkstatt hergestellt wurde. Im Original sind die Beigaben der 14 Gräber in der Bayerischen Staatssammlung in München zu sehen. Kopien der Funde sind in der frühchristlichen Steinkirche ausgestellt, die nach Voranmeldung im Verkehrsbüro besichtigt werden kann. Von dieser neuen Sehenswürdigkeit abgesehen, liegen Herrschings Qualitäten als Urlaubsort jedoch eher in der guten Verkehrsanbindung und der reizvollen Lage an einer weiten Bucht. Genüsslich bummeln lässt es sich an der längsten Seeuferpromenade Deutschlands, die nördlich der Schiffsanlegestelle durch einen schönen Park führt. Gleich zu Anfang stößt man auf die Villa des Kunstmalers Ludwig Scheuermann, die dieser 1888/89 – Herrsching zählte damals 360 Einwohner – nach italienischem Vorbild bauen ließ. Sein Sohn verkaufte das *Kurparkschlössl* 1934 an die Gemeinde, die nach dem Zweiten Weltkrieg dort erst Flüchtlingsfamilien wohnen ließ und später an eine Künstlerfamilie vermietete. In den 1970ern war der Verfall nicht mehr zu übersehen. Der Gemeinderat ließ es schließlich für 1,2 Millionen Euro renovieren und übergab es der öffentlichen Nutzung. Heute finden in der Villa neben VHS-Kursen und Ausstellungen auch Trauungen statt.

In der Umgebung von Herrsching finden sich interessanteste Ausflugsmöglichkeiten, darunter auch Kloster Andechs, das von Herrsching über eine schöne, etwa einstündige Wanderung durchs Kiental zu erreichen ist (s. Kloster Andechs S. 78ff.).

Information/Übernachten/Essen und Trinken (siehe Karte S. 77)

• *Information* **Verkehrsbüro Herrsching**, direkt gegenüber vom S-Bahnhof. Mai–Oktober Mo–Fr 9–13 und 14–18 Uhr, Sa 9–13 Uhr; sonst Mo–Fr 10–17 Uhr. Bahnhofsplatz 3, 82211 Herrsching, ✆ 08152/5227, 40519.

• *Übernachten/Essen und Trinken* **Ammersee Hotel (7)**, im südlichen Bereich der Uferpromenade. Eines der Tophotels von

Herrsching mit entsprechenden Preisen: DZ/Bad/F je nach Lage und Ausstattung 104–150 €. Das Restaurant mit kleinem Garten und Seeterrasse serviert französische und regionale Küche, Hauptgerichte etwa 12–25 €. Summerstr. 32, ✆ 08152/96870, ✆ 5374.

Landhotel Piushof (4), kleineres, familiäres Haus, anders als die Konkurrenten nicht am See gelegen. Komfortable DZ im Landhausstil mit Bad und Frühstück ab 123 €. Das angeschlossene, edel-rustikale Restaurant bietet feine Küche zu ebenfalls gehobenen Preisen. Schönbichlstr. 18, ✆ 08152/96820, ✆ 968270, www.piushof.de.

Hotel Promenade (6), neuerer Bau direkt am Dampfersteg. DZ/Bad/F ab 100 €. Grillrestaurant mit Terrasse zur Seepromenade, kroatische Küche, Hauptgerichte 10–17 €. Mo Ruhetag. Nebenan ein beliebtes Eiscafé. Summerstr. 6, ✆ 08152/1088, ✆ 5981, www.hotel-restaurant-promenade.de.

Hotel Restaurant Seehof (5), auf der anderen Seite des Dampferstegs. Erst kürzlich renovierte und neu eingerichtete Zimmer ab 93 € für 2 Personen, zur Seeseite mit Balkon. Vier Gaststuben, Biergarten am See, Spezialität ist Fisch, serviert wird auch badischer Wein. Seestr. 58, ✆ 08152/9350, ✆ 935100, www.seehof-herrsching.de.

Hotel Restaurant Andechser Hof (3), freundliches Haus schräg gegenüber vom S-Bahnhof. Die um die Jahrtausendwende renovierten Zimmer kosten zwischen 85 und 130 € für 2 Personen mit Bad, Frühstück und Wellnessbereich. Das Restaurant mit schattigem Biergarten (Andechser Biere, versteht sich) wurde beim „Wettbewerb für Bayerische Küche" prämiert; Hauptgerichte kosten 9–17 € (Schweinsbraten 8,50 €), daneben werden auch Mittagsmenüs für 5,90 € und Suppen bis 3,50 € angeboten. Zum Landungssteg 1, ✆ 08152/96810, ✆ 968144, www.andechser-hof.de.

Hotel Gasthof zur Post (1), im Ortszentrum, wenige Minuten vom See entfernt, erhebt sich der massige Bau aus dem 15. Jh., der vor einigen Jahren renoviert wurde und nun mit 17 hellen, geräumigen Zimmern eine echte Alternative zu den Hotel-Klassikern am See darstellt. DZ mit Frühstücksbuffet 95–110 €. Der gastronomische Teil besteht aus Restaurant, Biergarten und Ritterstube. ✆ 08152/92260, ✆ 922648, www.zur-post-herrsching.de.

Restaurant/Pizzeria Da Mario (8), auch als „Seespitz" bekannt, ganz unten an der südlichen Promenade. Die Terrasse liegt neben der Straße, schöner sitzt man auf dem angrenzenden Balkon zum See. Gehobene italienische Küche, Fleisch- und Fischgerichte 12–18 €; es gibt aber auch Nudeln und Pizza (5–8 €). Am Mühlfeld 2.

Landgasthof Mühlfeld-Bräu (9), im Ortsteil Mühlfeld, zu Fuß eine knappe halbe Stunde südlich des Dampferstegs. Ein ganz besonderes Gasthaus: Hiesige Hauptattraktion ist das selbst gebraute, naturtrübe Bier (Weißbier und „Spezial"). Im gemütlichen Inneren, dem Teile eines alten Bauernhauses einverleibt sind, blitzen dementsprechend die Kupferkessel. Vor der Tür liegen eine große Sonnenterrasse und ein Freigehege mit Tieren und einem Teich. Die Küche zeigt eine gewisse Tendenz in Richtung „gehoben", Hauptgerichte etwa 11–16 €, Brotzeiten um 8 €. Kein Ruhetag. Mühlfeld.

Campingplatz Herrsching-Mühlfeld, im gleichnamigen Ortsteil; etwa 1,5 km südlich des Zentrums. Zum See abfallendes Gelände, viele Dauercamper, für Urlauber eine Wiese am Hang nahe der Straße. Kiosk (nur bei schönem Wetter), eher bescheidene Sanitärs. Geöffnet von Mai bis zum Ende des Münchner Oktoberfests. Person inkl. Kurtaxe 5 €, Zelt 3–6 €, Pkw 1,60 €. ✆ 08152/1206, ✆ 40907.

Baden/Freizeit/Sport/Veranstaltungen/Feste

• *Baden* Prinzipiell kann man in Herrsching entlang der Uferpromenade fast überall in die Fluten springen, sollte dabei jedoch immer ein wachsames Auge auf Ausflugsschiffe, Segler und Surfer haben. Langgestreckte Liegewiesen unter schattigen Bäumen finden sich im nördlichen Ortsbereich.

Strandbad Seewinkel, vom Dampfersteg aus gleich jenseits des Kurparks. Schöne Liegewiese mit einzelnen Bäumen, sonniger Gaststätte **(2)** mit günstigen Gerichten, WC und Umkleidekabinen; Zugang ins Wasser über Stege. Geöffnet ist bei schönem Wetter von Mai bis Oktober, der Eintritt gratis. Zum beliebten Jugend-Treffpunkt auf dem Gelände hat sich die *Strandbar* mit Karibik-Sound, Cocktails und kostenlosen Filmnächten entwickelt. Tägl. bis 23 Uhr.

• *Freizeit/Sport* **Bootsverleih**: Mehrere Vermieter von Ruder-, Tret- und Elektrobooten an der Uferpromenade südlich des Dampferstegs bis zum Ammersee-Hotel, etwa

Alfred Schlamp, ✆ 08152/969533 oder Anton Stumbaum, ✆ 08152/1375.

Fahrradverleih: Peter Nandlinger, Mühlfelder Str. 5, ✆ 08152/1266.

Geführte Wanderungen: Zusammen mit dem Tourismusverband „Starnberger Fünfseenland" rief die Gemeinde Herrsching 2005 eine Initiative für umweltverträglichen Tourismus ins Leben. Forstwirte, Ornithologen und Umwelt-Fachleute verschiedener Organisationen leiten Touren rund um den Ammersee (u. a. zum Pilsensee) und erklären Kindern ökologische Zusammenhänge. Preis: 7 €. Anmeldung und aktuelles Programm bei der Tourist Information am Bahnhofplatz 3.

• *Veranstaltungen/Feste* **Wochenmarkt** jeden Di 14–18 Uhr;

Bauernmarkt von April bis Oktober jeden Sa 8–12 Uhr; beide Märkte in der Bahnhofstraße.

Herrschinger Festwoche, mit Feuerwerk etc.; wechselnde Termine in der ersten Julihälfte.

Schlossgartenfest mit Fischerstechen, wechselnde Wochenendtermine, meist Ende Juli.

Radtour: Seeumrundung ab Herrsching

Vom Strandbad Seewinkel die Promenade nach Norden, hinter dem Segelhafen an der Rieder Straße rechts in die Hechendorfer Straße. Fußgänger biegen wenig später in den Rauscher Fußweg (Markierung 2 A), Radfahrer ein Stück weiter in die Rauscher Straße links ab. Von *Rausch* weiter auf dem Weg (2 A) nach *Ellwang*, dann links ab nach *Breitbrunn*. Der Hauptstraße und dann der Münchner Straße folgen, links auf den Bucherweg bis an dessen Ende in *Buch*; hier rechts bergauf, beim Radwegschild links Richtung Inning. Bei der kleinen Seesiedlung vor Inning links steil bergab in die Bergstraße (Rad schieben), unten rechts nach *Stegen*.

Hinter *Stegen* auf der Autobrücke über die Amper, dann dem ufernahen Weg nach *Schondorf* folgen. Am Westufer leichte Orientierung bis *Dießen* (Markierung R 9; Radler müssen in Ortschaften teils kurze Stücke in Einbahnstraßen schieben).

In *Dießen* hinter dem See-Park rechts in die Jahnstraße, dann gleich links in die Jägerallee. Am Radwegende der Beschilderung über *Raisting* nach *Vorderfischen* folgen, um die gefährliche Birkenallee zu vermeiden. Von *Vorderfischen* nordwärts (überwiegend auf Radwegen, ein kurzes, unangenehmes Stück aber auf der Hauptstraße), dann durchs Erholungsgebiet Wartaweil zurück nach *Herrsching*.

Alternative ab Raisting: Über *Pähl* und *Andechs* nach *Herrsching*; größere Entfernung und weitaus stärkere Höhenunterschiede, dafür kaum Verkehr.

Kloster Andechs

Der „Heilige Berg" ist mit jährlich 1,5 Millionen „Pilgern" sicher das meistbesuchte Ziel im gesamten Fünfseenland – sei es nun aus religiösen Gründen, kunsthistorischem Interesse oder des berühmten Bieres wegen.

Die Ausmaße des Parkgeländes am Fuß des Andechser Hügels sprechen Bände, was die Anziehungskraft des Klosters betrifft. Wer kann, sollte deshalb bei einem Besuch die Wochenenden meiden; auch an Werktagen ist es in Andechs noch voll genug.

Geschichte: Sitz heiliger Stätten war der 711 Meter hohe Hügel schon seit undenklichen Zeiten. Die christliche Geschichte beginnt mit den *Grafen von Dießen*, deren Andechser Burg 1157 erstmals urkundlich als Hauptsitz des Geschlechts erwähnt

Das Wunder von Andechs

Über ein Jahrhundert lang waren die kostbaren Andechser Reliquien verschollen gewesen, als im Jahre 1388 in der Burgkapelle eine Messe abgehalten wurde. Plötzlich raschelte es unschicklich laut vor dem Altar. Missetäterin war eine Maus, die ein Stück Pergament in der Schnauze trug. Bei näherem Besehen entpuppte sich das alte Papier als Teil des Verzeichnisses der verschwundenen Reliquien. Klar, dass man sofort unter dem Altar zu graben anfing. Und siehe, die Suchenden wurden fündig – der „Andechser Schatz" war wieder da.

Schnell schwoll der Strom der Wallfahrer so stark an, dass 1416 mit dem Bau einer gotischen Kirche begonnen wurde; 1455 folgte die Gründung eines Benediktinerklosters. 1669 brannten Kloster und Kirche nach einem Blitzschlag fast völlig aus, doch blieben die Reliquien unversehrt. 1803 wurde das Kloster säkularisiert, 1850 zogen erneut Benediktiner in Andechs ein.

Wallfahrtsort für Biertrinker und Gläubige: Kloster Andechs

wird. Nun *Grafen von Andechs* genannt, dehnte die mächtige Dynastie ihren Einflussbereich bis nach Dalmatien aus. Die Blütezeit währte jedoch kaum ein Jahrhundert: 1248 starben die Andechser in männlicher Linie aus. Zuvor schon hatten ihnen die aufstrebenden Wittelsbacher so zugesetzt, dass die Grafen lieber ihre Burg zerstörten, als sie den verhassten Konkurrenten zu überlassen. Damals verschwand auch die große Reliquiensammlung der Andechser spurlos, samt den berühmten „Drei Hostien", die Graf Rasso, einer der Stammväter des Geschlechts, im 10. Jh. aus dem Heiligen Land mitgebracht haben soll. Doch dann geschah ...

Wanderweg von Herrsching nach Andechs: Die schönste Art, sich dem Kloster zu nähern, ist der Aufstieg zu Fuß. Gut eine Stunde nimmt dieser vier Kilometer lange durchs wildromantische Kiental führende Weg in Anspruch: Vom S-Bahnhof Herrsching geht es links, dann rechts in die Bahnhofsstraße, geradeaus über die Luitpoldstraße, bis rechts die Steindlgasse abzweigt. Dann gleich links über die Andechsstraße an der Martinskirche vorbei, an der Kientalstraße rechts und immer geradeaus in den Wald hinein, bis nach etwa zwei Kilometern links der Weg nach Andechs abzweigt.

Wallfahrtskirche: Anlässlich der 300-Jahr-Feier des Klosters wurde diese wichtigste Sehenswürdigkeit von Andechs Mitte des 18. Jh. völlig umgestaltet. Die gotische Grundanlage blieb dabei weitgehend erhalten, innen jedoch bestimmt Rokoko das Bild. Der phantasievolle Stuck, die zarten Fresken und der prächtige Hochaltar gehen weitgehend auf den Künstler *Johann Baptist Zimmermann* zurück, der auch an der Gestaltung der Wieskirche beteiligt war. Ebenfalls nähere Beachtung verdienen die zahlreichen Kapellen, darunter die *Heilige Kapelle*, die die spätgotische Monstranz mit den Reliquien des Andechser Schatzes birgt. Im *Wachsgewölbe* sind über 250 große Votivkerzen ausgestellt, deren älteste aus dem 16. Jh. datiert.

Öffnungszeiten Diese Sehenswürdigkeiten sind nur einmal täglich zwischen 14 und 15 Uhr für die Öffentlichkeit zugänglich (Treffpunkt an der Klosterpforte, Eintritt 3 €), wer sich vorher unter ✆ 08152/376154 anmeldet, kann auch eine persönliche Führung vereinbaren.

Andechser Biere: So berühmt die Kunstschätze, so begehrt die Biere des Klosters. Immerhin reicht die hiesige Brautradition zurück ins Jahr 1455. Die Brauerei, die ihren jährlichen Ausstoß zuletzt auf das Rekordniveau von 117.000 Hektolitern steigern konnte, produziert sieben verschiedene Sorten untergäriges Bier. Heute liegt die Brauerei allerdings am Fuß des Andechser Bergs; eine Pipeline sorgt für den Transport des Gerstensafts hoch zum Ausschank. Trotz der relativ günstigen Preise sollten sich Fahrzeuglenker nicht zuviel vom süffigen „Spezial Hell" oder gar vom kräftigen „Doppelbock" schmecken lassen – besser, man hält sich an das Gebot, das direkt über dem Ausschank des Bräustüberls hängt: „Denk daran, dass Du heute noch nach Hause fahren musst". Wer die Lieben daheim beglücken will, kann sich Andechser Bier in Flaschen auch im Geschenkkarton mitnehmen, wie überhaupt an kulinarischen Einkaufsmöglichkeiten auf dem Berg kein Mangel besteht.

Das Unternehmen Kloster Andechs: Die Mönche betätigen sich nicht nur als Braumeister. Getreu dem Benediktiner-Motto „ora et labora" (bete und arbeite) werden auch Rinder und Schweine gehalten, wird Ackerbau betrieben und ein bekannter Käse hergestellt. Allerdings steckt die Agronomie des Klosters seit Jahren tief in den roten Zahlen. Ein weiterer wirtschaftlicher Rückschlag: Der viel diskutierte „ökologische" Golfplatz am Fuß des Berges wurde aufgrund der Proteste von Umweltschützern nicht gebaut. Dafür läuft der Bierverkauf besser denn je: Mit einem kürzlich beschlossenen Erweiterungsbau soll die Produktion auf 150.000 Hektoliter jährlich gesteigert werden können. Und dann gibt es ja noch die Klosterbrennerei mit ihren fünf Schnäpsen, die Klosterarznei aus dem eigenen Kräutergarten, die in vielen Apotheken bundesweit verkauft wird und nicht zu vergessen die Orff-Festspiele, Kammerkonzerte, Tagungen, Seminare ... Kurz: Kloster Andechs ist heute ein vielfältiges, in den meisten Sparten sehr erfolgreiches Wirtschaftsunternehmen – was es letztlich auch sein muss, denn Mittel aus der Kirchensteuer erhält es nicht. Verantwortlich für die erfolgreiche Vermarktung (wenn die Wirtshauskette „Der Andechser" auch zuletzt Konkurs anmelden musste) war jahrzehntelang Pater Anselm Bilgri, doch der ging 2003 im Streit. Sein Nachfolger Valentin Ziegler will das Religiöse wieder mehr betonen, Ideen wie das gescheiterte Pilgerhotel mit angeschlossenem Golfplatz soll es nicht mehr geben.

• *Verbindungen* **Busse** fahren von/nach Starnberg (MVV-Linie 951, Mo–Sa 3-mal, So 2-mal tägl.) und Herrsching (MVV und Omnibus Rauner, rund 10-mal tägl.), jeweils ab den dortigen S-Bahnhöfen.

• *Essen und Trinken* **Klostergasthof Andechs**, seit dem 15. Jh. fast durchgängig im Dienste des leiblichen Wohls der Pilger und Besucher. Sehr schöner Biergarten mit weiter Aussicht, die bei Föhn bis zu den Alpen reicht; anerkannt gute, dabei recht preisgünstige Küche (Hauptgerichte um 10 €). Tägl. bis 23 Uhr; im Januar drei Wochen Betriebsferien. 82346 Andechs.

Bräustüberl Andechs, die volkstümlichere Variante weiter oben am Berg. Gemütliche Stube, im Freien eher Terrasse als Biergarten. Selbstbedienung bei Brotzeiten (Grillstation, bekannt gute Haxen; Brotzeiten dürfen auch mitgebracht werden) und Bierausschank, beides zu durchaus christlichen Preisen. Ausschank täglich bis 20 Uhr, im Januar drei Wochen Betriebsferien. Warnung: Bestellen Sie ja kein „Helles", sonst erhalten Sie ein Glas Wasser, sagen Sie: „ein Klosterbier!"

• *Veranstaltungen* Mit den jährlichen Opern-Festspielen „Orff in Andechs" ist das Kloster noch populärer geworden. Das umgebaute Florian-Stadl am Fuße des Berges ist ein eigenes kleines Kulturzentrum, im Fürstentrakt des Klosters werden Lesungen abgehalten und in der Wallfahrtskirche finden regelmäßig Orgelkonzerte statt. Tickets und aktuelles Programm unter www.andechs.de oder rufen Sie ✆ 08152/376350 an.

• *Rundwanderweg* Eine reizvoller Wanderung von knapp 3 km Länge ist ab dem Großparkplatz unterhalb des Klosters

Sommerliches Ammersee-Panorama bei Herrsching

ausgeschildert. Mit ständiger schöner Aussicht auf den „Heiligen Berg" führt der Weg zunächst über den Andechser Kreuzweg, dann im Bogen zurück zum Kloster, passiert dabei mehrere landeskundliche Schautafeln. Unterwegs zweigt ein ebenfalls schöner Wanderweg nach **Frieding** ab; zurück dann über die Schotterstraße beim Gasthof Stiefelwirt (prämierte Küche) nach Südwesten, an der Hauptstraße rechts und etwa 300 m weiter links wieder in den Wanderweg.

Südlich von Herrsching

Hier gibt es am See keine größere Ortschaft mehr. *Fuß- und Radweg* führen zunächst, entlang der Straße nach Weilheim, in den Ortsteil Mühlfeld mit dem gleichnamigen Schloss, danach recht holprig am schmalen, häufig verschilften Ufersaum entlang. Zwischen dem Erholungsgebiet Wartaweil und der winzigen Siedlung **Aidenried** muss man für ein paar hundert Meter auf die enge, stark befahrene Straße ausweichen; von Aidenried bis Vorderfischen existiert dann wieder ein separater Weg.

Birkenallee: Diese Verbindungsstraße zwischen Vorderfischen und Dießen gilt als ein extrem gefährliches Pflaster für Radler und Fußgänger – es wird dringend empfohlen, ab der Ammerbrücke über Raisting auszuweichen (nur in der Gegenrichtung beschildert, Näheres s. Ammersee – Westufer, S. 92).

• *Essen und Trinken/Einkaufen* **Restaurant Aidenried**, knapp 7 km südlich von Herrsching; mit Biergarten (SB-Bereich), Terrasse zum See und kleinem Spielplatz. Spezialität ist Fisch (Saiblinge, Forellen, Zander u. a. etwa 12–15 €), sonst liegen die Hauptgerichte bei 8–12 €. Kein Ruhetag (von Mai bis September). Seestr. 41, 82396 Fischen.

Osteria Va Béne, im neuen *Kunst- und Kulturhof Kuhnke*, einem renovierten Gutshaus aus dem 18. Jh., serviert Ilsabé Arnold italienische Spezialitäten und den dazu passenden Wein. Die angeschlossene Enothek hält 400 Sorten vorrätig. Mi–So 18–23 Uhr. Herrschinger Str. 1, Fischen, ✆ 08808/923591, 📠 923591, www.va-bene.net.

In den ehemaligen Wirtschaftsräumen, mit ihren Ziegeldecken, Ahornholz-Wandverkleidungen und eisernen Säulen optisch sehr attraktiv, verkauft Siegfried Kuhnke dekorierende Gemälde, Plastiken und Kunsthandwerk. Do–Sa 11–18 Uhr. www.kunst-und-kulturhof.de.

Müllers Lust, die 400 Jahre alte Mühle (viele Originalgerätschaften) in dem kleinen Ort Pähl bei Fischen macht mit Promitreffen und einer hier ungewohnt leichten Küche Schlagzeilen. Allerliebst ist der kleine Biergarten und auch die gepflegt-urige Inneneinrichtung kann punkten. Ein schönes Ausflugsziel. Mo–Sa 18–1 Uhr, So und Fei 12–24 Uhr. Kirchstr. 1, Pähl, ✆ 08808/1596, 📠 921371.

• *Baden* **Erholungsgebiet Wartaweil**, im Gebiet zwischen der gleichnamigen Gaststätte und Aidenried. Langgestrecktes, recht schmales Gelände mit Baumschatten; steiniges Ufer ohne Steg; Surfereinlassstelle. Am südlichen Rand liegt hübsch die Terrasse des Kiosks „Froschgart'l", in dem es auch Kleinigkeiten zu essen gibt. Parkplätze auch am südlichen Ende, dort auf der anderen Straßenseite (eine Unterführung bringt Sie gefahrlos zum See).

Badestrand in Aidenried, neben dem gleichnamigen Restaurant (s. o.) befindet sich eine Liegewiese mit steinigem, flachem Zugang zum See.

• *Freizeit/Sport* **Postkutschenfahrten**, zum Beispiel Fahrten zu den Königsschlössern (Abfahrt Wieskirche), veranstaltet die Familie Nemitz im winzigen Weiler Kerschlach (nordöstlich von Pähl); eine Tagesfahrt kostet je nach Kutschentyp ab 230 €, kurze Ausflüge kann man für 65 € pro Stunde buchen. Informationen unter ✆ 08808/386, 📠 1349, www.coaching-in-bavaria.com.

Golfen: Die Anlage von **Hohenpähl** wurde jüngst unter die 50 schönsten Golfplätze Deutschlands gewählt – im Fünfseenland ist er damit die Nr. 2 hinter Feldafing. Die Anfahrt ab Pähl ist ausgeschildert. Ein halbstündiger Schnupperkurs kostet 30 €, fünf Übungsstunden in der Gruppe schlagen mit 100 € zu Buche. ✆ 08808/92020, 📠 920222, www.golfclub-hohenpaehl.de.

Nördlich von Herrsching

Auch in diesem Bereich gibt es nur wenige Dörfer. Die Straße verläuft hier abseits des Sees, doch ein durchgehender Uferweg bis Stegen an der Nordspitze macht diesen etwa zehn Kilometer langen Abschnitt zu einem beliebten Ziel von Wanderern und Bikern. Die beiden Siedlungen **Breitbrunn** und **Buch** haben Dampferanlegestellen und kleine Badewiesen. Die Ortskerne liegen hoch über dem Ufer und bieten kaum Fremdenverkehrseinrichtungen. Umso beliebter sind die beiden Dörfer als Wohnsiedlungen betuchter Münchner; die ausgedehnten Villenkolonien Richtung See lassen sich nicht übersehen.

• *Essen und Trinken* **Gasthof Seefelder Hof**, in Breitbrunn, das einzige Wirtshaus im Ort. Biergarten an der Straße, Hauptgerichte überwiegend um 8 € , auch Brotzeiten. Kein Ruhetag. Hauptstr. 6.

• *Baden* **Erholungsgebiet Rieder Wald**, zwischen Herrsching und Breitbrunn, vom Parkplatz an der Straße noch fast 1 km Fußweg bergab durch den Rieder Wald. Gepflegtes Gelände, wenn auch ohne große Liegeweise – auf etwa 500 m Uferlänge finden sich aber immer wieder Badestellen. Flacher Einstieg in den See, Eintritt frei. Weitere, eher bescheidene Bademöglichkeiten beim Dampfersteg in **Breitbrunn** und unterhalb von **Buch**.

Inning: Das hübsche Dorf besetzt einen Hügel zwischen Ammer- und Wörthsee und liegt damit gewissermaßen an zwei Gewässern. Seine Lage an wichtigen Verkehrswegen verschaffte dem Ort schon vor Jahrhunderten Bedeutung und illustre Gäste: Durch Inning führten sowohl die Poststrecke von München nach Lindau als auch die alte Salzstraße von Salzburg nach Augsburg. 1021 soll Kaiser Heinrich II. auf dem Weg zum Italienfeldzug mit seinem 60.000 Mann starken Tross hier Station gemacht haben; an das Ereignis erinnern die Gemälde am „Kaiserhaus" im Ortskern. Einen Blick wert ist auch die Pfarrkirche St. Johann mit ihrem kuriosen doppelten Zwiebelturm; die wertvolle Innenausstattung stammt von *Tassilo Zöpf* und *Christian Wink*.

• *Übernachten* **Pension Broslhof**, zentral gelegen, Zufahrt über die Straße nach Stegen, dann rechts. Bauernhof mit gut ausgestattetem Anbau für Gäste; schöner Garten mit Fischteich, leider direkt neben der Straße, Hallenbad, Solarium, Kinderspielplatz etc. DZ/Bad/F 55 €. Bruckerstr. 3, 82266 Inning, ✆ 08143/7041, ✆ 95482.

Pension Ingolde, etwas außerhalb des Ortskerns, Zufahrt am „Broslhof" vorbei. Einfacher ausgestattet, dafür recht preisgünstig: DZ/F 46 €. Moosstr. 44, ✆ 08143/7608.

Ferienwohnungen Schüßler, Urlaub auf dem Bauernhof (milcherzeugend) nahe am Dorfzentrum. Einfache, gepflegte Appartements ab 35 €. Münchner Str. 17, ✆ 08143/283, ✆ 95095, www.fewo-schuessler.de.

Stegen: Gewissermaßen die Seesiedlung von Inning, rund 1,5 Kilometer östlich des Hauptortes. Stegen besteht aus kaum mehr als zwei Wirtschaften mit wunderschön gelegenen Biergärten, einem Minigolfplatz, dem Badegelände und der großen Anlage der Staatlichen Schifffahrt: Stegen ist der Heimathafen der „Weißblauen Flotte" am Ammersee; morgens und abends liegen hier alle vier Schiffe vor Anker, darunter auch der altehrwürdige Raddampfer „Dießen" und das neue Schmuckstück „Herrsching".

Durch die Lage fast direkt an der A 96 München–Lindau sind die in Stegen an sich reichlich vorhandenen Parkplätze oft schon früh am Tag belegt.

Schloss Kaltenberg und die Ritterspiele

Der kleine Weiler bei *Geltendorf*, nördlich der A 96 München–Lindau unweit von Stegen, trägt einen klingenden Namen: Kaltenberg steht zum einen für die im Fünfseenland weit verbreiteten Biere der dortigen *Schlossbrauerei* (König Ludwig Dunkel, Prinzregent Luitpold Weißbier, Kaltenberg), zum anderen für ein großartiges Ritterturnier. Das bald 600-jährige *Schloss Kaltenberg* ist Wohnstatt des Enkels von Ludwig III., letzter König von Bayern. Die Brauerei in den tief gelegenen Kellergewölben produziert heute in der Größenordnung von Kloster Andechs, also rund 100.000 Hektoliter Bier pro Jahr. Der Öffentlichkeit zugänglich sind zwei rustikale Restaurants innerhalb des ausgetrockneten Burggrabens und die 13.000 Plätze fassende Freiluftarena vor dem Schloss, in der seit 1980 die *Kaltenberger Ritterspiele* stattfinden. Gepanzerte Ritter messen sich jährlich an drei Juli-Wochenenden auf schweren Rössern im Lanzenkampf, schlagen mit Schwertern und Streitäxten aufeinander ein. Gaukler, Akrobaten und Minnesänger buhlen um ihr Publikum, Schmiede, Schuster und Bader bieten ihre Dienste an – auf Schloss Kaltenberg wird das Mittelalter mit allem Drum und Dran zelebriert. Ein großer Markt mit rund 100 Ständen zeigt und verkauft mittelalterliche Handwerkskunst, auf sieben Bühnen bieten Gaukler, Akrobaten und allerlei Kampfsport-Artisten ein breites Rahmenprogramm. Das größte Ritterturnier der Welt lockt an neun Tagen 120.000 Zuschauer an; wer dabei sein will, sollte sich daher möglichst früh um Karten bemühen.

• *Auskünfte/Reservierungen/Verbindungen* Schloss Kaltenberg, Vorverkauf ✆ 01805/113313 (8–20 Uhr) oder unter www.ritterturnier.de. Die Turniere finden an den ersten drei Wochenenden im Juli statt, besonders stimmungsvoll an den Freitagabenden bei Fackelschein. Karten gibt es ab 17 € (Stehplätze), reservierte Sitze kosten zwischen 22 € und 35 €. Zu erreichen sind die Ritterspiele mit der S 4 nach Geltendorf; am Endpunkt der S-Bahnlinie warten Busse nach Kaltenberg. Für Autofahrer stehen 5000 Parkplätze zur Verfügung.

• *Essen und Trinken* Es gibt mehrere Restaurants im Schloss sowie einen herrlichen Biergarten im Wald und unzählige Verpflegungsstände auf dem Turniergelände. Es gibt keine Übernachtungsmöglichkeiten, weder Zeltplätze noch Hotelzimmer. Urlauber müssen auf die Hotellerie des Fünfseenlandes ausweichen.

• *Essen und Trinken* **Seehaus Schreyegg**, ein ganzer Restaurationskomplex, bestehend aus dem traditionellen Gasthof mit Bräustüberl, dem edlen Seerestaurant und zwei sehr hübsch direkt am See gelegenen Biergärten – volkstümlich mit Selbstbedienung und Brotzeiten (großteils unter 5 €) der eine, nobel mit Bedienung und gehobener Karte (Hauptgerichte 10–20 €) der andere. Neueste Erweiterung: eine „Genießer-Lounge" für Weinverkostungen, Privatpartys und Firmenevents. Ganzjährig tägl. Landsbergerstr. 78, 82266 Stegen, ✆ 08143/992537, ✆ 992538, www.seehaus-schreyegg.com.

Gasthaus Fischer am See, wenige Meter weiter, direkt am Dampfersteg und ebenfalls mit Biergarten am See (Bedienung). Insgesamt etwas bodenständiger als das Seehaus, auch in der Preisgestaltung: Hauptgerichte überwiegend 8–2 €. Mai–Oktober tägl., sonst Fr Ruhetag (Wechsel möglich).

• *Nachtleben* **Alte Brauerei**, sehr stimmungsvoll sind die „Ü30"- und „XXL"-Partys in den schönen Räumen des populären Freizeitzentrums. Geschickt werden die Gewölbedecken und Säulen zur Inszenierung als cooler Nightspot genutzt. Im Eingangsbereich befindet sich ein Café-Bistro mit Wintergarten (tägl. 18–22 Uhr) und dahinter geht es zu einem der originellsten Kinos in Oberbayern. In dem alten Tonnengewölbe werden abends Arthouse-Filme gezeigt (Reservierungen unter ✆ 08143/997717). Landsbergerstr. 57, Stegen (am Ortsausgang Richtung Autobahn).

• *Baden* **Badegelände Stegen**, an Wochenenden oft überfüllt. Wiese unter Bäumen, mäßige Sanitäreinrichtungen, sehr flaches Wasser mit oft steinigem Grund, Stege vorhanden. Geringer Eintritt.

• *Freizeit* **Bootsverleih** beim Gasthaus Fischer am See.

Ammersee – Westufer

Weniger steil ansteigend als das Ostufer, ist das Westufer des Ammersees deshalb auch dichter besiedelt. Verglichen mit beispielsweise dem Starnberger See geht es hier freilich noch sehr ruhig zu, außerhalb der Saison sind manche Gaststätten am See sogar geschlossen. Eine bedeutende Ausnahme bildet Dießen, die zweitgrößte Siedlung am Ammersee und das touristische Zentrum des Westufers.

Wanderer und Radfahrer dürfen sich über einen durchgehenden Weg freuen, der zwar meist etwas abseits des Ufers, dafür aber nahezu autofrei verläuft. Badelustige finden am Westufer mehrere schöne Strandbäder mit gelegentlich nostalgischem Charakter; etwas rar sind dagegen Freibadeflächen.

Zwischen Stegen und Schondorf: Westlich der nahe Stegen aus dem See abfließenden Amper führt der Rad- und Fußweg am Rand eines ausgedehnten Landschaftsschutzgebietes entlang, in dessen flachen Schilfzonen sich Jungfische und seltene Wasservögel tummeln. Jenseits des Erholungsgeländes durchquert der Weg zunächst eine kleine Siedlung und erreicht durch ein Waldgebiet dann Schondorf.

Baden **Erholungsgebiet Eching**, etwa 2 km westlich von Stegen. Ausgedehntes Wiesengelände, relativ wenig Schatten, Cafeteria (Mai–September) mit großer Terrasse, WC und Duschen, Parkplätze in der Nähe, Windsurfschule. Eintritt frei.

Schondorf

Ursprünglich bestand Schondorf (heute ca. 4.200 Einwohner) aus zwei Ortskernen, die im Laufe der Jahre zusammengewachsen sind, ihren unterschiedlichen Charakter aber beibehalten haben. *Oberschondorf* liegt auf der Anhöhe über dem See um die Kirche St. Anna und macht mit seinen alten Häusern noch einen durchaus bäuerlichen Eindruck.

Der bescheidene Fremdenverkehr (25.000 Übernachtungen jährlich) spielt sich hauptsächlich in der Ufersiedlung *Unterschondorf* ab, in der feine Villen neben einfachen Fischerhäusern stehen. Bekannt wurde der Ortsteil vor allem durch den Maler Wilhelm Leibl, der ab 1875 hier wohnte. Dass jedoch auch Unterschondorf ein ehrwürdiges Alter besitzt, zeigt nahe des Dampferstegs der trutzige Bau der romanischen St. Jakobs-Kapelle (12. Jh.), der man erst viel später ein Zwiebeltürmchen aufgesetzt hat.

• *Information* Das **Tourismusbüro** Schondorf vertritt auch die Gemeinden Eching und Greifenberg. Mai–September Mo–Fr 10–12 Uhr, Mi geschlossen, zusätzlich Mitte Juli bis Ende August Fr 15–17 Uhr und Sa 10–12 Uhr. Bahnhofstr. 44, 86938 Schondorf, ✆ 08192/8899, 📠 998810, www.schondorf-tourismus.de.

• *Essen und Trinken/Übernachten* **Seepost**, nahe des Dampferstegs, mit schönem Biergarten zum See. Gute internationale Küche, Hauptgerichte für 10–15 €, Brotzeiten 4–7 €. Kein Ruhetag, Fr und Sa bis 3 Uhr. Bahnhofstr. 2, ✆ 08192/933753, 📠 933754.

Gasthof Zum Wastl, ein paar hundert Meter Hügel aufwärts beim Gasthof „Seepost". Kleine, ländliche Holzterrasse, Sitzplätze sonst nur innen. Berühmt ist der „Wastl" für üppige Portionen zu günstigen Preisen (viele Gerichte unter 8 €). Während der Woche ab 17 Uhr, So schon ab 10 Uhr, Mi und Do Ruhetag. Bahnhofstr. 18.

Restauration Schondorfer, beliebte Gaststätte in einem Gebäude aus dem 19. Jh., zentral gelegen. Feine Küche zu relativ günstigen Preisen: Carpaccio 8,50 €, Geschnetzeltes 11 €, Rigatoni 10 €, Sauerbraten 11,50 €. Fisch kostet etwas mehr. Täglich ab 17.30 Uhr. 1999 wurden die elf Gästezimmer komplett renoviert: DZ/Bad/F 56–65 €. Bahnhofstr. 41, ✆ 08192/1400, 📠 998698.

• *Baden* **Strandbad Schondorf**, nördlich des Dampferstegs. In die Tiefe gehendes Wiesengelände, wenig Schatten (Sonnenschirmverleih), kleiner Kiesstrand, günstige Gaststätte mit großer Terrasse. Langsam abfallendes Ufer, ins Wasser über Stege. Mäßige Eintrittsgebühr.

• *Sport* **Sportbootschule**, am Gemeindesteg in der Seestraße, ✆ 08807/947786 oder 0174/1915562, www.sportbootschule-schondorf.de.

Oft verwehrt: der Zugang zum Ammersee

Abstecher nach Achselschwang: Pferdenarren werden auf einen Umweg zum Staatsgut in Achselschwang (✆/📠 08806/957579, www.achselschwang.de) nicht verzichten wollen. In dem Gestüt, dessen Tradition bis ins 17. Jh. zurückreicht, werden neben der Pferdezucht auch Reitkurse für Fortgeschrittene und Kinder veranstaltet. Achselschwang liegt rund fünf Kilometer südwestlich von Schondorf; die Gestüts-Gaststätte (Mi geschlossen) bietet einfache Einkehrmöglichkeit.

Von Schondorf Richtung Utting sind Rad- und Fußweg gut ausgeschildert. Zunächst geht es auf Asphalt durch ein Villengelände, später wieder abseits der Straße ins Erholungsgebiet von Utting.

Utting

Wie Schondorf setzt sich auch Utting aus zwei unterschiedlichen Siedlungskernen zusammen. Das Zentrum des alten Dorfs liegt auf einem Hügel über dem See und weist noch recht bäuerliche Züge auf. Die kleine, von weiträumigen Erholungsanlagen umgebene Ufersiedlung widmet sich dagegen eindeutig dem Fremdenverkehr, insbesondere dem Segelsport. *Bertolt Brecht* hatte mit den Einnahmen aus der erfolgreichen „Dreigroschenoper" im August 1932 ein Haus in Utting gekauft, doch schon wenige Monate später, im Februar 1933, nach dem Reichstagsbrand, entfloh er der aufkommenden Nazidiktatur nach Dänemark. Wenig später wurden seine Werke in Deutschland öffentlich verbrannt.

Holzhausen, ein ruhiger Weiler etwa zwei Kilometer südlich von Utting, zählt ebenfalls noch zur Gemeinde. Obwohl Holzhausen einen eigenen Dampfersteg besitzt, liegt auch hier der Ortskern etwas oberhalb des Sees. In Ufernähe (Eduard Thöny Str. 43) baute der Bildhauer *Mathias Gasteiger* (1871–1934) eine prächtige Jugendstilvilla, die seine Frau Anna Sophie mit einem geschmackvoll gestalteten **Landschaftspark** umgab, den sie als Inspiration für ihre Gemälde nutzte. Das Haus Ensemble kann an Sommer-Sonntagen zwischen 14 und 17 Uhr besichtigt werden (✆ 08806/699 oder 2682, Eintritt 3 €), zwischen November und März ist es geschlossen. Der Garten ist ganzjährig zugänglich, der südliche Teil wurde zur öffentlichen **Badewiese** umfunktioniert.

• *Essen und Trinken/Übernachten* **Restaurant/Biergarten Alte Villa**, unser Tipp bei Utting. Nördlich der Ufersiedlung, in der Nähe des Campingplatzes, liegt einer der schönsten Biergärten am See: viel Platz unter alten Bäumen und am Ufer eines kleinen Bächleins, an Wochenenden und Feiertagen im Sommer Frühschoppen mit Live-Dixieland (Sa 19–22 Uhr, So 10.30–14 Uhr). Brotzeiten dürfen mitgebracht werden, zu kaufen gibt es eine breite Auswahl (nur Selbstbedienung), vom Schmalzbrot bis zur Schweinshaxn; Kaltenberger Biere. Das zugehörige Restaurant in der „Rodenhauser Villa", einem schönen Jugendstilbau, offeriert in wohnzimmerähnlichem Ambiente und auf der kleinen Terrasse anspruchsvolle Küche für 12–23 €. Restaurant wochentags ab 18 Uhr, Sa und So ab 11.30 Uhr, Mo und Di Ruhetag. Seestr. 32, 86919 Utting, ✆ 08806/617, 📠 95113, www.alte-villa-utting.de.

Landgasthof Schneiderwirt, an der Hauptstraße oben im Dorf. Ehemals typisch bayerisch, bieten die neuen Besitzer aus Portugal jetzt mediterrane Küche im neu gestalteten Speiseraum. Das altbayerische, schwere Mobiliar haben sie durch warme, südliche Farben an den Wänden ergänzt. Die Küche konzentriert sich auf Fisch und Pasta. Biergarten hinter dem Haus. Es gibt auch 3 südländisch-sonnig eingerichtete Zimmer: DZ/Bad/F 51–71 €. Schondorfer Str. 7, ✆ 08806/957338.

Pension Marx, Nähe Dampfersteg und mit der angegliederten Segelschule (Kurse mit Übernachtung für 2 Pers. ab 260 €) besonders für Wassersportler interessant. DZ/Bad 42 €. Mühlstr. 13, ✆ 08806/663, 📠 2923.

Café-Seerestaurant Utting, direkt am Dampfersteg. Schöne Lage mit Terrasse zum See, kroatische Küche, Hauptgerichte 6–12 €. Kein Ruhetag, bei schlechtem Wetter und im Winter in der Regel geschlossen.

Strandpavillon, kreisrunder Bau im Erholungsgelände nördlich der Ufersiedlung, mit Terrasse, ganz gute Auswahl an Imbissen und Gerichten bis 8 €. Im Winter geschlossen.

Campingplatz Utting, nördlich der Ufersiedlung im Freizeitgelände Utting. Moderner, gut ausgestatteter, vom ADAC mit 4 Sternen ausgezeichneter Platz; ebenes, weitgehend schattenloses Wiesengelände bis zum See, von diesem durch einen Zaun und den Uferweg getrennt. Geräumiges, sauberes Sanitärhaus, Einkaufs- und diverse Sportmöglichkeiten, Fahrradverleih. Geöffnet Karfreitag bis Ende September, Person 5 €, Zelt ab 5 €, Pkw 3 €. Seestr. 36, ✆ 08806/7245, 📠 958643, www.ammersee-camping.de.

• *Baden* **Strandbad Utting**, 100 m nördlich des Dampferstegs (Vorsicht beim Raus-

Freizeitgelände beim Campingplatz von Utting

schwimmen!). Hübsch nostalgisches, allerdings recht kleines Strandbad mit Kiosk und allen wichtigen Einrichtungen; besondere Attraktion ist der hölzerne Zehnmeterturm. Bescheidene Eintrittsgebühr.

Freizeitgelände Utting, ein Stück weiter nördlich, beim Campingplatz. Wiese unter alten Bäumen, Kiesstrand, Stege. Freier Eintritt.

• *Freizeit/Sport* **Bootsverleih**: Verleih von Ruderbooten etc. am Dampfersteg und bei der Segelschule Ernst (beim Campingplatz, ✆ 08806/7661), dort auch Segelboote.

Segelschulen: Reichlich vorhanden. Bayerische Segelvereinigung, im Dampfer Andechs beim Freizeitgelände, ✆ 08806/7592; Segelschule Ernst, ✆ 08806/7661; Segelschule Marx ✆ 08806/7704; Wassersportschule Steinlechner, ✆ 08196/1605.

Motorbootschule: Klaus und Michael Marx (s. Segelschulen), Seestr. 17, ✆ 0172/8944216, www.segelschulemarx.de.

Fahrradverleih, Autohaus Tankstelle Schweiger, Schondorfer Str., ✆ 08806/7267; Radhäusl, Industriestr., ✆ 08806/538; im Campingplatz Utting (s. o.).

Südlich von Utting führen Rad- und Wanderweg zunächst durch ein kleineres Erholungsgebiet und einen daran anschließenden Park, dann vorbei am Dampfersteg von Holzhausen. Hinter dem Örtchen verläuft der Weg parallel zur Bahnlinie, am Rand eines Naturschutzgebietes mit schönen alten Bäumen.

Riederau

Offiziell zählt das kleine Dorf bereits seit über 20 Jahren zur Gemeinde Dießen, doch macht es immer noch einen sehr eigenständigen Eindruck. Riederau besitzt eine eigene Bahnstation, einen Dampfersteg und ein modernes Strandbad, darüber hinaus auch gepflegte Gaststätten und sogar ein kleines Museum: die *Kreisheimatstuben Riederau*, eine der bäuerlichen Kultur und Lebensweise gewidmete Ausstellung, die in einem uralten Bauernhof untergebracht ist.

Öffnungszeiten Kreisheimatstuben März–Oktober Di–Fr und So 14–18 Uhr; sonst nur Fr und So 14–17 Uhr. Neuwiese 2, ✆ 08807/1501.

• *Essen und Trinken/Übernachten* **Seehaus**, eines der Top-Restaurants des Ammersees. Von einem Garten umgebener, luftiger Bau in Spitzenlage am See, etwas südlich des Ortsausgangs von Riederau; Parkplätze an der Hauptstraße (beschildert). Traumhafte Terrasse, anspruchsvolle französische Küche (Herbert Houillot fing in den 70er Jahren klein an, stieg schnell zum Küchenchef auf, heute ist er Besitzer). Menü ab 34 €, Hauptgerichte 11–21 €. Seeweg Süd 22, 86911 Riederau, ✆ 08807/7300, 📠 6810, www.seehaus.de.

Hotel-Landgasthof Kramerhof, nahe der Hauptstraße beim Maibaum. Der Zusatz „Land-" stimmt ja immer etwas skeptisch, zielt er doch eindeutig auf Städter; beim „Kramer" trifft sich jedoch, wohl nicht zuletzt wegen der hiesigen Kegelbahn, auch die örtliche Bevölkerung. Moderner Bau, hübsche Terrasse, gute Küche zwischen 8 und 15 €. Kein Ruhetag. Die Zimmer werden Juni 2006 noch restauriert. DZ/Bad/F 85–120 €. Ringstr. 4, ✆ 08807/924060, 📠 9240629, www.der-kramerhof.com.

Gasthaus Pfeffermühle, an der Hauptstraße kurz vor dem Abzweig zum „Kramer". 2005 neu renoviert. Gartenterrasse, ambitionierte Küche, Gerichte 8–12 €, für Kinder auch kleinere Portionen möglich; Eisspezialitäten. Mo Ruhetag. Seiboldstr. 23.

• *Baden* **Strandbad Riederau**, nahe Dampfersteg (beim Schwimmen auf Schiffe achten!). Gepflegtes, mittelgroßes Wiesengelände mit allen Einrichtungen, etwas Baumschatten, Café mit Seeterrasse und guter Speisenauswahl. Mäßige Eintrittsgebühr.

• *Veranstaltungen* **Ammersee Triathlon**, alljährlich im August, mittlerweile seit über zehn Jahren. Nähere Informationen beim Verkehrsamt Dießen.

Richtung Dießen verläuft der kombinierte Rad- und Fußweg weiter entlang der Bahnlinie bis St. Alban. *Bierdorf* wird dabei rechts liegengelassen – Freunde des Gerstensaftes müssen sich darüber nicht grämen, leitet sich der Name doch nicht vom Bier, sondern von der Birne ab.

St. Alban, schon ein Ortsteil von Dießen, war früher die Einschiffungsstation für Pilger nach Andechs; an diese alten Zeiten erinnert noch eine Wallfahrtskapelle am See, die innen spätbarock ausgeschmückt ist. Den Besuchern von heute bietet die kleine Siedlung einen hübschen Campingplatz mit Restaurant, vor allem aber das wohl schönste Strandbad des Ammersees (s. Dießen).

Dießen

Jahrhundertelang war Dießen die bedeutendste Siedlung am Ammersee. Heute genießt der malerische Marktfleck besten Ruf als Hort der Handwerkskunst.

Im 11. Jh. residierten hier die Grafen von „Diezzan", aus denen später die mächtigen Grafen von Andechs wurden. Vor dem Umzug dorthin gründeten sie noch ein Augustiner-Chorherrenstift, das bis ins 19. Jh. Bestand hatte. Ihm verdankt Dießen eine der schönsten Rokokokirchen überhaupt, die 1739 eingeweihte ehemalige Klosterkirche *Mariä Himmelfahrt*, auch „Dießener Himmel" genannt.

Obwohl die Marktgemeinde im 19. Jh. allmählich Konkurrenz durch Herrsching erhielt und mittlerweile an Einwohnerzahl von der Ostufersiedlung, wenn auch knapp, überflügelt wurde, ist Dießen der zumindest kulturell weit interessantere Ort geblieben: „Kultur in schönster Landschaft" wirbt das Verkehrsamt zu Recht. Besonders hoch hält man in der ca. 10.000 Einwohner zählenden Stadt die Handwerkskunst, die eine lange Tradition besitzt; bereits im 14. Jh. besaß Dießen Marktrecht, seit dem 16. Jh. gab es eine Zunft der Eisenschmiede. Auch die Weber, Hafner, Glaser und Bildhauer des Ortes wurden weithin für ihre gute Arbeit gerühmt. Heute sind es die Zinngießer und vor allem die Töpfer, die Dießen zu einem Mekka der Freunde des Kunsthandwerks machen: Der *Süddeutsche Töpfermarkt* zu Christi Himmelfahrt zieht alljährlich Zehntausende von Besuchern an.

Von der Uferpromenade in Dießen lässt es sich bequem in See stechen

In Dießen schlug auch die Geburtsstunde der Ammerseeschifffahrt, als sich 1879 zwölf Dießener Bürger, genannt „Die zwölf Apostel", zum Kauf eines gebrauchten Dampfschiffes zusammentaten. Etwa zu jener Zeit wurde Dießen von Künstlern entdeckt, lernten Maler wie Carl Spitzweg und Wilhelm Leibl die reizvollen Winkel schätzen, die sich das Städtchen, obwohl mitunter verkehrsgeplagt, zum Teil bis heute bewahrt hat. Berühmtester Dießener Bürger wurde allerdings kein Maler, sondern der Komponist Carl Orff (1895–1982), weltbekannt besonders durch seine „Carmina Burana".

Information/Verbindungen/Übernachten/Essen und Trinken

• *Information* **Verkehrsamt Dießen**, vom Marktplatz Richtung See. Ab der Woche vor Christi Himmelfahrt bis ca. 10.9. Mo–Fr 8–12 und 14–18 Uhr, Sa 9.30–12.30 Uhr; sonst Mo–Do 8–12 und 14–16 Uhr, Fr 8–12 Uhr. Mühlstr. 4a, 86911 Dießen, ✆ 08807/1048, ℻ 4459. Ein **privates Informationsbüro** ist im Zinncafé Schweizer eingerichtet, Herrenstr. 17, ✆ 08807/350 oder 1048.

• *Verbindungen* **Ortsbus Dießen**, ein 1995 eingeführtes und inzwischen etabliertes Experiment. Die aus touristischer Sicht interessanteste der beiden Linien, die alle am Bahnhof starten, ist wohl die Nr. 2, die eine Verbindung zum Marienmünster im Ortsteil St. Georgen herstellt.

• *Übernachten/Essen und Trinken* Während des Töpfermarktes ist für Übernachtungsgäste rechtzeitige Reservierung ratsam.

Hotel-Gasthof Maurerhansl, die erste Adresse in Dießen, gleichzeitig der älteste, denkmalgeschützte Gasthof des Ortes, Baujahr 1765. Als Hotel recht exklusiv, nur 7 fein möblierte Zimmer plus ein Ferienloft für 79 € ohne Frühstück. DZ/Bad/F 70–90 €. Hotelgästen steht auch das Familiengrundstück am See zur Verfügung. Edles Ambiente und französisch angehauchte Küche im Restaurant zu eher gehobenen Preisen, umfangreiche Tageskarte. Mi–Fr und So, ab 18 Uhr, So auch 11.30-14.30 Uhr. Johannisstraße 7 (Nähe Marktplatz), ✆ 08807/92290, ℻ 922933, Restaurant ✆ 08807/342, www.maurerhansl.de.

Gasthof Drei Rosen, nicht weit vom „Maurerhansl". Es gibt einige einfache Zimmer ohne Bad, die nach einem Besitzerwechsel und umfassender Renovierung 2005 zum

Recherchezeitpunkt noch nicht wieder zugänglich waren. Wirtschaft mit ruhigem Garten, recht preisgünstig: Hauptgerichte überwiegend unter 10 €, Schweinebraten 6,90 €. Di Ruhetag. Gelegentlich stoppen Reisebusse hier, dann kann es schon mal voll werden. Schützenstr. 22, ✆ 08807/8433, www.drei-rosen-diessen.de.

Schatzbergalm, die schöne Lage in freier Natur macht den Biergarten zum beliebten Ausflugsziel. Essen und Getränke sind regionaltypisch, die Preise erfreulicherweise nicht: Hauptgerichte meist 6–9 € (Schweinekrustenbraten 8,40 €, hausgemachter Kuchen 2,20 €). Im Sommer tägl. ab 11 Uhr. Mehrmals jährlich finden hier Konzerte und Partys unter freiem Himmel statt. Ziegelstadel 11 (beim Ortsausgang Richtung Weilheim weist ein Schild den Weg), ✆ 08807/6780, www.schatzbergalm.de.

Seerestaurant St. Alban, im gleichnamigen Campingplatz und besonders aufgrund der schönen Lage über dem See interessant. Hübsche Terrasse; auf der umfangreichen Karte stehen hauptsächlich Standardgerichte. Ostern bis September. Weitere, empfehlenswerte Einkehr- und Übernachtungsadressen finden sich in den nahen Orten Riederau und Raisting (s. jeweils dort).

Campingplatz St. Alban, beim gleichnamigen Ortsteil. Relativ kleiner, angenehmer Platz am See, ruhige Lage, gute Bademöglichkeit auch für Kinder; viele Segler und Surfer. Geöffnet von Ostern bis September; Preise Person inkl. Kurtaxe 6 €, Stellplatz 9 €. Für Juli und August empfiehlt sich rechtzeitige Reservierung. ✆ 08807/7305 (Bürozeiten zur Saison: tägl. 8–12 und 14–18 Uhr).

Baden/Freizeit/Sport/Feste/Veranstaltungen

• *Baden* **Strandbad beim Strandhotel**, an der Seepromenade von Dießen, kleines Wiesengelände (3000 Quadratmeter) mit Kiesstrand. Eintritt 2 €.

Strandbad St. Alban, die bessere Alternative, wohl das reizvollste Strandbad am See. Weitläufiges, leicht abfallendes Wiesengelände, dicht beschattet durch alte Bäume, Kiosk mit Terrasse, Einstieg ins flache Wasser über Stege; alle notwendigen Sanitäreinrichtungen. Eintritt 2 €.

• *Freizeit/Sport* **Bootsverleih**: Mehrere Vermieter, u. a. Gastl, am Dampfersteg, ✆ 08807/8495. Auch Segelboote.

Fahrradverleih: Sport Schmid, Fischerei 31, ✆ 08807/6866; Fahrrad Ludwig, Am Kirchsteig 25, ✆ 08807/4267.

Geführte Mountainbike-Touren: Rent a Tour Team, Halbtages- und Tagestouren, auch Mountainbike-Verleih: nähere Informationen beim Verkehrsamt oder bei Fahrrad Ludwig, Am Kirchsteig 25, ✆ 08807/4267.

Segelschulen: Ammersee-Segelschule, Stefan Marx, nördlich des Dampferstegs, ✆ 08807/8415 oder 0170/5471975; hier auch eintägiges „Schnuppersegeln".

Segelschule Ernst in Dießen-St. Alban, im gleichnamigen Ortsteil, ✆ 08807/5646.

Windsurfschule: Windsurf-Schule Uli Seidl in Dießen-St. Alban, am Campingplatz, ✆ 08807/1610 oder 1334.

• *Feste/Veranstaltungen* Auf diesem Gebiet wird in Dießen einiges geboten; ein komplettes Programm mit den genauen (oft wechselnden) Terminen ist beim Verkehrsamt erhältlich.

Ammersee Roots Festival, zwei Mal fanden die Reggae-Konzerte bisher im August statt, beide Mal war es viel zu kalt. Die nächsten Termine stehen also noch in den Sternen. Aktuelle Entwicklungen unter www.ammersee-roots.de. Bisheriger Veranstaltungsort: MTV-Gelände Jahnstr. 13, (beim Bahnhof), bisherige Preise: etwa 30 € für beide Veranstaltungstage.

Dießener Kunsthandwerkermarkt, an Mariä Himmelfahrt (15. August).

Dießener Seefest, mit „Fischermartlmarkt", Ende Juli/Anfang August.

Dießener Töpfermarkt, schon lange eine Traditionsveranstaltung, zu der mittlerweile rund 150 Aussteller aus ganz Europa kommen. Von Christi Himmelfahrt (Ende Mai) bis zum folgenden Sonntag; das Gelände liegt an der Seepromenade beim Dampfersteg.

Fischerstechen, an einem Samstag im August.

Sehenswertes

Seeanlagen: Hübsch gestaltet ist das weitläufige *Parkgelände* beim Dampfersteg. Unter alten Bäumen, an dem kleinen Bächlein oder in der Minigolfanlage treffen sich Jung und Alt; in der angenehm verkehrsarmen Umgebung bis hoch zum sogenannten Marktplatz, der in Wirklichkeit nur aus einer Kreuzung besteht, ist noch eine ganze Reihe hübscher alter Häuser zu sehen.

Unweit des Dampferstegs im *Pavillon am See* hat die „Arbeitsgemeinschaft Dießener Kunst" eine Verkaufsausstellung eingerichtet, in der die Erzeugnisse der ansässigen Kunsthandwerker (Töpfer, Goldschmiede, Zinngießer, Hinterglas- und Bauernmaler etc.) zu bewundern und natürlich auch zu erwerben sind.

Öffnungszeiten April–Oktober Mo 14–18 Uhr, Di–Fr 10–12.30 und 14–18 Uhr, Sa/So 11–18 Uhr; November, Dezember Fr 13–17 Uhr, Sa und So 11–17 Uhr, Januar–März geschlossen. Eintritt frei. Seestr. 30, ✆ 08807/8400.

Das Marienmünster, auch „Dießener Himmel" genannt

Marienmünster: Größter Glanzpunkt in Dießen ist die hoch über dem Ortskern gelegene Kirche des ehemaligen Chorherrenstifts, der „Dießener Himmel". Seine Schönheit verdankt das 1739 fertiggestellte Marienmünster vor allem der Hartnäckigkeit und dem Ehrgeiz des damaligen Stiftpropstes. Der nämlich, unzufrieden über einen bereits 1720 begonnenen Rohbau, ließ diesen kurzerhand wieder abreißen. Besser traf den Geschmack des Kirchenmannes der berühmte Münchner Baumeister *Johann Michael Fischer*, der dem Propst in nur sieben Jahren eine neue Kirche hinstellte, ein wahres Meisterwerk des Rokoko dazu. An der Innenausstattung wurde nicht gespart, die Liste der Mitwirkenden liest sich wie ein „Who's who" der damaligen Künstlerwelt: Der Entwurf für den perfekt in Szene gesetzten **Hochaltar** kam von *François Cuvilliés*, die **Deckengemälde** sind Arbeiten von *Johann Georg Bergmüller*, eine Kanzel und der Orgelprospekt stammen von *Johann Baptist Straub*, die Stuckaturen von den Wessobrunner Gebrüdern *Feichtmayr*, zwei Altarblätter von den Venezianern *Tiepolo* und *Pittoni*– womit die Aufzahlung großer Namen jener Zeit noch längst nicht beendet wäre. Das Ergebnis jedenfalls beeindruckt durch Harmonie und Eleganz.

Öffnungszeiten Geschlossen tägl. 12–14 Uhr, Sonntagsmessen 9 und 10.30 Uhr, Führungen beim Pfarramt unter ✆ 08807/948940.

Das Ensemble rund um die Marienkirche umfasst noch weitere Sehenswürdigkeiten. Im Glockengang birgt die **Schmädl/Bergmüller Galerie** eine Ausstellung religiöser Kunst vieler Jahrhunderte. Die nahe **Kirche St. Stephan**, einst eine Pferdestallung, wurde erst 1975 zu einem ungewöhnlichen Gotteshaus umgebaut, dessen Charakter zwischen Romanik und Moderne pendelt. Wechselnde Ausstellungen beherbergt der **Taubenturm** am Eingang zum Klosterhof.

Carl Orff Museum: Der Komponist der „Carmina Burana“ hat jahrzehntelang im Dießener Stadtteil St. Georgen gelebt. Stets hat er die Bedeutung des Fünfseenlands für seine Kunst betont, wer seine Musik verstehen wolle, müsse wissen, wo sie entstanden sein, sagte er. Für Orff-Liebhaber dürfte die kleine Ausstellung in der Nähe des Marienmünsters daher von großem Interesse sein. Im Erdgeschoss des Rinkhofs werden seine biographischen Stationen in Wort und Bild veranschaulicht, im Untergeschoss haben Sie Gelegenheit, auf den Instrumenten seines „Schulwerks“ zu spielen oder sich seine großen Werke auf Video anzusehen.
Öffnungszeiten Sa und So 14–17 Uhr, oder nach telefonischer Vereinbarung mit Margaret Friedrich, ✆ 08807/91981 oder 1583, ✆ 206314. Eintritt 2 €. Hofmark 3, www.orff.de.

Südlich von Dießen

Die weit ausgedehnten, moorigen Verlandungsflächen, die der alte und der neue, künstliche Ammerzufluss am südlichen Ende des Sees geschaffen haben, sind ein wichtiges Überwinterungs- und Brutgebiet für zahlreiche vom Aussterben bedrohte Vogelarten, darunter Seeschwalbe, Flussuferläufer, Brachvogel, Regenpfeifer und Eisvogel. Sie stehen deshalb unter Naturschutz und dürfen nicht betreten werden.

Birkenallee: Die direkte Verbindungsstraße zwischen Dießen und Vorderfischen, so genannt wegen ihres schönen Birkenbestands, ist sehr schmal und als Gefahrenquelle besonders für Radler und Fußgänger bekannt. Als Alternative empfohlen wird ein Schlenker auf Wirtschaftswegen über Raisting, der ab dem Ende des Radwegs südlich von Dießen beschildert ist. Kurz vor Raisting biegt diese Route links ab, führt dann an der Neuen Ammer entlang zur Brücke am Ende der Birkenallee kurz vor Vorderfischen.

Vogelwanderung an die Neue Ammermündung: An der Brücke vor Vorderfischen beginnt ein Fußweg, der entlang der Neuen Ammer ins Naturschutzgebiet zur Mündung führt. An seinem Ende ist ein Beobachtungspunkt eingerichtet, von dem aus man mit etwas Glück einige der hier lebenden, seltenen Vogelarten beobachten kann (Fernglas empfiehlt sich). Schautafeln beschreiben die Vögel und zeigen an, wann welche Art hier Station macht.

Raisting: Das stille Dorf liegt rund vier Kilometer südlich von Dießen, eine kompakte, ländlich gebliebene Siedlung. Umso frappierender wirkt das futuristische Bild auf den Feldern südlich der Ortschaft: Riesige Satellitenschüsseln öffnen sich dem Himmel, reflektieren gleißend das Sonnenlicht – es handelt sich um die **Erdfunkstelle Raisting**, jahrzehntelang im Besitz der Telekom, bzw. früher der Bundespost. Seit Januar 2006 gibt es einen neuen Besitzer: die US-Firma Emerging Markets Communications stellt für die Vereinten Nationen und mehrere Hilfsorganisationen Telefonverbindungen über Satellit her – und braucht dafür die Parabolantennen bei Raisting. Deren Aufgabe ist es, über Satellit die Richtfunkverbindung zu weit entfernten Ländern und Kontinenten herzustellen; auf direktem Weg ist dies wegen der Erdkrümmung nicht möglich. Als Bauplatz für die großen Lauscher ins All drängte sich das flache Gebiet der „Raistinger Wanne“, das durch Hügelketten im Westen und Osten abgeschirmt wird, geradezu auf. 1963 wurde die Anlage errichtet, heute senden und empfangen hier 18 Antennen mit Schüsseldurchmessern zwischen 7 und 32 Metern. Beeindruckend ist der Kontrast zwischen der hochmodernen Technik und der kleinen Wallfahrtskapelle **St. Johann**, die neben den gigantischen Silberpilzen wie ein Zwerg wirkt. Interessierten erklärt Ingenieur Gerd Knauth vor Ort Details zu Zweck und Funktionsweise der Parabolantennen (telefo-

Die Strandpromenade von Dießen

nische Vereinbarung unter ✆ 08807/2691, Kosten: 2 € pro Person bei Großgruppen ab 20 Personen, bei weniger Teilnehmern werden pauschal 40 € berechnet).

Ob der neue Besitzer den Weiterbetrieb eines *Open-Air-Kinos* an der Außenwand der stillgelegten Antenne 1, dem so genannten *Radom*, erlaubt, ist noch nicht klar. Die Freiluftaufführungen waren zuletzt sehr beliebt.

• *Übernachten/Essen und Trinken* **Gasthof Zur Post**, in Raisting an der Straße nach Stillern. Insgesamt 13 Zimmer, gehoben-rustikal, DZ/Bad/F 65–76 €. Traditionelle Wirtschaft mit schönem Biergarten und eigener Metzgerei. Bekannt gute und preisgünstige Küche (Gastro Award 2002 für die beste bayerische Küche) mit vielen Hauptgerichten um 7–8 €, es gibt auch Brotzeiten und Kuchen. Di Ruhetag. Floßmannstr. 9, 82399 Raisting, ✆ 08807/92240, 922412, www.post-raisting.de.

Hofbiergarten Grenzebach unser Tipp in Stillern, rund 3 km südwestlich von Raisting. Ein ganz besonderer Biergarten: Sowohl das Bier (aus Böhmen! Maß 4,60 €) als auch die angebotenen Schmankerl (3–10 €) stammen aus ökologischem Anbau beziehungsweise ebensolcher Tierhaltung; angegliedert ist ein Naturkostladen. Obwohl es sicher optisch schönere Biergärten gibt, ist der Grenzebach-Hof samt riesigem Fahrradparkplatz an Wochenenden gut gefüllt. Die idyllische Lage mit guten Wander- und Radlmöglichkeiten in der Umgebung (u. a. der König-Ludwig-Weg nach Wessobrunn) trägt sicher ihren Teil bei; für Autos ist in Stillern nämlich Endstation. Ab Mai Mi ab 17 Uhr und Do So ab 12 Uhr, ✆ 08809/675 oder 862, www.hof-biergarten.de.

Wessobrunn

Der kleine Ort mit dem berühmten Kloster ist für Autofahrer von Dießen aus nur auf Umwegen (über Rott oder Weilheim) zu erreichen; Radler dagegen können über Raisting und Stillern dem König-Ludwig-Weg folgen.

Benediktinerkloster Wessobrunn: Man schrieb das Jahr 753, als dem auf einem Jagdausflug schläfrig gewordenen Agilolfinger Tassilo III. im Traum eine Himmelsleiter erschien, an deren Fuß drei Quellen entsprangen – dem Herzog Anlass ge-

nug, ein Kloster zu gründen, zumal er am nächsten Tag ganz in der Nähe seines Lagers tatsächlich drei Quellen entdeckte. Im Lauf der Jahrhunderte stieg Wessobrunn zu einem der mächtigsten Klöster Altbayerns auf. Heute lässt sich der einstige Glanz nur mehr ahnen, denn allzu viele Gebäudeteile wurden nach der Säkularisation Anfang des 19. Jh. zerstört.
Das *„Wessobrunner Gebet"*, die wohl älteste deutsche Handschrift mit christlichem Bezug, befindet sich zwar heute nicht mehr im Besitz des Klosters, in dem sie zu Anfang des 9. Jh. möglicherweise entstand, sondern in der Staatsbibliothek München. Der Text des Stabreimgedichts, das in der bairischen Mundart jener Zeit die Schöpfungsgeschichte erzählt, ist jedoch auf einem Findling eingeschlagen, der schräg gegenüber des Gasthofs „Zur Post" steht.
Für meisterhafte Stuckarbeiten steht die *„Wessobrunner Schule"*: Im 17. und 18. Jh. war das Kloster ein Zentrum der Kunst, vor allem der Baumeister, Maler und eben der Stuckateure, aus dem große Künstler wie Dominikus und Johann Baptist Zimmermann, Johann und Franz Xaver Schmuzer, die Gebrüder Feichtmayr und viele andere hervorgingen. Ein großer Teil der bayerischen Barock- und Rokokokirchen, darunter die weltberühmte Wieskirche, sind von Wessobrunnern ausgeschmückt worden. Ihre Kunst kann in den unzähligen Kirchen und Klöstern der so genannten Region *Pfaffenwinkel* bestaunt werden.

Vor Ort noch zu sehen ist der Wessobrunner Stuck in der von Franz Xaver Schmuzer mit Stuck versehenen und von Johann Baader ausgemalten Pfarrkirche St. Johannes (mit schönem romanischem Kruzifix des 13. Jh.) und im Fürstenbau. In der Umgebung des Klosters, in dem heute ein Kindererholungsheim untergebracht ist, steht die mächtige *Tassilolinde*, unter der Herzog Tassilo geschlafen haben soll; auch die drei Quellen sprudeln immer noch, bewacht von einem Brunnenhaus.

• *Klosterführungen* Mo–Sa um 10, 15 und 16 Uhr, So 15 und 16 Uhr, November–März Di–Sa 10 Uhr und So 15 und 16 Uhr. ✆ 08809/92110.

• *Übernachten/Essen und Trinken* **Gasthof Zur Post**, traditionsreiche, im 16. Jh. errichtete Wirtschaft, die wegen ihres schönen Saales sehr beliebt für Hochzeiten und andere Feierlichkeiten ist. Zimmer, DZ/Bad/F 26–31 €. Gute bayerisch-internationale Küche zu mittleren Preisen. November–April Di Ruhetag. Zöpfstr. 2, 82405 Wessobrunn, ✆ 08809/208, www.gasthof-wessobrunn.de. **Unser Tipp**: Radln im idyllischen Pfaffenwinkel – 3 Übernachtungen im DZ des obigen Gasthauses inkl. Leihfahrrad, Frühstück, Brotzeit und Abendessen für 136 € pro Person.

Die Osterseen

Über 20 kleine Moorgewässer bilden die idyllische Seengruppe südlich des Starnberger Sees. Als Rückzugsgebiet vieler selten gewordener Tierarten stehen die Osterseen schon seit Beginn der Achtzigerjahre unter Naturschutz.

Baden ist deshalb, außer im Ortsbereich von Iffeldorf, nur an besonders gekennzeichneten Stellen an **Ostersee** und **Fohnsee** erlaubt. Mit ihren überwiegend sehr schmalen, durch den dichten Wald vielfach schattigen und oft feuchten Uferstreifen sind auch diese beiden größten der Osterseen keine echten Badeparadiese; weite Teile der Ufer sind zudem aus Naturschutzgründen nicht zugänglich. Eher steht hier das Naturerlebnis im Vordergrund: Die Osterseen wollen erwandert werden. Mit etwas Glück sieht man dabei einen Graureiher aus den Schilfzonen aufsteigen, beobachtet vielleicht sogar einen Fischadler oder andere rar gewordene Wasservögel. Besonders hübsch sind die vielen kleinen Bachläufe und Kanäle, die die einzelnen Seen miteinander verbinden.

Entstanden sind die Osterseen als sogenannte Toteisseen während der letzten Eiszeit: Von Geröll bedeckt, blieben große Eisblöcke lange Zeit liegen; als sie schließlich doch schmolzen, rutschte der Schotter in die dadurch entstehenden Kessel nach, die sich allmählich mit Grundwasser füllten. Weniger klar ist die Herkunft des Namens. Oft wird er auf die „heidnische“ Göttin Ostara zurückgeführt – doch handelt es sich bei dieser, zumindest laut Lexikon, nur um die Fiktion eines in Erklärungsnot geratenen Wissenschaftlers. Zudem stellt sich die Frage, was eine „erfundene angelsächsische Frühlingsgöttin“ (Brockhaus) überhaupt in Bayern verloren hat ...

Iffeldorf

Das hübsche kleine Dorf (etwa 2.500 Einwohner) ist der Hauptausgangspunkt für Wanderungen im Gebiet der Osterseen. Auch für kulturhistorisch Interessierte hat Iffeldorf etwas zu bieten: Schon auf dem Weg von de34r Autobahnausfahrt Penzberg grüßt von einem Aussichtshügel die *Wallfahrtskapelle St. Maria im Heuwinkl* mit ihrer weithin sichtbaren, ungewöhnlich geformten Kuppel. Innen ziert üppige Stuckdekoration den 1696 errichteten Bau, dessen Patronatstag am 2. September mit Hochamt und einer Lichterprozession begangen wird.

Im Ort selbst steht die nach einem Brand von 1699 neu aufgebaute *Pfarrkirche St. Vitus*, ausgeschmückt mit Rokoko-Gestühl, Wessobrunner Stuck und einem Deckengemälde (1755) des Johann Jakob Zeiler, der auch das große Kuppelfresko der Klosterkirche Ettal schuf.

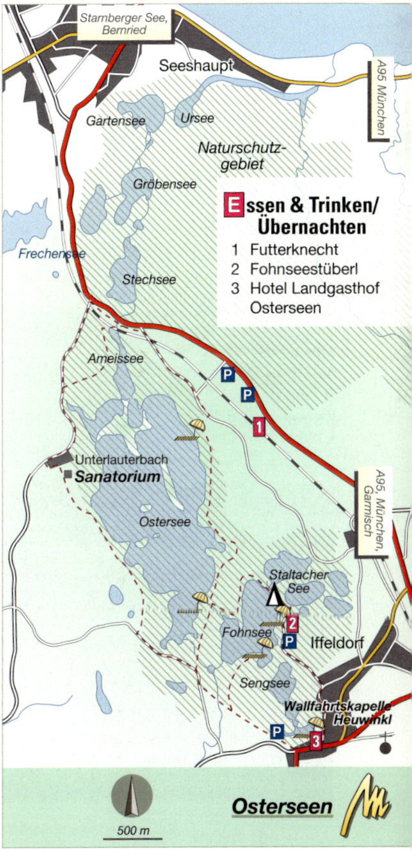

- *Parken* Großer Besucherparkplatz bei Iffeldorf (hinter der limonologischen Station der TU München, Hofmark 3, rechts ab); gebührenpflichtig, Münzautomaten, kein Wechselgeld. Weitere Parkplätze am Fohnsee und an der Straße nach Seeshaupt .
- *Wander- und Radwegkarte* Kompass Nr. 180, Fünfseenland–Landkreis Starnberg.
- *Übernachten/Essen und Trinken* An den Seen selbst gibt es, mit Ausnahme des Stüberls am Fohnsee, keine Einkehrmöglichkeit.

Hotel Landgasthof Osterseen (3), an der Hauptstraße in Iffeldorf. Großer Neubau in nicht allzu aufdringlicher Architektur. DZ/Bad/F 88–118 €, Frühstück 3 €, am Wochenende relativ günstige Pensionspauschalen (2 Übernachtungen im DZ mit Halbpension 270 €). Clou ist die weiträumige, sonnige Terrasse mit schönem Blick auf die Seenplatte. Mittags gibt es Brotzeiten und preiswertere Gerichte, nachmittags eine Kuchentheke, abends speist man nach gehobener Karte (3–5 Gänge-Menüs 16,50–45 €). Di Ruhetag. Hofmark 9, 82393 Iffeldorf, ✆ 08856/92860, 📠 928645, www.landgasthof-osterseen.de.

Fohnsee-Camping, am Ostufer beim Badeplatz Fohnsee; teilweise schattig, sehr viele Dauercamper. Ganzjährig geöffnetes „Stüberl" auf dem Gelände (www.fohnsee stueberl.de). Preise Person 3 €, Pkw 2 €, Wohnwagen oder Wohnmobil 5–10 €, Zeltplatz 3,50–10 €. Saison vom 15.4.–15.9. ✆ 08856/7874, 📠 9936, www.campingplatz-fohnsee.de.

Futterknecht (1), Kiosk am Parkplatz zum Großen Ostersee, an der Straße zwischen Iffeldorf und Seeshaupt. Hervorragender selbst gemachter Kirschschmandkuchen, belegte Semmeln, Getränke. Von der Straße nicht zu sehen, hinter einem großen Gutshof. Einfach, ruhig und gemütlich.

• *Baden* Die Seen werden im Hochsommer ziemlich warm (um 22 Grad, Spitzenwert im August 1994 25 Grad). Die Wasserqualität ist gut bis sehr gut. Der meist moorige Untergrund gebietet für alle Fälle die Mitnahme einer Isomatte.

Iffeldorf: Bademöglichkeit am kleinen Sengsee, im Ortsbereich unterhalb des Hotels Osterseen.

Ostersee: Zwei Badeplätze mit jeweils flach abfallendem Grund liegen am Ostufer. Der südlichere (Sommerstation der Wasserwacht) ist landschaftlich vielleicht reizvoller und überwiegend schattig; der nördlichere bietet mehr Raum und Sonne (hier auch FKK).

Fohnsee: Erholungsgebiet Fohnsee, am Ostufer beim Campingplatz; gepflegtes Wiesengelände, einige Bäume, flaches Wasser, zur Badesaison Gaststätte **Fohnsee-Stüberl (2)** mit Kiosk. Am Westufer ein beliebtes FKK-Gelände auf einem Wiesenhügel: Zugang vom Besucherparkplatz bei Iffeldorf, dann vom Wanderweg gleich die erste Abzweigung rechts (Schild: Sackgasse).

Rundwanderung: Um Oster- und Fohnsee

Eine von zahlreichen Wandervarianten im Osterseengebiet; der Weg um den Ostersee ist mit Nr. 7, der um den Fohnsee mit Nr. 5 markiert. Am **Besucherparkplatz bei Iffeldorf** kann man sich anhand einer Informationstafel ein genaues Bild der vielfältigen Möglichkeiten machen.

Wanderweg rund um den Ostersee

Route: Besucherparkplatz – Ostersee Westufer – Ostersee Ostufer – Fohnsee – Iffeldorf – Besucherparkplatz (ca. 12 km)

Vom Parkplatz folgt man zunächst in nordwestlicher Richtung dem Feldweg und hält sich nach ca. 500 m beim Asphaltsträßchen rechts. Ein kleines Stück weiter geht es bei der Gabelung (hier nochmals eine Informationstafel) links. Bald taucht rechter Hand eine verschilfte Bucht des Ostersees auf; wenig später rechts ab und durch den Wald oberhalb des Westufers auf- und abwärts bis zur Kreuzung beim Sanatorium Lauterbacher Mühle. Vorbei am Sanatorium bleibt man zunächst noch auf dem Sträßchen, biegt kurz darauf aber rechts auf den schmalen Weg („Rundweg Osterseen") ab und umgeht nahe der Bahnlinie die Nordspitze des Sees. Rund 1 km weiter öffnet sich ein schönes Panorama auf den See samt Badeplatz; hier den Weg zum Ufer hinab und diesem etwa 1,5 km weit nach Süden folgen. Kurz vor dem Verbindungskanal zwischen Fohnsee und Ostersee links (aber nicht auf den Weg nach Staltach) und über einen schmalen Wurzelweg zum Fohnsee; dort am Ufer entlang nach Norden zu der kleinen Brücke über die Verbindung zwischen Fohnsee und Staltacher See. Kurz darauf sind der Campingplatz und das Badegelände Fohnsee erreicht. Über die Ostuferstraße geht es nach Iffeldorf und durch den Ort zurück zum Parkplatz.

Haarsee

Der winzige Haarsee zählt nicht zur Gruppe der Osterseen, doch ist er mindestens ebenso idyllisch gelegen.

Das kleine Moorgewässer versteckt sich südlich der Straße von Seeshaupt nach Weilheim und ist fast völlig von dichtem Mischwald umgeben. In einer knappen halben Stunde lässt sich der Haarsee auf schmalen Pfaden umrunden, wobei man um das Privatgrundstück an der Südseite einen Bogen schlagen muss. In der Umgebung des Sees lassen sich jedoch auch ausgedehntere Wanderungen unternehmen, zum Beispiel zum weiter südlich gelegenen, noch kleineren **Rothsee**; der Weg ist beschildert.

Wer die schöne, nahezu unverbaute Landschaft um den See für längere Zeit genießen will, sollte sich vorher mit Essen und Trinken versorgen: Wirtshäuser oder ähnliches gibt es am Haarsee nicht, das in manchen Karten noch verzeichnete „Forsthaus am See" ist schon seit Jahren geschlossen. Auch das Schloss Hirschberg hoch über dem See ist leider nicht zugänglich, es befindet sich seit kurzem in Privatbesitz.

- *Anfahrt* Auf der Autobahn A 95 bis zur Ausfahrt Seeshaupt, von Seeshaupt Richtung Weilheim. Etwa 1 km hinter dem Ortsausgang von Magnetsried links ab auf eine schlaglochreiche Holperstrecke oder ein Stück weiter der Beschilderung „Hirschberg" folgen; an dieser zweiten Zufahrt gibt es allerdings nur wenige Parkplätze.
- *Baden* Der See, auf dem Grundstück von Schloss Hirschberg gelegen, aber in staatlichem Besitz, erwärmt sich rasch, das Wasser ist sauber. Ein winziges „Strandbad", in Wahrheit kaum mehr als ein 25 m kurzer, schmaler Wiesenstreifen, liegt an der Nordseite, weitere kleine Badeplätze finden sich am Ostufer. Zuletzt installierte der neue Schlossbesitzer Andreas Gröber hier Videokameras und einen hohen Maschendrahtzaun – beides muss er laut Landtagsbeschluss umgehend wieder entfernen.

Das Blaue Land

Das Blaue Land verdankt seinen Namen der Künstlergruppe des „Blauen Reiters“. Größter Anziehungspunkt ist deshalb das romantische Städtchen Murnau, Heimat vieler Künstler jener Zeit, mit dem ausgezeichneten Schlossmuseum. Staffelsee und Riegsee bieten sich im so genannten Blauen Land vor allem als Ausgangspunkt für Wanderungen an. Die großen Touristenströme scheinen an beiden Seen vorbeizugehen – am kleinen Riegsee ohnehin, aber auch am größeren und bekannteren Staffelsee.

Das ist auch gut so, denn die zauberhafte Region um den Staffelsee ist empfindlich. Weite Zonen sind als Landschaftsschutzgebiet, einzelne Bereiche sogar als Naturschutzgebiet ausgewiesen; Motorboote sind auf den Seen generell verboten. Besonders gefährdet sind die Staffelseemoore am Westufer des Sees und das Murnauer Moos im Süden des gleichnamigen Ortes, beides ausgedehnte Feuchtgebiete, in denen noch eine Vielzahl vom Aussterben bedrohter Tier- und Pflanzenarten lebt. Es sind eigentümliche, weiträumige Landschaften, deren Stimmung vor dem Hintergrund der Alpenkette dramatisch wechseln kann: Je nach Jahreszeit und Witterung wirken sie mal wildromantisch, mal heiter und lieblich, ein andermal zeigen sie sich von sanfter Melancholie.

Fischerhütten am Staffelsee

Es war wohl auch dieser faszinierende Wechsel von Licht und Farben, der schon früh hochrangige Maler ins Gebiet des Staffelsees lockte: *Gabriele Münter* und *Wassily Kandinsky* kauften sich 1909 ein Haus in Murnau, wurden hier oft besucht von befreundeten Mitgliedern der berühmten „Neuen Künstlervereinigung München“, darunter neben *Paul Klee, Alfred Kubin* und *August Macke* auch *Marianne von Werefkin* und *Alexej von Jawlensky*, die wie Kandinsky aus Russland stammten. Das Murnauer Malerdomizil war der Bevölkerung deshalb bald als „Russenhaus“ bekannt. Hier schaffte Kandinsky den Durchbruch von der gegenständlichen zur abstrakten Kunst. Im Dezember 1911 gründete er mit seinem Freund *Franz Marc* den „Blauen Reiter“, die bedeutendste Programmschrift der klassischen Moderne; das Titelbild zierte ein Holzschnitt mit dem Motiv des Heiligen Georg, des drachentötenden Schutzpatrons von Murnau. Doch war der Hauptort des Staffelsees nicht nur

Wohnstatt berühmter Maler: Zwischen 1923 und 1933 lebte der Schriftsteller *Ödön von Horváth* hier, verfasste in Murnau unter anderem die „Italienische Nacht".

Auf den Spuren dieser und anderer Künstler, die sich von der Landschaft des Staffelsees inspirieren ließen, bewegt man sich in dem sehr sehenswerten Schlossmuseum von Murnau.

Staffelsee

Neben der Kultur muss am Staffelsee auch der Badespaß nicht zu kurz kommen: Das moorhaltige, weiche Wasser des Voralpensees ist dank Ringkanalisation absolut sauber, besitzt jüngsten Messungen zufolge sogar Trinkwasserqualität. Gleichzeitig erwärmt es sich sehr schnell und kann im Hochsommer Spitzentemperaturen von bis zu 27 Grad erreichen – im Wettbewerb um den Titel „Wärmster Badesee in Bayern" ist der Staffelsee damit ein ernsthafter Konkurrent des Waginger Sees.

Neben der Kultur muss am Staffelsee auch der Badespaß nicht zu kurz kommen: Das moorhaltige, weiche Wasser des Voralpensees ist dank Ringkanalisation absolut sauber, besitzt jüngsten Messungen zufolge sogar Trinkwasserqualität. Gleichzeitig erwärmt es sich sehr schnell und kann im Hochsommer Spitzentemperaturen von bis zu 27 Grad erreichen – im Wettbewerb um den Titel „Wärmster Badesee in Bayern" ist der Staffelsee damit ein ernsthafter Konkurrent des Waginger Sees. Einmalig steht der Staffelsee auf einem anderen Gebiet da: Sieben Inseln liegen im See, von der großen Insel Wörth, die schon in der Vorgeschichte besiedelt und später Standort eines der ersten Klöster Bayerns war, bis hin zum Miniatureiland. Mit dem Ruderboot lassen sie sich gemütlich umrunden; auf der Insel Buchau ist sogar ein Campingplatz untergebracht.

Bademöglichkeiten, wenn auch in begrenztem Umfang, bieten auch die beiden anderen Seen des Staffelseegebietes, die östlich von Murnau liegen. Am **Riegsee**, der komplett in Privatbesitz ist, findet sich sogar eine familiäre kleine Surfschule; der winzige **Froschhauser See** ist als Naturschutzgebiet ausgewiesen, verfügt aber dennoch über ein kleines Freibadegebiet.

- *Topographische Angaben* Fläche 7,6 Quadratkilometer, Länge 4,3 Kilometer, Breite 1,7 Kilometer, Tiefe bis zu 35 Meter, Uferlänge 25 Kilometer (ohne Inseln: 18 Kilometer).
- *Wasserqualität* Sehr gut.
- *Wassertemperatur* Sommer 22 Grad, Maximalwert 27 Grad.
- *Information* Verkehrsämter (Adressen s. unter den einzelnen Ortschaften) gibt es am Staffelsee in den Uferorten Murnau, Seehausen und Uffing, am Riegsee in der Ortschaft Riegsee. Die besten Informationen über das Gesamtgebiet liefert das Verkehrsamt Murnau.
- *Verbindungen* Fahrplanauszüge für Bahn und Bus sind im Verkehrsamt Murnau erhältlich.

Zug: Züge auf der Linie von München nach Garmisch-Partenkirchen fahren ab München Hauptbahnhof tagsüber etwa stündlich, Fahrzeit nach Murnau etwa 60 Min.; teilweise besteht Zusteigemöglichkeit in Tutzing (Starnberger See, Endpunkt der S 6). Uffing besitzt einen eigenen Bahnhof, an dem jedoch nicht jeder Zug hält.

Bus: Der Regionalverkehr Oberbayern (RVO) bedient ab Murnau Bahnhof das gesamte Umland. Nach Seehausen und Uffing gelangt man mit der Linie 9601 Richtung Weilheim (Mo–Fr 6–9-mal tägl.), nach Kochel mit der Linie 9611 (Mo–Fr 8-mal tägl.). Da die Busverbindungen vor allem auf den Schul- und Arbeitsverkehr ausgerichtet sind, bestehen am Wochenende nur spärliche oder gar keine Verbindungen; immerhin gibt es an Sonntagen einen Bus zum Freilichtmuseum Glentleiten.

Auto: Anfahrt ab München auf der Autobahn A 95 München–Garmisch bis zur Ausfahrt Murnau/Kochel, dann noch etwa 5 km bis Murnau; insgesamt rund 60 km. Wie fast an jedem See sind auch hier Parkplätze Mangelware; relativ gute Chancen bestehen noch am Parkplatz an der Kellerstraße, im Gebiet zwischen Verkehrsamt und Bahnlinie.

• *Schiffsverkehr* Von etwa Mitte Mai bis Ende September bietet die kleine „Seehausen" 3- bis 4-mal tägl. Gelegenheit zu Rundfahrten auf dem Staffelsee; Anlegestellen sind Seehausen (Nähe Gasthof Fischerstüberl), Murnau (Bootsverleih Achele, Nähe Strandbad), Uffing (Gaststätte Alpenblick) und die Insel Buchau, zu der auch ein Pendelverkehr ab Seehausen besteht. Die etwa einstündigen Rundfahrten kosten 7 €, Kinder zahlen die Hälfte. Detaillierte Fahrplaninformationen im Verkehrsamt Murnau, Abfahrtszeiten für die Rundfahrt ab Seehausen im Sommer 10.30, 13.30, 14.50 und 16.10 Uhr.

Rund um den Staffelsee

Etwa 22 Kilometer legt man bei einer Umrundung des Staffelsees zurück; die Strecke ist als „Staffelsee-Rundweg" gut ausgeschildert, die Orientierung mit der Wanderkarte des Verkehrsamtes problemlos. Landschaftlich besonders reizvoll zeigt sich die Route am waldigen Südufer und im Westen bei der Durchquerung der Staffelseemoore.

Radfahrer sind, zumindest seitens des Verkehrsamtes Murnau, auf diesem Rundweg nicht gern gesehen; dementsprechend fehlt er auch auf der Radwegkarte. Offiziell gesperrt ist jedoch nur ein kleiner Abschnitt im Westen, durch den sich das Rad leicht schieben lässt. Im Interesse der Natur sollten Radler jedoch, wenn sie schon nicht auf den ganzen Rundweg verzichten wollen, so doch zumindest auf den Abstecher über die Halbinsel südlich von Uffing: Hier sind die Pfade sehr schmal und führen zudem über mooriges Wiesengelände, auf dem Reifen schnell irreparable Schäden hinterlassen können. Rücksichtnahme auf Fußgänger ist ja (hoffentlich) überall selbstverständlich.

• *Wegbeschreibung* Vom Strandbad Murnau am Südufer entlang immer geradeaus, dann im rechten Bogen durchs Moorgebiet; beim kleinen Weiler Obernach neben einer schmalen Asphaltstraße weiter Richtung Uffing. Radfahrer nun geradeaus weiter nach Uffing und durch den Ort; Fußgänger bei einem freistehenden Baum mit Bank rechts zur Halbinsel abbiegen, bei der zweiten Abzweigung im Wald links halten, später vorbei am Campingplatz zum Gemeindebad Uffing. Direkt dahinter dem Ufer zum Strandbad Alpenblick folgen; hier bergauf zur Hauptstraße durch Uffing. Kurz vor dem Ortsausgang Richtung Seehausen links hoch (Galveigenstraße), durch ein Wohngebiet und über die Bahnlinie, sofort rechts, nach etwa 800 m erneut rechts über die Gleise und hinunter nach Rieden und zur Hauptstraße; Vorsicht beim Überqueren! Zunächst parallel zur Hauptstraße, dann auf schmalem Wiesenweg zum Strandbad Seehausen (Radfahrer gegen Einbahnstraße schieben), vorbei an der Anlegestelle und durch den Park bei der Halbinsel Burg; am Ende links, an der Uferstraße wieder rechts zum Strandbad Murnau.

Murnau

Die bedeutendste Siedlung (ca. 12.000 Einwohner) im Bereich der beiden Seen präsentiert sich als liebenswerter Marktflecken mit gewachsener Struktur und einer ganzen Reihe von Sehenswürdigkeiten, darunter dem spannenden Schlossmuseum. Schade, dass der auf einem Hang hoch über dem Staffelsee gelegene Ortskern so stark unter dem Durchgangsverkehr zu leiden hat.

Ohne die Staus auf der Bundesstraße 2 wäre das historische Zentrum Murnaus, der *Ober-* und *Untermarkt*, nämlich noch um einiges attraktiver. Das denkmalgeschützte

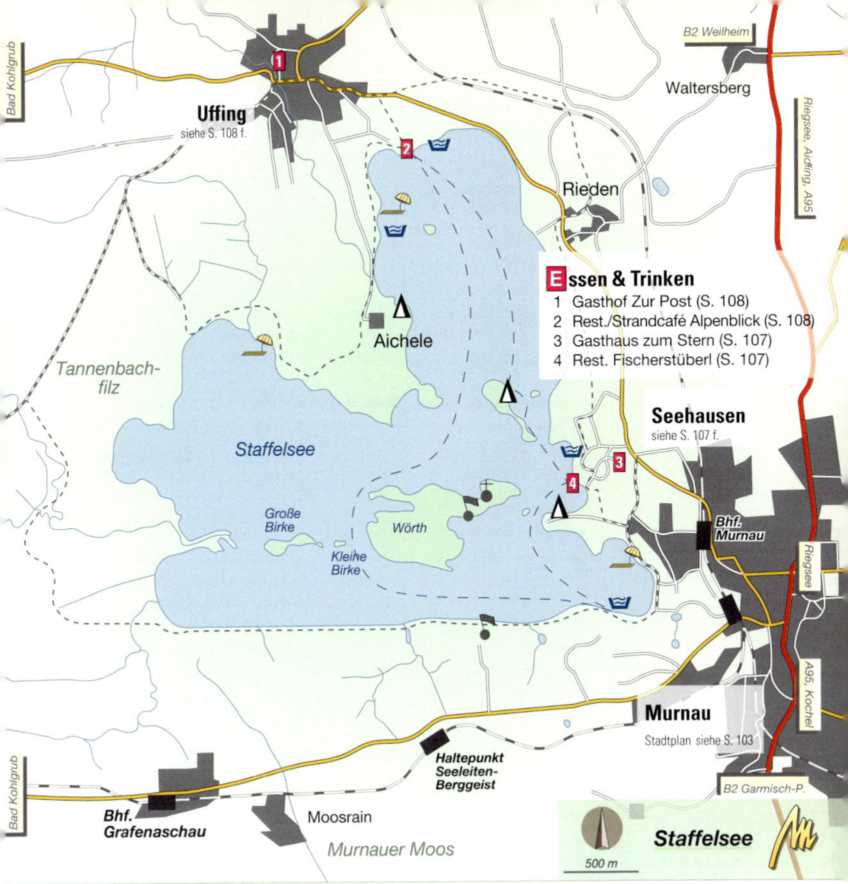

Ensemble mit seinen in heiteren Pastellfarben bemalten Giebelhäusern im Stil des Biedermeier und des Neoklassizismus geht auf einen seinerzeit (1906) nicht unumstrittenen Entwurf des Münchner Architekten Emanuel von Seidl zurück.

Heute wird das anheimelnde Kopfsteinpflaster an der Mariensäule von einer hochwertigen Einkaufszeile begrenzt, deren Cafés zum Verweilen verführen und viel zum lebendigen Ortsbild beitragen. Entstanden ist Murnau wohl als Raststation an der alten Römerstraße von Italien über Partanum (Partenkirchen) nach Augsburg. Im 12. Jh. wurde die Nikolauskirche erstmals urkundlich erwähnt. 1322 machte sich Kaiser Ludwig der Bayer beliebt, indem er Murnau das Marktrecht verlieh. Weniger erfreut war die Bürgerschaft, als derselbe Herrscher den ganzen Ort dem Kloster Ettal schenkte, in dessen Besitz Murnau bis zur Säkularisation von 1803 blieb. Die Übereignung an die ungeliebten Klosterherren war jedoch längst nicht das folgenschwerste Missgeschick, das dem kleinen Marktflecken widerfuhr. Die Chronik Murnaus verzeichnet eine ganze Folge wahrer Katastrophen: Der Dreißigjährige Krieg hinterließ seine blutige Spur, die Pest wütete unter der Einwohnerschaft, im 18. und 19. Jh. legten verheerende Feuersbrünste das Städtchen gleich dreimal in Schutt und Asche. Erst gegen Ende des 19. Jh. brachte der Anschluss an die Bahnlinie von München einen wirtschaftlichen Aufschwung, entdeckten neben den ersten Künstlern auch die Bürger der Landeshauptstadt Murnau als Ausflugsziel und Sommerfrische: der Beginn der langen touristischen Tradition des heutigen Luftkurorts.

Information/Übernachten/Essen und Trinken

• *Information* **Verkehrsamt Murnau**, an der Straße nach Bad Kohlgrub und zum Strandbad im Kultur- und Tagungszentrum, das auch Räume für wechselnde Ausstellungen bereit hält. Mai–Juli, September und Oktober Mo–Fr 9–12 und 14–18 Uhr, Sa 9–12 Uhr; August Mo–Fr 9–12.30 und 13.30–18 Uhr, Sa 9–12 Uhr; November–April Mo–Fr 9–12 und 14–17 Uhr, Sa 10–12 Uhr (Wechsel möglich). Hier gibt es auch Informationen über Pauschalangebote an Wochenenden („Wandern auf den Spuren des Blauen Reiters", „Landschaft und Kultur gemeinsam erleben") mit Halbpension und Führungen. Zuständig für das gesamte „Blaue Land", also für die Gemeinden rund um Staffel- und Riegsee. Kohlgruber Str. 1, 82418 Murnau, ✆ 08841/61410, 📠 614121, www.murnau.de, www.dasblaueland.de.

Wander- und Radwegkarten sind preiswert und in guter Qualität beim Verkehrsamt erhältlich. Ein guter Übersichtsplan zur Umgebung ist die Karte „Rundwanderwege" mit skizzierten Tipps. Detaillierter ist die Radkarte „Das Blaue Land" im Maßstab 1:50.000. Hier sind 5 Familientouren, 2 Mountainbiketouren und 3 Rennradtouren ausführlich beschrieben.

• *Übernachten/Essen und Trinken* Die Unterkünfte an Ober- und Untermarkt sind aufgrund ihrer Lage nicht ganz leise, es ist daher ratsam, nach Möglichkeit ein Zimmer nach hinten zu wählen.

***** **Hotel Restaurant Alpenhof Murnau (7)**, am südlichen Ortsrand, mit tollem Blick übers Murnauer Moos auf die Berge. Neben der ruhigen Lage und dem reizvollen Ambiente glänzt Murnaus Nobelhotel auch mit ausgezeichneter, mehrfach prämierter Küche. Wer hier nächtigen will, sollte fürs DZ/Bad/F zwischen 180 € und 280 € einplanen, je nach Saison sowie Lage und Ausstattung des Zimmers; Suiten schlagen mit 340–580 € zu Buche. Hauptgerichte à la carte liegen bei 18–24 €, die Weinauswahl lässt kaum Wünsche offen. Ramsachstr. 8, ✆ 08841/4910, 📠 491100, www.alpenhof-murnau.com.

Hotel Garni Post (2), schönes historisches Haus, einst Posthalterei, in der auch König Ludwig II. Station machte. Innen sehr stilvoll eingerichtet und dekoriert, mit einer großen Sammlung von Hinterglasbildern. Trotz der zentralen Lage ist Straßenlärm dank der schalldichten Fenster kein Thema. Insgesamt eine ausgesprochen empfehlenswerte Unterkunft. DZ/Bad/F ab 80 €. Obermarkt 1, ✆ 08841/1861, 📠 99411.

Kargs Bräustüberl (4), Pflichtziel für alle Liebhaber von Brauereigaststätten: Karg ist die letzte der einst zahlreichen Murnauer Brauereien und verdankt ihr Überleben wohl der Spezialisierung auf Weißbier, das in vier Varianten (helles, dunkles und leichtes Weißbier, Weizenbock) angeboten wird. Ins gemütliche Bräustüberl mit der Originalausstattung von vor 50 Jahren gehen Einheimische wie Urlauber aber auch des guten, preiswerten Essens wegen; besonders beliebt sind die riesigen, ganzen Haxn (10 €). Die umfangreiche Karte offeriert aber auch Menüs und vegetarische Gerichte. Mo Ruhetag. Untermarkt 27, ✆ 08841/8272.

Gasthof Alter Wirt (3), traditionsreicher Gasthof gegenüber dem Rathaus. Die mit bemalten Bauernmöbeln eingerichteten Zimmer kosten je nach Ausstattung (ohne/mit Bad) 48–55 €, bei längerem Aufenthalt (ab 4 Nächten) lässt man auch noch etwas mit sich reden. Freundliche Wirtsleute, bekannt gute, bayerisch-internationale Küche zu zivilen Preisen. Hauptgerichte 8–14 €, auch Menüs. Untermarkt 12, ✆ 08841/1434, 📠 627167.

Gasthof Griesbräu (1), am Obermarkt. Stattliches Wirtshaus, in dem schon Gabriele Münter und Wassily Kandinsky nächtigten; angeschlossen sind ein Kino und das Tanzlokal „Heuboden". Die DZ/F kosten 74 €. Wieder eröffnet ist der freundliche, kleine Biergarten. Die umfangreiche Karte verzeichnet neben Hauptspeisen zwischen 8 und 14 € auch Menüs und gehobenere Grill- und Pfannengerichte. Mo und Do Ruhetag. Obermarkt 37, ✆ 08841/1422, 📠 3913, www.griesbraeu.de.

*** **Gasthof Angerbräu (5)**, ganz unten am Untermarkt. Die Totalrenovierung 2001 hat zu einem diskussionswürdigen Äußeren geführt, an den geräumigen Zimmern gibt es jedoch nichts auszusetzen, umso weniger, als alle mit einem modernen Bad aus-

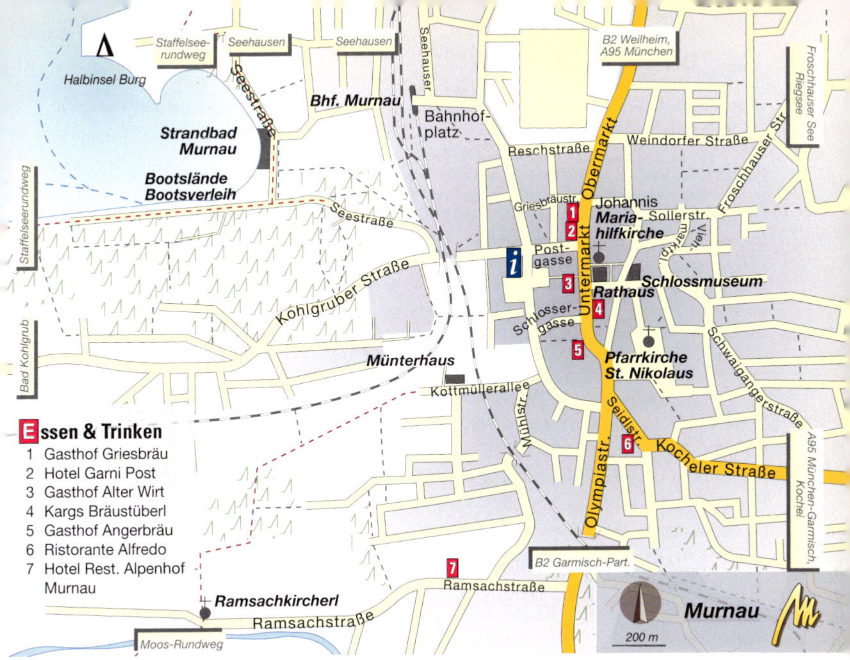

gestattet wurden. DZ/Bad/F ab 45 €. Ebenfalls ein recht bodenständig gebliebenes Wirtshaus, auf der bayerisch-internationalen Tageskarte viele Gerichte um 8 €, abends auch gehobenere Küche. Di Ruhetag. Untermarkt 44, ✆ 08841/625876, 📠 625877, www.angerbraeu.de.

Ristorante Grissini da Alfredo (6), beliebte italienische Gaststätte nicht weit vom Zentrum, kleine Terrasse zur Straße. Gute Küche, Pizza und Pasta um 6 €, Risotto um 8 €, Fleisch- und Fischgerichte etwa 12–17 €. Kein Ruhetag. Postgasse 5, ✆ 08841/1428.

Baden/Freizeit/Sport/Feste/Veranstaltungen

• *Baden* **Freibad LIDO Murnau**, unterhalb des Ortskerns in der Südostecke des Staffelsees. Eher kleines, jedoch gepflegtes und überwiegend schattiges Wiesengelände unter alten Bäumen, kiesiger Uferstreifen, mehrere Stege, Badeplattform und Beachvolleyballplatz; hübsch gelegener Kiosk mit Tischen zum See, alles erst kürzlich neu möbliert. Ein sehr angenehmer Service ist das Frühstück bis 11.45 Uhr für 6,90 €. Je nach Wetterlage etwa Mitte Mai bis Mitte September. Eintritt ab 1,50 €, Kinder 0,70 €; Parkplätze vor dem Bad ebenfalls gebührenpflichtig. Manchmal wird der Strand zur Bühne und es wird Theater gespielt. Infos unter ✆ 08841/9861 oder 629701, www.lido-murnau.de.

Freibadeplatz, südlich direkt an das Strandbad anschließend; Wiesengelände, das allerdings nur schmale Zugänge zum schnell abfallenden Kiesufer besitzt.

• *Freizeit/Sport* **Bootsverleih** Achele, am Südufer, ein paar hundert Meter vom Strandbad entfernt; hier legen auch die Rundfahrtschiffe an.

Fahrradverleih MOM Ogiermann, Untermarkt 48, ✆ 08841/2334; Zweirad Pantele, Petergasse 7 (Ecke Postgasse), ✆ 08841/40222; im Strandbad Murnau (ganztags 15 €, halbtags 10 €), Reservierung unter ✆ 08841/9861, 📠 629702 (Kurt Höller, kurt.hoeller@t-online.de).

Geführte Wanderungen, verschiedene Themen je nach Jahreszeit; Information und Anmeldung im Verkehrsamt. Aufgelistet finden sich die aktuellen Angebote unter www.murnau.de bei Tourismus & Freizeit im Unterpunkt „Aktuelles & News".

Bauerntheater: Zur Saison regelmäßige Aufführungen der Laienspielgruppe des „Original Murnauer Bauerntheaters". Programm und Eintrittskarten beim Verkehrsamt oder bei Hans Jürgen Steib, Hechendorfer Str. 25, ✆ 08841/8334.

• *Feste/Veranstaltungen* **Fronleichnamsprozession**, im Ort – nicht zu verwechseln mit der berühmten Bootsprozession in Seehausen (s. dort).

Gedenkfeier zu Ehren Ludwigs II., am 25./26. August, u. a. mit Festzug zum Denkmal. Die Murnauer wissen, was sie sich schuldig sind, immerhin wurde hier 1894 das erste Ludwig-Denkmal außerhalb Münchens errichtet.

Leonhardifahrt zu Ehren des Vieh-Patrons, am 6. November von Murnau zur Froschhauser Kirche.

Murnauer Volksfest, zehn Tage in der ersten Julihälfte, auf dem großen Parkplatz südlich des Bahnhofs.

Sehenswertes

So sehr man sich über den Verkehr auf der B 2 ärgern mag – er hat in gewisser Weise Tradition, erstreckt sich Murnaus *historisches Zentrum* an **Ober- und Untermarkt** doch genau entlang des uralten Handelswegs der ehemaligen Römerstraße.

Rathaus: Der neugotische, 1842 errichtete Bau steht exakt an der Stelle, an der sich früher eine sogenannte „Rottniederlage“ befand, ein gemauertes Gewölbe, das als Warenlager diente. Geschmückt ist das Gebäude mit Fresken, die einen lokalen Bezug besitzen: Neben einer Muttergottes und Kaiser Ludwig dem Bayern ist auch ein Drache dargestellt, das geflügelte Wappentier des Marktstädtchens. Der Sage nach hatten sich die Murnauer dieses Monstrums einst entledigt, indem sie ihm einen mit ungelöschtem Kalk gefüllten Kalbsbalg zum Fraß vorwarfen.

Mariensäule und Mariahilfkirche: Die barocke Marienfigur in der Mitte der Marktstraße stammt aus dem 17. Jh., wurde aber im Laufe der Zeit mehrmals verändert. 1939 entfernten die Nazis die katholische Heiligenskulptur, erst seit 1975 steht sie wieder an ihrem Platz. Eine ähnlich dramatische Geschichte hat die 1655 geweihte kleine Mariahilfkirche hinter sich. Zweimal fiel sie einer Feuersbrunst zum Opfer, ihre heutige, neobarocke Gestalt verdankt sie den Umbaumaßnahmen Emanuel von Seidls.

Schlossmuseum: Das Murnauer Schloss, schon im 13. Jh. errichtet, von Kaiser Ludwig dem Bayern erweitert und im 16. Jh. umgebaut, bildet seit 1993 den Rahmen für ein hochinteressantes Museum. Grundthema der facettenreichen Ausstellung ist die Landschaft um Murnau, die aus ganz verschiedenen Blickwinkeln betrachtet wird.

Raum 1 führt zunächst in die Schwerpunkte des Museums ein. Die *Räume 2 und 3* zeigen die Entstehungsgeschichte der Landschaft und die Entwicklung des Murnauer Mooses von der wirtschaftlichen Nutzung als Torfstich bis zum Naturschutzgebiet. In den *Räumen 4 und 5* werden die Entstehungsgeschichte Murnaus und wichtige örtliche Gewerbe dokumentiert, darunter auch die Hinterglasmalerei, die um Murnau als bäuerlicher Nebenerwerb seit dem 18. Jh. Tradition besitzt. *Raum 6* befasst sich ebenfalls mit der Hinterglasmalerei, doch sind hier Bilder des europäischen und asiatischen Raums ausgestellt. *Raum 7* widmet sich der Geschichte des Schlosses selbst; zu sehen sind unter anderem die Originalmauern, deren mittelalterliche Schiebefenster in Deutschland einmalig sind.

Die *Räume 8–13* spiegeln den Einfluss der Murnauer Landschaft auf Künstler des 19. und 20. Jh., unter ihnen Kandinsky, Werefkin, Jawlensky, Macke und Marc. Besonders umfangreich ist die Sammlung der Werke von Gabriele Münter, die, mit kürzeren Unterbrechungen, bis zu ihrem Tod im Jahre 1962 in Murnau lebte und arbeitete.

Der Blaue Reiter

Mit dem Beginn des Expressionismus hatte in den Jahren vor dem Ersten Weltkrieg Aufbruchstimmung die Kunst-Szene Deutschlands erfasst. Junge, „wilde“ Künstler schlossen sich zusammen, um ihre Ideen gegen die erstarrten, von konservativen Kritikern und Galeristen diktierten Sichtweisen durchzusetzen. Neben der 1905 in Dresden gegründeten *Brücke* und der später aus ihr hervorgegangenen *Neuen Sezession* in Berlin entstand 1909 in Schwabing die *Neue Künstlervereinigung München* mit ihren „schönen, seltsamen Ausstellungen, die die Verzweiflung der Kritiker bildeten“ (Franz Marc). Im Dezember 1911 zerbrach die Gruppe an persönlichen und künstlerischen Differenzen. Schon im Frühjahr hatten Wassily Kandinsky und Franz Marc das Zerwürfnis vorausgesehen. Im Juni 1911 machte Kandinsky Marc den Vorschlag, ein Jahrbuch der Kunst zu erstellen, das ausschließlich von Künstlern – und eben nicht von Journalisten oder gar Kritikern – herausgegeben werden sollte: Die Geburtsstunde des *Blauen Reiters*. Bereits wenige Tage nach dem Austritt der beiden Freunde aus der Künstlervereinigung fand die erste Ausstellung statt, gefolgt von einer zweiten im März 1912. Als Veranstalter verantwortlich zeichnete jeweils die „Redaktion des Blauen Reiters“. Das Buch selbst erschien erstmals im Mai 1912, eine zweite Auflage im Jahr 1914. Weitere Ausgaben, wie sie Kandinsky und Marc ursprünglich jährlich, später dann zumindest in loser Folge vorgesehen hatten, waren der Publikation jedoch nicht beschieden. Der Ausbruch des Ersten Weltkriegs brachte das Ende des „Blauen Reiters“: Franz Marc fiel bei Verdun, Wassily Kandinsky zog zurück nach Russland.

Eines der vielen Pferdebilder von Franz Marc

Viele Spekulationen hat es über den Titel gegeben. Kandinsky selbst lieferte 1930 die Erklärung: „Den Namen ‚Der Blaue Reiter‘ erfanden wir am Kaffeetisch in der Gartenlaube in Sindelsdorf; beide liebten wir Blau, Marc Pferde, ich Reiter. So kam der Name von selbst.“

Raum 14 ist dem Leben Ödön von Horváths gewidmet, die *Räume 15–17* beherbergen wechselnde Ausstellungen. In *Raum 18* werden Filme zu den einzelnen Schwerpunktthemen des Museums gezeigt. Sonderausstellungen führen meist das Thema Expressionismus fort – zuletzt zeigte das Schlossmuseum Werke von Hilla von Rebay, die 1939 zusammen mit Solomon R. Guggenheim das Guggenheim-

Museum in New York gründete. Davor war eine Privatsammlung über die zeitgenössischen Nachfolger der Expressionisten zu sehen, darunter die Deutschen Baselitz, Immendorff, Lüpertz und Penck. Eine frühere Ausstellung spekulierte darüber, dass der berühmte Stummfilmregisseur *Friedrich Wilhelm Murnau* sich wahrscheinlich erst nach einem Besuch des Ortes so nannte – geboren war der Schöpfer des „Nosferatu" 1888 unter dem Namen F.W. Plumpe.

• *Öffnungszeiten* Di–So 10–17 Uhr, Juli–September am Wochenende bis 18 Uhr. Eintrittsgebühr 4 € (Sonderausstellungen 4,50 €). Führungen von Mai bis Oktober jeden Samstag 14 Uhr (Dauerausstellung) bzw. 16 Uhr (Sonderausstellung, falls vorhanden), 8 € inkl. Eintritt. Ein nettes Restaurant mit Garten ist angeschlossen (leicht gehobene Preise). Schlosshof 4–5, ✆ 08841/476201 oder 476207 (Kasse), www.schlossmuseum-murnau.de.

Pfarrkirche St. Nikolaus: An einem Hang östlich des Untermarktes steht die 1717–1734 auf den Grundmauern einer gotischen Vorgängerin errichtete Pfarrkirche von Murnau. An die frühere Kirche erinnert noch der gotische Eingang zum Glockenhaus; das Innere des heutigen Baus ist in schönem Rokoko gehalten, der Hochaltar eine Stiftung des Klosters Ettal. Nach Süden zu erstreckt sich in prächtiger Aussichtslage der Friedhof von Murnau mit dem Grab Gabriele Münters.

Münter-Haus: Das „Russenhaus" in der Kottmüllerallee, in dem Gabriele Münter und Wassily Kandinsky von 1909 bis zu ihrer Trennung 1914 lebten, arbeiteten und ihre Künstlerkollegen empfingen, ist heute als Museum zugänglich. Die Einrichtung ist großteils original geblieben, das Treppengeländer und ein Bücherregal wurden von Kandinsky bemalt. Viele seiner Frühwerke haben hier im Keller die Jahrzehnte überdauert und wurden von Gabriele Münter, die von 1931 bis zu ihrem Tod 1962 erneut hier wohnte, der Städtischen Galerie im Münchner Lenbachhaus gestiftet. Seit 1999, nach umfangreichen Renovierungsarbeiten, sieht Münters Wohnsitz wieder so aus wie zu den Glanzzeiten des „Blauen Reiters". Mehrere Anbauten von 1936 wurden entfernt, der Garten neu angelegt und im einstigen „Millionenkeller" (so genannt, weil Münter hier Kandinskys Gemälde aufbewahrte) ein Besucherzentrum eingerichtet. Der Schriftsteller Ota Filip, selber ein zugereister Murnauer, veröffentlichte jüngst einen Roman über die legendäre Künstler-Beziehung: „Das Russenhaus" ist im Verlag LangenMüller erschienen.

Öffnungszeiten Di–So 14–17 Uhr. Eintritt gratis. Kottmüllerallee 6, ✆ 08841/628880.

Umgebung von Murnau

Murnauer Moos: Südwestlich von Murnau erstreckt sich die stimmungsvolle Landschaft des mit rund 30 Hektar größten zusammenhängenden Moorgebietes Bayerns. In dem Naturschutzgebiet vor der grandios aufragenden Alpenkette blühen im Frühjahr und Herbst ganze Felder der Sibirischen Schwertlilie, haben viele seltene Tier- und Pflanzenarten ein Refugium gefunden. Vom Zentrum Murnaus führt ein schöner Spaziergang vorbei am Münterhaus zur Ramsachkirche, dem Ausgangspunkt des zwölf Kilometer langen, gut beschilderten „Moos-Rundwegs" quer durch das Moor. Denken Sie aber daran, dass durch unvorsichtige Besucher schon viele Tiere aus dem Moor vertrieben wurden. Seien Sie deshalb bitte zurückhaltend, lassen Sie keine Hunde frei laufen und verlassen Sie die Wege nicht – auch im eigenen Interesse, denn in allen Feuchtgebieten um Murnau gibt es Kreuzottern. Dass man in einem Naturschutzgebiet keine Pflanzen pflückt und in freier Natur keinerlei Abfälle zurücklässt, ist wohl selbstverständlich.

Ramsachkirche: Die auch als „Ähndl" bekannte kleine Kirche steht auf uraltem heiligem Boden. Wohl schon um 750 wurde hier, möglicherweise am Ort einer vorchristlichen Kultstätte, ein Gotteshaus errichtet, das Mitte des 18. Jh. wegen Baufälligkeit abgerissen und durch das heutige Kirchlein ersetzt werden musste. Geweiht ist es dem Hl. Georg, der am Altar als Drachentöter zu sehen ist. Die Ramsachkirche steht nahe des südlichen Ortsausgangs (Richtung Garmisch), beschildert ist der Weg zum Gasthof Ähndl.

Essen und Trinken **Gasthof Ähndl**, nahe des Kirchleins, mit Biergarten inmitten alter Bäume und einem tollen Blick auf das Moos und die Alpen. Zu essen gibt es Brotzeiten und einfache, preiswerte Gerichte. 10–22 Uhr, Do Ruhetag. ✆ 08841/5241.

Bergfahrt auf das Hörnle: Von **Bad Kohlgrub** aus, dessen gemütlicher Ortskern 13 Kilometer westlich von Murnau liegt und auch mit dem Zug zu erreichen ist, führt eine Doppelsesselbahn bis in 1400 Meter Höhe. Neben der Bergstation liegt eine täglich geöffnete, bewirtschaftete Hütte des Alpenvereins (Übernachtungsmöglichkeit, ✆ 08845/229), in der Umgebung bietet sich Gelegenheit zu zahlreichen Wanderungen. Besonders beliebt ist die Tour zum 1548 Meter hohen Hörnlegipfel, auf dem sich eine prächtige Aussicht eröffnet.

Hörnle-Bahn Betriebszeit ganzjährig, außer zu den Wartungsarbeiten im April und November. Berg- und Talfahrt 11 €. Infos unter ✆ 08845/592, www.hoernlebahn.de.

Haupt- und Landgestüt Schwaiganger: Ein Ausflug für Pferdefreunde – das große Gestüt des Freistaats Bayern liegt etwa sechs Kilometer östlich von Murnau in der Nähe der Autobahn; der Abstecher hierher lässt sich ideal mit einem Besuch des nahen Freilichtmuseums Glentleiten (s. Kochelsee, S. 114f.) verbinden. Rund 350 Pferde zählt der Bestand des Gestüts, ein Gasthof ist angeschlossen.

Führungen Mai bis Mitte Oktober Di–Do jeweils 13.30 und 15 Uhr. Schwaiganger 1, 82441 Ohlstadt, ✆ 08841/61360, www.stmlf-design2.bayern.de/hlg.

Das Blaue Land

Seehausen

Obwohl mit Murnau fast zusammengewachsen, bildet Seehausen mit 2.100 Einwohnern doch eine eigene Gemeinde. Das hübsche Dorf geht auf eine Fischersiedlung zurück, die bereits im 7. Jh. unten am See entstand. Heute ist der Ortskern ein Stück landeinwärts gerückt, hin zu der etwas erhöht stehenden *Pfarrkirche St. Michael*, einem Rokokobau des Jahres 1775. Seehausen, dessen Bauernhäuser teilweise noch mit Lüftlmalereien verziert sind, war früher für seine Hinterglasmalereien bekannt. Weithin berühmt ist das Dorf durch die große Bootsprozession, die hier an Fronleichnam stattfindet. Seit einigen Jahren präsentiert sich die Gemeinde eigens in einem *Heimatmuseum*. In dem schönen Haus an der Dorfstraße 3 sind alte Karten, frühchristliche Funde von der Insel Wörth, Hinterglasgemälde, Trachten und traditionelle Fischfanggeräte ausgestellt (Mo, Sa und So 14–17 Uhr, im Winter nur am Wochenende. ✆ 08841/672858).

• *Information* **Verkehrsbüro Seehausen**, in der Nähe des Strandbads. Mai–Oktober Mo–Fr 9–12 und 14–17 Uhr, Sa 9–12 Uhr; außerhalb der Hochsaison eingeschränkte Öffnungszeiten, im Winter wird die Infostelle ins Rathaus gegenüber der Kirche verlegt. Johannisstraße 8, 82418 Seehausen, ✆ 08841/3550 oder 616913, 📠 4231, www.seehausen-am-staffelsee.de, verkehrsamt-seehausen@t-online.de.

• *Übernachten/Essen und Trinken (s. Karte S. 101)* **Gasthaus Zum Stern (3)**, unser Tipp in Seehausen. Solides, bodenständiges Wirtshaus mit nettem Biergarten, gleich neben der Kirche; gute und preisgünstige bayerisch-internationale Küche, Hauptgerichte 6–8 €. Mi Ruhetag. Auch Zimmer, das DZ/Bad/F ab 77 €. Dorfstr. 2, ✆ 08841/3304 oder 61640, 📠 9423 oder 616420.

Restaurant Fischerstüberl (4), in sehr schöner Aussichtslage, nur durch den Spazierweg vom See getrennt, oberhalb der Anlegestelle; schattiger Biergarten. Empfehlenswert sind hier die Fischgerichte, einheimischer Fisch etwa 12 €, zum Teil wird auch nach Gewicht berechnet. Günstige

Mittagsgerichte, Schweinebraten 6,60 €. Di Ruhetag. Johannisstr. 16.

Campingplatz Halbinsel Burg, auf der gleichnamigen Halbinsel im südlichen Ortsbereich, fast rundum vom See umgeben. Sehr reizvoll und ruhig gelegener, gut ausgestatteter Platz, Bade- und Einkaufsmöglichkeit, Kinderspielplatz, angeschlossen eine Gaststätte. Ganzjährig geöffnet. Person 5,90 €, Zwei-Personen-Zelt 4,60 €, größerer Stellplatz 7,20 €, Pkw 4,60 € (auf dem Parkplatz gratis). ✆ 08841/9870, camping-halbinsel-burg@t-online.de.

Inselcamping Buchau, unseres Wissen nach der einzige oberbayerische Platz, der auf einer Insel liegt – absolute Ruhe müsste somit garantiert sein. Hügeliges, überwiegend schattiges Gelände, natürlich nur für Zelte, ausreichende Sanitärs, bewirtschafteter Kiosk. Geöffnet Mai–September, zwei Personen mit Zelt 14 €, Mietzelt mit 4 Personen 35 €. Überfahrt mit der „Seehausen" oder dem Ruderboot, mit dem man sich nach einem Anruf (grundsätzlich empfehlenswert) abholen lassen kann: ✆ 08841/9570 oder 0172/6420606, ✆ 40270, www.camping-insel.de.

• *Baden* **Strandbad Seehausen**, das größte am Staffelsee: 300 m misst der Uferstreifen der „Seehauser Riviera". Entsprechend ausgedehntes, teilweise recht schattiges Wiesengelände; Einstieg ins flach abfallende Wasser über mehrere Stege; Badeplattform mit Sprungturm. Die zugehörige Gaststätte besitzt eine schöne Terrasse zum See. Eintritt 3 €, Kinder ab 6 J. 1 €, Parkplätze vor dem Bad gebührenpflichtig.

• *Freizeit/Sport* **Bootsverleih**: Ruder-, Tret- und Elektroboote neben der Anlegestelle der Rundfahrtschiffe. Preise: 4–11 €, max. 7 Personen.

Fahrradverleih im Verkehrsbüro Seehausen.

Schifffahrt, die einstündige Rundreise mit der neuen „MS Seehausen", einem kleinen Motorschiff, kostet 7 €. Abfahrt ist am Steg vor dem „Fischerstüberl", tägl. 4-mal. Im Juni und Juli heißt es zusätzlich jeden Donnerstag um 20 Uhr „Leinen los" zur großen „Mondscheinfahrt" mit Musik. Im August gibt es zwei weitere Abendtermine am Dienstag. Ticket: 11 € (Fahrzeit: 2,5 Std.). ✆ 08841/628833 oder 0160/7227241, www.staffelseeschiffahrt.de.

• *Feste/Veranstaltungen* **Bootsprozession an Fronleichnam**, ein feierliches Ereignis, zu dem die Mitwirkenden festliche Tracht anlegen; die letzte ihrer Art in Oberbayern, nachdem die Prozession auf dem Chiemsee eingestellt wurde. Bei Regen fällt sie evtl. aus, Informationen im Verkehrsamt.

Seefeste, fünf Feste im Bereich der Schiffslände, ab Mitte Juni in vierzehntägigem Rhythmus. Höhepunkt ist das Seefest mit Fischerstechen am 15. August.

Uffing

Uffing liegt auf einer Hügelkuppe über der Nordecke des Staffelsees. Im Ortskern scharen sich hübsche Bauernhöfe um die schmucke Kirche, in den Außenbezirken stehen Wohnhäuser neuen Baudatums. Der Tourismus ist in dem 3.000 Einwohner zählenden Ort abgesehen vom Ausflugsverkehr zu den beiden Strandbädern nicht besonders ausgeprägt.

• *Information* **Fremdenverkehrsverwaltung Uffing**, im Rathaus an der Hauptstraße (Nähe Gasthof „Zum See"). Juli/August Mo–Fr 8–12 und 14–17 Uhr, Sa 10–12 Uhr, im September Mo–Fr 9–12 Uhr, im Oktober und von April bis Juni jeden Mo 9–12 Uhr. Von November bis März wird nach Bedarf entschieden. Hauptstr. 2, 82449 Uffing, ✆ 08846/920213, www.uffing.de.

• *Übernachten/Essen und Trinken (s. Karte S. 101)* Übernachtungsmöglichkeiten finden sich fast ausschließlich bei Privatvermietern, Vermittlung über die Fremdenverkehrsverwaltung.

Restaurant-Strandcafé Alpenblick (2), im Südosten des Ortes an der Anlegestelle der Rundfahrtschiffe; Strandbad angeschlossen. Vielleicht die am schönsten gelegene Gaststätte am Staffelsee: schattiger Biergarten praktisch direkt am Ufer, zurückversetzt und etwas erhöht eine Terrasse; beide mit der fantastischen Aussicht, die der Name verspricht. Gehobene internationale Küche, Hauptgerichte überwiegend um 10 €, im Biergarten einfache Gerichte mit Selbstbedienung. Di Ruhetag, Biergarten im Sommer tägl. geöffnet. Kirchtalstr. 30, www.alpenblick-uffing.de.

Gasthof zur Post (1), die ehemals beliebte Wirtschaft brannte 2003 fast vollständig ab. Derzeit wird sie wieder aufgebaut und soll im Herbst 2006 mit vier Fremdenzimmern und mehreren Wirtsräumen im altbayerischen Stil wieder eröffnet werden. Ein Biergarten ist vorhanden.

Campingplatz Aichalehof, auf der Halbinsel südlich von Uffing, Zufahrt vorbei am gemeindeeigenen Strandbad. Weit ausgedehnter, landschaftlich reizvoller Platz mit großer Liegewiese am See. Im behindertengerechten Sanitärgebäude befinden sich Waschräume, Duschkabinen, Waschmaschine, Trockner und eine Spülküche mit Kochgelegenheiten. Ein Kiosk bietet einfache Speisen und ein breites Sortiment an Lebensmitteln. Viele Dauercamper. Preise für Urlauber Person 5 €, Zelt 2–3,50 €, Pkw 2,50 €. Wer nur baden will, zahlt 2 € Eintritt und fürs Auto 2,50 € Parkgebühr. ✆/℡ 08846/211, www.aichalehof.de.

• *Baden* **Strandbad der Gemeinde Uffing**, ein paar hundert Meter südlich des Strandbads „Alpenblick", Zufahrt vom Ortszentrum beim Gasthof Zum See. Recht großes Wiesengelände mit mittlerem Schatten, moderne Sanitärs, abgetrennter Kinderbereich; Zugang ins ziemlich flach abfallende Wasser auch über Stege. Angeschlossen eine Gaststätte, gebührenfreie Parkplätze vor dem Bad. Eintritt 2 €, Kinder über 7 J. 0,50 €.

Strandbad Alpenblick, der gleichnamigen Gaststätte angeschlossen und mit derselben schönen Aussicht. Kleinere, familiäre Anlage mit älteren Einrichtungen; ein Teil des Geländes bietet vollen Schatten, der Großteil liegt allerdings in der Sonne; schmaler Zugang ins Wasser, am besten noch über den Steg. Ruderbootverleih.

Freibadeplätze zwischen den beiden Strandbädern sowie im Westen der Halbinsel, die sich südlich von Uffing erstreckt. Der Zugang ins Wasser ist allerdings oft durch Büsche oder Schilf versperrt, der Wiesengrund feucht.

• *Freizeit/Sport* **Bootsverleih**: Ruderboote verleiht das Strandbad Alpenblick.

Fahrradverleih: Josef Wittig, im 6 km entfernten Dorf Schöffau, Birkenstr. 7, ✆ 08846/541; auch Mountainbikes. Anlieferung der Räder möglich.

Außerdem im Verkehrsamt von Uffing, Hauptstr. 2.

Riegsee

Der „kleine Bruder" des Staffelsees misst nur knappe zweieinhalb Kilometer Länge und etwa einen Kilometer Breite. Gespeist wird er aus unterirdischen Quellen.

Da der Riegsee sich seit 1910 völlig in Privatbesitz befindet, sind Badeplätze an seinen Ufern äußerst rar; der einzige Zugang für die Öffentlichkeit liegt beim Campingplatz Brugger im Norden des Sees. Das ist natürlich schade, zumal der Riegsee eine ebenso gute Wasserqualität und auch ähnlich hohe Sommertemperaturen aufweist wie der Staffelsee. Von Campern und Tagesausflüglern abgesehen, spielt der Fremdenverkehr hier keine große Rolle. Die Dörfer um den See haben sich ihre Eigenart bewahrt; wenn es hier einen Verkehrsstau gibt, dann stammt er garantiert von einer Kuhherde, die gemächlich quer durch den Ort marschiert. Am schönsten entdeckt man die hügelige Wiesenlandschaft um den Riegsee auf einer kleinen Wanderung von etwa zwei Stunden: Der rund acht Kilometer lange „Riegsee-Rundweg" ist ausgeschildert, die Wanderkarte des Verkehrsamtes Murnau aber trotzdem nützlich. Besonders reizvoll präsentiert sich der Riegsee von Norden, mit dem Hintergrund der aufragenden Alpenkette; als schönster Aussichtsbalkon gilt das Dorf Aidling.

• *Information* Gemeinde Riegsee, im gleichnamigen „Hauptdorf" des Sees. Nur Di und Fr, jeweils 8–12 Uhr. Dorfstr. 35, 82418 Riegsee, ✆ 08841/3985, www.riegsee.de.

• *Übernachten/Essen und Trinken (Karte S. 110)* *** **Hotel Garni Alpspitz (2)**, im Ort Riegsee unweit des Campingplatzes. Freundlicher Bau in ruhiger Lage mit Blick auf See und Berge, komfortabel ausgestattete Zimmer, DZ/Bad/F ab 60 €. Seestr.14–16, ✆ 08841/61090, ℡ 610930.

Gasthof Zur Post (1) in Aidling, bei der Kirche. Insgesamt elf hübsch möblierte Zimmer, DZ/Bad/F 44 €. Traditionsreiche Wirtschaft, seit über 130 Jahren in Familienbesitz, Gartenterrasse mit schönem Alpen-

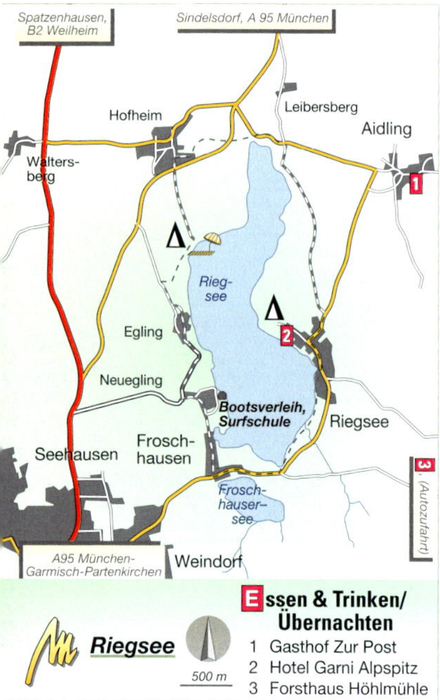

blick. Bekannt gute Küche, Hauptgerichte überwiegend 7–11 € (Schweinsbraten 7,30 €). Dorfstr. 26, 82418 Aidling, ✆ 08847/6225, 📠 1401, www.gasthof-post-aidling.de.

Forsthaus Höhlmühle (3), in reizvoller Landschaft einige Kilometer östlich des Sees. Ein beliebtes Ausflugsziel, das auch auf einer schönen Rundwanderung über die Aidlinger Höhe zu erreichen ist (Wanderkarte des Verkehrsamtes Murnau ratsam). Gemütliches Ambiente, kleiner Biergarten. Gute bayerische Küche, Hauptgerichte 7–12 €. Autozufahrt kurz hinter dem Badeplatz Froschhausen beschildert. Mo und Di Ruhetag, außerhalb der Hochsaison vorsichtshalber anrufen: ✆ 08841/9620.

Campingplatz Brugger, im Norden des Sees, Zufahrt über Hofheim. Großer, gut ausgestatteter und ganzjährig geöffneter Platz auf einem terrassierten, zum See abfallenden Hang. Angeschlossen eine ganzjährig geöffnete Gaststätte mit Terrasse zum See, eine Einkaufsmöglichkeit (nur zur Saison) und ein Fahrradverleih. Person 4,50 €, Zelt 4,50 €, Pkw 1,50 €, Wohnwagen-Stellplatz 8–14 €. Die große Liegewiese mit relativ schnell abfallendem Kiesstrand steht auch Nichtcampern offen, Eintritt frei, lediglich der Parkplatz ist gebührenpflichtig. ✆ 08847/728 oder 0172/7592472 (Karl Brugger), 📠 08847/228, www.camping-brugger.de.

Camping der Gemeinde Riegsee, im gleichnamigen Ort, überwiegend von Dauercampern genutzt. In Terrassen zum See abfallendes Gelände, gute Sanitärs, Kiosk und Gaststätte angeschlossen. Ganzjährig geöffnet, Preise Person 5,20 €, Zelt 4 €, Wohnwagen 8,70 €; Seestr. 21, ✆ 08841-2677, 📠 08841-672761.

• *Baden* am Kiesstrand des Campingplatz Brugger.

• *Freizeit/Sport* **Windsurfschule Riegsee**, am Westufer bei Neuegling, Zufahrt vorbei an einem Werksgelände (beschildert). Freundlich geführter, familiärer kleiner Betrieb, der sich besonders an Anfänger wendet. Infos vor Ort oder bei Fred Lechner, Klammstr. 7, 82467 Garmisch-Partenkirchen, ✆ 08821/2309 oder 53536.

Boots- und Fahrradverleih: Segel- und Ruderboote bei bzw. neben der Surfschule (Ruderboote per Münzautomat); Tretboote und Fahrradverleih auf dem Campingplatz Brugger.

Radwanderungen Eine große Auswahl von Trekkingrädern und geführten Touren hat der Historiker *Thomas Wagner*, Unterer Birnberg 8, 82418 Riegsee (südlich der Kirche, die Dorfstraße entlang, 2. links) im Angebot. Mietpreis pro Tag: 12 €. ✆ 08841/629971 (Fa. Kultur-Velo).

Froschhauser See: Der winzige See südlich des Riegsees ist mit seinen verschilften Ufern ein wichtiges Vogelbrutgebiet und deshalb unter Naturschutz gestellt. Dennoch gibt es an seiner Nordostecke einen kleinen, aber von der ortsansässigen Bevölkerung viel besuchten Badeplatz, der über die Straße von Murnau zum Ort Riegsee zu erreichen ist; der Eintritt ist frei, die Parkplätze aber sind gebührenpflichtig. Vor oder nach dem Sprung ins Nass lohnt sich ein Blick in die mit üppigem Rokoko prunkende *Wallfahrtskirche St. Leonhard* (Innenausstattung 18. Jh., erbaut im 15. Jh.) in Froschhausen, zu der jährlich am 6. November eine große Leonhardifahrt mit 350 Pferden und Dutzenden von Festwagen führt.

Idyllisch, aber kalt: der Kochelsee, hier bei Schlehdorf

Tölzer Land

Loisach und Isar durchziehen die im Norden flache, nach Süden zunehmend bergige Voralpenlandschaft um das geographische Zentrum Bad Tölz. Die Heimat von Franz Marc ist eine ländlich geprägte Gegend geblieben, in der das Naturerlebnis im Vordergrund steht. Kochelsee und Walchensee, Sylvensteinsee und die beiden kleinen im Norden gelegenen Moorseen Kirchsee und Hackensee, sind beliebte Ausflugsziele dieser Region.

Kochelsee und Walchensee sind zwei im Charakter sehr unterschiedliche Gewässer. Dennoch bilden sie in gewisser Weise eine Einheit: Seit dem Bau des Wasserkraftwerks sind Walchensee und Kochelsee miteinander verbunden. Beide Seen verfügen über frisches, sauberes Wasser und einen reichen Fischbestand, beide bieten ein schönes Revier für Wanderungen. Doch obwohl sie nur wenige Kilometer voneinander entfernt sind, wiegen die Unterschiede schwerer als die Gemeinsamkeiten. Während der Kochelsee nur im Süden an die Berge heranreicht, liegt der fast dreimal größere Walchensee schon mitten im Gebirge. Und wenn unten am Kochelsee, im Windschatten der Höhenzüge, vielleicht gerade mal ein laues Lüftchen weht, pfeift es einem oben am Walchensee oft so richtig um die Ohren. Ein wenig machen sich diese klimatischen und geographischen Unterschiede auch im Publikum bemerkbar: Liebt es die Mehrheit der Gäste am Kochelsee eher ruhig und beschaulich, so zieht der Walchensee überwiegend Aktivurlauber an.

Kochelsee

Als Badegewässer kann man den gut 60 Straßenkilometer von München entfernten Kochelsee nur bedingt bezeichnen. Dafür gibt es an seinen Ufern einiges zu sehen.

Da dem Kochelsee laufend kaltes Wasser aus dem Walchensee zufließt, steigt seine Temperatur kaum je über 20 Grad an, frostige 15 Grad im Juli sind keine Seltenheit. Wasserratten brauchen dennoch keinen Bogen um den See zu machen, finden sie doch in Kochel das *„Trimini"*, ein direkt ans Wasser gebautes Freizeit- und Erlebnisbad, das zu den größten und vielseitigsten Oberbayerns zählt.

Rund um den Kochelsee

Etwa 14 Kilometer sind bei einer Umrundung des Sees zurückzulegen. *Wanderer* werden durch schöne Ausblicke auf den See, auf Jochberg und Herzogstand voll dafür entschädigt, dass die Wege längst nicht überall direkt am Ufer entlangführen. Das reizvollste Teilstück ist sicher der etwa zwei Kilometer lange sogenannte „Felsenweg" am Südwestufer zwischen Walchenseekraftwerk und dem Örtchen Raut: ein schmaler Steig durch dichten Wald, an manchen Stellen eng zwischen Ufer und steil aufragende Felswände gezwängt (Karte im Maßstab 1:30.000 beim Verkehrsamt Kochel).

Fahradfahrern ist wegen genau dieses Streckenabschnittes von einer Tour rund um den See abzuraten: An vielen Engstellen des Pfades müsste das Rad über holprige Steine und Wurzelwerk geschoben, teilweise sogar über längere Distanzen getragen werden; wenn hier dann noch Fußgänger entgegenkommen, wird es haarig – deshalb ist der „Felsenweg" auch für Radler gesperrt.

• *Wegbeschreibung* Ab Bahnhof Kochel im Ort über den Schmied-von-Kochel-Platz in den Herzogstandweg und vorbei am Franz-Marc-Museum; dort bergab zur Hauptstraße und dieser auf der Seeseite folgen, vorbei am Hotel „Grauer Bär". Kurz nach dem Campingplatz „Renken" rechts ab auf die Straße zum Walchenseekraftwerk. Dort über die Brücke südlich des Turbinenhauses, dann dem Knick folgend zum See und dort auf den Felsenweg. An dessen Ende auf schmalen, verkehrsarmen Sträßchen über Raut nach Schlehdorf. Am Ortausgang Richtung Kochel beginnt ein Rad- und Fußweg, der zunächst rechts, ab der Loisachbrücke dann links der Straße (Vorsicht beim Überqueren!) durch das Gebiet der Loisach-Kochelseemoore zurück nach Kochel führt (gute Karte beim Verkehrsamt Kochel).

Die weitgehend unverbauten, wenig besiedelten Ufer und die Lage des Sees zwischen Gebirge und Moor locken natürlich zu Spaziergängen und Wanderungen. Dabei muss die Kultur nicht zu kurz kommen: In Kochel lockt das *„Museum Franz Marc"* mit Arbeiten des berühmten Künstlers, am Südufer die technische Pionierleistung des *Walchenseekraftwerks* und im nahen *Benediktbeuern* eines der ältesten Klöster Bayerns. Ebenfalls etwas abseits des Sees, zu erreichen auf einer schönen Wanderung ab Schlehdorf oder gleich bei der Autoanfahrt von München, lohnt sich unbedingt ein Abstecher ins *„Freilichtmuseum Glentleiten"*, das bäuerliche Architektur und ländlichen Alltag vergangener Jahrhunderte dokumentiert.

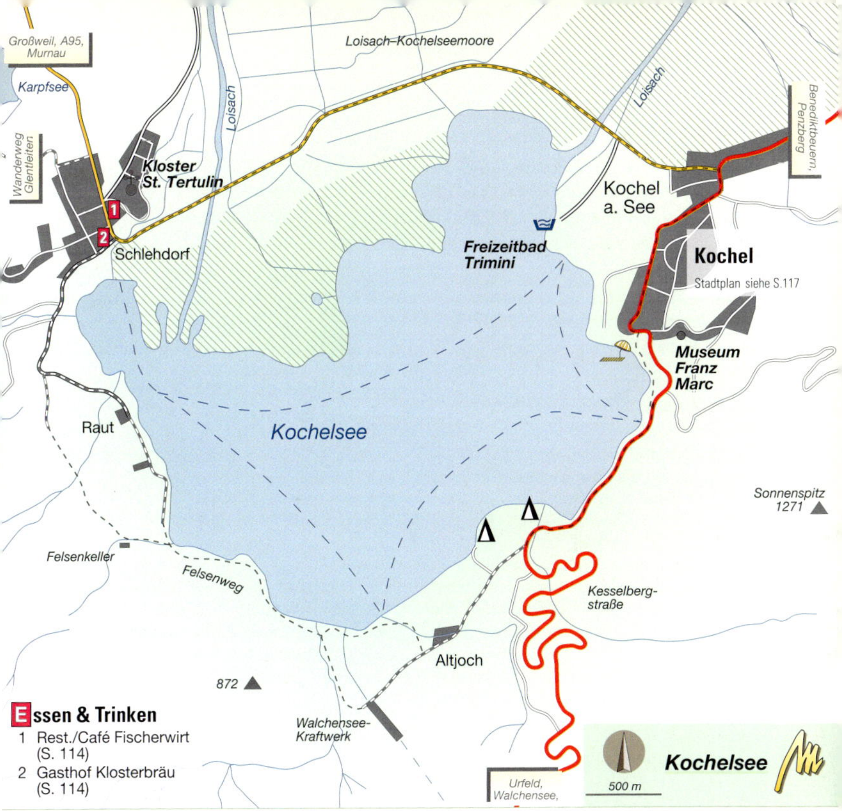

• *Topographische Angaben* Fläche 5,95 Quadratkilometer, Länge 6 Kilometer, Breite bis zu 4 Kilometer, Tiefe 67 Meter, Uferlänge 18 Kilometer.

• *Wasserqualität* Sehr gut.

• *Wassertemperatur* Sommer 18 Grad, Maximalwert 21 Grad.

• *Verbindungen* Das Verkehrsamt in Kochel hält Zug- und Busfahrpläne bereit.

Zug: Gute Verbindungen der Deutschen Bahn; Abfahrt ab München Hauptbahnhof, umsteigen in Tutzing (Endstation der S 6), tagsüber etwa stündliche Anschlüsse. Fahrzeit München–Kochel rund eine Stunde.

Bus: Keine Direktverbindung mit München; die Linienbusse des Regionalverkehrs Oberbayern (RVO) eignen sich jedoch gut zum „Seen-Hüpfen": Regelmäßige Verbindungen bestehen u. a. zum Walchensee (6-mal tägl.), nach Murnau/Staffelsee (Mo–Fr 7-bis 9-mal, Sa 1-mal, So 2-mal tägl.) und zum Tegernsee (teilweise mit Umsteigen in Bad Tölz).

Auto: Autobahn A 95 München–Garmisch bis zur Ausfahrt Murnau/Kochel, dann weiter über Großweil und Schlehdorf. Oder: Autobahn A 8 München–Salzburg bis Holzkirchen, weiter über Bad Tölz, Bichl und Benediktbeuern.

• *Schiffsverkehr* Rundfahrten auf dem See veranstaltet die private „Motorschiffahrt Kochelsee"; regelmäßige Abfahrten vom 15.6. bis 15.9. (4-mal tägl.), bei schönem Wetter und ausreichender Beteiligung zusätzlich vom 1.5. bis 15.6. und ab 15.9. bis Saisonende. Haltestellen des Motorschiffs „Herzogstand" sind Kochel (südlich des Trimini), das Seehotel Grauer Bär, Altjoch (Walchenseekraftwerk) und Schlehdorf. Die Rundfahrten dauern rund 75 Min., Fahrpreis 6 €, Kinder bis 14 J. 3 €; Teilstrecken sind möglich. Auch für Sonderfahrten steht die „Herzogstand" zur Verfügung. Nähere Informationen unter ✆ 08851/416 oder 7241, 📠 923957, www.motorschiffahrt-kochelsee.de.

Schlehdorf

Das kleine Dorf (1.200 Einwohner) an der nordwestlichen Ecke des Kochelsees ist von ehrwürdigem Alter, es wurde 763 erstmals urkundlich erwähnt. Wenige Jahre später entstand hier ein Benediktinerkloster, das nach der Säkularisation 1803 von Missions-Dominikanerinnen erworben wurde, die darin heute eine Ausbildungsstätte für ihre Mission und eine Internatsschule unterhalten. Die zugehörige *Stiftskirche St. Tertulin*, 1727 begonnen, aber erst 1780 fertiggestellt, sieht mit ihren beiden Viereckstürmen nobel, schon fast klassizistisch aus. Die Dekoration des Inneren ist ebenfalls zurückhaltend und schlicht. Aus einem bestimmten Blickwinkel von der Hauptstraße ergibt sich ein reizvoller Zusammenklang mit der barocken *Friedhofskapelle*, in der man – so sie geöffnet ist – eine überlebensgroße romanische Christusfigur des 12. Jh. bewundern kann.

• *Übernachten/Essen und Trinken (s. Karte S. 113)* **Gasthof Klosterbräu (2)**, an der Kurve 7der Hauptstraße im Ort. Traditionsgasthaus, dessen Geschichte bis ins 14. Jh. zurückreicht, und das schon die Könige Maximilian II. und Ludwig II. bewirtete. Übernachtungspreise je nach Ausstattung (ohne/mit Bad): DZ/F 58–69 €; es gibt auch Ferienappartements. Mehrere gemütliche Stuben, zum Teil mit Blick auf den ein Stück entfernten See, kleine Terrasse. Bayerisch-internationale Küche, Brotzeiten in breiter Auswahl, Tageskarte mit Hauptgerichten für 9–15 €; frischer Fisch aus dem Riesenaquarium am Eingang um 12 €. Di Ruhetag. Fahrservice zu Bus, Bahn und zum Trimini-Bad, Fahrradverleih. Seestr. 2, 82444 Schlehdorf, ✆ 08851/286, 📠 7455, www.klosterbraeu-schlehdorf.de.

Restaurant-Café Fischerwirt (1), hier auch Informationen über Privatzimmer im Ort. An der Hauptstraße Richtung Autobahn, mit einem recht großen, leider zur Straße gelegenen Garten. Gute Küche, die Spezialität des Hauses sind dem Namen gemäß Fischgerichte (um 12–14 €), sonst kosten Hauptspeisen etwa 9–13 €; es gibt auch hausgemachten Kuchen. Die Weißbiere kommen von Karg aus Murnau, der Wein aus ökologischem Anbau und der Kaffee aus „fairem" Handel. Im Sommer tägl,. November–Juni Do Ruhetag. Unterauer Str. 1, ✆ 08851/484, www.fischerwirt-schlehdorf.de.

• *Freizeit/Sport* **Reiten** im Reiterhof, mit Pferdepension und Pferdeverleih. Es gibt auch Übernachtungsmöglichkeiten auf dem Gelände, in Appartements (31 €) oder, für Romantiker, in einer ausgebauten Pferdebox (8 € mit Frühstück). Auch Zelten ist möglich. Ein einstündiger Ausritt ins Gelände kostet 18 €, ein Tagesritt 80 € (Verpflegung inbegriffen). Informationen bei Familie Endreß, Unterau 21, ✆ 08851/493 oder 0170/2670682, 📠 08851/9331, endress@reiten.de, www.pferde-wandern.de.

Freilichtmuseum Glentleiten

Wer über die Garmischer Autobahn zum Kochelsee anreist, sollte noch vor Schlehdorf den ersten Stopp einplanen. Doch auch für alle anderen Besucher der Gegend lohnt sich ein Abstecher zum Freilichtmuseum Glentleiten, einer der interessantesten Ausstellungen Oberbayerns.

Rund 40 ländliche Bauten, die an ihrem ursprünglichen Standort nicht mehr erhalten werden konnten, sind auf dem ausgedehnten Freigelände originalgetreu wieder aufgebaut worden: Bauernhäuser, Scheunen, Mühlen, Almhütten, selbst eine kleine Kapelle und ein Kramerladen, in dem man auch wirklich einkaufen kann. Immer wieder kommen neue Bauten hinzu, geplant sind insgesamt 60. Neben der Darstellung unterschiedlicher Architekturformen gibt das Museum einen tiefen Einblick in die ländlichen Lebensbedingungen vergangener Jahrhunderte – manchem wird die nostalgische Sehnsucht nach der „guten alten Zeit" vielleicht vergehen, wenn er sieht, wie karg die Höfe eingerichtet waren, wie hart der Alltag der Altvorderen gewesen sein muss. Ein dritter Schwerpunkt ist die Darstellung bäuerlicher Technik: Der Besucher sieht voll ausgestattete Werkstätten von Schäfflern, Schreinern, Schuhmachern und Sattlern und kann an einem Bachlauf, der aus einem Weiher gespeist wird, die Funktionsweise von Säge- und Getreidemühlen, einer Wetzsteinmacherei, einer Hammerschmiede und sogar eines vorsintflutlich anmutenden kleinen Elektrizitätswerks nachvollziehen. Im täglichen Wechsel sind zudem verschiedene Meister bei der Demonstration ihres jeweiligen Handwerks zu sehen. Abgerundet wird die Ausstellung durch eine stündliche Diaschau und durch diverse Sonderveranstaltungen.

• *Öffnungszeiten* April–Oktober Di–So 9–18 Uhr (Einlass bis 17 Uhr), auch Oster- und Pfingstmontag, Juli, August auch Mo, November–März geschlossen. Eintritt für Erwachsene 5 €, Schüler/Studenten 4 €, Kinder bis 15 J. 2 €. Information und Auskunft über Sonderveranstaltungen unter ✆ 08851/1850 (Verwaltung) oder 18510 (Kasse). www.glentleiten.de.

• *Verbindungen* Das Museum liegt etwa 2 km südlich des Dorfes Großweil.

Bus: 5-mal tägl. RVO-Bus ab Kochel; Rückfahrt einige Stunden später. **Wanderung**: Ab Schlehdorf ist ein Wanderweg ausgeschildert, der in etwa einer Stunde hinauf zur Kreut-Alm und zum Freilichtmuseum führt.

Auto: Von der Autobahnausfahrt Murnau/Kochel zunächst Richtung Kochel, in Großweil dann rechts ab (beschildert).

• *Essen und Trinken* **Selbstbedienungsrestaurant „Starkerer Stadel"** im Museumsgelände, wenig Auswahl, aber preiswert (Schweinsbraten 6,90 €). An den Bänken im Freien sitzt man recht nett, innen leider eher Cafeteria-Atmosphäre.

Fischergerätschaften im Freilichtmuseum

Wer es gediegener liebt, findet ein paar hundert Meter entfernt den Biergarten des Gasthofs **Kreut-Alm**. Vom Biergarten hat man einen schönen Blick auf Kochelsee und Alpen. Menüs um 25 €. April–Mitte November tägl., sonst nur am Wochenende. ✆ 08841/5822, 📠 2822, www.kreutalm.de.

Loisach-Kochelseemoore: Zwischen Schlehdorf und Kochel erstreckt sich dieses ausgedehnte, brettebene Feuchtgebiet, aus dem nur einzelne Bäume und die zur Zwischenlagerung von Heu errichteten Holzhütten herausragen. Die melancholische Landschaft aus Streuwiesen und kleinen Seen beherbergt über 200 Vogelarten, darunter auch so selten gewordene Spezies wie den Großen Brachvogel. Es ist unter Schutz gestellt; unter anderem besteht für die Zeit vom 20. März bis 15. Juli ein Betretungsverbot, das nur bestimmte Wege ausnimmt. Wer im Moor wandern will, sollte sich deshalb vorher genau beim Verkehrsamt Kochel erkundigen – die Bußgelder auch für unabsichtliche Übertretungen des Wegegebots sind hoch.

Kochel

Würde nicht die verkehrsreiche Bundesstraße 11 quer durch den Ort führen, könnte man Kochel (4.100 Einwohner) als ruhig, vielleicht gar als etwas verschlafen empfinden. Immerhin wohnen im gesamten, nach Norden bis Ried und im Süden bis hinauf zum Walchensee reichenden Gemeindegebiet kaum mehr als etwa 4000 Menschen, die Eigentümer der zahlreichen Zweitwohnungen und Ferienhäuser bereits mitgerechnet. Kochel selbst dürfte also nicht viel mehr als etwa 2000 ständige Einwohner haben – für den Hauptort eines doch recht großen Sees ist das nicht gerade viel. Und wirklich glaubt man abseits der Verkehrsader da und dort auch heute noch die gelassene Atmosphäre eines alten Dorfes zu spüren, das bereits im 8. Jh. aus einem längst wieder verschwundenen Kloster hervorgegangen und bis weit ins 19. Jh. hinein rein bäuerlich geprägt war. Einen ersten Aufschwung im Fremdenverkehr erlebte Kochel, als 1846 eine natronhaltige Heilquelle entdeckt wurde, die eine illustre Gästeschar bis hin zu König Ludwig II. und Otto von Bismarck anzog. Der Ruhm von „Bad Kochel" währte zwar nur einige Jahrzehnte (dann nämlich versiegte die Quelle wieder), der Name des Ortes besaß jedoch fortan einen guten Klang. Als gegen Ende des 19. Jh. die Kesselbergstraße zum Walchensee ausgebaut und die Siedlung ans Schienennetz angeschlossen wurde, hatten der Adel und das wohlhabende Bürgerturm Münchens schon eine ganze Reihe klassizistischer, türmchengekrönter und mit Erkern besetzter Villen in Kochel stehen – Vorboten der Entwicklung zum heutigen, viel besuchten Luftkurort, der jährlich gut 120.000 Übernachtungsgäste anzieht.

Information/Übernachten/Essen und Trinken

• *Information* **Verkehrsamt Kochel**, im Rathaus, südöstlich unweit des zentralen Schmied-von-Kochel-Platzes. Juli–September Mo–Fr 8–12 und 13–18 Uhr, Sa 9–12 Uhr, sonst Mo–Do 8–12 und 13–16 Uhr, Fr 8–12 Uhr. Kalmbachstr. 11, 82431 Kochel, ✆ 08851/338, ℻ 5588, www.kochel.de.

• *Übernachten/Essen und Trinken* Viele Hotels in Kochel liegen direkt an den Hauptstraßen – wer Ruhe sucht, sollte dort versuchen, ein Zimmer nach hinten zu ergattern.

*** **Seehotel Grauer Bär (7)**, am südlichen Ortsrand, mit eigener Schiffsanlegestelle. Das reizvolle Haus, seit 1905 in Familienbesitz, besticht besonders durch seine Lage direkt am Ufer – schöner als auf der Seeterrasse kann man wohl am ganzen Kochelsee nicht sitzen; auch von den Gasträumen genießt man einen hübschen Blick. DZ/Bad/F kosten je nach Lage und Ausstattung zwischen 37 und 60 €. Gehobene Küche, Hauptgerichte nach Tageskarte etwa 8–14 €, Fischgerichte, die in breiter Auswahl angeboten werden, ab 11 €. Mi Ruhetag. Mittenwalder Str. 82–86, ✆ 08851/92500, ℻ 925015, www.grauer-baer.de.

*** **Gasthof Hotel Zur Post (3)**, schönes, traditionsreiches Haus (1356 als Poststation erbaut) im Herzen des Ortes. Die Zimmer wurden vor wenigen Jahren renoviert, DZ/Bad/F 88 €. Mehrere rustikale Stuben, an den Tischen im Freien mag manchen die nahe Straße stören. Spezialität der guten Küche (mehrfacher Sieger des Wettbewerbs „Bayerische Küche") sind Fischgerichte (um 14 €) und Wild, daneben gibt es eine große Auswahl an Hauptgerichten überwiegend für 10–15 €, zum Teil auch günstiger. Zur Saison kein Ruhetag. Schmied-von-Kochel-Platz 6, ✆ 08851/92410, ℻ 924150, www.posthotel-kochel.de.

*** **Landhotel Herzogstand (4)**, zentral, aber doch etwas abseits der lauten Hauptstraße gelegen. Zimmer z. T. mit Balkon und schönem Blick, DZ/Bad/F nach Lage und Ausstattung 80–88 €. Hübscher kleiner Biergarten, gemütliche Stube. Brotzeiten, daneben eine täglich wechselnde Tageskarte mit relativ schmaler Auswahl, was ja ein durchaus gutes Zeichen ist. Als Restaurant erst ab 17.30 Uhr geöffnet, Di Ruhetag. Fahrradverleih. Herzogstandweg 3, ✆ 08851/324, ℻ 1066, www.herzogstand.de.

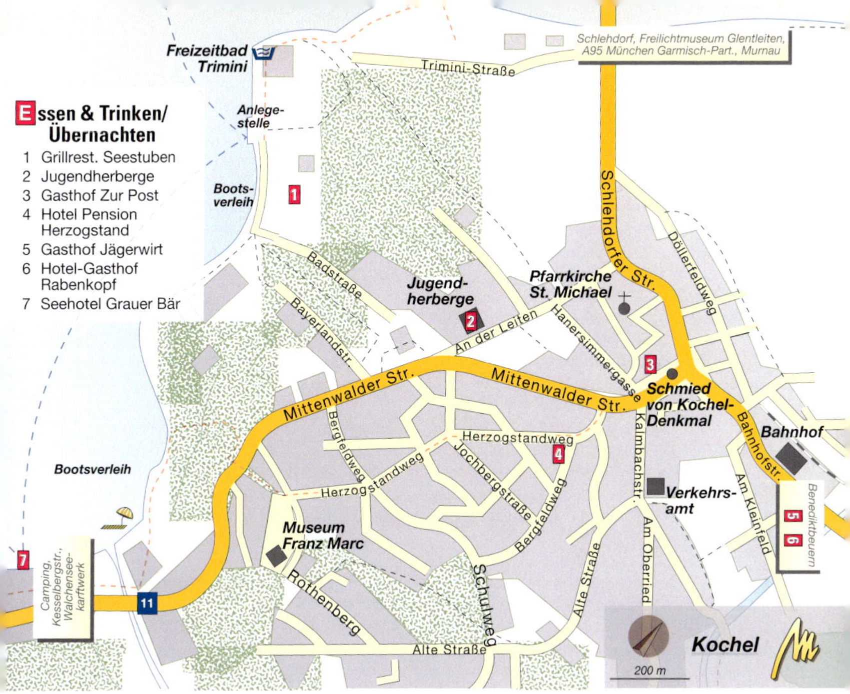

Hotel Gasthof Rabenkopf (6), an der Hauptstraße von Ried, einem an der B 11 kurz vor Benediktbeuern gelegenen Ortsteil, etwa 6 km nordöstlich des Zentrums. Insgesamt neun Zimmer, DZ/Bad/F um 60 €. Ein ganz besonderes, von mehreren Restaurantführern empfohlenes Haus, das altböhmische, Prager und Wiener Küche in hoher Qualität und dabei zu durchaus zivilen Preisen auf den Tisch bringt: Sauerbraten Svickova, Tafelspitz, Schweinebraten Böhmische Art, jeweils 10,80 €. Do Ruhetag. Kocheler Str. 23, ✆ 08857/208, ℻ 9167.

Grillrestaurant Seestuben (1), ein paar hundert Meter südöstlich des Trimini. Beliebt vor allem wegen des weiten Blicks auf See und Gebirge, den man von der Terrasse genießt. Kroatisch-internationale Küche für etwa 8–12 €. Mi Ruhetag, Badstr. 22, ✆ 08851/5701.

Jägerwirt (5), im winzigen Dörfchen Ort, etwa 3 km nordöstlich von Kochel, Zufahrt über die Straße nach Benediktbeuern. Urige Wirtschaft in ruhiger Lage, klassischer Biergarten mit schöner Aussicht, bayerische Küche zu günstigen Preisen: viele Hauptgerichte für 6–8 €; auch Brotzeiten. Do Ruhetag. Der Jägerwirt vermietet auch Ferienwohnungen, je nach Größe 35–55 €/Tag. Wirtsgasse 7, ✆ 08851/280, ℻ 7653, www.jaegerwirt-ort.de.

Jugendherberge Kochel (2), zentrale Lage unweit des Sees. Übernachtung mit Frühstück 15,35 €, mit Vollpension 22,45 €. Badstr. 2, ✆ 08851/5296, ℻ 7019, www.jugendherberge.de/jh/kochel.

Campingplatz Renken, etwa 2,5 km südlich von Kochel-Zentrum , nahe der B 11 (auf dem Weg zum Walchensee). Kleineres, zum See geneigtes Wiesengelände mit 70 Stellplätzen. Etwas Schatten durch Bäume, Kiosk-Gaststätte mit einfachen Gerichten, kleiner Badestrand. Preise: zwei Personen mit Zelt 15 €. Geöffnet April–September. ✆ 08851/5776

Campingplatz Kesselberg, etwa 1 km weiter, Zufahrt über die Nebenstraße zum Walchensee-Kraftwerk. Ebenfalls ein Wiesengelände zum See, etwa 130 Stellplätze, kaum Schatten, Kiosk-Gaststätte mit einfachen Gerichten, Badestrand. Preise: Person inkl. Kurtaxe 5 €, Zelt inkl. Pkw 7 €. Geöffnet von April–Oktober, Voranmeldung empfiehlt sich zur Hauptsaison. ✆ 08851/464, www.campingplatz-kesselberg.de.

Baden/Freizeit/Sport/Feste/Veranstaltungen

• *Baden* Entlang der Bundesstraße nach Süden (zum Walchensee), insbesondere im Bereich vor dem Seehotel Grauer Bär, gibt es zwar einige Freibadeplätze (auch ein hübsches kleines **Strandbad** mit schattigem Parkplatz im Wald), doch ist der See, wie schon erwähnt, nicht gerade der wärmste.

Freizeitbad Trimini, die Alternative: Hallenbad mit 28 Grad warmem Wasser und Panoramablick auf die Berge, Freibad mit 50-m-Becken direkt am Ufer, zwei große Wasserrutschen (160 m und 90 m lang), Seezugang über einen eigenen Badesteg. Tägl. 9–20 Uhr, Mi bis 21 Uhr (im Winter ab 10 Uhr); Preise: für 3 Stunden Erwachsene 7 €, Kinder bis 15 J. 5,50 €, Tageskarte 9 € bzw. 6,50 €. Seeweg 2, ✆ 08851/5300, www.trimini.de.

Umbau: Die Kristall AG, mit elf Erholungsanlagen das größte Bäderunternehmen Deutschlands, erweitert das Trimini derzeit zu einer großen Therme mit einem beheizten Schwimmbecken im See, Saunalandschaften, mehreren Solebecken etc. Der Betrieb soll während der Bauzeit fortgesetzt werden, verspricht der Investor.

• *Freizeit/Sport* **Bootsverleih**: Ruder-, Tret- und Elektroboote südöstlich unweit des Trimini, unterhalb des Restaurants „Seestuben". Verleih von Ruderbooten auch in der kurz vor dem Hotel Grauer Bär gelegenen Badezone.

Fahrradverleih: Fahrradgeschäft Bendikt Heinritzi, Bahnhofstr. 8, ✆ 08851/417; Landhotel Herzogstand, ✆ 08851/324; in Schlehdorf im Hotel-Gasthof Klosterbräu, ✆ 08851/286 (Hotels s. o.).

Gäste-Programm: Geführte Wanderungen, Radtouren, naturkundliche Exkursionen, Heimatabende, ein spezielles Kinderprogramm etc. – von Mai bis Oktober wird von der Gemeinde einiges geboten. Eine Broschüre mit genauen Daten ist im Verkehrsamt erhältlich.

• *Feste/Veranstaltungen* **Kocheler Heimattag**, am 15. August, mit Festzug und Konzerten, ab 14 Uhr Seefest.

Seefeste, mit Musik und Tanz, an unregelmäßigen Wochenendterminen während der Saison.

Sehenswertes

Pfarrkirche St. Michael: Die mit einem Zwiebelturm gekrönte Pfarrkirche ist ein Werk des Baumeisters Kaspar Feichtmayr aus Benediktbeuern. Sie wurde um 1670–1685 wahrscheinlich an der Stelle errichtet, an der bereits im 11. Jh. eine Vorgängerin stand. Der üppige Stuck- und Freskenschmuck im Inneren stammt von lokalen Künstlern und wurde in den Jahren um 1730 angefertigt.

Museum Franz Marc: Wohl die bedeutendste Sehenswürdigkeit des Ortes ist das Museum des 1880 in München geborenen Malers Franz Marc, der ab 1909 im nahen Sindelsdorf lebte. Von dort aus besuchte er häufig den Kochelsee und bezog schließlich 1914 ein Haus im Ortsteil Ried. 1917 wurde der Leichnam des bei Verdun gefallenen Künstlers zur Bestattung nach Kochel überführt.

Die Ausstellung, in einer schön im Wald gelegenen Villa aus dem 19. Jh. untergebracht, die im Inneren und in der Architektur ein bisschen einer russischen Datscha ähnelt, glänzt weniger durch den Umfang der Exponate als vielmehr durch das kluge Arrangement und den vielfältigen Bezug zum Künstler, der einen guten Teil seiner Anregungen und Motive der Gegend um Kochel verdankte. Ein Münchner Industrieller baute das Haus Ende des 19. Jh., nach dem Zweiten Weltkrieg wurde es verstaatlicht und an das Goethe-Institut verpachtet. Mitte der achtziger Jahre richtete die Gemeinde darin eine ständige Ausstellung über den bedeutendsten bayerischen Maler des 20. Jh. ein. Gewohnt hat Franz Marc nie in dem Haus, dessen Lage macht jedoch den Einfluss der Natur auf das Werk des Künstlers augenfällig.

• *Öffnungszeiten* März bis Mitte Januar, Di–So 14–18 Uhr. Eintritt 4 €. An der Kasse erhältlich sind ein informativer Museumsführer sowie Kunstdruckpostkarten; einen Wanderführer „Auf den Spuren des Blauen Reiters" bietet das Verkehrsamt an. Das zweitägige Sommerprogramm kann mit Führung gebucht werden und kostet 155 € inkl. 2 Übernachtungen und 2 Mittagessen, ohne Hotelzimmer reduziert sich der Preis auf 65 €. Herzogstandweg 43 (im Süden des Ortes, beschildert), ✆ 08851/7114, www.franz-marc-museum.de.

Lieber bayerisch sterben als kaiserlich verderben: der Schmied von Kochel

Hünenhaft, martialischer Blick, mit buschigem Schnäuzer – so stellte sich der Schöpfer des 1900 entstandenen Denkmals in der Ortsmitte den berühmten Schmied von Kochel vor. Dabei ist die tatsächliche Existenz dieses bayerischen Volkshelden historisch nicht einmal wirklich belegt. Gesichert dagegen ist das Umfeld der Legende, nämlich die „Sendlinger Mordweihnacht" vom 24. auf den 25. Dezember 1705. Ein paar tausend patriotische Bauern des Oberlandes hatten sich damals zusammengetan, um im Handstreich München von den kaiserlich-österreichischen Truppen zu befreien, die Bayern im Spanischen Erbfolgekrieg bereits im Jahr zuvor besetzt hatten. Der Plan wurde verraten, und der tapfere, mit Sensen, Heugabeln und Morgensternen großteils nur spärlich bewaffnete Trupp sah sich unerwartet den Musketen und Kanonen der kaiserlichen Armee gegenüber. Von Kavallerie und Infanterie zurückgeschlagen, suchten die Aufständischen Schutz in Sendling, heute ein Stadtteil von München, damals ein kleines Dorf. Vergebens – obwohl die Oberländer schließlich die Waffen niederlegten und sich ergaben, wurden fast alle von den Kaiserlichen massakriert. Auf dem Sendlinger Friedhof scharte sich ein letzter verzweifelter Haufen um den riesenhaften Schmied von Kochel, der in einer Hand die gefürchtete Keule, in der anderen bis zuletzt die Fahne der Aufständischen trug. Mit den Worten „Lieber bayerisch sterben als kaiserlich verderben" verschied auch er.

Heldendenkmal in Kochel

Soweit in groben Zügen die Legende um Balthasar Maier, wie der Schmied von Kochel geheißen haben soll. Der wirkliche Schmiedemeister des Ortes zu jener Zeit allerdings ist namentlich bekannt, er hieß Georg Heinrici. Verbürgt ist jedoch immerhin der Tod eines „Schmiedbalthes" (Balthes = Balthasar) in Sendling – vielleicht ein Geselle des echten Kocheler Schmieds? Zum 300. „Jubiläum" des niedergeschlagenen Aufstandes fanden 2005 die „Schmied von Kochel Spiele" in einer Neuinszenierung eines Dramas aus dem 19. Jh. statt. Die 58 Aufführungen der Heimatbühne waren restlos ausverkauft.

Walchensee-Kraftwerk: Etwa vier Kilometer südlich von Kochel nutzt das 1918–1924 errichtete Wasserkraftwerk die 200 Meter Höhenunterschied zwischen Walchensee und Kochelsee zur Stromgewinnung. Oben strömt das Wasser durch einen 1200 Meter langen Stollen zum sogenannten „Wasserschloss“, einer Art Ausgleichsbehälter. Da die Sohle dieses Stollens rund zehn Meter unter der Wasseroberfläche des Walchensees liegt, wird kaltes Tiefenwasser herangeführt – Erklärung für die kurios erscheinende Tatsache, dass der Kochelsee niedrigere Wassertemperaturen aufweist als der Walchensee. Vom Wasserschloss schießt das Wasser durch sechs etwa 450 Meter lange und zwei Meter dicke Rohre hinab zum Kraftwerk. Mit 20 Atmosphären Druck treibt es dort acht Turbinen von jeweils 18.000–24.000 PS an, die mit Generatoren gekoppelt sind; nach getaner „Arbeit“ wird der Wasserstrom in den Kochelsee entlassen.

Idee und Realisierung der Anlage gehen auf den Münchner Ingenieur *Oskar von Miller* zurück, den Gründer des Deutschen Museums. Der Bau war seinerzeit nicht unumstritten. So mancher abergläubische Einwohner der Gegend erinnerte sich plötzlich der alten Sage von dem Riesenwaller, der auf dem Grund des Walchensees lebe und, wenn er erschreckt würde, den See zum Überlaufen bringen könne. Auch die Regierung zeigte sich skeptisch: „Wohin mit all dem Strom?“ soll einer ihrer Vertreter gefragt haben. Nach einer langen Anlaufzeit wurde das erste Hochdruckspeicher-Kraftwerk Deutschlands (bis heute eines der größten seiner Art) dennoch realisiert – mit den bescheidenen Mitteln der damaligen Zeit eine technische Pionierleistung.

Im Kraftwerk, über dem ständig ein dumpfes Dröhnen liegt, ist ein öffentliches Informationszentrum eingerichtet, das von E.on jüngst modernisiert und um zahlreiche interaktive Lernstationen erweitert wurde. Es gliedert sich in drei Abteilungen: das Maschinenhaus mit Blick auf die Turbinenhalle, den eigentlichen Ausstellungsraum, der mit Fotografien und Landschaftsreliefs Erzeugung und Verteilung des Stroms dokumentiert, und den E.on-Raum, in dem der größte Stromversorger Deutschlands die Vorzüge der Elektrizität preist.

• *Öffnungszeiten* Erlebniskraftwerk Walchensee, tägl. 9–17 Uhr. Eintritt frei. Führungen von Mai bis Oktober jeden Dienstag 16 Uhr. Vor dem gut besuchten Infozentrum sind ausreichend Parkplätze vorhanden. Einfache, günstige Gerichte erhält man im Bistro oder im kleinen Biergarten davor, Souvenirs gibt's im Shop daneben. ✆ 08851/77211, 📠 77298.

Abstecher zum Kloster Benediktbeuern: Im gleichnamigen Ort (Bahnstation), etwa acht Kilometer nördlich von Kochel, steht unweit der Straße nach Bad Tölz eines der ältesten Klöster Bayerns. Bereits gegen 740 von den Huosi gegründet, 955 von den Ungarn zerstört, bald aber von Tegernsee aus wieder aufgebaut, entwickelte sich die Benediktinerabtei zu einem kulturellen Zentrum des Mittelalters. Benediktbeuern war insbesondere berühmt für seine Malerschule, seine Bibliothek und die Schreibstuben, in denen im 13. Jh. die von fahrenden Sängern vorgetragenen „Carmina Burana“ aufgezeichnet und so der Nachwelt überliefert wurden. Der breiten Öffentlichkeit bekannt wurden die – übrigens teilweise recht frivolen – Texte durch die Vertonung Carl Orffs 1936.

1803 wurde das Kloster im Zuge der Säkularisation aufgelöst, ein Großteil der Bibliothek ging verloren. Später errichtete man hier eine Glashütte, in der der Physiker und Astronom *Joseph von Fraunhofer* eine optische Werkstatt besaß – sie blieb als Museum erhalten. 1930 zogen die rührigen Salesianer Don Boscos in Benediktbeuern ein. Heute arbeiten und unterrichten 49 Geistliche neben 150 weltlichen Mitarbeitern in Benediktbeuern. Das Kloster ist Sitz zweier theologischer Hochschulen

Kloster Benediktbeuern mit seinem beliebten Wirtsgarten

und eines sozialpädagogischen Instituts mit insgesamt 600 Studenten. Noch beliebter ist die Jugendherberge des Klosters: 14.000 Jugendliche übernachten hier jährlich, die Betten sind selbst im Winter ausgebucht.

Die weitläufigen Klosteranlagen stammen überwiegend aus der zweiten Hälfte des 17. Jh. Besonders üppig fiel der Stuck aus, beispielhaft zu sehen im Kreuzgang, in dem eine Missionssammlung aus aller Welt untergebracht ist, und im *Alten Festsaal* mit seinen originellen Deckenfresken von Hans Georg Asam. Von ihm stammen auch die Fresken der *Klosterkirche St. Benedikt.* Mit ihren charakteristischen zwei Zwiebeltürmen nach einem Entwurf von Kaspar Feichtmayr 1680 erbaut, ist sie eine der ältesten Barockkirchen Bayerns – insgesamt zwar prächtig ausgestattet, nach Expertenmeinung aber doch etwas schwer geraten. Wesentlich freundlicher zeigt sich die 1758 von Johann Michael Fischer fertiggestellte *Anastasiakapelle*, die an den Chor angebaut, jedoch durch einen eigenen Eingang auf dem Friedhof zu erreichen ist: ein heller, heiterer Traum des Rokoko, in dessen Inneren so berühmte Künstler wie Johann Jakob Zeiller (Kuppelfresko), Ignaz Günther (Seitenaltäre) und Jacobo Amigoni („Himmelfahrt Anastasias“ am Hochaltar) ihre Visitenkarten hinterließen.

• *Öffnungszeiten/Veranstaltungen* **Freie Besichtigung** in der Regel tägl. 9–17.30: gotischer Klosterkreuzgang von 1493, gotisches Refektorium mit einem Faksimile der Carmina Burana, Fraunhofer-Glashütte, Ausstellung über die Salesianer, ehemalige Abteikirche, Pfarrkirche St. Benedikt, Vorraum der Anastasia-Kapelle. **Führungen** Mitte April bis Ende Juni Mi 14.30 Uhr, Sa, So 11 und 14.30 Uhr; Juli–Oktober tägl. 14.30 Uhr, Sa/So auch 11 Uhr; Oktober/November Di, Do, Sa, So 14.30 Uhr, Rest des Jahres nur Sa/So 14.30 Uhr. www.kloster-benediktbeuern.de.

Klosterkonzerte: Von Mai bis September sind die Basilika und der Barocksaal von Benediktbeuern Schauplatz berühmter Konzerte, andere Schauplätze sind das angeschlossene Zentrum für Umwelt und Kultur sowie für Open-Air-Aufführungen der Maier- und der Klosterhof.

Kartenvorbestellungen für die an wechselnden Wochenendterminen vom Volksbildungsverband e.V. München veranstalteten Konzerte unter ✆ 089/9973896, 📠 99738973.

Den kompletten Veranstaltungskalender gibt es bei der Gästeinformation der Gemeinde

Benediktbeuern, Prälatenstr. 3, ☏ 08857/248, 📠 9470, vamt@benediktbeuern.de.

• Übernachten **Don Bosco Jugendherberge**, im Kloster. Die Zimmer sind meist durch komplette Schulklassen belegt, doch wenn Betten frei sind, wird niemand abgewiesen. Zimmer mit 6–8 Betten, 2 Speiseräume, zahlreiche Sportanlagen, Disco, Musikinstrumente, Internet-Café. Hilfreich ist eine frühzeitige Anmeldung unter ☏ 08857/88350, www.juhebb.de.

Gästehaus des Klosters, einfache aber geräumige DZ/Dusche/F für 55 €, mit Etagendusche 46 €. ☏ 08857/88195.

• Essen und Trinken **Klosterbräustüberl**, ein Tipp im ehemaligen Wirtshof. Fast allein schon ein Grund für den Klosterbesuch: sehr reizvolles Ambiente, sowohl im lauschigen Biergarten vor alten Mauern als auch im maßvoll renovierten Inneren, dem sein ehrwürdiges Alter anzumerken ist. Darüber, dass der Name etwas in die Irre führt (Bier wird in Benediktbeuern schon seit 1925 nicht mehr gebraut), kann man da gerne hinwegsehen, zumal die Gerichte original altbayerisch und die Preise günstig sind: Vieles kostet nur 6–8 € (Schweinsbraten 7,30 €), die Maß Spaten Hell oder Löwenbräu Dunkel 4,90 €. Im Juli/August gibt es So vormittags Frühschoppen mit Musik. Kein Ruhetag. ☏ 08857/9407, www.klosterwirt.de.

Die Kesselbergstraße – Handelsweg und Rennstrecke: Ein wichtiger Verkehrsweg war die steile Straße, die in zahlreichen Kurven den Kochelsee mit dem Walchensee verbindet, wohl bereits in der Bronzezeit, damals freilich noch als schmaler Saumpfad. 1492, also vor über 500 Jahren und zeitgleich mit der Entdeckung Amerikas, ließ Herzog Albrecht IV. die *Via regia ad Tirolienses et Italos* („Königliche Straße nach Tirol und Italien") ausbauen; wichtigster Grund war die wenige Jahre zuvor (1487) erfolgte Verlegung des Marktes der Venezianer von Bozen nach Mittenwald. Die Kesselbergstraße fungierte nun als Direktverbindung von München zu dem aufstrebenden Handelszentrum Mittenwald, von dem aus man über den Brenner weiter nach Italien reisen konnte. Genau diesen Weg nahm auch Goethe, als er auf seiner „Italienischen Reise" am 7. September 1786 per Postkutsche die 858 Meter hoch gelegene Passhöhe des Kesselbergs überquerte. Für den Gütertransport hatte die Kesselbergstraße zu Goethes Zeit allerdings kaum noch Bedeutung. Dies lag am Niedergang Venedigs, aber auch an der Sperrung der Straße für Ferntransporte durch Kurfürst Max Emanuel 1722, der stattdessen die Route über Aibling favorisierte. In der Folge ging der Verkehr stark zurück; Mitte des 19. Jh. kam zeitweilig sogar der Postverkehr völlig zum Erliegen.

Neuer Bedarf entstand Ende des 19. Jh., unter anderem durch den Ausbau der Bahnlinie bis Kochel. Die alte Trasse mit ihrer extrem starken Steigung von bis zu 25 % genügte den Anforderungen der neuen Zeit jedoch nicht mehr. 1893/97 wurde deshalb die heutige Streckenführung angelegt, die mit 5,8 Kilometern mehr als doppelt so lang und weit kurvenreicher ist als ihre Vorgängerin. Eben diese Kurven und Kehren ließen die neue Kesselbergstraße ab 1905 zu einer berühmten Rennstrecke für Motorräder und Rennwagen werden; den Höhepunkt seines Ruhms erreichte das Kesselbergrennen in den Jahren 1928–1934, als der legendäre „Bergkönig" Hans Stuck die Konkurrenz fast nach Belieben beherrschte. 1935 endete die Geschichte der Kesselbergrennen.

Die alte Kesselbergstraße, großteils westlich der neuen Trasse verlaufend, blieb übrigens als Fußweg erhalten – hier lässt es sich wirklich auf uralten Spuren wandeln.

Achtung Motorradfahrer: Wegen zahlreicher schwerer Unfälle auf der Kesselbergstraße ist diese seit vielen Jahren **an Samstagen, Sonn- und Feiertagen für Motorräder gesperrt**. Das (nicht unumstrittene) Verbot gilt nur für die Bergauffahrt; in der Gegenrichtung darf die Kesselbergstraße auch an Wochenenden ohne Einschränkungen befahren werden. Eine mögliche Ausweichstrecke zum Walchensee an Wochenenden und Feiertagen verläuft über Garmisch-Partenkirchen, Krün und Wallgau.

Walchensee

Es muss nicht immer der Lago di Garda sein: Auch am Walchensee finden Surfer den richtigen Wind. Zwar weht es hier meistens erst ab der Mittagszeit – dann aber oft kräftig.

Windsurfer zählen deshalb zum Stammpublikum des größten bayerischen Gebirgssees, finden am Westufer auch alle nötigen Einrichtungen. Besonders stark ist das Surferaufkommen natürlich an Samstagen und Sonntagen. Spötter behaupten deshalb gerne, an Wochenenden könne man den Walchensee trockenen Fußes überqueren – „einfach von Brett zu Brett springen ..." Vor Kollisionen mit Motorbooten sind Surfer jedoch auch bei hohem Andrang gefeit: Motorisierter Wassersport ist auf dem Walchensee verboten.

Man muss jedoch nicht unbedingt ein Windsurfer sein, um am Walchensee Spaß zu haben. Seine Ufer sind kaum besiedelt, von Wald und Bergen umgeben und fast überall frei zugänglich. Und obwohl der Walchensee rund 200 Meter höher liegt als der Kochelsee, überschreiten die Temperaturen seines kristallklaren Wassers (Trinkwasserqualität!) in den Uferzonen durchaus schon mal die Zwanzig-Grad-Marke. Zwar gibt es keine Strandbäder und der Wasserspiegel kann, bedingt durch den Abfluss zum Walchenseekraftwerk, um bis zu zwei Meter schwanken, doch findet sich trotzdem eine Reihe von Plätzchen für den Sprung ins mal türkisblaue, mal smaragdgrün schimmernde Nass. Am schönsten liegen die Badeplätze entlang der Straße am Südufer.

Wanderer und Radfahrer finden rund um den komplett als Landschaftsschutzgebiet ausgewiesenen See ein hervorragendes Revier für Streifzüge. Einzig am Westufer gibt es mit der B 11 eine stark befahrene Straße. Im Süden verläuft nur eine schmale Mautstraße (mit meist offener Schranke) praktisch ohne Durchgangsverkehr, und das einsame Ostufer ist nur durch einen Fußweg erschlossen. Die den Walchensee umgebende Bergwelt ermöglicht zudem eine Fülle anspruchsvollerer Touren. Beliebtestes Ziel ist der 1731 Meter hohe Herzogstand, der auch durch eine Kabinenbahn erschlossen ist: Von seinem Gipfel aus liegen dem Beobachter Kochelsee und Walchensee wie auf einem Luftbild zu Füßen.

- *Topographische Angaben* Fläche 16,1 Quadratkilometer (viergrößter See Oberbayerns), Länge knapp 7 Kilometer, Breite bis zu 5 Kilometer, Tiefe fast 200 Meter (der tiefste See Oberbayerns!), Uferlänge 27 Kilometer.
- *Wasserqualität* Sehr gut.
- *Wassertemperatur* Sommer 19 Grad, Maximalwert 22 Grad.
- *Verbindungen* **Bus**: Der Regionalverkehr Oberbayern (RVO) fährt 9-mal tägl. ab Kochel hinauf zum Walchensee und weiter nach Garmisch-Partenkirchen.

Auto: Anfahrt wie zum Kochelsee (s. dort), dann über die Kesselbergstraße. Parkplätze sind sehr rar und in Walchensee-Ort meist gebührenpflichtig!

Rund um den See

Insgesamt 27 Kilometer legen Wanderer bei einer Umrundung des Walchensees zurück, Radfahrer etwa einen Kilometer mehr. Unterwegs hat man zumindest als Fußgänger praktisch überall Uferkontakt – da lässt es sich vielleicht verschmerzen, dass es auf den knapp sechs Kilometern zwischen Urfeld und dem Ortsende von Walchensee keine Alternative zur vielbefahrenen B 11 gibt; Wanderer finden hier immerhin einen separaten Fußgängerweg neben der Straße. Genau ein solcher fehlt zwar auf der Mautstraße am Südufer, doch hält sich der Verkehr hier normalerweise in Grenzen.

- *Wegbeschreibung* Am Ortsende von Walchesee-Ort links halten, vorbei am Campingplatz und rund um die Halbinsel Zwergern, hinter Einsiedl dann auf der Mautstraße bis Niedernach. Fußgänger folgen hier bei der Gaststätte „Waldschänke" dem uferwärts abzweigenden Weg nach Sachenbach. Dieser Weg ist im Wald vor Sachenbach auf etwa 1,5 km Länge für Radfahrer gesperrt; gesetzestreue Radler folgen deshalb ab Niedernach noch knapp 2 km weit der Mautstraße, bis rechterhand „ihr" Weg nach Sachenbach abzweigt. Von dort geht es am Ufer entlang bis Urfeld und auf bzw. neben der B 11 zurück nach Walchensee.

Urfeld

Nach der Passhöhe auf 858 Metern führt die vom Kochelsee kommende Kesselbergstraße in wenigen Kehren steil hinab in den winzigen Weiler. Urfeld besteht nur aus ein paar Häusern und Hotels, einem Bootsverleih und Surferzentrum.

- *Übernachten/Essen und Trinken (s. Karte S. 123)* **Gaststätte Post (1)**, mit einer recht hübschen Seeblick-Terrasse, die darüber hinwegtröstet, dass die Speisekarte auch schon mal „Fischstäbchen" verzeichnet. Sonst gibt es bayerische und internationale Gerichte für etwa 7–12 €, Brotzeiten und auch Kuchen. Nebenan liegt ein großes Aparthotel, in dem von verschiedenen privaten Eigentümern Ferienwohnungen vermietet werden: 1-Zi.-App. 30–55 €, 2-Zi.-App. 60–75 €. ✆ 08851/249, ℻ 5067.

Jugendherberge Urfeld (2), beim südlichen Ortsausgang. RVO-Bus von Kochel Bahnhof mit Haltestelle an der Jugendherberge. 97 Betten in 17 Zimmern: eine Übernachtung mit Frühstück kostet, je nach Saison und Anzahl der Übernachtungen, ab 14,90 €, Vollpension ab 22 €. Mittenwalder Str. 17, ✆ 08851/230, ℻ 1022, jhwalchensee@djh-bayern.de.

Am Ostufer des Walchensees – gegenüber der gleichnamige Ort

• *Freizeit/Sport* **Bootsverleih (B)**: Ruder-, Tret- und Segelboote neben der Surfschule. (vermietet auch Ferienwohnungen 20 m vom See entfernt). Asenstorfer, Kesselbergstr. 27–28, ✆ 08851/363.

Fahrradverleih: Im Surfcenter (S), auch Mountainbikes. Oder bei Asenstorfer, s. Bootsverleih.

Windsurfen (S): Windsurfingcenter Walchensee, Vermietung von Boards und Zubehör, Anfänger-, Fortgeschrittenen- und Kinderkurse. Seestr. 10, Urfeld, ✆ 08858/261.

Von Urfeld nach Walchensee (Ort): Fünf Kilometer ist das „Hauptdorf" des Walchensees von Urfeld entfernt. Die Bundesstraße verläuft hier immer am See entlang, doch gibt es eigentlich keinen Grund anzuhalten. Künftig soll der Zugang zu der ökologisch sensiblen Uferzone in diesem Bereich ohnehin komplett gesperrt werden.

Von Urfeld ans Ostufer: Hier entlang führt keine Straße, sondern nur ein schmaler Weg, der auf einem Teilstück zwischen den Weilern **Sachenbach** und **Niedernach** sogar für Radfahrer gesperrt wurde – die Umleitung ist ab Sachenbach beschildert. Hier ist sicher der ruhigste Abschnitt des Sees; die wenigen Badeplätze sind von bescheidener Größe, aber dafür selten überlaufen. Einkehrmöglichkeiten fehlen völlig, erst in Niedernach (s. u.) findet sich wieder eine kleine Wirtschaft. Das dem Ostufer vorgelagerte Inselchen Sessau ist Naturschutzgebiet und darf nicht betreten werden.

Walchensee (Ort)

Walchensee ist eigentlich auch nur ein bescheidenes, großteils aus Fremdenverkehrsbetrieben bestehendes Dörfchen, dennoch aber die größte Siedlung am See und gleichzeitig der Ausgangspunkt für die Fahrt zur Bergstation unterhalb des 1731 Meter hohen Aussichtsgipfels Herzogstand (s. u.). Der Name „Walchen" übrigens stammt von der keltisch-römischen Mischbevölkerung der vorbajuwarischen Zeit, den „Welschen".

• *Information* **Verkehrsamt Walchensee**, ab der Hauptstraße am See beschildert. Hauptsaison (etwa Mitte Mai bis Mitte September) Mo–Fr 9–12 und 13–17 Uhr, Sa 9–12 Uhr, sonst Mo–Fr 9–12 und 14–16 Uhr, im Winter Fr nur vormittags. Ringstr. 1, 82432 Walchensee, ✆ 08858/411, 📠 275, www.walchensee.de.

• *Übernachten/Essen und Trinken (s. Karte S. 123)* **Gasthof Café Edeltraut (5)**, ein Stück weiter südlich, etwas von der Straße zurückversetzt. Preiswerte DZ/Bad/F für 53 €. Terrasse mit Seeblick, im Angebot Hauptgerichte um 7–11 €, außerdem mehrere Tagesmenüs sowie hausgemachte Kuchen und Torten. Eigener Boots- und Fahrradverleih. Mi Ruhetag. Seestr. 90, ✆ 08858/262, 📠 753.

Walaho (7), drei Luxus-Appartements in einem renovierten Bauernhaus aus dem 19. Jh.: Holzböden, Porzellanwaschbecken, Ledersessel; die Räume sind 20, 80 und 160 m² groß. Schöner Garten. Preise: 40/90/145 €. Seestr. 92, ✆ 08858/929029 oder 0170/1450884, 📠 08858/929029, www.walaho.com.

Strandcafé Bucherer (4), im nördlichen Ortsbereich, direkt an die Surferzone anschließend. Terrasse, Garten und auch die Wirtsräume in sehr schöner Aussichtslage direkt am Ufer, eine Seltenheit am Walchensee; zu essen gibt es nur kleine Gerichte, vor allem aber Kuchen und Torten aus eigener Herstellung. Seestr. 1, ✆ 08858/247.

Campingplatz Walchensee, dem Ort gegenüberliegend auf der Halbinsel von Zwergern, Zufahrt von der Hauptstraße südlich des Dorfes. Am Ufer gelegen, etwas Schatten durch Bäume, Untergrund überwiegend aus Kies; für sehr kleine Zelte auch ein sehr unebener Abschnitt im vollen Baumschatten. Einkaufsmöglichkeit. Geöffnet ist Mai bis September, Preise Person 5,70 €, Zelt 3 €, Pkw 3 €. Keine Reservierung für Zelte. ✆ 08858/403 oder 929168, www.camping-walchensee.de.

• *Baden* Der Platz im nördlichen Ortsbereich neben der Surferzone ist wegen möglicher Kollisionen nicht zu empfehlen; ruhiger badet man im südlichen Ortsbereich beim Gasthof Edeltraut – die dortige Bucht ist für Surfer gesperrt.

• *Freizeit/Sport* **Bootsverleih (B)**: Bei den Hotels Schwaigerhof und Edeltraut.

Windsurfen (S): Im nördlichen Ortsbereich, nahe der Zufahrt zur Herzogstandbahn, liegt der größte und beliebteste Surfertreff am See. Das Wiesengelände am Ufer kann von Pkws (Höhensperre für Wohnmobile etc.) direkt angefahren werden, ist zur Saison aber oft belegt. Direkt dahinter das Windsurfcenter Walchensee: Leihboards pro Tag oder stundenweise, Leihausrüstung, Surfkurse für Anfänger und Fortgeschrittene. Seestr. 10, Urfeld, ✆ 08858/261.

Fahrradverleih: Tourenräder und hochwertige Mountainbikes verleiht das Windsurfcenter (S), Mountainbikes auch der Gasthof Edeltraut.

Vom Walchensee auf den Herzogstand

Fürwahr ein königlicher Berg: Bereits Maximilian II. hatte sich 1860 hier oben eine Jagdhütte aufstellen lassen. Später war es Ludwig II., der ganze Nächte auf der Aussichtsplattform des nun schon größeren Hauses verbracht haben soll. Das Gebäude brannte 1990 ab, wurde aber 1992 wieder aufgebaut; in der Nähe erinnert eine Büste an den „Märchenkönig".

Das Interesse der hohen Herrschaften am Herzogstand verwundert nicht, hat man erst einmal selbst die Aussicht vom Pavillon auf dem 1731 Meter hohen Gipfel genossen: Gen Norden bietet sich ein weiter Blick über den Kochelsee und bei entsprechendem Wetter sogar bis zum Starnberger See, Ammersee und nach München. Im Osten ragen die Benediktenwand, die Tegernseer Berge und der Wilde Kaiser auf; im Süden die Tauern mit Großglockner und Venediger, das Karwendel und die Stubaier Gletscher. Südwestlich sieht man das Wettersteingebirge mit der Zugspitze und im Westen die Ammergauer und Allgäuer Berge – ein fulminantes Panorama.

Doch vor dem Ausblick will der Gipfel erst einmal erklommen sein. Die Sportlicheren tun dies zu Fuß, zum Beispiel auf dem **Wanderweg**, der bei der Passhöhe der Kesselbergstraße beginnt und etwa zwei Stunden in Anspruch nimmt. Die meisten

Kein Ort, sondern ein touristisches Servicecenter: Walchensee

Besucher allerdings ziehen die Bequemlichkeit der Kabinenbahn vor, die für die gut 800 Höhenmeter von Walchensee bis zur Bergstation nur etwa vier Minuten benötigt. Schließlich ist ja auch oben noch ein kalorienzehrender Fußmarsch zurückzulegen – immerhin wollen bis zum Gipfelpavillon weitere rund 100 Meter Höhenunterschied überbrückt werden. Etwa zehn Fußminuten auf fast ebenem Weg sind es zunächst zum Berggasthof Herzogstand. Von dort führt ein breiter, aber recht steiler Serpentinenweg hinauf zum Gipfel; 45 Minuten veranschlagt ein Schild vorsichtig für den Aufstieg, mit etwas Kondition ist man aber deutlich früher droben.

• *Herzogstandbahn* Betrieb tägl. 9–17.45 Uhr (in der dunklen Jahreszeit bis max. 16.15 Uhr); Auffahrten in der Regel jede halbe Stunde. Fahrpreise Erwachsene Berg- und Talfahrt 12,50 €, Kinder 6–15 J. 6,75 €, Berg- oder Talfahrt 7,50 € bzw. 4,25 €. Auskunft bei der Herzogstandbahn GmbH, ✆ 08858/236, www.herzogstandbahn.de.

• *Essen und Trinken/Übernachten (s. Karte S. 123)* **Berggasthaus Herzogstand (3)**, auf 1575 Meter Höhe, mit Sonnenterrasse. Gutbürgerliche Küche und Brotzeiten; auch Übernachtungsmöglichkeit: DZ/F 56 €, Matratzenlager mit F Person 18 €. Mitte November bis Weihnachten geschlossen. ✆ 08851/234.

Heimgartenhütte, nahe des Heimgartengipfels; bewirtschaftet von Pfingsten bis Mitte Oktober, keine Übernachtungsmöglichkeit.

Gratweg zum Heimgarten: Wer vom Herzogstandgipfel aus noch weiterwandern möchte, kann in etwa einer bis eineinhalb Stunden den 1790 Meter hohen Gipfel des Heimgarten erreichen; die dortige Hütte (s. o.) ist allerdings nur im Sommer und Frühherbst bewirtschaftet. Der mit „H 1“ beschilderte, teilweise durch Drahtseile gesicherte Weg wird zu den „100 schönsten Gratwanderungen der Alpen“ gerechnet. Schwindelfreiheit und Trittsicherheit sind allerdings absolute Bedingung, entsprechende Ausrüstung (feste Bergschuhe) und gute Wetterverhältnisse ohnehin. Vom Heimgarten aus führt ein mit „H 5“ beschilderter Weg in etwa zweieinhalb Stunden wieder hinunter zum Parkplatz der Herzogstandbahn.

Einsiedl und das Südufer des Walchensees

Den kleinen Weiler Einsiedl erreicht die B 11 von Walchensee-Ort über einen Höhenrücken, den sie in mehreren Serpentinen überquert. Radfahrer und Fußgänger, die Verkehr und Steigungen meiden wollen, sind gut beraten, den auch landschaftlich reizvollen, ebenen Umweg über die Halbinsel bei Zwergern zu machen, vorbei an der kleinen St.-Anna-Kapelle. Einsiedl selbst, an einer tief eingeschnittenen Bucht gelegen, ist keine Ortschaft im eigentlichen Sinn, sondern besteht nur aus dem großen Gasthof gleichen Namens, einer Surfschule, einem Bootsverleih und zwei beliebten Badeplätzen.

• *Essen und Trinken/Übernachten (s. Karte S. 123)* **Seehotel Gasthof Einsiedl (8)**, vielbesuchte, ufernahe Einkehr mit sehr schönem, schattigem Biergarten, Seeblick auch von den beiden Gaststuben. Umfangreiche Tageskarte mit Hauptgerichten überwiegend um 6–10 €, Pfannen- und Grillgerichte 10–14 €; auch kleine und vegetarische Speisen und Brotzeiten. Gute Weinauswahl. Di Ruhetag. Boots- und Fahrradverleih. Neben komfortablen DZ/Bad/F gibt es auch Ferienwohnungen, Preise zwischen 42 und 64 €. Einsiedl 1, ✆ 08858/9010, 📠 90124.

• *Baden/Freizeit/Sport* **Badeplätze** direkt beim Gasthof und auf der Halbinsel beim Bootsverleih.

Windsurfen/Fahrradverleih (S): Windsurfschule Walchensee, neben dem Gasthof; Leihboards und Anfängerkurse; auch Verleih von guten Mountainbikes, Tourenrädern und Kinder-Mountainbikes. ✆ 08858/745. Fahrräder verleiht auch Reinhard Post, Einsiedl 1, ✆ 08858/745.

Bootsverleih (B): Unweit nördlich der Surfschule, die selbst Segelboote vermietet.

Tauchbasis: Tom Oeftering, ✆ 08858/381.

Entlang des Südufers verläuft eine Mautstraße (Pkw/Motorräder 2,50 €, Fahrräder gratis, oft ist die Schranke aber auch offen und unbesetzt) zum winzigen, in der Südostecke des Sees gelegenen Weiler Niedernach, dann weiter über Jachenau nach Lenggries. An der stets seenahen Straße sind eine ganze Reihe von Parkplätzen eingerichtet, in deren Umgebung sich fast immer eine Bademöglichkeit findet; die Uferzonen sind meist kiesig mit anschließendem Wiesengelände, der Grund fällt zunächst langsam, dann oft recht rasch ab.

• *Essen und Trinken (s. Karte S. 123)* **Gasthof Waldschänke (6)** in Niedernach, das fast nur aus eben dieser Wirtschaft besteht, der einzigen im Umkreis. Ruhige Atmosphäre, Terrasse zur wenig befahrenen Straße, einfache Gerichte um 5–8 €. Mai–November 8–18 Uhr, Do und Fr Ruhetag. ✆ 08043/397.

Sylvensteinsee

Am äußersten Rand des Tölzer Landes liegt der Sylvensteinsee. Man sieht es ihm kaum an, so gut passt das langgezogene, an einen Fjord erinnernde Gewässer in die Landschaft: Der Sylvensteinsee ist kein natürlicher See, sondern ein Stausee.

Natürlich wird auch hier die Wasserkraft zur Elektrizitätsgewinnung genutzt, doch der eigentliche Zweck des 1959 angelegten Sylvensteinsees ist die Regulierung der Isar, vor allem der Schutz vor Überschwemmungen. Seine Ausdehnung kann deshalb erheblich schwanken; bei extremem Niedrigwasser misst der Sylvensteinsee gerade einen, bei sehr hohem Wasserstand bis zu sechs Quadratkilometer. Der Mittelwert liegt bei knapp vier Quadratkilometern, die Uferlänge beträgt dann rund 25 Kilometer, die Tiefe bis zu 50 Metern. Das klare, saubere Wasser erreicht

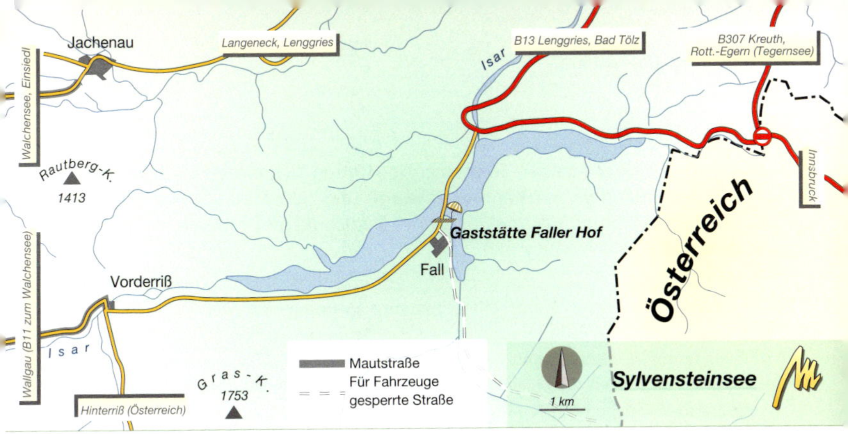

in warmen Sommern an die 20 Grad, meist bleibt die Temperatur jedoch darunter – ein eher kühles Gewässer also.

Landschaftlich eine Pracht, sind die völlig unverbauten Ufer des Sylvensteinsees zum Baden nur bedingt geeignet. Sie sind zwar überall frei zugänglich, fallen aber teilweise sehr steil ab. Am besten sind die Bedingungen noch beim neuen Ort **Fall**, der Nachfolgesiedlung des gleichnamigen alten Dörfchens, das durch Ganghofers Erzählung „Der Jäger von Fall" berühmt wurde, heute aber in den Fluten des Sees untergegangen ist. Das kleine Dörfchen, am Südufer nahe der 400 Meter langen Brücke gelegen, auf der die Deutsche Alpenstraße B 307 eine Engstelle des Sees überquert, ist auch schon die einzige Siedlung in der Nähe des Sylvensteinsees. Im Ort gibt es nur eine Wirtschaft; eine Auswahl an Gaststätten und Übernachtungsmöglichkeiten bietet sich erst im 15 Kilometer entfernten Städtchen Lenggries. Zur Jahrtausendwende wurde der Damm um drei auf 44 Meter über der Talsohle erhöht und ein zweites Kraftwerk gebaut. Wie wichtig dieses Bollwerk wider die Urgewalten der Natur ist, zeigte sich beim Pfingsthochwasser 1999 – der Sylvensteinspeicher verhinderte eine mögliche Jahrhundertflut von Lenggries bis München.

• *Information* **Verkehrsamt Lenggries**, Mo–Fr 8–18 Uhr, Sa, So 10–12 Uhr, in der Nebensaison wochentags zwischen 12 und 14 Uhr geschlossen. Rathausplatz 1, 83661 Lenggries, ✆ 08042/50816 oder 50812, 📠 50810, www.lenggries.de.

• *Anfahrt* Von **München** auf der Salzburger Autobahn A 8 bis zur Ausfahrt Holzkirchen, weiter auf der B 13 über Bad Tölz und Lenggries.

Vom **Walchensee** nach *Wallgau*, dort über die schmale, landschaftlich ungemein beeindruckende Mautstraße durchs Isarhochtal nach Vorderriss und weiter auf der B 307. Alternativ von *Einsiedl* am Südufer des Walchensees über die Mautstraße nach Jachenau und weiter Richtung Lenggries, am anderen Ufer der Isar dann auf der B 13 südwärts zum Sylvensteinsee.

• *Essen und Trinken/Einkaufen* **Faller Hof**, im Ort Fall hinter der Kirche, moderner Bau mit vorgelagertem Wirtsgarten. Die einzige Gaststätte weit und breit, zudem preisgünstig: viele Hauptgerichte für 5–10 €. Angeschlossen ist ein Kiosk, in dem man sich mit Getränken, Süßwaren etc. versorgen kann. Fr Ruhetag.

• *Baden* Am besten im Umfeld der Brücke auf der Ortsseite von Fall. Parkplätze finden sich entweder direkt an der Straße (bei der Brücke führt ein Treppenweg hinab ans Ufer) oder auf dem Großparkplatz ein paar hundert Meter weiter westlich.

Kirchsee

Auch ganz im Norden des Tölzer Landes finden sich einige kleinere attraktive Seen. Nur etwa 1,4 Kilometer Länge und 500 Meter Breite misst der Kirchsee, ein kleines Moorgewässer bei Sachsenkam. Dennoch ist er ein beliebtes Bade- und Ausflugsziel.

Dabei ist dieses Überbleibsel der ersten nacheiszeitlichen Abflussrinne der Ur-Isar bereits seit 1940 unter Naturschutz gestellt, zusammen mit den sich südlich anschließenden Mooren. Das Betreten fast des gesamten Südufers ist deshalb verboten; Bademöglichkeit besteht dort nur an einer einzigen Stelle, die nur nach einem längeren Fußmarsch erreichbar ist. Besser sieht es in den besonders gekennzeichneten Badebereichen am Nordufer aus, wo es auch einen großen, gebührenpflichtigen Parkplatz gibt. Das vom Moor rostbraun gefärbte Wasser ist absolut sauber und wird im Sommer recht warm, die Liegeflächen jedoch bleiben nach Regenfällen lange feucht. Abseits dieser freigegebenen Badestellen ist der Sprung ins Wasser nicht gestattet. Auf dem ganzen See verboten ist das Befahren mit Motorbooten, in der Zeit vom 15.5.–15.9. auch das Surfen und Segeln.

Doch kommen längst nicht alle Besucher nur der nassen Freuden wegen an den Kirchsee. Die hügelige, waldreiche Landschaft nördlich des Sees, der bis auf einige ältere Ferienhäuschen völlig unverbaut geblieben ist, bietet sich für kleinere und größere Wanderungen an, zum Beispiel zum fünf Kilometer entfernten **Dietramszell** mit seiner von Johann Baptist Zimmermann und Franz Xaver Schmädl wunderschön ausgestatteten **Klosterkirche Mariä Himmelfahrt** (1729–1741 erbaut); eine Wandertafel am Nordufer gibt Auskunft über die einzelnen Wege. Auch Radfahrer finden im Gebiet um den Kirchsee prächtige Möglichkeiten; sehr reizvoll ist die kleine Rundtour vom Nordufer über Abrain, Feichten und Sachsenkam zurück zum See.

Abendstimmung am Kirchsee beim Kloster Reutberg

Das **Kloster Reutberg** ist ein besonders guter Grund für einen Besuch am Kirchsee, der seinen Namen eben diesem Kloster verdankt. Hauptanziehungspunkt ist das dortige Bräustüberl, das mit guter Küche und hervorragenden, gleich nebenan gebrauten Bieren glänzt. In dem 1618 gegründeten Kloster selbst leben Franziskanerinnen in strenger Klausur. Zugänglich ist deshalb nur die in üppigem Rokoko gehaltene *Klosterkirche,* die der Kapelle Santa Casa im italienischen Wallfahrtsort Loretto nachempfunden wurde. Gegenüber des Eingangs fällt der Blick auf das reich geschmückte Grab der 1923 gestorbenen Schwester Fidelis Weiß, deren Seligsprechungsprozess 1936 begann. Wie das ausliegende Gästebuch dokumentiert, ist die Grabstätte der frommen Frau Ziel zahlreicher Pilger. Der Name des Klosters leitet sich von den Rodungen während dessen Errichtung ab.

• *Anfahrt* Von München über die Salzburger Autobahn A 8 bis zur Ausfahrt Holzkirchen, ab Holzkirchen dann über die B 13 bis Sachsenkam und von dort zum See; insgesamt ca. 40 km.

• *Essen und Trinken* **Bräustüberl Kloster Reutberg (1)**, in schöner Lage mit reizvollem Alpenblick und einem schattigen Biergarten, wie er sein soll. Bekannt gute bayerische Küche, Hauptgerichte 8–12 € (Schweinsbraten 8,80 €); es gibt natürlich auch Brotzeiten und, weniger selbstverständlich, vegetarische Speisen. Der Weg hierher würde sich schon allein der Biere wegen lohnen, die die 1924 gegründete Brauereigenossenschaft Reutberg (Direktverkauf!) gleich nebenan braut: Export Hell, Export Dunkel, Klosterweißbier und vor allem der berühmte, süffige Reutberger Bock. Die Maß kostet 4,80 €. Kein Ruhetag. Reutberg 2, ✆ 08021/8686, www.klosterbrauerei-reutberg.de.

Auberge Moar Alm (2), auf einem Aussichtshügel östlich von Sachsenkam, beschilderte Zufahrt direkt von der B 13 etwa 100 m vor der Abzweigung nach Sachsenkam. Ein interessanter Kontrast zum bayerisch-bodenständigen Bräustüberl: Hier in der Moar-Alm wird nämlich die französische Küche zelebriert. Für Hauptgerichte sollte man ab 20 € rechnen (Fischsuppe 10 €), es gibt auch Menüs. Sonnenterrasse, wechselnde Bilderausstellungen in den

Gasträumen, im Sommer künstlerische Metallbearbeitung auf der Terrasse. Tägl. außer Di, Mo ab 18 Uhr, sonst ab 12 Uhr. Reservierung ratsam. ✆ 08021/5520, www.auberge-moar-alm.de.

• *Baden* Die besseren und leichter erreichbaren Badeplätze finden sich am Nordufer, doch sind auch hier die Liegeflächen zwischen Birken und Nadelbäumen oft feucht. Der Uferrand ist teilweise mit Holzbohlen gefasst, mehrere Stege führen ins recht schnell abfallende Wasser; beim Parkplatz bietet ein Kiosk auch kleine Speisen an. Parken ist gebührenpflichtig (bis 17 Uhr 3 €, danach 2,50 €), der Zugang zum See ist frei. Toiletten und eine Wasserwachtstation liegen etwas westlich.

Hackensee

Der kleine Moorsee bei Kleinhartpennig in der Nähe von Holzkirchen entwickelt sich vom Geheimtipp zum Ausflugsziel. Versteckt in einer tiefen Waldlichtung gelegen, ist er ein Refugium bedrohter Tier- und Pflanzenarten und daher als Landschaftsschutzgebiet ausgewiesen. Der See ist sehr fischreich, auch große Arten wie Waller und Karpfen kommen hier vor. Ein Parkplatz etwa 300 Meter oberhalb des Sees hält die Autos fern, unten am Ufer führt rechts ein schmaler Pfad zu kleinen Badestegen und weiter zu einem über dem See hängenden Schwungseil, links geht es durch den Wald zu einer Badewiese mit Seezugang. Mehr Infrastruktur gibt es an dem naturbelassenen See, der auch bei Anglern sehr beliebt ist, nicht.

• *Übernachten/Essen und Trinken* **Schreinerwirt**, in Kleinhartpennig (vom See kommend links die Hauptstraße entlang). Bayerisches Traditionswirtshaus mit Biergarten. Geräumig, einladend und günstig: Krautwickerl mit Specksoße 5,70 €, Fleischpflanzerl mit Wirsing und Salzkartoffeln 6,20 €. Mo und Di Ruhetag. ✆ 08024/1060.

Landgasthof Altwirt, im benachbarten Großhartpennig. Schöner, großer Neubau im Zentrum mit zwei Restaurants – eins mit bayerisch-deftigen Gerichten, das andere mit feinerer Küche. Die freundlich-hell eingerichteten und gut ausgestatteten Doppelzimmer kosten mit Frühstück ab 120 €, eine Suite 180 €. Ein traumhafter Wellness-Bereich gehört zum Haus. Tölzer Str. 135, Großhartpennig, ✆ 08024/303220, ℻ 3032219, www.hotel-altwirt.de.

Radwanderung: Zwei-Seen-Tour zwischen Schaftlach und Holzkirchen

Streckenlänge: 15 km. **Charakter**: einfach. **Start**: Schaftlach, BOB-Bahnhof (Züge stündlich ab München Hauptbahnhof, Abfahrtszeiten unter www.bayerische oberlandbahn.de). **Ziel**: Holzkirchen, S-Bahnhof. **Fahrräder**: Trekkingräder genügen. **Karte**: Kompass Nr. 180 (Starnberger See, Ammersee). **Einkehrmöglichkeiten**: Moar Alm, Bräustüberl Kloster Reutberg, Schreinerwirt.

Die einfache Radtour führt durch ebenes Gelände entlang von Wiesen und durch traumverlorene Kleinstsiedlungen zu zwei der schönsten Moorseen Oberbayerns: **Kirchsee** und **Hackensee**. Startpunkt ist der BOB-Bahnhof von *Schaftlach*. Das Dorf in nordwestlicher Richtung nach *Sachsenkam* durchqueren, eine schmale Nebenstraße führt zwischen Feldern und Wiesen zu einer T-Kreuzung, an der Sie nach rechts abzweigen und dann gleich wieder links. Auf einem Hügel liegt das französische Spezialitätenrestaurant *Moar Alm* mit einem schönen Aussichtsbiergarten (s. o.). Die nächste Einkehrmöglichkeit liegt nördlich von Sachsenkam: das Bräustüberl von *Kloster Reutberg* (s. o.). Der Weg dorthin ist im Ort ausgeschildert. Wenige hundert Meter weiter folgt der **Kirchsee**. Fahren Sie die Straße, von der aus Sie nach links zum Kirchsee abbiegen, weiter und Sie kommen – an Wiesen und kleinen Weilern vorbei – zur B 13, auf die Sie erst nach links einbiegen und nach wenigen Metern wieder links auf den Weg nach Ried einschwenken. Etwa 1 km weiter folgt *Kleinhartpennig*, an dessen erster Kreuzung es, einem Schild folgend, links zum **Hackensee** geht. Eine rasante Abfahrt später teilt sich der Weg um den See – rechts geht es auf unwegsamem Gelände (Fahrrad schieben) zu kleinen Badestegen am Waldrand, links, ebenfalls durch den Wald, zur Liegewiese. Wieder zurück in Kleinhartpennig, geht es an der vorherigen Kreuzung nach links zum *Schreinerwirt* (gute Verpflegungsstation, s. o.) und von dort weiter halb rechts abbiegend über eine kleine Nebenstraße nach *Holzkirchen*. Erst kurz vor dem Ort erreichen Sie die B 13, der sie nach links zur S-Bahnstation (ausgeschildert) folgen.

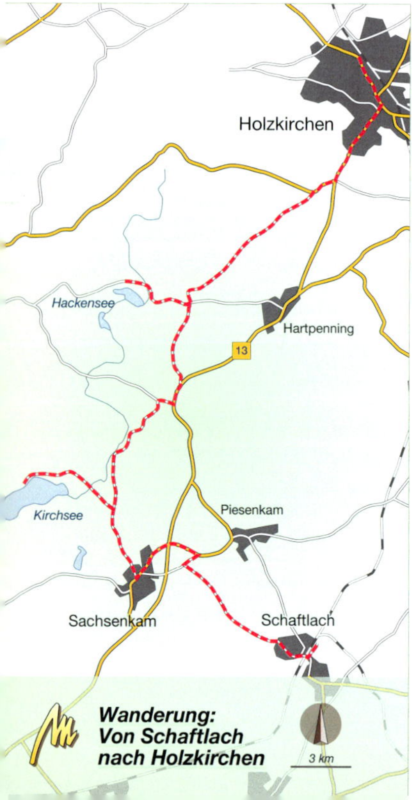

Der Grubsee liegt versteckt im Wald bei Krün

Karwendel/Zugspitze

Zwischen Walchensee und Mittenwald, vor der mächtigen Kulisse des Karwendelgebirges, gewinnen Wallgau und Krün als „grüne" Urlaubsorte an Profil. Westlich davon liegt der Touristenmagnet Garmisch-Partenkirchen und der spektakuläre, immer noch weitgehend unentdeckte Eibsee. Attraktiv sind auch die noch weniger bekannten kleinen Seen Grubsee, Barmsee und Badersee.

Grubsee und Barmsee

Ein Badeparadies wie aus längst vergangenen Tagen: Nobel gleitet man am Geländer ins Wasser, hinter sich die hölzernen Umkleidekabinen mit den romantischen Spiegeln an der Front; Sitzbänke, Hang-Wasserrutsche und Sprungturm verstärken den nostalgischen Eindruck. Dazu kommt ein traumhafter Blick auf die Karwendelkette ... Der **Grubsee** ist ein noch weitgehend unentdecktes Kleinod in dem sonnenverwöhnten Hochtal von Krün und Wallgau kurz vor Mittenwald. Zu erreichen ist er von Garmisch über die B 2 oder, falls Sie vorher die Region Kochel-/Walchensee besucht haben, auch von Norden her über die B 11. Die beiden Orte in der weitgespannten Ebene vor der Gebirgswand des Karwendel – mit zusammen 3.500 Einwohnern – haben sich zu kleinen Ferienzentren für Aktivurlauber (Wanderer, Mountainbiker, Nordic Walker, Langläufer) entwickelt, auch ein schöner Golfplatz zieht Publikum an. Logis findet man in fast jedem Haus, jährlich 600.000 Übernachtungen zeugen davon, dass das Angebot angenommen wird. Der Grubsee liegt im Wald vor dem Krüner Ortsteil Barmsee, ein stiller Pfad führt vom gleichnamigen Hotel dahin. Viel Platz hat man nicht zum Liegen, die Bäume reichen bis zum See hinab, nur nach Süden hin hat man freie Sicht auf die schneebedeckten Karwendelgipfel. Eine kleine, wenn auch abschüssige und zudem unebene Wiese gibt es dennoch – und vor allem romantische Wege durch den Wald.

Einer davon führt, unmittelbar am Badehäuschen vorbei, zum größeren **Barmsee** und dort um das auf einer Waldlichtung liegende Gewässer herum zurück zur Hauptstraße des gleichnamigen Ortsteils. Der Barmsee ist einen Kilometer lang und 500 Meer breit, Platz zum Baden gibt es an der nordwestlichen Ecke, etwa eine halbe Stunde Fußweg vom Hotel Barmsee.

• *Information* In **Krün**: Mo–Fr 8–17, Sa 9–12 Uhr. Schöttlkarspitzstr. 15, 82494 Krün, ✆ 08825/1094, ℻ 2244, www.kruen.de.

In **Wallgau**: Mo–Do 8.30–12 und 13.30–17.30 Uhr, Fr nur bis 17 Uhr, Sa 9–12 Uhr. Mittenwalder Str. 8, 82499 Wallgau, ✆ 08825/925050, ℻ 925066, www.wallgau.de.

• *Verbindungen* Mit der Regionalbahn nach **Klais** und von dort stündlich mit RVO-Bussen zum Barmsee/Grubsse und weiter nach Krün, Wallgau, Walchensee bis Kochel.

• *Übernachten/Essen und Trinken* *** **Ferienhotel Barmsee**, das altehrwürdige Haus in Krün hat gerade die 100-Jahr-Feier hinter sich. An der Straße nach hinten versetzt liegt es absolut ruhig am Waldesrand. Geräumige Zimmer mit großen Fenstern und Balkon, viele mit Blick auf das Karwendelgebirge. DZ/Bad/F, beste Lage, 90 €. Der Besitzer ist gleichzeitig Eigentümer des Grubsees, deshalb freier Eintritt zum dortigen Strandbad. Opulent-bayerische Küche im angeschlossenen Restaurant. Am Barmsee 9, ✆ 08825/2034, ℻ 879, www.barmsee.de.

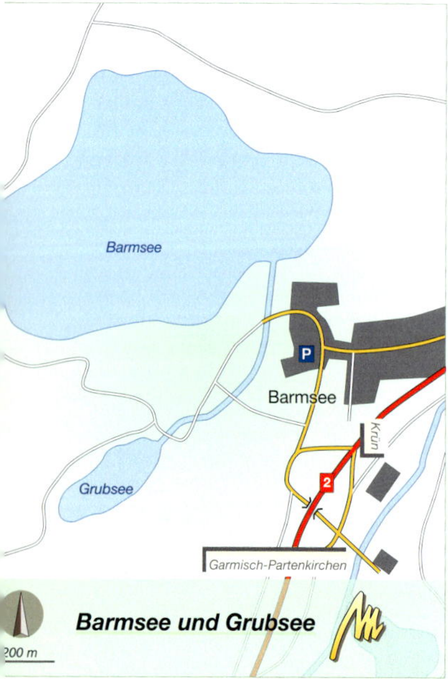

*** **Alpenhof**, freundliches Hotel mit individueller (alpenländischer) Zimmereinrichtung in Wallgau, DZ mit Halbpension ab 82 €, Appartement ab 40 € für 2 Personen. Gutbürgerlich-bayerisches Restaurant. Mittenwalder Str. 28, ✆ 08825/2090, ℻ 2017.

Camping Tennsee, in Krün, schräg visavis des Hotels Barmsee. Komplett ausgestatteter Campingplatz, sogar Frisierplätze und Trockenhauben gibt es, außerdem ein geräumiges Restaurant und gute Sanitäreinrichtungen. Preise: Person 7,50 €, Zelt 6 €. Am Tennsee 1, ✆ 08825/170, ℻ 17236, www.camping-tennsee.de.

• *Baden* **Badeanstalt Grubsee**, altes Naturschwimmbad mit Holzkabinen, romantisch im Wald versteckt. Vom Hotel Barmsee führt ein ausgeschilderter Pfad dahin. Eintritt Erwachsene 2,30 €, Kinder 1,50 €, Liege 1,50 €.

Freibadeflächen, schöne Liegwiese an der Nordwestecke des Barmsees. Ausgeschilderter Fußweg vom Hotel Barmsee (25–30 Min.).

• *Freizeit/Sport* **Bootsverleih**, in der Badeanstalt Grubsee: Ruderboot 4 €/Std., Tretboot 5 €/Std.

Geführte (Rad-)Wanderungen werden regelmäßig von den Touristeninformationen durchgeführt, dort gibt es auch Karten und Tourenpläne.

Golf-Club Karwendel, wunderschön gelegener Platz am Waldrand mit weitem Blick auf die Alpen. Risserstr. 14, Wallgau (Richtung Sylvensteinsee, Abzweigung von der Mautstraße kostenfrei), ✆ 08825/2183, ℻ 920651, www.golfclub-karwendel.de.

Eibsee und Badersee

Obwohl beide Seen viel kleiner sind als der Königssee, ist die Ähnlichkeit dennoch bestechend: Direkt unterhalb des steil aufragenden Zugspitzmassivs bieten die klaren Gebirgsseen optischen Hochgenuss und schöne Wanderbedingungen.

Der **Eibsee** liegt etwa drei Kilometer südlich von *Grainau* bei Garmisch-Partenkirchen. Schon der erste Eindruck ist gewinnend: Der höchste Punkt der Straße, die zum See führt, zeigt ihn als grün glitzerndes Gewässer, rundum von dichten Nadelwäldern und massigen Gebirgsriesen umgeben. Ein einziges Hotel liegt an den von einem breiten Wanderweg gesäumten Ufern, Jogger und Spaziergänger sind hier zu jeder Jahreszeit unterwegs. Die 7,2 Kilometer rund um den See sind in zwei Stunden leicht zurückgelegt. Auch an (kleineren) Badeplätzen mangelt es nicht –Temperaturen von selten über 20 Grad machen das Schwimmen im Eibsee zwar zur kleinen Mutprobe, doch seinem kristallklaren Wasser ist schwer zu widerstehen.

Spektakulär mutet die Entstehung des Gewässers an. Ein riesiger Bergsturz während der letzten Eiszeit, wohl etwa 15 Quadratkilometer groß, aus Toteismassen und Felsblöcken bestehend, schuf das Becken, in dem sich nach der Erderwärmung das geschmolzene Eis sammelte. Unter der Wasseroberfläche liegen heute Dutzende von Mulden und Kuppen, die tiefste 35 Meter unter dem Wasserspiegel, die höchste kaum drei Meter. Acht Inseln liegen in dem maximal drei Kilometer langen und einen Kilometer breiten See, der heute zu den klarsten Gewässern bundesweit zählt: Nachdem Abwässer seit den 70er Jahren ferngehalten werden – es drohte ein Verlust seines oligotrophen, also nährstoffunbelasteten Status – erreicht der Eibsee heute wieder eine Sichttiefe von zehn Metern. Vor hundert Jahren waren es sogar über 17 Meter.

Die erzielt sein kleiner Bruder, der **Badersee**, sogar bis heute. Am Ortsrand von Grainau liegt er, ganz dicht am Fels, von dem vor 4.000 Jahren ebenfalls riesige Stücke abbrachen und jene Grube bildeten, die der See heute ausfüllt. Man sieht überall bis auf den Grund des Badersees und hält ihn deshalb für seicht, doch an seiner tiefsten Stelle misst er 18 Meter. Riesige Karpfen und Forellen fühlen sich in dem Gebirgswasser „pudelwohl“. Die heftige Spiegelung an der Oberfläche hat zu einer populären Volkssage geführt. Ein Junge glaubte in dem See einen Goldschatz zu sehen, doch als er den Fund barg, stellte der sich als gemeines Bleistück heraus: Der Glanz des Wassers hatte den Jungen geblendet. Heute erinnert eine vergoldete Nixe im Wasser an diese Legende.

Bader- und Eibsee sind durch einen schönen Waldweg miteinander verbunden, für den man etwa anderthalb Stunden braucht. Man kann sich an den Hinweisschilder G1 und G3 orientieren. Eines trennt die beiden Gewässer aber doch: Während der Eibsee oft bis in den März hinein zugefroren ist, bleibt der Badersee stets eisfrei. Dafür sorgen unterirdische Quellen, die seine Temperatur nie unter 8 Grad sinken lassen – allerdings steigt sie auch kaum je darüber!

• *Information* In Grainau im Kurhaus (ausgeschildert). Mo–Fr 8.30–17.30 Uhr, Sa und So 9–12 Uhr. ✆ 08821/981850, ℻ 981855. Außerhalb der Öffnungszeiten lassen sich freie Zimmer über den „Zimmerinformator" vor den Treppen zum Eingang aufrufen. Parkweg 8, 82491 Grainau, www.grainau.de.

• *Übernachten/Essen und Trinken*

**** **Eibsee-Hotel**, modernes Großhotel mit 120 Zimmern unmittelbar am See, zum Angebot gehören 2 Restaurants, ein Biergarten und Pavillon mit Seeterrasse (freier Zugang), ferner Bar, Sauna und Schwimmbad. Der Besitzer ist gleichzeitig Eigentümer des Eibsees. DZ 72–104 €, Suiten 92–132 €. Die prämierte Küche serviert Hauptgerichte (viel frischer Fisch) zwischen 14 und 18 €, das Spezialitätenrestaurant hält Wok-Menüs um 25 € bereit. Im Winter erhalten Gäste sämtliche Skipässe für die Zugspitze an der Rezeption, abends wird unter Flutlicht auf dem Eibsee Schlittschuh gelaufen. Im Sommer fährt das Motorboot „Reserl" rund um den See. Am Eibsee 1–3, ✆ 08821-98810, ℻ 82585, www.eibsee-hotel.de.

Hotel am Badersee, großer Neubau, architektonisch an alpenländische Traditionen angelehnt, jedoch ohne folkloristische Zitate. Lage direkt am Badersee (an der Hauptstraße im Ort ausgeschildert). 154 Zimmer (DZ/Bad/F 44–67 €), mehrere edle Restaurants, dazu Wellness-Areal, Kegelbahn und Fitnessräume. Bootsverleih vor der Sonnenterrasse. Im Besitz der Raiffeisen-Banken, die hier Tagungen durchführen. Am Badersee 1–5, ✆ 08821/8210, ℻ 08821/821292, www.hotelambadersee.de.

• *Baden* **Freibadeflächen**, es gibt mehrere rund um den See, die erste liegt etwa 15 Gehminuten linker Hand vom Eibsee-Hotel entfernt, weitere am Nordufer, in der Braxenbucht (dort auch FKK).

Zugspitzbad Grainau, Hallen- und Freibad im Kurhaus neben der Touristeninformation. Erwachsene 4,50 € (3 Std.), 6 € (ganztags), Kinder 2 bzw. 3 €. Große Liegewiese, 50m-Schwimmbecken, 64m-Wasserrutschbahn. Freibad im Sommer tägl. 9–19 Uhr, Mi–Fr bis 21 Uhr. Hallenbad Oktober–Mai, Di, Do–Sa 10–21.30 Uhr, Mo, Mi 14–21.30 Uhr, So 14–19 Uhr. Parkweg 8, ✆ 08821/981826.

• *Freizeit/Sport* **Bootsverleih und Rundfahrten**, Leihboote gibt es neben dem Eibsee-Pavillon nur wenige Meter vom Parkplatz entfernt. Tretboot 8 €/Std., Ruderboot 6 €/Std. Anlegestelle des Motorboots ist direkt am Eibsee-Pavillon, eine 25-minütige Rundfahrt kostet 3,50 €, Kinder bis 14 J. zahlen 2 €.

Bergrennen, unregelmäßig stattfindende Oldtimer-Prüfung zwischen Grainau und dem Eibsee. Meist Mitte Oktober. Infos unter ✆ 08821/821981 oder 949283, www.eibsee-bergrennen.de.

Natur-Hochseilgarten, zwischen der Talstation zur Zugspitz-Seilbahn und der Eibsee-Alm gelegener „Abenteuerspielplatz" in lichter Höhe: von Baum zu Baum über schwankende Hängebrücken mit unterschiedlichen Schwierigkeitsgraden, natürlich stets gesichert. Mindestens 10 Teilnehmer erforderlich, Bergführer und speziell geschulte Trainer betreuen die Gäste entlang der 18 Prüfungsstationen. Preis für einen halben Tag: 50 €, für Gäste des Eibsee-Hotels 40 €. Anmeldung im Eibsee-Hotel, ✆ 08821/98810.

Zugspitzbahn, nur wenige Meter vom Eibsee entfernt. Seil- und Zahnradbahn fahren stündlich, letzte Talfahrt 17.15 Uhr. 44 € kostet die Rundreise bis auf die Spitze und zurück: erst mit der Zahnradbahn zum Gletscher, dann mit der Gondel auf Deutschlands höchsten Punkt und mit der Seilbahn wieder nach unten. ✆ 08821/217970, www.zugspitze.de.

Panoramareich: Blick auf den Eibsee

Blick auf den Tegernsee

Tegernsee – Schliersee – Wendelstein

In dieser Region finden sich u. a. die drei sehr unterschiedliche Seen Tegernsee, Schliersee und Spitzingsee: Während man am Tegernsee über Mangel an Urlaubern wahrlich nicht klagen kann, geht es am Schliersee schon deutlich ruhiger zu. Der kleine Spitzingsee schließlich ist vor allem ein Ausflugs- und Wintersportziel. Ein weiteres lohnendes Ausflugsziel der Region ist der Seehamer See bei Weyarn, der trotz naher Autobahn in idyllisch Umgebung gelegen ist.

Gemeinsam ist Tegernsee, Schliersee und Spitzingsee ihr altbayerischer Charakter und ihre Lage im Oberland, die Nähe zu den Bergen – der Spitzingsee, selbst schon in über tausend Meter Höhe gelegen, ist sogar völlig von Höhenzügen umgeben. In den Tälern und auf den Bergen rund um die Seen verläuft ein dichtes Netz von Wegen, die das Gebiet zu einem Eldorado für Wanderer, Radfahrer und Mountainbiker machen. Wer die Gipfel bequemer erstürmen will, findet eine ganze Reihe von Bergbahnen, die den Besucher binnen weniger Minuten in luftige Höhen transportieren.

Badelustige treffen an den drei Seen auf recht unterschiedliche Bedingungen. Der Tegernsee gilt zwar als blitzsauberes Gewässer, erwärmt sich allerdings nur zögerlich. Besser sieht es diesbezüglich am wesentlich kleineren Schliersee aus, dessen Wasserqualität sich durch die Ringkanalisation deutlich gebessert hat; leider gibt es dort nur wenige Badeplätze. Und um im Spitzingsee zu baden, sollte man schon abgehärtet sein, denn das Wasser des Bergsees wird eigentlich nie richtig warm.

Zwar sind alle drei Gewässer von München aus leicht mit dem Auto zu erreichen, doch sind die Verbindungen mit öffentlichen Verkehrsmitteln so gut, dass man die Blechkutsche vielleicht wirklich daheim lassen sollte – nicht zuletzt deshalb, weil Parkplätze oft rar sind. Besonders gilt das für den Tegernsee, an Wochenenden aber auch für die anderen beiden Seen.

Tegernsee

Der Tegernsee ist sicher einer der schönsten, auch einer der bekanntesten und – als Ferienziel wie auch als Zweitwohnsitz – beliebtesten Seen Bayerns. Schon im 19. Jahrhundert zog der Tegernsee Künstler und gekrönte Häupter an. Zuletzt gingen die Übernachtungszahlen allerdings dramatisch zurück. Mit Luxusprojekten wie dem Umbau von Gut Kaltenbrunn soll das etwas in die Jahre gekommene Kurort-Image aufgebessert werden.

Richtig in Mode kam der See ab Anfang des 20. Jh., als sich an seinen Ufern Dichter wie Ludwig Thoma und Ludwig Ganghofer, der Opernsänger Leo Slezak und der Karikaturist Olaf Gulbransson ansiedelten. Spätestens seit jener Zeit gilt der Tegernsee vielen als ein Synonym für Oberbayern schlechthin.

Heute ist es vor allem der Geldadel aus Politik, Wirtschaft und Showbusiness, der am See den Ton angibt, doch kommen seit langem auch ganz normale Urlauber an das rund 50 Kilometer südlich von München gelegene Gewässer. Für manchen mag die zahlreich vertretene Prominenz ein Anziehungspunkt sein, für andere ist es die reizvolle Lage des Sees. Landschaftlich ist der Tegernsee nämlich wirklich ein Juwel, an drei Seiten von Bergen umgeben, die jedoch nicht schroff, sondern sanft, fast behütend wirken. Klar, dass Wanderungen zu den Lieblingsbeschäftigungen der Gäste gehören, zumal sich an nur wenigen bayerischen Seen so viele gut markierte Wege finden wie hier. Hinzu kommt ein äußerst üppiges Angebot an anderen Sport- und Freizeitmöglichkeiten. Auch baden lässt es sich prima im Tegernsee, sofern man sich nicht an den etwas niedrigen Temperaturen stört: auf 725 Meter Höhe gelegen und von den kühlen Alpenflüssen Rottach und Weißach gespeist, erwärmt sich sein Wasser nur selten über 20 Grad. Dafür ist es, dank der Ringkanalisation rund um den See, absolut sauber – Trinkwasserqualität, wie die Fremdenverkehrsämter betonen.

Doch es gibt auch Schattenseiten: Zum einen ist der Tegernsee der am dichtesten besiedelte See in ganz Oberbayern, sind weite Teile des Ufers in privater Hand; wer eine Umrundung zu Fuß oder mit dem Fahrrad versucht, wird dies schnell merken. Zum anderen schlagen die immens hohen Immobilienpreise natürlich auf das allgemeine Preisniveau durch. In Rottach-Egern kostet ein Einfamilienhaus nicht unter einer halben Million Euro, das ist, trotz zuletzt leicht gesunkener Preise, nach wie vor Spitze in Deutschland. Dementsprechend ist eine gut gefüllte Brieftasche zwar nicht unbedingt Voraussetzung für einen Besuch, erleichtert den Aufenthalt aber doch beträchtlich – vielleicht auch ein Grund für das relativ hohe Durchschnittsalter der Gäste.

Ärgerlich mag auf manchen auch die „Alpentümelei“ einiger Geschäftsinhaber wirken: Der pseudorustikale Anstrich, den sich Autovertretungen, Lebensmitteldiscounter und sogar die Filiale einer amerikanischen Hamburgerkette geben, könnten empfindsamere Gemüter als dreiste Verhöhnung der (durchaus vorhandenen) traditionellen Architektur missverstehen – in Wahrheit handelt es sich natürlich nur um eine Maßnahme zur Erhöhung des Umsatzes. Allerdings mehren sich die Anzeichen, dass hier wie bei den Preisen übers Ziel hinausgeschossen worden ist.

Die Übernachtungszahlen gehen seit Jahren ebenso zurück wie die Zahl der Einwohner. Sogar der Kurbetrieb in Bad Wiessee macht wirtschaftlich schwierige Zeiten durch. Größere Neubauprojekte oder Modernisierungsmaßnahmen waren bisher dennoch nicht durchzusetzen gewesen, vor allem wegen der schwierigen Abwassersituation. Nachdem die Kläranlage jedoch jüngst erweitert wurde, hofft die Münchner Schörghuber-Gruppe jetzt doch noch ihr Lieblingsprojekt realisieren zu können: ein Luxushotel auf dem traditionsreichen Gut Kaltenbrunn. Internationale Prominenz soll dem Tegernseer Tal wieder zu mehr Reputation verhelfen.

• *Topographische Angaben* Fläche 9 Quadratkilometer (sechstgrößter See Oberbayerns), Länge 6 Kilometer, Breite bis zu 2 Kilometer, Tiefe 72 Meter, Uferlänge rund 20 Kilometer.

• *Wasserqualität* Sehr gut.

• *Wassertemperatur* Sommer18–20 Grad, Maximalwert 23 Grad.

• *Information* **Tegernseer Tal Tourismus GmbH**, Rathausplatz 1, 83684 Tegernsee, die „Zentrale". Ansprechpartner sind deren Informationsbüros (mit Zimmervermittlung) in den einzelnen Orten, das größte ist im Dorf Tegernsee an der Hauptstraße. Mo–Fr 8–18 Uhr, Mitte Oktober bis Ende April 8–12 und 13–17 Uhr, Sa, So 10–12 und 15–17 Uhr. Hauptstr. 2, ✆ 08022/180140, 📠 3758, www.tegernsee.com. Adressen der anderen Büros im jeweiligen Ortskapitel.

• *Verbindungen* Fahrpläne für Zug und Bus sind bei der Fremdenverkehrsgemeinschaft und den einzelnen Kurämtern erhältlich.

Zug: Häufige Verbindungen der Deutschen Bahn/Tegernsee Bahn ab München Hauptbahnhof nach Gmund (Anschlussbusse Bad Wiessee) und Tegernsee (Anschlussbusse Rottach-Egern); Abfahrten Mo–Fr 10-mal, Sa/So 9–mal tägl. Fahrzeit rund 1 Std., auf den richtigen Kurswagen achten! Zusteigemöglichkeit in Holzkirchen (Endstation der S-Bahnlinie S 2).

Bus: Die Busse des Regionalverkehrs Oberbayern (RVO) fahren ab München mit der Linie 9551 über Gmund und Bad Wiessee nach Rottach-Egern und teilweise weiter nach Tegernsee; Abfahrten beim Münchner Hauptbahnhof (Arnulfstraße, Haltestelle 13) Mo–Fr 7-mal, Sa, So 6-mal tägl. Interessante Sonderangebote sind die Kombinationskarten mit der Tegernseeschifffahrt und der Sutten-Bergbahn bei Rottach-Egern. Nähere Informationen in den RVO-Büros in München und in Tegernsee beim Bahnhof. Bis 22.20 Uhr geöffnet. ✆ 08022/937965, 📠 937966.

Lokalbusse: Zwei gegenläufige Ringlinien der RVO, ergänzt durch eine Linie nach Kreuth, bedienen alle Ortschaften des Tegernseer Tals; Abfahrten je nach Wochentag und Tageszeit etwa 1- bis 2-mal pro Stunde. Von besonderem Interesse für Ausflüge und Wanderungen sind die RVO-Linien nach Schliersee und durch die Valepp-Täler zum Spitzingsee. Informationen zu diesen und weiteren Buslinien in den Kurämtern oder den RVO-Büros.

Auto: Von München über die Salzburger Autobahn A 8 bis zur Ausfahrt Holzkirchen, weiter über die B 318. Zur Sommersaison stellen Parkplätze allerdings fast eine Rarität dar, während Staus praktisch die Regel sind.

• *Schiffsverkehr* Fast schon „Wasserbusse" möchte man die Schiffe der Tegernsee-Flotte nennen, so häufig und pünktlich legen sie ab; bei entsprechenden Wetterbedingungen übrigens auch im Winter. Fahrradmitnahme ist nur bei der großen Rundfahrt und auch da nicht grundsätzlich möglich, Preiszuschlag: 2 €. Neben dem Liniendienst werden verschiedene Rundfahrten angeboten (Erwachsene 7,80–11,60 €, Kinder von 6–14 J. die Hälfte), darunter 5-mal tägl. die „Große Uferrundfahrt" mit Erklärungen. An Samstagen im Juli und August gibt es bei schönem Wetter abendliche „Dämmerfahrten". Nähere Informationen bei den Kurämtern oder bei: Staatliche Schifffahrt Tegernsee, Seestr. 70, 83684 Tegernsee, ✆ 08022/93311, 📠 93313.

• *Wander- und Radwegkarten* Recht gut gemachte Karten für Wanderer und Radfahrer verkaufen die Kurämter; dort gibt es auch eine kostenlose Broschüre mit Wandervorschlägen. Im Buchhandel erhältlich ist die „Kompass-Wanderkarte 08 Tegernseer-Tal" (1:30.000) mit Kurzführer über die Region.

• *Wintersport* Mit Bergbahnen und Liften, rund 25 km Skipisten, knapp 100 km Loipen, Rodelbahnen und mehreren Natureisbahnen eignet sich das Tegernseer Tal auch bestens als Winterurlaubsziel. Einen Überblick über das Angebot vermittelt die kostenlose Karte „Rundum Winterurlaub", die bei der Fremdenverkehrsgemeinschaft und allen Kurämtern erhältlich ist.

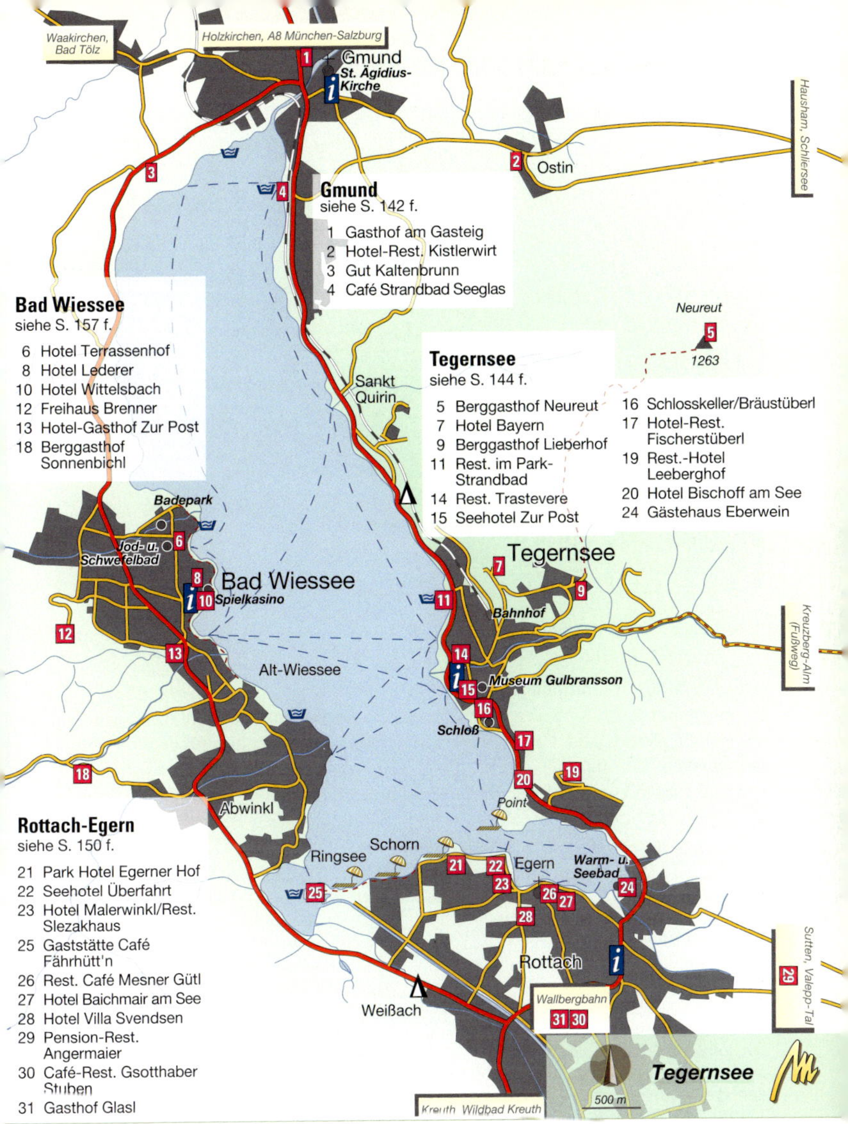

Gmund

Das verkehrsbelastete „Tor zum Tegernsee“ bietet einen weiten Blick über das gesamte Gewässer bis hin zu den Bergen. Gmund liegt noch in flacher bis hügeliger Landschaft; dennoch finden sich auch hier schon gute Wandermöglichkeiten, zum Beispiel beiderseits des Flüsschens Mangfall.

Die Siedlung besteht aus einer ganzen Reihe von Ortsteilen, ehemals einzelne Dörfer, die nicht ganz zusammengewachsen sind und dementsprechend einen verhältnis-

Der Seglerhafen von Gmund

mäßig ländlichen Eindruck machen – man merkt es der Gemeinde nicht an, dass sie immerhin 6.000 Einwohner zählt, mehr als die weitaus berühmteren Orte Bad Wiessee, Tegernsee, oder Rottach-Egern. Im Ortskern, nahe der hier aus dem See abfließenden Mangfall, steht die *Pfarrkirche St. Ägidius* auf den Grundmauern einer Vorgängerin, deren Geschichte möglicherweise bis ins 9. Jh. zurückreicht. Das Schmuckstück von Gmund wurde 1688–93 im Stil des italienischen Barock erbaut und ist prächtig ausgestattet, besitzt unter anderem ein Altarblatt von Hans Georg Asam.

• *Information* **Verkehrsamt Gmund**, im Rathaus. Mo–Fr 8–12, Mo, Di auch 14–16, Do 14–18 Uhr. Kirchenweg 6, 83703 Gmund, ✆ 08022/750527, ℻ 750545, www.rathaus-gmund.de.

• *Übernachten/Essen und Trinken (siehe Karte S. 141)* **Gut Kaltenbrunn (3)**, etwa 1,5 km westlich der großen Kreuzung im Ort, unterhalb der Straße nach Bad Wiessee; eigene Bootsanlegestelle der Tegernseeschifffahrt. Aus dem einstigen Mustergut der Wittelsbacher wurde eine beliebte Ausflugsgaststätte mit toller Aussicht über den See. Die Schörghuber-Gruppe plant eine Luxussanierung der Gebäude für ihre Hotelkette Arabella Sheraton, stößt damit jedoch auf erheblichen Widerstand vor Ort. Mit Computersimulationen der geplanten Umgestaltung will man das Bauvorhaben nach Jahren der Stagnation jetzt doch noch durchsetzen. Bis dahin gilt: Kein Ruhetag. ✆ 08022/7969.

*** **Hotel-Restaurant Kistlerwirt (2)**, im Ortsteil Ostin, etwa 2,5 km östlich des Zentrums an der Straße zum Schliersee. Zimmer im Landhausstil, DZ/Bad/F 40–72 €. Überregional gerühmte Küche in eigenständigem Restaurant, großteils bayerische Küche und wechselnde Gerichte aus anderen Regionen für 8–14 €. Spezialität sind Fischgerichte, nachmittags gibt es auch Brotzeiten. Geöffnet ab 17 Uhr, So ab 10 Uhr, Di Ruhetag. Schlierseer Str. 60, ✆ 08022/968370, ℻ 9683714, www.ostinerstuben.de, www.kistlerwirt.de.

Gasthof am Gasteig (1), nahe des Ortskerns an der Hügel aufwärts führenden Straße Richtung Autobahn. DZ/Bad/F 64–70 €. Terrasse und zwei große Speisesäle, Hauptgerichte überwiegend 8–12 €, gute Brotzeitauswahl. Münchner Str. 14, ✆ 08022/7378, ℻ 76670, www.gasthof-gasteig.de.

Campingplatz Sonnleiten, Privatplatz im Ortsteil Sankt Quirin; kleines Gelände (0,4

Hektar), nur im Juli und August geöffnet. ✆ 08022/4437.

Ein größerer, ganzjährig geöffneter Platz liegt zwischen Rottach-Egern und Bad Wiessee im Bereich der Gemeinde Kreuth.

• *Baden* **Strandbad Seeglas (4)**, in der gleichnamigen, südlich an den Ortskern anschließenden Siedlung. Gepflegtes, allerdings recht kleines Wiesengelände mit allen nötigen Einrichtungen, darunter einer Gaststätte am See. Wenig Schatten, aufgeschütteter Kiesstrand, Steg. Ein Handicap ist die Nähe zur Anlegestelle und der Segelschule, beim Rausschwimmen ist also Vorsicht nötig. Eintritt frei.

Strandbad Kaltenbrunn, am Fußweg zum gleichnamigen Gut, auch vom Parkplatz am Ortsausgang von Gmund (Richtung Bad Wiessee) zu erreichen. Kleine, charmant zerzauste Anlage, Schatten durch Bäume, ins Wasser über einen Steg. Eintritt 2 €, Kinder 1 €. Besonderer Clou ist das kreisrunde Café mit Biergarten, dessen Tische bis ans Wasser reichen und einen tollen Blick über den See bieten. Innen thronen zwei thailändische Statuen, folgerichtig verzeichnet das mit Kreide auf eine Tafel geschriebene, preiswerte Tagesangebot neben einfachen bayerischen Speisen auch einige thailändische Gerichte; angeschlossen ist eine „Tropical-Beach-Bar". Mai–September, bei mäßigem Wetter besser anrufen: ✆ 08022/7281.

• *Freizeit/Sport* **Fahhradverleih**, Alfred Guggenbichler, Münchner Str. 11, ✆ 08022/7257.

Segelschule/Segelbootvermietung: H. Stickl, beim Strandbad Seeglas, ✆ 08022/75472, privat ✆ 0179/4908387, www.segelschule-stickl.de.

Windsurfschule/Katamaranschule: Im Strandbad Kaltenbrunn. Areal des Windsurfing-Clubs Tegernsee. Auch Vermietung. Thomas Pfaab, ✆ 08031/50382 (Geschäftsstelle) bzw. ✆ 08022/7281 (im Strandbad).

Richtung Tegernsee durchquert die Straße den kleinen Ortsteil *Sankt Quirin*, der aus kaum mehr als ein paar Häusern, einer Gaststätte, dem Landungssteg und einem Bootsverleih besteht. Der Name Sankt Quirin verweist auf den Schutzheiligen des Tegernseer Tals, dem auch die kleine Kapelle des Weilers geweiht ist.

Tegernsee (Ort)

Der heilklimatische Kurort ist zwar nicht die größte (ca. 3.800 Einwohner), eindeutig aber die historisch bedeutendste Siedlung am See, gleichzeitig die Keimzelle des Fremdenverkehrs im Tegernseer Tal.

Die Geschichte von Tegernsee reicht zurück bis in die Mitte des 8. Jh. Damals gründete der bayerische Uradel der Huosi hier ein Benediktinerkloster, das wenige Jahre später in den Besitz der Reliquien des Heiligen Quirin kam. Im Laufe der Jahrhunderte entwickelte sich das Kloster zu einem der wichtigsten kulturellen Zentren Oberbayerns. Die Mönche von Tegernsee, denen übrigens auch die Landeshauptstadt ihren Namen („Munichen") verdankt, pflegten Sprache und klassische Dichtung, waren im Europa des Mittelalters weithin bekannt durch ihre Glasgemälde und schön verzierten Handschriften. Im 15. Jh. übertraf der Tausende von Bänden umfassende Bestand der Klosterbibliothek sogar die Sammlungen des Papstes und der Medici. Gewaltig war auch der wirtschaftliche Besitz der Abtei, der mit fast 12.000 Bauernhöfen bis nach Südtirol und Schwaben reichte.

Die Säkularisation von 1803 brachte das Ende des Klosters, dessen Gebäude von den Wittelsbachern gekauft wurden. Bis heute befindet sich Schloss Tegernsee im Besitz der Adelsfamilie, als dessen Oberhaupt Franz von Bayern gilt, geboren 1933, Urenkel des letzten bayerischen Königs Ludwig III.

Den teilweise ziemlich rabiaten Umbau des Klosters zur standesgemäßen Sommerresidenz besorgte der Architekt Leo von Klenze, der auch die Münchner Residenz gestaltet hatte. Im Gefolge der Wittelsbacher kamen der Münchner Adel, das hohe Beamtentum und die ersten Künstler. Aus jener Zeit stammen ursprünglich die beiden in Aussichtslage errichteten Unterstände, der „Kleine Paraplui“ und der „Große Paraplui“, unter deren ausladenden Dächern die Königsfamilie ihr Picknick zu halten pflegte (heute handelt es sich freilich um Nachbauten). Bald entdeckte auch das wohlhabende Bürgertum den See als Sommerfrische. Die 1883 fertiggestellte Bahnlinie brachte einen weiteren Zustrom an Besuchern, Tegernsee war Fremdenverkehrsort geworden.

Dessen Hauptanziehungspunkt ist bis heute das königliche Schloss geblieben – jedoch nicht, wie man glauben möchte, der kulturellen Erbauung, sondern einer anderen Form des Genusses wegen: Ziel aller Reisebusse ist das berühmte „Bräustüberl“ im Schloss, in dem die soliden, gleich nebenan gebrauten Biere des Herzoglich Bayerischen Brauhauses Tegernsee ausgeschenkt werden. Hier und an der seenahen Hauptstraße herrscht zur Saison gehöriger Betrieb, dem man sich jedoch leicht entziehen kann, zum Beispiel in einem der beiden Museen oder bei einer ausgedehnten Wandertour durch die nahen Berge, deren Ausläufer gleich hinter der Hauptstraße ansteigen.

Information/Übernachten/Essen und Trinken (siehe Karte S. 141)

• *Information* **Kuramt Tegernsee**, untergebracht im „Haus des Gastes“. Mo–Fr 8–18 Uhr (Mitte Oktober bis Ende April 8–12 und 13–17 Uhr), Sa, So 10–12 und 15–17 Uhr. Vor dem Haus gibt es ein computergestütztes „Infoterminal“, in dem man auch außerhalb dieser Zeiten freie Zimmer abfragen kann. Hauptstr. 2, 83682 Tegernsee, ✆ 08022/180140, 📠 3758, www.tegernsee.de.

• *Übernachten/Essen und Trinken* Vor allem im Juli, aber auch noch im August herrscht starker Andrang auf die Unterkünfte; rechtzeitige Reservierung ist ratsam. Sowohl am See als auch in Hanglage über dem Ort (etwas Kondition braucht's für Fußgänger hier schon) finden sich schöne Unterkünfte.

Seehotel Zur Post (15), am See gelegenes Traditionshotel ein kleines Stück südlich vom „Haus des Gastes“. DZ/Bad/F 55–90 €. Moderne Landhauseinrichtung, teuerstes Zimmer mit Himmelbett! Terrasse und ein herrlich altmodischer Vorbau zur Straße; gute bayerische Küche für 8–14 €; auch Tagesmenüs und Brotzeiten. Seestr. 3, ✆ 08022/66550, 📠 1699, www.seehotel-zur-post.de.

Hotel Bischoff am See (20), Spitzenhaus, nach allen Regeln von Feng Shui elegant eingerichtet. Eigenes Seegrundstück. Zu Fuß sind es 5 Min. bis ins Zentrum von Rottach-Egern. Luxuriöse, gemütliche DZ ab 165 €. Das erstklassige Restaurant serviert Menüs ab 42 € und Hauptgerichte zwischen 24 und 30 €. Schwaighofstr. 53, ✆ 08022/3966, 📠 1720, www.bischoff-am-see.de.

**** **Hotel Bayern (7)**, Traumquartier in toller Aussichtslage hoch über dem See: DZ/Bad/F ab 175 €. Das Restaurant glänzt, neben dem ebenfalls phantastischen Blick von der Terrasse, mit freundlichem Service und bekannt exquisiter Küche. Die kleine, aber feine Karte verzeichnet Hauptgerichte vorwiegend um 12–25 €, abends auch Menüs (34–58 €), am 1. So im Monat Büffet 12–14 Uhr für 24 €. Kein Ruhetag. Neureuthstr. 23, ✆ 08022/1820, 📠 182100, www.hotel-bayern.de.

***** **Restaurant-Hotel Leeberghof (19)**, Nobelgaststätte mit bildschöner Seeblickterrasse, beliebter Prominententreff und eine der feinsten Küchen am See – edel bayerisch mit französischem Einschlag. 15 Zimmer und 2 Ferienwohnungen, alle luxuriös und individuell ausgestattet. DZ/Bad/F ab 240 €. Nach umfangreichen Renovierungsarbeiten ist die Wiedereröffnung des Hauses für Mai 2006 angekündigt. Ellingerstr. 10, Zufahrt von der Hauptstraße nach Rottach-Egern, knapp südlich der Halbinsel Point. ✆ 08022/188090, www.leeberghof.de.

Hotel Restaurant Fischerstüberl (17), gleich südlich des Schlosses, durch die Hauptstraße vom Ufer getrennt, Zimmer zum See dank Schallschutzfenstern dennoch ruhig. Tipps für Mountainbiker, Segler und Surfer; Swimmingpool. DZ/F je nach Lage und Ausstattung 72–90 €. Restaurant mit Terrasse und gemütlicher Stube; Spezialität sind Fischgerichte für 10–18 €, andere Hauptgerichte ab 8 €; eigene Kondito-

In Tegernsee: Ausblick vom Seehotel zur Post

rei. Im Winter Mi Ruhetag. Seestr. 51, ✆ 08022/919890, 📠 9198950, www.hotel-fischerstueberl-tegernsee.de.

Berggasthof/Café Lieberhof (9), ganz oben am nordöstlichen Ortsrand, auf 900 m Höhe. Traditionelles Haus mit schöner Aussichtsterrasse. Als Unterkunft ein Tipp, wenn man viel wandern will, das Haus liegt recht günstig. Einfache DZ/F (Etagenbad) 50–90 €. Parkplätze vor dem Haus. Die Küche bietet gute Auswahl an bayerischen Schmankerln für 8–12 €, auch Brotzeiten. Mo und Di Ruhetag. Im Januar und Februar geschlossen. Neureuthstr. 52, ✆ 08022/4163.

Gästehaus Eberwein (24), in der Bäckerei/Konditorei an der Hauptstraße, kurz vor dem Gemeindebereich von Rottach-Egern. Freundliche Vermieter, außerdem eine der preiswertesten Unterkünfte vor Ort: DZ/Etagenbad/F 40–50 €. Schwaighofstr. 70, ✆ 08022/67251.

Schlosskeller (16), im Schloss Tegernsee und beim „Wettbewerb Bayerische Küche" prämiert. Innen sitzt man sehr schön unter alten Gewölben, außen eher schlicht am großen Parkplatz, an dem auch die Busse stoppen. Hauptgerichte überwiegend 8–12 €, zu trinken natürlich Biere der Brauerei nebenan. Kein Ruhetag, Anfang des Jahres Betriebsferien. Schlossplatz 1 c, ✆ 08022/4560.

Bräustüberl (16), die eigentliche Brauereigaststätte, gleich neben dem Schlosskeller. Eine der großen Attraktionen des Ortes; ebenso reizvoll traditionelle Räumlichkeiten wie der Schlosskeller, die Atmosphäre (irgendwo zwischen Hofbräuhaus und Kloster Andechs angesiedelt) sollte man schon einmal selbst erlebt haben, vor allem, wenn die Belegschaften der Reisebusse genug vom süffigen Quirinus-Bock intus haben ... (Ein Schild fordert: „Bitte lassen Sie das Singen, Pfeifen, Musizieren sowie Kartenspielen"). Zu essen gibt es nur Brotzeiten, die jedoch relativ preisgünstig, und ein einfaches Tagesgericht für 7–10 €. Kein Ruhetag. Schlossplatz 1, ✆ 08022/4141, www.braustuberl.de.

Restaurant Trastevere (14) (Tegernseer Hof), für Freunde der italienischen Kochkunst. Die gute Küche des Trastevere ist überregional bekannt, die Tische im Freien stehen an einer der schönsten Ecken des Ortes. Dementsprechend 12–17 € für Fleisch-, 14–20 € für Fischgerichte; für schmalere Geldbeutel gibt es jedoch auch Nudelgerichte und Pizza (5–9 €). Mi und Do bis 17.30 Uhr geschlossen. Rosenstr. 5, (beim Maibaum im Ortskern), ✆ 08022/4382.

Baden/Freizeit/Sport/Feste/Veranstaltungen (siehe Karte S. 141)

• *Baden* **Park-Strandbad (11)**, im nördlichen Ortsbereich; Parkplätze, die sich allerdings schnell füllen, direkt davor. Gepflegtes Wiesengelände mit hübschen Holzgebäuden, etwas Schatten durch Kastanienbäume, kleiner Sprungturm. Schnell abfallender Grund aus Kieseln und Steinen, bequemer geht's über den Steg. Restaurant-Café mit wechselnder Tageskarte am See. Hauptstr. 63. Eintrittsgebühr.

Freibadeplatz im Sport- und Freizeitgelände Point, etwa 10 Min. Fußweg, südlich des Schlosses. Eine zum See geneigte Wiese nahe der Ruderfähre nach Rottach-Egern, kiesiges bis steiniges Ufer, das Wasser wird schnell tief (Schilder warnen „Nur für Schwimmer").

• *Freizeit/Sport* **Bootsverleih** beim Café am See (nördliche Anlegestelle), beim Schlosscafé (nahe Seehotel Zur Post) und gegenüber dem Hotel Fischerstüberl.

Seerundfahrten: Direkt neben der Anlegestelle der Staatlichen Seeschifffahrt werden beim Schlosscafé auch private Rundfahrten angeboten; große Rundfahrt (60 Min.) 7 €, kleine Rundfahrt (30 Min.) 4 €. ✆ 08022/1554 oder 4806.

Fahrradverleih: Am Bahnhof, ✆ 08022/4467; in Bertls Bikeshop, Kurgarten 1 (im ehemaligen Hallenbad), ✆ 08022/65428 oder 0171/8120054.

Geführte Wanderungen: An wechselnden Terminen. Für Gäste mit Kurkarte (gibt's bei Übernachtung) kostenlos; nähere Informationen im Kuramt.

Localbahndampfzüge: An bestimmten Terminen pendelt zwischen Schaftlach und Tegernsee eine historische „Localbahn" mit dampfbetriebener Lokomotive Baujahr 1936, für Eisenbahnfans sicher ein Highlight. Abfahrten zwischen Juli und September meist So 3- bis 4-mal pro Monat, außerdem ein „Winterdampftag" und die „Nikolausfahrt"; Gruppen können die Züge auch mieten. Informationen über Termine beim Kuramt oder bei Karl Niederwieser vom Bayerischen Localbahnverein, ✆ 089/535473 oder 0171/3135334. Die Betriebsgesellschaft der Tegernsee Bahn ist unter ✆ 08022/91660, 916618 zu erreichen oder Infos unter www.tegernsee-bahn.de.

• *Feste/Veranstaltungen* Umfangreiches Programm (Kurkonzerte, Barockmusik im Schloss, Bergfilmfestival etc.). Ein kompletter Veranstaltungskalender ist im Kuramt erhältlich oder unter www.tegernsee.de.

Tegernseer Volkstheater, an wechselnden Terminen im Ludwig-Thoma-Saal, Rosenstr. 7, von Juli bis Anfang September bei gutem Wetter auf der Freilichtbühne beim Gasthaus Schießstätte. Kartenvorverkauf beim Kuramt Tegernsee, oder an der Abendkasse, ✆ 08022/93292. Aktueller Spielplan unter www.volkstheater.de.

Tegernseer Woche, Ende September bis Anfang Oktober, Kultur- und Brauchtumsfestival mit Trachtengruppen, Volksmusik, Tanz, Konzerten im Schloss, Ausstellungen und verschiedenen Führungen, u. a. durch das Thoma-Haus.

Christkindlmärkte, an den Adventssamstagen in der Rosenstraße und am Steinmetzplatz.

Krippenausstellung, alle zwei Jahre (wieder 2007), vom 1. Advent bis 6. Januar. Sehenswertes

Pfarrkirche St. Quirin im Schloss Tegernsee: Im Laufe der Jahrhunderte musste die frühere Klosterkirche eine Reihe von Umbauten über sich ergehen lassen; von der ursprünglich romanischen Kirche des 11. Jh. verblieben nur die unteren Abschnitte der Doppeltürme und die Krypta. Im 15. Jh. errichtete man auf den Fundamenten eine dreischiffige gotische Basilika, die nach einer großangelegten Umgestaltung in der zweiten Hälfte des 17. Jh. heute jedoch ein barockes Kleid trägt. Weitere Veränderungen stammen aus der Zeit des Klosterumbaus zur Residenz; so setzte Architekt von Klenze damals die Doppeltürme niedriger, um sie dem klassizistischen Gesamtbild anzupassen.

Über dem Portal eingelassen ist eine gotische Grabplatte, deren Relief die Klostergründer Adalbert und Otkar zeigt. Das Innere wurde von italienischen und bayerischen Barockkünstlern gestaltet; die Deckenfresken stammen von Hans Georg

Asam. Prachtvoll ausgeschmückt sind auch die Quirinus-Kapelle im nördlichen und die Benediktus-Kapelle im südlichen Seitenschiff.

Kirchenführungen Von Juni bis September einmal wöchentlich (jeweils Fr oder Sa), außerdem einmal pro Monat im Anschluss an den Sonntagsgottesdienst. Termine beim Kuramt oder beim Pfarramt, Seestr. 23, ✆ 08022/4640.

Museum Olaf Gulbransson: Der norwegische Maler, Zeichner und Karikaturist, bekannt besonders durch seine Arbeiten für die satirische Wochenschrift „Simplicissimus", lebte ab 1929 im hiesigen Schererhof, wo er 1958 in hohem Alter starb. Das Museum im Kurgarten (nahe Seehotel Zur Post) zeigt neben satirischen Zeichnungen auch Ölgemälde und eine Fotodokumentation seines Lebens; im Anbau finden thematisch wechselnde Ausstellungen statt.

Öffnungszeiten Di–So 14–17 Uhr, Eintritt 4 €, mit Kurkarte 3 €. Im Kurgarten ✆ 08022/3338, www.olaf-gulbransson-museum.de.

Museum Tegernseer Tal: Seit 1999 wieder geöffnet, zeigt das Heimatmuseum im Alten Pfarrhof unweit des Schlosses, an der Ecke der Seestraße zur Bahnhofsstraße, in 17 Räumen 450 Objekte zu Kultur und Geschichte der Seeregion. Die Ausstellung informiert über den Alltag am See und die Lebensbedingungen früherer Zeit.

Öffnungszeiten Christi Himmelfahrt (Ende Mai) bis zum Tag der deutschen Einheit am 3. Oktober Di–So 14–17 Uhr. Eintritt 2 €. Führungen nach Vereinbarung unter ✆ 08022/4978 oder 4862, www.museumtegernseertal.de.

Halbinsel Point: Nur einen kurzen Spaziergang vom Schloss entfernt liegt die kleine Halbinsel mit Freibadegelände, Kinderspielplatz und verschiedenen Freizeitanlagen. Von ihrer Südseite kann man – für ein geringes Entgelt – bis etwa Ende Oktober tagsüber mit der „Überfahrt" genannten Ruderfähre, einem der beliebtesten Fotomotive am See, zum Malerwinkel von Rottach-Egern übersetzen. Wenn der Fährmann gerade auf der anderen Seite weilt, lässt er sich mit einer Glocke herüberrufen.

Ruderer auf dem Tegernsee

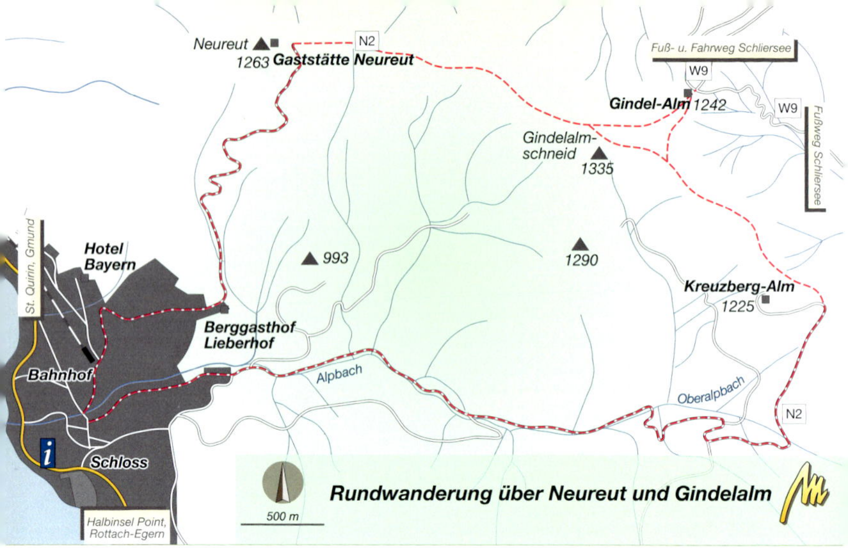

Rundwanderung über Neureut und Gindelalm

In den Bergen oberhalb des Ortes Tegernsee bietet sich Gelegenheit zu zahlreichen reizvollen Wanderungen, die wegen der kräftigen Höhenunterschiede zwar ein gewisses Maß an Kondition, jedoch keine ausgesprochene Bergerfahrung verlangen. Wie immer sollte man jedoch nur bei gutem Wetter losgehen und auch bei besten Bedingungen nie ohne Wetterschutzkleidung und feste Wanderschuhe unterwegs sein. Die beschriebene Wanderung führt großteils auf breiten Wegen durch schattigen Wald, zwischen Gindelalmschneid und Kreuzbergalm jedoch über Bergwiesen, die nach Regenfällen recht sumpfig sein können.

Route: Tegernsee – Neureut (1261 m) – Gindelalmschneid (1331 m) – Kreuzbergalm (1223 m) – Alpbachtal – Tegernsee. **Entfernung**: ca. 14 km, 3–4 Std. Gehzeit, Höhenunterschied rund 600 m. **Karte**: Der auch für andere Wanderungen nützliche „Stadtpanoramaplan mit Wandervorschlägen", den es gegen bescheidenes Entgelt im Kurhaus gibt, ist ausreichend. **Variante nach Schliersee**:Von der Gindelalm kann man in etwa 1,5 Std. über eine Fahrstraße oder auf einem der mit W 9 markierten Wege nach Schliersee absteigen; Rückfahrt nach Tegernsee mit RVO-Bussen. **Einkehr**: Erkundigen Sie sich bitte vorher nach evtl. Betriebsferien. *Berggasthof Neureut (Karte S. 141, 5)*, Sonnenterasse, gutbürgerliche Küche, Brotzeitkiosk; Mo Ruhetag; ✆ 08022/4408. *Gindelalm* (✆ 0173/9439384) und *Kreuzbergalm* (kein Tel.) sind beide nur im Sommer bewirtschaftet; es gibt einfache Gerichte, die Kreuzbergalm bietet zudem schöne Aussicht.

Vom **Bahnhofsplatz** in Tegernsee über die Neureutstraße bergan, vorbei am **Hotel Bayern**, bis hinter die Gaststätte Lieberhof. Hier rechts (beschildert mit N), beim **Parkplatz** dann links auf den Winterweg zur Neureut (ca. 1 Std.), einen in vielen Kehren durch Bergwald steil ansteigenden Weg, der im Winter als Rodelstrecke genützt wird. Vom **Berggasthof Neureut** in etwa östlicher Richtung auf dem nahezu ebenen, mit N 2 markierten Weg durch den Wald. Am Zaun beim Waldrand schräg rechts hoch und auf dem Pfad immer den

Waldrand entlang über den Gindelalmschneid; wer stattdessen unten in der **Gindelalm** einkehrt, nimmt später den Pfad, der kurz vor der Alm rechts (südöstlich) den Wiesenhang hoch führt, oben angekommen dann links – bitte jeweils immer an die ausgetretenen Pfade halten, um Beschädigungen der empfindlichen Almwiesen möglichst zu vermeiden.
Auf der Höhe schöne Aussicht zum Schliersee und auf die umliegenden Berge; an einem auffälligen, einzeln stehenden Baumskelett (vom Schild „E 4" nicht irritieren lassen) rechts vorbei und hinunter in die sumpfige Senke, die man auf einer Art Steg durchquert. Oben am gegenüberliegenden Hang erkennt man schon die **Kreuzbergalm** – wer sich die Höhenmeter sparen möchte, geht an der Weggabelung nach dem Steg jedoch links und trifft bald auf den von der Alm kommenden, geschotterten Weg. Hier wieder links und auf diesem Weg nun immer geradeaus, den Schildern T 3 folgend, bergab zum Alpbachtal und zurück nach Tegernsee.

Rottach-Egern

Mit Nobelhotels, exklusiven Restaurants und teuren Boutiquen ist Rottach-Egern die mondänste Ortschaft am Seeufer, fast ein bisschen das „Marbella vom Tegernsee".

Lange stand Rottach-Egern (5.100 Einwohner) im Schatten des nahen, durch sein Kloster bedeutenden Tegernsee. Heute hat sich das geändert, denn mittlerweile zählt der aus zwei ehemaligen Fischer- und Bauerndörfern zusammengewachsene Ort weit mehr Einwohner als seine Nachbargemeinde, wenn die Bevölkerung zuletzt auch wieder etwas abnahm. Weitläufig erstreckt sich das Gemeindegebiet in der ebenen Talfläche zwischen den Flüssen Rottach im Osten und Weißach im Westen, im Süden begrenzt durch die Hänge des über 1700 Meter hohen Wallbergs. Häufig wird der heilklimatische Kurort als Treffpunkt der vornehmen Gesellschaft gerühmt (oder bespöttelt, je nach Sichtweise). Bummelt man an einem Wochentag an der Uferpromenade und der verkehrsberuhigten Seestraße entlang, mag man das zunächst kaum glauben, denn dort bestimmen vor allem Ausflügler und Kurgäste das Bild. Bald fallen jedoch die vielen teuren Cabrios ins Auge, die Schaufenster der Juweliere, Boutiquen und Modefriseure – etwas muss also schon dran sein am Ruf des Ortes. Rottach-Egern zeigt jedoch noch andere Seiten als Glanz und Glamour. Dazu zählt vor allem der schöne Blick auf den berühmten *„Malerwinkel"* mit dem nadelspitzen Turm der spätgotischen *Pfarrkirche St. Laurentius*, deren Friedhof dank der Gräber von Leo Slezak, Ludwig Thoma und Ludwig Ganghofer wohl zu den meistbesuchten Bayerns zählen dürfte. In Rottach-Egern weiß man sehr wohl, was man den hier heimisch gewordenen Berühmtheiten verdankt – den beiden „Ludwigl" Thoma und Ganghofer hat die Gemeinde deshalb zwei lebensgroße Bronzedenkmäler gewidmet.

Die Umgebung von Rottach-Egern bietet vielfältige Ausflugsmöglichkeiten, sei es eine Fahrt mit der Kabinenbahn auf den Wallberg (deutschlandweit berühmt geworden durch den sommerlichen Bergauflauf von Magaths Bayern-Kickern), eine Radtour durch die Täler der Rottach und Valepp zum Spitzingsee oder nur ein gemütlicher Spaziergang entlang der Weißach. Kein Wunder also, dass die rund 3700 Gästebetten von Rottach-Egern zur Saison meist gut belegt sind – und zwar nicht nur von Millionären ...

Information/Übernachten/Essen und Trinken (siehe Karte S. 141)

• *Information* **Kuramt Rottach-Egern**, von Mai–September Mo–Fr 8–18 Uhr, Sa 9–12 Uhr (Juli–September Sa/So auch 16–18 Uhr); außerhalb dieser Zeit Mo–Fr 8–17 Uhr. Vor dem Haus gibt es ein Infoterminal, an dem sich tägl. von 7–23 Uhr freie Zimmer abfragen lassen. Nördliche Hauptstr. 9 (Verlängerung der Straße von Tegernsee), 83700 Rottach-Egern, ✆ 08022/671341, 📠 671347, www.rottach-egern.de.

• *Verbindungen* **Bus**: Neben der RVO-Ringlinie rund um den See besitzt Rottach-Egern auch zwei eigene Ortsbuslinien, die Mo–Fr und Sa vormittags etwa im Stundentakt die Strecken zu den Gemeindeteilen Schorn (westlicher Seebereich) und Trinis (südlicher Gemeindebereich) bedienen. Beide Linien starten auf Höhe der Post, unweit des Kuramtes.

Ruderfähren: Mit zwei Ruderfähren können Fußgänger den Weg um die beiden Buchten im Osten und Westen abkürzen. Die Boote zwischen der zur Gemeinde Tegernsee gehörenden Halbinsel Point und der Überfahrtstraße sowie zwischen der Weißachmündung (Gaststätte Fährhütt'n) und dem Bad Wiesseer Ortsteil Ringsee verkehren bei entsprechendem Wetter vom Frühling bis in den Oktober täglich. ✆ 08022/65566.

• *Übernachten/Essen und Trinken* ***** **Hotel Bachmair am See (27)**, Nobelhotel mit fast schon legendärem Ruf als Treffpunkt der Reichen und Schönen, dabei durchaus noch der langen Tradition des Hauses verpflichtet. Ein ganzer Hotelkomplex; Swimmingpool, Sauna, Nightclub etc. sind in dieser Klasse selbstverständlich. DZ/Bad/HP 88–130 €, Suiten mit Halbpension 258–513 €. Gepflegte bayerisch-internationale Küche. Seestr. 47, ✆ 08022/2720, 📠 272790, www.bachmair.de.

***** **Park Hotel Egerner Hof (21)**, in der weitläufigen Gartenlandschaft verteilen sich zwei luxuriöse Großhotels im alpenländischen Stil und mehrere Almhäuser mit moderner Ausstattung. Die Küche ist Gault-Millau-gekrönt. In dieser Preisklasse selbstverständlich, gehören auch große Wellness- und Fitness-Flächen zum Angebot. DZ/Bad/F 170–255 €, Suite/F 246–325 €. Aribostr. 19–25, ✆ 08022/6660, 📠 666200, www.egerner-hof.de.

Dorint Seehotel Überfahrt (22), im Malerwinkel und wie das „Bachmair" als luxuriöses Haus bekannt. 2001 in großem Stil umgebaut, erhebt das Dorint nun den Anspruch eines Grand Hotels: 135 Zimmer, 53 Suiten, 2000 m² Spa, Beautyfarm etc. Dz/Bad/F 338 €. Überfahrtsstr. 10, ✆ 08022/6690, 📠 6691000, www.sofitel.com.

Hotel Malerwinkel/Restaurant Slezakhaus (23), zwei nebeneinanderliegende Häuser unter einer Leitung. DZ/Bad/F 79–98 €. Das Restaurant im ehemaligen Haus des Sängers Leo Slezak glänzt mit schöner Seeterrasse und feiner bayerischer Küche, wie sie sicher auch den Gourmet Slezak erfreut hätte; Hauptgerichte 12–18 €. Kein Ruhetag. Überfahrtstr. 3, ✆ 08022/673570, 📠 660410.

Hotel Garni Villa Svendsen (28), reizvolles Haus mit parkähnlichem Garten. Ruhige, dennoch zentrale Lage, angenehme Zimmer. DZ/Bad/F 89–92 €. Viele Stammgäste, rechtzeitige Reservierung ratsam. Fürstenstr. 30, ✆ 08022/26941, 📠 26942.

Gasthof Glasl (31), im südlichen Ortsbereich, ziemlich ruhig gelegen. Gepflegte traditionsreiche Wirtschaft, in der man auch Einheimische sieht. Es gibt ein paar Tische zur Straße, Spezialität sind Forellen, die Hauptgerichte liegen überwiegend um 8–12 €. Mi Ruhetag. Der „Glasl" vermietet auch Zimmer (DZ/Bad/F 54 €) und eine Reihe von Ferienwohnungen (z. B. 2 Pers. ab 72 €). Karl-Theodor-Str. 48, ✆ 08022/24667, 📠 95181, www.gasthof-glasl.de.

Pension-Restaurant Angermaier (29), im Ortsteil Berg. Hübsches bäuerliches Haus in ruhiger Hanglage. Zimmer (DZ/Bad/F 72–77 €) und Ferienwohnungen (98 €), Fahrradverleih. Großer Biergarten, gepflegte Küche, Hauptgerichte meist 8–14 €. Mo Ruhetag. Berg 1, ✆ 08022/92860, 📠 928646, www.cafe-angermaier.de.

Restaurant Café Mesner Gütl (26), bei der Kirche, fast direkt neben dem Bachmair. Hübsches altes Haus mit großer Terrasse zum See, bekannt gute Küche, saisonale Spezialitätenwochen. Hauptgerichte etwa 12–20 €, Nudelgerichte ab 9 €. Von Oktober bis Juni Mi Ruhetag Seestr. 53, ✆ 08022/6139.

Gaststätte Café Fährhütt'n (25), rustikales Holzhaus an der Ringseebucht nahe der Weißachmündung, fern allen Verkehrs. Schöner als auf der zum Teil in den See gebauten Aussichtsterrasse kann man in Rottach-Egern nicht sitzen; besonders stimmungsvoll ist es hier am Nachmittag und Abend. Hauptspeisen etwa um 8–15 €, es gibt auch Brotzeiten und kleine Gerichte.

Auch Ludwig Thoma und Leo Slezak gefiel es in Rottach-Egern

Autoanfahrt: Vom Zentrum über die Aribo-Straße, vor der Weißach dann rechts in die Weißachdammstraße, an deren Ende noch ein kleines Stück zu Fuß auf dem Damm; reizvoller ist allerdings ein Spaziergang vom Zentrum immer den See entlang, dann links zum Damm. Eigene Liegewiese mit Sandstrand (nur bis 17.30 Uhr geöffnet). Mo Ruhetag. Nördliche Hauptstr. 25, ✆ 08022/188220.

Café-Restaurant Gsotthaber Stuben (30), beim Tennisgelände im Ortsteil Wolfsgrub. Optisch nicht erhebender Neubau, jedoch gute Küche um 8–15 €, auch Brotzeiten. Mo Ruhetag. Feldstr. 11.

Baden/Freizeit/Sport/Feste/Veranstaltungen

• *Baden* **See- und Warmfreibad**: Gepflegte Anlage gleich östlich der Promenade mit 50-Meter-Becken (26 Grad), Seezugang, Sauna und Solarien. Für den Spaßfaktor sorgen ein 50-Meter-Strömungskanal, eine ebenso lange Wasserrutsche, ein Whirlbecken u. a. Mai–September, max. bis 20 Uhr. Eintritt 7,50 €, Kinder ab 6 J. und Studenten 4 € (jeweils ganztägig, möglich sind auch 90 oder 150 Min.). Max-Josef-Weg, ✆ 08022/92890.

Strandbad Reiffenstuel, winziges, dem Bootsverleih angeschlossenes Gelände. Eintrittsgebühr. Seestr. 44, ✆ 08022/9273540.

Strandbad Ringsee, bei der Gaststätte Fährhütt'n am äußersten westlichen Ortsrand, zu erreichen über den Weißachdamm. Hübsche Anlage, Eintrittsgebühr. ✆ 08022/65566.

In der Nähe (Schorner Strandweg) mehrere Freibadeplätze.

• *Freizeit/Sport* **Bootsverleih**: Ruder-, Tret- und Elektroboote, die teilweise mit Einstiegsmöglichkeit ins Wasser versehen sind, bei mehreren Vermietern an der Seestraße (z. B. Schulz, Reitner).

Die Fa. Reiffenstuel verleiht auch Segelboote, nach Vereinbarung sogar mit „Kapitän". Seestr. 44, ✆ 08022/9273540.

Fahrradverleih: Fahrrad Eiblwieser, Fürstenstr. 28, ✆ 08022/6123; Zweirad Stemmer, Karl Theodor-Str. 69, ✆ 08022/65288; Radsport Zehendmaier, Südliche Hauptstr. 5, ✆ 08022/67279. Leihgebühr pro Tag 6 €; bei Eiblwieser und Zehendmaier auch Mountainbikes, pro Tag 15 €. Überall Ermäßigung bei Mehrtages- und Wochenmiete, Preisvergleich lohnt sich.

Geführte Wanderungen, für Übernachtungsgäste (Kurkarte) kostenlos: Führung durch Mitglieder der Bergwacht, je nach Wetterlage von Juni bis Anfang Oktober, jeden Di und Sa; im gleichen Zeitraum außerdem etwa einmal monatlich Gebirgspflanzen-Exkursion und Wanderungen mit einem Förster.

Waldlehrpfad: 2 km langer Wanderpfad am Ostufer der Weißach, Beginn etwa 700 m nördlich des Ortsteils Trinis, beschildert K 1 und K 6.

• *Feste/Veranstaltungen* Ein Programm mit den genauen Terminen der zahlreichen Veranstaltungen ist im Kuramt erhältlich.

Bauerntheater der „Ludwig-Thoma-Bühne", im Kur- und Kongresssaal, Nördliche Hauptstr. 35 (beim See- und Warmbad); Kartenvorverkauf bei Giller Reisen, Nördliche Hauptstr. 3, ✆ 08022/66190.

Erntedankprozession, Ende September/Anfang Oktober. In erster Linie handelt es sich jedoch um eine Dankprozession dafür, dass Rottach-Egern zum Ende des Zweiten Weltkriegs von einer Bombardierung gerade noch verschont blieb, obwohl die Bomber damals schon unterwegs waren. Beteiligt ist auch eine Kompanie der Gebirgsschützen.

Mountainbike-Festival Tegernseer Tal, in der zweiten Juniwoche starten die Querfeldeinradler u. a. an der Nördlichen Hauptstraße, es gibt noch drei weitere Strecken. Mitmachen kann jeder, Teilnahmegebühren 25–35 €. Große Partyflächen im Start- und Zielbereich, außerdem Test- und Tuning-Stationen. Kontakt zum Veranstalter Flowmotion: ✆ 08022/70480, 📠 704870, www.mtb-festival.de.

Rosstag, am letzten So im August. Das zweite große Fest im Jahresablauf, Pferde- und Fuhrwerkspromenade über die Seestraße und die Ludwig-Thoma-Straße zur Rosskapelle in Ellmau (Rottach-Tal), nach der Segnung dann zum Festplatz in Enterrottach. Meist ist auch eine Tragtierkompanie der Bundeswehr (Haflinger und Mulis) mit dabei.

Seefest, mit Trachten-Musikkapellen, Schuhplattlern, großem Feuerwerk, beleuchteten Schiffen, etc. geht es die ganze Nacht durch. Jährlich an einem Mittwoch Mitte Juli.

Ganghofer, Thoma, Slezak – drei Berühmtheiten am Tegernsee

Wenn ganze Reisebusgesellschaften sich über die engen Wege des Friedhofs der Laurentiuskirche in Rottach-Egern zwängen, dann wollen sie vornehmlich die an der Südmauer gelegenen Gräber der Schriftsteller Ludwig Ganghofer und Ludwig Thoma besichtigen. Etwas seltener besucht wird die Ruhestätte des Opernsängers Leo Slezak an der nördlichen Mauer. Dabei ist es, neben den beiden Schriftstellern, auch dem großen Tenor zu verdanken, dass der Tegernsee ab der Jahrhundertwende zu einer hochmodischen Adresse wurde.

Ludwig Ganghofer (1855–1920), ein „bekennender Optimist", arbeitete als Dramaturg, Redakteur und Autor. Zu seinen bekanntesten Romanen zählen „Die Martinsklause", „Schloß Hubertus" und „Das Schweigen im Walde"; sein erfolgreichstes Drama wurde „Der Herrgottschnitzer von Ammergau".

Ludwig Thoma (1867–1921), ein Freund Ganghofers, war Redakteur des „Simplicissimus", später Autor von humorvollen Erzählungen („Ein Münchner im Himmel") und genau beobachtenden Bauernromanen („Andreas Vöst", „Der Ruepp"). Seine Komödien („Die Lokalbahn", „Moral", „Erster Klasse") werden in den Theatern rund um den See immer wieder gespielt.

Leo Slezak (1873–1946), Opernsänger und Startenor, gelegentlich auch Schauspieler, zog 1910 nach Rottach-Egern. Sein Wohnhaus ist heute ein Restaurant – durchaus passend, denn Slezak galt als großer Gourmet, der sich wegen dieser Leidenschaft immer wieder Abmagerungskuren unterziehen musste. So ist von ihm der Spruch überliefert: „Lieber Gott, gib mir einen zweiten Magen. Du kannst meinen Bauch dafür haben".

Führungen durch den Friedhof der Kirche St. Laurentius, Seestr. 57, finden im Sommer etwa 14-tägig statt, jeweils am So im Anschluss an die Messe. Termine sind beim Kuramt oder im Pfarramt, ✆ 08022/92760, zu erfragen.

Ausflüge ab Rottach-Egern

Im Umfeld der Gemeinde locken natürlich eine ganze Reihe möglicher Ziele – die Auffahrt auf den Wallberg wie auch die Tour zum Suttengebiet und in die Täler der Valepp sind jedoch die beiden absoluten „Klassiker".

Auf den Wallberg: Der südlich des Ortes auf 1722 Meter Höhe ansteigende Wallberg gilt als Wahrzeichen des Tegernseer Tals. Von seinem Gipfel bietet sich der mit Abstand schönste Blick über den ganzen See. Hier starten auch die Drachenflieger und Paraglider zu ihren luftigen Exkursionen; im Winter ist der Wallberg ein beliebtes Ski- und Rodelgebiet.

Die *Kabinenbahn*, die in 13 Minuten auf 1622 Meter Höhe führt, ist die bequemste Möglichkeit, auf den Wallberg zu gelangen. Von der Bergstation, an der auch ein Hotel-Restaurant mit großer Sonnenterrasse liegt, sind es dann noch etwa 30 Minuten Aufstieg zum Gipfel, gutes Schuhwerk ist ratsam. Im Umfeld bieten sich Möglichkeiten zu weiteren Höhenwanderungen, für die man selbstverständlich entsprechend ausgerüstet sein sollte (Wanderkarte, feste Schuhe, Wetter- und Sonnenschutz).

Auch eine asphaltierte *Mautstraße*, die nahe der Talstation beginnt (3 € Gebühr pro Auto, im Winter gesperrt), führt auf den Wallberg, allerdings nur zur bewirtschafteten Moosalm (Di Ruhetag) auf 1100 Meter Höhe. Der Aufstieg vom dortigen Parkplatz zu dem auf 1507 Meter Höhe gelegenen Berggasthof Wallberghaus nimmt etwa eine Stunde in Anspruch, der Weg von dort zur Bergstation nochmals eine halbe Stunde.

Wallberg-Kabinenbahn: Betriebszeiten tägl. 8.45–17 Uhr; Zubringerbusse der RVO ab Bahnhof Tegernsee via Rottach-Egern (Post). Im November (Ausnahme: schöne Wochenenden) und bei Dauerregen geschlossen. Fahrpreise: Berg- und Talfahrt Erwachsene 14 €/Kinder 6–15 J. 7 €; Berg- oder Talfahrt jeweils 8,50/4,50 €. ✆ 08022/705370, www.wallbergbahn.de.

Sutten: Im Südosten von Rottach-Egern ist das durch mehrere Wanderwege erschlossene Tal der Rottach bis kurz vor Enterrottach zunächst noch über einen Kilometer breit und mit üppigen Wiesen bestanden.

Bei Enterrottach beginnt eine Mautstraße, die entlang des nun schmal zwischen die Berge eingezwängten Flusslaufs hinauf ins Suttengebiet führt. In diesem auf knapp 1000 Meter Höhe gelegenen Hochtal, an dessen Ende die Rottach aus dem *Suttensee* abfließt, bieten sich zahlreiche schöne Wandermöglichkeiten. Einkehren, zum Teil auch Übernachten, kann man in mehreren Berggasthöfen und bewirtschafteten Almen, darunter die bekannte, täglich geöffnete „Moni-Alm". Die beiden jüngst modernisierten Sesselbahnen *Sutten-Bahn* und *Stümpfling-Bahn*, die jetzt in wenigen Minuten auf dem Gipfel sind, bilden über die gemeinsame Bergstation, das 1506 Meter hoch gelegene Stümpfling-Haus, eine reizvolle Form der Verbindung zum Spitzingsee; im Winter erschließen sie das weitläufige Skigebiet des Spitzingsees auch den am Tegernsee wohnenden Besuchern.

Zum Forsthaus Valepp und zum Spitzingsee: Südöstlich von Sutten führt die Mautstraße zunächst zur Wasserscheide auf 1032 Meter Höhe, dann wieder abwärts durch das Tal der Weißen Valepp zum ganzjährig bewirtschafteten Forsthaus Valepp. Für Autofahrer ist hier Endstation, denn die entlang der Roten Valepp nach Norden führende Straße ist für private Kraftfahrzeuge gesperrt; Radfahrer und Fußgänger jedoch können über diese nahezu verkehrsfreie Route die Tour bis zum noch knapp sechs Kilometer entfernten Spitzingsee fortsetzen (Gesamtdistanz ab Rottach-Egern rund 20 Kilometer).

• *Verbindungen* **Busse** der RVO auf der Gesamtstrecke von Tegernsee (z. B. Bahnhof) über Rottach (z. B. Post), Sutten und Forsthaus Valepp zum Spitzingsee im Sommer 5- bis 7-mal tägl., Teilstrecken häufiger.

Mautstraßen (ganzjährig geöffnet): Von Enterrottach zur Moni-Alm pro Pkw inkl. Insassen 2 €; zum Forsthaus Valepp insgesamt 4,50 €. Mauthaus ✆ 08022/2143.

Suttenbahn: Sommer-Fahrzeiten von Mitte Juni bis September/Mitte Oktober, je nach Witterung, tägl. 9–16.20 Uhr. Fahrpreis zum Stümpfling-Haus 7,50 €, Berg- und Talfahrt 13 € (Kinder 4 € bzw. 6 €). Es gibt auch Kombinationsfahrkarten mit den RVO-Bussen zum Spitzingsee, erhältlich nur im Bus. ✆ 08022/24105.

Kreuth

Der heilklimatische Kurort mit seinen 3.800 Einwohnern wirkt ländlicher und ruhiger als die meisten anderen Siedlungen um den Tegernsee. Kreuth besteht aus einer ganzen Reihe von Ortsteilen, die sich in der Talsohle entlang des Flusses Weißach von Nord nach Süd aneinander reihen, unterbrochen von saftigen Wiesen und dichten Wäldern. Seeanschluss besitzt die flächenmäßig zweitgrößte Gemeinde der Bundesrepublik (das Kreuther Gebiet reicht bis zur österreichischen Grenze) nur im Ortsteil Ringsee; das Ringberg-Schloss, das am Hang hoch über Weißach zu sehen ist, befindet sich im Besitz der Max-Planck-Gesellschaft und ist der Öffentlichkeit nicht zugänglich.

Der eigentliche Ortskern von Kreuth liegt rund fünf Kilometer südlich des Sees um das Kurhaus an der B 307. Am westlichen Ortsrand steht die Leonhardikirche, deren Ursprünge bis ins 12. Jh. zurückreichen und die somit als Wallfahrtskirche die älteste ihrer Art in Deutschland ist. Besucht wird Kreuth in erster Linie von Urlaubern und Ausflüglern, die auf ein breit angelegtes Unterhaltungsangebot verzichten können, sich stattdessen in einer reizvollen und ruhigen Umgebung erholen wollen – auf rund 120 Kilometern verkehrsfreier Wege bietet sich Wanderern und Radfahrern dazu reichlich Gelegenheit. Sportlichere Naturen finden auf den umliegenden Bergen Betätigungsfelder genug, im Winter werden fast 40 Kilometer Loipen gespurt und es laufen auch einige kleinere Skilifte.

Information/Übernachten/Essen und Trinken

• *Information* Kurverwaltung Kreuth, neben dem Warmbad. Mo–Do 8–12 und 14–17 Uhr, Fr 8–12 Uhr (Juli–September auch Fr 14–17 Uhr), Sa 10–12 Uhr. Vor dem Haus gibt es ein Infoterminal, an dem sich auch außerhalb dieser Zeiten freie Zimmer abfragen lassen. Nördliche Hauptstr. 3 (Ortskern), 83708 Kreuth, ✆ 08029/1819, 📠 1828, www.kreuth.de.

• *Übernachten* **** **Villa Sonnwend**, eine echte Rarität: mediterran eingerichtetes Haus am Tegernsee in ruhiger Lage am östlichen Ortsrand, wo Sie ohne Zeitdruck in den Tag starten können – „Open end" Frühstück heißt dieser Beitrag zur Zivilisationsgeschichte. 2002 komplett renoviert, DZ/Bad/F 116 €. Setzbergweg 4, ✆ 08029/368, 📠 1487, www.sonnwend.de.

Pension-Restaurant Haus Göttfried, an der Hauptstraße etwa 100 m südlich des Warmbades. Preisgünstige Unterkunft: DZ/Bad/F 60 €. Umfangreiche Speisekarte, ebenfalls günstig (Hauptgerichte 8–11 €). Do Ruhetag. Südliche Hauptstr. 2, ✆ 08029/293, 📠 298.

Kiem-Pauli-Jugendherberge, vor kurzem frisch renoviert; im Ortsteil Scharling. Übernachtung mit Frühstück ab 14 €. 22 Zimmer, 103 Betten. Nördliche Hauptstr. 91, ✆ 08029/99560, 📠 995629, www.jugendherberge.de/jh/kreuth.

Campingplatz Wallberg, in Weißach, also relativ nahe zu Rottach-Egern gelegen. Ebenes Wiesengelände, zum nächsten Badeplatz am See etwa 1 km. Rund ums Jahr geöffnet, geeignet für Wintercamping,

Kirchlein bei Kreuth

Juli/August Reservierung ratsam. Preise Person 5,50 €, Zelt ab 4,50 €, Pkw inkl. Rainerweg 10 (Zufahrt über die B 318 nach Bad Wiessee), ✆ 08022/5371, 📠 670274, www.campingplatz-wallberg.de.

• *Essen und Trinken* **Weißachalm**, am Waldlehrpfad knapp 2 km nördlich des Ortskerns von Kreuth. Hübsche Lage im Wald, Terrasse, Spezialität des Hauses sind Enten. Autozufahrt: auf Höhe des Weilers Brunnbichl flusswärts abbiegen, beim Wertstoffhof parken, noch ein kurzes Stück zu Fuß. Mo und Di Ruhetag. Weißachaustr. 51, ✆ 08029/335.

Gasthof Hirschberg, im Ortsteil Scharling. Das traditionelle Gasthaus gilt als Treffpunkt für Feinschmecker, die Küche wurde als die beste im Landkreis Miesbach ausgezeichnet. Fische aus eigenem Becken, sonst täglich wechselnde Gerichte auf hohem Niveau. Mo und Di Ruhetag. Nördliche Hauptstr. 89, ✆ 08029/315.

Almcafé Aibl, Ausflugsgaststätte hoch über Scharling, Terrasse mit schönem Blick über das Weißachtal. Hauptgerichte überwiegend 8–12 €. Vom Gasthof Hirschberg etwa 1 km Weg mit teilweise steilem Anstieg, Faulenzer fahren mit dem Auto hoch („Anlieger frei"). Mi Ruhetag, Do bis 17 Uhr geschlossen.

Gasthof Altes Bad, heimelige Traditionswirtschaft in Wildbad Kreuth, gegenüber der Hanns-Seidel-Stiftung und direkt an eine malerische kleine Kapelle angebaut. Bänke nach Süden vor der Tür, wechselnde Tageskarte mit vorwiegend bayerischen Gerichten, Hauptgerichte großteils 8–11 €. Fr Ruhetag. Zufahrt für Gäste vom großen Parkplatz an der Hauptstraße bis zum Parkplatz der Stiftung gestattet, von dort noch 300 m zu Fuß.

Schwaigeralm, beliebte Ausflugsgaststätte mitten in einem schönen Wandergebiet; Zufahrt zunächst wie zum Gasthof Altes Bad, nach der Weißachbrücke jedoch links, später rechts bis zum Parkplatz, dann noch etwa 5 Fußminuten. Schön an einem Bächlein gelegen, mehrere Sonnenterassen, Hauptgerichte um 9–15 €. Mi Ruhetag. ✆ 08029/272, www.schwaigeralm.de.

Baden/Freizeit/Sport/Feste/Veranstaltungen

• *Baden* **Warmfreibad Kreuth**, direkt neben der Kurverwaltung, 26 Grad Wassertemperatur. Mai–September tägl. ab 9 Uhr; Eintrittsgebühr Erwachsene 4 €, Kinder 1,50 €. ✆ 08029/1854.

• *Freizeit/Sport* **Fahrradverleih** bei der Tennis- und Minigolfanlage Raineralmweg (Ortskern, östlich der Weißach), ✆ 08029/ 1223 oder ✆ 08022/273973; Sanktjohanser, Nördliche Hauptstr. 8, ✆ 08029/240.

Waldlehrpfad: Beginn am östlichen Weißachufer etwa 1 km nördlich des Ortskerns; 2 km langer, ebener Weg am Weißachdamm, Markierung K 1 und K 6.

Geführte Wanderungen: Führung durch einen Förster, Juli–September etwa 1-bis 2-mal pro Monat; Termine und Anmeldung in der Kurverwaltung.

Reiten: Reitanlage Gestüt Kirschner Alm, verschiedene Reitkurse für Anfänger und Fortgeschrittene. Anmeldung erforderlich. Ringbergweg 89 (Weißach), ✆ 0160/4348489.

Paragliding: Gleitschirmschule Tegernseer Tal, Schnupperwochenenden und Höhenkurs, Tandemflüge. Tegernseer Str. 88, Kreuth-Reitrain, ✆ 08022/2556, www.gleitschirm.de.

• *Feste/Veranstaltungen* **Almabtrieb** geschmückter Kühe, traditionelles Brauchtum, etwa um den 20. September; kurzfristige Termine je nach Wetterlage, zu erfragen in der Kurverwaltung.

Internationales Oleg Kagan Musikfest, während der ersten Julihälfte, eine Reihe klassischer Konzerte im Festsaal von Wildbad Kreuth. ✆ 08029/1820, ✆ 1828. Programm unter www.oleg-kagan-musikfest.de.

Leonhardifahrt, Trachtenwallfahrt und Messe zu Ehren des „Viehheiligen“, am 6. November zur Leonhardikirche.

Wildbad Kreuth: Rund zwei Kilometer südlich des Ortskerns von Kreuth zweigt bei einem großen Parkplatz linkerhand der Weg zu dem ehemaligen Kurbad ab. Bereits im 17. Jh. nutzte man die hiesige Heilquelle, 1973 wurde der Betrieb eingestellt. Die repräsentativen Räumlichkeiten der ehemaligen, 1826 durch Maximilian I. errichteten Badeanlage sind heute Sitz der Hanns-Seidel-Stiftung, bundesweit wohlbekannt durch die mal mehr, mal weniger spektakulär verlaufenden Treffen der bayerischen CSU.

Einen Kontrapunkt zur wuchtig langgestreckten Badeanlage bildet die malerische kleine Kapelle schräg gegenüber, an deren Rückseite das (empfehlenswerte) Wirtshaus „Altes Bad“ angebaut ist. Über einem Brunnen erinnert eine Gedenktafel an den 1960 verstorbenen *Kiem Pauli*, den im ganzen Tegernseer Tal berühmten Wiederentdecker und Sammler alten Liedgutes.

Skulptur an der Promenade von Bad Wiessee

Bad Wiessee

Das Kurbad am Westufer des Sees erstreckt sich, etwa auf Höhe des gegenüberliegenden Ortes Tegernsee, über ein beträchtliches Gebiet. Bad Wiessee (4.200 Einwohner) teilt sich in drei deutlich erkennbare Siedlungsbereiche. Die eigentliche *Kurzone* liegt im Norden und bildet heute das Zentrum; entstanden ist sie jedoch erst im Laufe des 20. Jh. Nach Süden schließt sich *Alt-Wiessee* an, das aufgelockert bebaute ehemalige Herz des Dorfes; mit der Kirche und schönen alten Bauernhöfen vermittelt es einen noch ländlichen Eindruck. Noch weiter südlich, zur Ringseebucht hin, liegen die Häuser des ruhigen Ortsteils *Abwinkl*.

Das Bild in Bad Wiessee bestimmen die Kurgäste. Zwar zieht die hiesige Spielbank auch andere Besucher an, tummeln sich auf den im Hintergrund ansteigenden Bergen Wanderer und Mountainbiker – entlang der Promenade und auf den Ruhebänken, die am Kurpavillon in bis zu acht zum See hin ausgerichteten Reihen gestaffelt sind, sieht man jedoch kaum ein jüngeres Gesicht; wenn doch, kann man fast sicher sein, dass es sich um Einheimische handelt.

Der Heilige Quirinus und das Erdöl

Seinen Status als Kurbad verdankt Bad Wiessee einem Ölboom – und letztlich dem Heiligen Quirin. Als nämlich 1441 im Gebiet von Wiessee eine ölhaltige, heilkräftige Quelle entdeckt wurde, war den Mönchen vom Kloster Tegernsee klar, dass niemand anderes als ihr Schutzheiliger dieses Wunder vollbracht haben konnte. Jahrhundertelang wurde das gegen allerlei Gebrechen wirksame Quirinus-Öl von Wiessee erfolgreich verkauft, bis im 19. Jh. eine chemische Analyse das ergab, was mancher schon länger vermutet hatte: dass es sich um schlichtes, aber wertvolles Erdöl handelte. Nun hoffte Wiessee natürlich auf den großen Fund, und der eine oder andere Bauer sah sich wohl schon als Ölscheich. Über ein Jahrzehnt wurde eifrig gebohrt – vergeblich. 1909 wurde man schließlich doch noch fündig. Aus der in 636 Meter Tiefe entdeckten Quelle sprudelte jedoch kein Öl, sondern eine unangenehm riechende Flüssigkeit, die sich bei näherer Untersuchung als stark jod- und schwefelhaltig entpuppte – und damit als heilsam bei Krankheiten der Atemwege, des Kreislaufs, der Augen und der Haut, auch hilfreich bei manchen Rheumaerkrankungen. Schon 1922 durfte Wiessee das Prädikat „Heilbad" tragen, 1930 wurde eine zweite Quelle gleicher Zusammensetzung entdeckt. Dem Aufstieg zum vielbesuchten Kurort stand nichts mehr im Wege.

Information/Übernachten/Essen und Trinken (siehe Karte S. 141)

• *Information* **Kuramt/Haus des Gastes Bad Wiessee**, im Zentrum, unweit des ehemaligen Casinos. Mo–Fr 8–12 und 14–17 Uhr, Mai–Oktober auch Sa/So 9–12 Uhr. Abfrage freier Zimmer auch außerhalb dieser Zeiten an einem Info-Terminal am Eingang möglich oder unter ✆ 08022/860340. Adrian-Stoop-Str. 20, 83707 Bad Wiessee, ✆ 08022/86030, ✆ 860330.

• *Übernachten/Essen und Trinken* ****** Hotel Terrassenhof (6)**, das Tophotel des Ortes. Im nördlichen Zentrumsbereich, gleich gegenüber liegt das Jodschwefelbad. Komfortable, ausgedehnte Anlage jüngeren Baudatums, Hallenbad, Whirlpool, Fitnessraum, Fahrradverleih etc. Große Seeterrasse, Erlebnisküche, Panoramabar. DZ/Bad/F 198–238 €. Adrian-Stoop-Str. 50, ✆ 08022/8630, ✆ 81794, www.terrassenhof.de.

Hotel Lederer (8), großes, gut ausgestattetes und alteingesessenes Hotel in der Nähe des Kuramtes, mit Hallenbad, Sauna, Solarium, Tennisplatz, Seerestaurant, eigenem Badesteg, Spa etc. DZ/Bad/F dementsprechend 123–156 €. Betriebsferien ab Ende Oktober bis Mitte Dezember. Bodenschneidstr. 11, ✆ 08022/8290, ✆ 829200, www.lederer.com.

Hotel Wittelsbach (10), in zentraler Lage direkt neben dem Kuramt. Hübsche ländliche Architektur. DZ/F je nach Ausstattung (ohne/mit Bad) 58–74 €. Das zugehörige Restaurant mit Terrasse serviert unter anderem auch Pizza. Di Ruhetag. Bodenschneidstr. 2, ✆ 08022/84056, ✆ 84058, www.wittelsbachhotel.de.

***** Hotel-Gasthof Zur Post (13)**, traditionelles und traditionsbewusstes Haus, gleichzeitig ein angenehmes Hotel. Im großen Saal häufig Theaterabende, Jazz-Frühschoppen etc. DZ/Bad/F ab 108 €. 5 Stuben mit unterschiedlichem Essensangebot, prämiert im „Wettbewerb Bayerische Küche", Biergarten an der Straße. Hauptgerichte etwa 8–14 €. Lindenplatz 7, ☏ 08022/86060, ☏ 8606155, www.hotel-zur-post-bad-wiessee.de.

**** **Am Sonnenbichl (18)**, in 830 m Höhe über dem See, etwa 1 km von der Hauptstraße entfernt, frei liegend auf einer Wiese, zu erreichen von den Ortsteilen Altwiessee und Abwinkl. Am Rand eines kleinen Skigebiets, Wandermöglichkeiten. Zimmer im französisch-mediterranen Look, DZ/Bad/F 110–160 €. Sonnenterrasse, gehobene Küche um 12–15 €. Mo Ruhetag. Sonnenbichlweg 1, ☏ 08022/98730, ☏ 8940, www.amsonnenbichl.de.

Freihaus Brenner (12), fast noch am westlichen Ortsrand, aber schon auf 824 Meter Höhe. Nobel bayerisch, mehrere Terrassen mit toller Aussicht auf den See. Ambitionierte, marktabhängige und bekannt gute Küche, Hauptgerichte etwa 15–24 €. Di Ruhetag. Im Umfeld gute Wandermöglichkeiten. Von der Münchner Straße zu erreichen über die Koglkopfstraße, am Ende links; insgesamt etwa 1 km Fahrweg mit bis zu 20 % Steigung. Freihaus 4, ☏ 08022/82004, ☏ 83807, www.freihaus-brenner.de.

Baden/Freizeit/Sport/Feste/Veranstaltungen

• *Baden* **Seefreibad Abwinkl**, zu erreichen über den Sonnenfeldweg (nördliche Verlängerung der Ringbergstraße). Zum See geneigtes Wiesengelände, sehr gepflegt, allerdings kaum Schatten; Kiosk mit Seeblick-Terrasse. Kiesstrand, flacher Einstieg ins Wasser, Steg vorhanden. Eintritt frei.

Seebad Grieblinger, fast am nördlichen Ortsrand, Nähe Yachtclub. Privates Strandbad, Wiesengelände, relativ schnell abfallendes Ufer. Eintritt Erwachsene 2,30 €, Kinder 1 €.

Bade-Park, Freizeitbad mit mehreren Innen- und Außenbecken (auch im Winter), Saunen, Solarien, Whirlpool, Kalt-Wasserfall, Sportmöglichkeiten und sogar einem Biergarten. Hohe Eintrittspreise: 90 Min. 6 €, 150 Min. 9 €, ganztags 13,50 €; Kinder und Studenten ermäßigt. Tägl. 9–21 Uhr. Wilhelminastr. 2 (Ecke nördliche Adrian-Stoop-Straße), ☏ 08022/86260.

• *Freizeit/Sport* **Bootsverleih**: Ruder-, Tret- und Elektroboote an der Seepromenade im Zentrum, beim Hotel Terrassenhof und beim Strandbad Grieblinger; hier auch Segelboote.

Geführte Wanderungen: Mehrmals pro Woche, teilweise ganzjährig, werden geführte Spaziergänge, Wanderungen und Bergwanderungen angeboten. Teilnahme mit Kurkarte (erhält jeder, der im Tegernseer Tal übernachtet) kostenlos, Programm beim Kuramt.

Geführte Radwanderungen: Von Juni bis September jeden Montag, für Gäste mit Kurkarte gratis.

Tennis: Großer Tennispark nahe des Bade-Parks; günstige Pauschalangebote für Kurgäste. Wilhelminastr. 9, ☏ 08022/8817.

Pferdekutschfahrten: Wöchentlich zur Söllbachklause, Voranmeldung nötig: ☏ 08022/860321.

Spielbank: Seit Juni 2005 ist das Glück in Bad Wiessee wieder die beste Unterhaltung (Werbespruch der Spielbanken Bayern). Vorher war das nicht immer der Fall – der Bau an der Promenade bot zu wenig Platz und sonderlich festlich wirkte er nie, die Glücksritter wurden immer weniger. Für 28 Mio. Euro entstand der auffallende Neubau am nördlichen Ortsrand, mit Roulette-, Black Jack- und Pokertischen und feiner Gastronomie der Familie Brenner, die schon das Freihaus in Bad Wiessee und Gut Kaltenbrunn in Gmund betreibt. Spielbank tägl. 15–3 Uhr, Fr/Sa bis 4 Uhr. Eintritt 2,50 €; Zutritt ab 21 Jahre (Ausweis obligatorisch), Kleidungsvorschriften: für Herren sind Sakko und Krawatte Minimum, keine Jeans, Lederbekleidung oder Turnschuhe. Winner 1, ☏ 08022/98350, www.spielbanken-bayern.de.

• *Feste/Veranstaltungen* Programmkalender mit genauen Terminen hält das Kuramt/Haus des Gastes bereit.

Bad Wiesseer Konzert-Sommer, etwa Anfang Mai bis Anfang Oktober; Konzerte in der Halle des Jodschwefelbades und im Kurpavillon am See.

Seefest, am ersten Di im Juli, mit Trachtenkapellen, Tanz etc.

Waldfeste der verschiedenen Vereine, beliebt besonders das Fest des Skiclubs (erstes Juliwochenende am Sonnenbichl) und des Trachtenvereins (erster Augustsonntag im Kurpark Abwinkl).

Im Kurpark der Gemeinde Schliersee

Schliersee

Deutlich kleiner und weniger überlaufen als der große Bruder Tegernsee, bietet sich der Schliersee als Alternative für diejenigen an, die eine entspannte, fast noch ländliche Atmosphäre suchen.

Wer den Schliersee nur an Wochenenden kennt, mag diese Einschätzung vielleicht nicht teilen. Dann nämlich tost der Ausflugsverkehr auf der Deutschen Alpenstraße, die mitten durch den Ort Schliersee und entlang des Ostufers zum Spitzingsee und nach Bayrischzell führt. Wenige Meter abseits dieser stark frequentierten Verkehrsader jedoch bleibt es auch an einem Samstag fast so ruhig wie unter der Woche. Der Fremdenverkehr ist am Schliersee nicht die einzige Erwerbsquelle, sondern eher ein Zusatzgeschäft; dementsprechend steht die Mehrzahl der Gästebetten auch in den Häusern von Privatvermietern und nicht in Hotels.

Trotz durchaus angenehmer sommerlicher Wassertemperaturen kann man den Schliersee leider kaum als ausgesprochenen Badesee bezeichnen. Dies nicht wegen mangelnder Sauberkeit – zwar wird der See als eutroph, also als nährstoffreich eingestuft, doch ist die Wasserqualität dank der Ringkanalisation insgesamt in Ordnung. Es fehlt aber an Badeplätzen: Ein Strandbad gibt es nur im Ortsbereich von Schliersee, und die Freibademöglichkeiten sind sehr bescheiden. Einen Ersatz für möglicherweise entgangene Badefreuden bieten jedoch der reizvolle Ort Schliersee und die abwechslungsreiche Umgebung, die zu Bergwanderungen und Radtouren einlädt; schöne Reviere sind besonders die Bergzüge Richtung Tegernsee und Spitzingsee. So gesehen möchte man der Kurverwaltung durchaus zustimmen, wenn sie bayerisch-liebenswürdig wirbt: „Schliersee – des is halt a Platzerl".

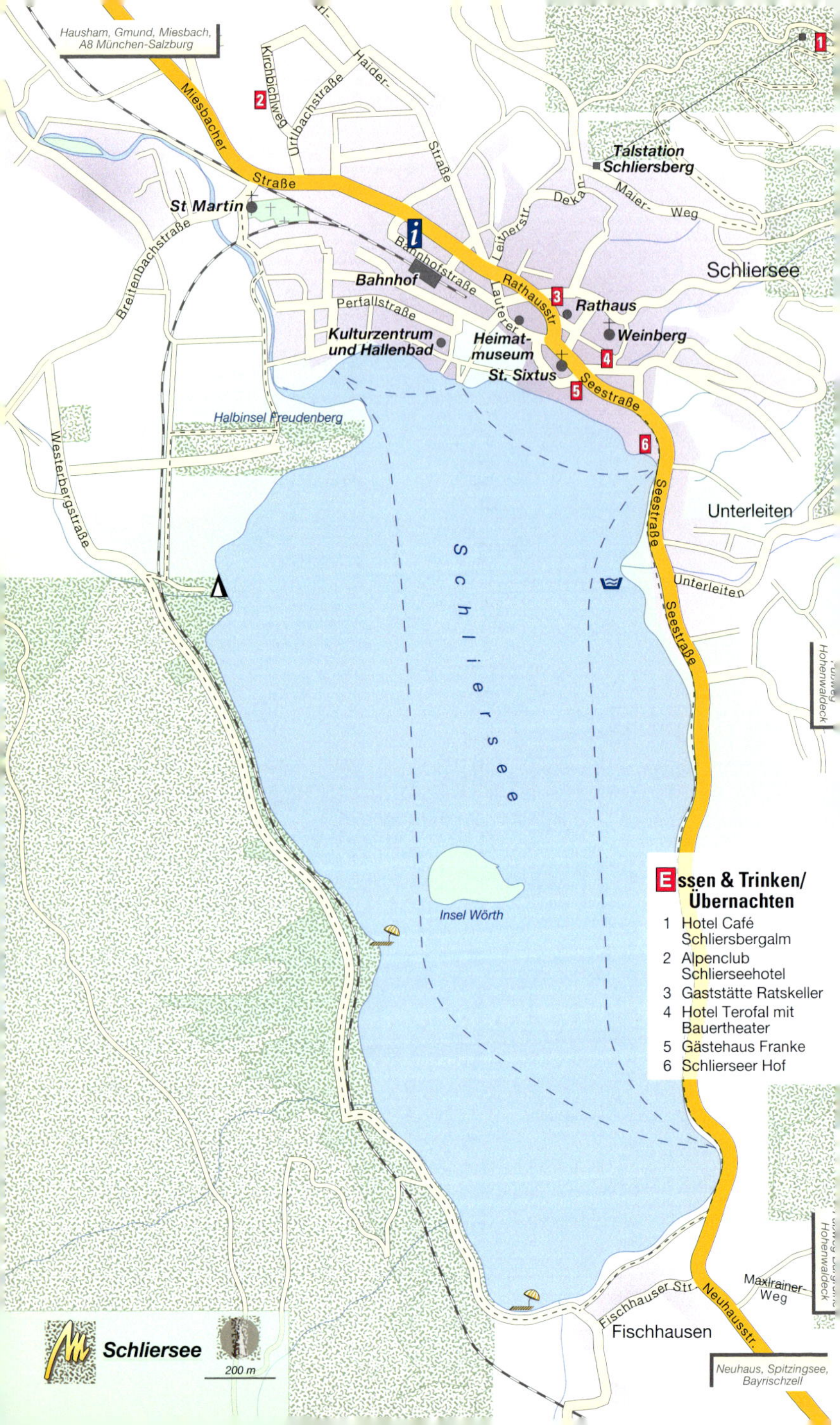

Hausham, Gmund, Miesbach, A8 München-Salzburg
Miesbacher Straße
Kirchbichlweg
Urtlbachstraße
Haider-
Straße
Talstation Schliersberg
Maier-Weg
Dekan-
Leitnerstr.
St Martin
Breitenbachstraße
Bahnhofstraße
Bahnhof
Rathausstr
Rathaus
Schliersee
Perfallstraße
Lauterer
Kulturzentrum und Hallenbad
Heimat-museum
Weinberg
St. Sixtus
Seestraße
Halbinsel Freudenberg
Westerbergstraße
Unterleiten
Unterleiten
Seestraße
Schliersee
Hohenwaldeck
Insel Wörth
Essen & Trinken/ Übernachten
1 Hotel Café Schliersbergalm
2 Alpenclub Schlierseehotel
3 Gaststätte Ratskeller
4 Hotel Terofal mit Bauertheater
5 Gästehaus Franke
6 Schlierseer Hof
Maxlrainer-Weg
Fischhauser Str.
Neuhausstr.
Fischhausen
Schliersee
200 m
Neuhaus, Spitzingsee, Bayrischzell

• *Topographische Angaben* Fläche 2,2 Quadratkilometer, Länge 2,5 Kilometer, Breite bis zu 1,2 Kilometer, maximale Tiefe 37 Meter, Uferlänge 7 Kilometer.

• *Wasserqualität* Gut.

• *Wassertemperatur* Sommer 22 Grad, Maximalwert 24 Grad.

• *Verbindungen* Wie der Tegernsee ist auch der Schliersee gut mit öffentlichen Verkehrsmitteln zu erreichen, während Parkplätze Mangelware sind.

Zug: Direktzüge der Deutschen Bahn auf der Linie München–Bayrischzell Mo–So stündl., Fahrzeit von München nach Schliersee rund 50 Min.

Bus: Wochentags fahren die Busse des Regionalverkehrs Oberbayern (RVO) stündlich von Holzkirchen (Endstation der S 2) auf der Linie 9561 zum Bahnhof Schliersee, am Wochenende nur 2-mal tägl. Weitere RVO-Regionalverbindungen bestehen zum Tegernsee (Linie 9555) und nach Neuhaus/Spitzingsee (Linie 9562).

Auto: Von München über die Salzburger Autobahn A 8 bis zur Ausfahrt Weyarn, von dort weiter auf der B 307 über Miesbach nach Schliersee.

• *Schiffsverkehr* Die Schifffahrt auf dem Schliersee ist privat organisiert, Rundfahrten finden von Juni bis September tägl. zwischen 11 und 18 Uhr statt. Abfahrt beim Anlegesteg am Kurzentrum. Stationen sind die Insel Wörth, Fischhausen (Café Kögl), das Hotel Schlierseer Hof und das Café Seebar beim Minigolf. Die Rundfahrt dauert 45 Min. Preise: 5 €, Kinder bis 10 J. 2 €. ✆ 08026/4640 oder 0171/9949863, ℻ 920596, www.schlierseeschifffahrt.de.

Rund um den Schliersee

Gut sieben Kilometer legen Wanderer und Radfahrer bei einer Umrundung des Sees zurück. Fußgänger brauchen für die Strecke etwa eineinhalb bis zwei Stunden. Am Westufer wird der mit „K 1“ markierte, kombinierte Rad- und Fußweg meist durch die Bahnlinie vom See getrennt, am Ostufer verläuft er großteils ufernah neben der Straße. Radfahrer sollten bitte auf Fußgänger Rücksicht nehmen, denn der Weg ist an manchen Stellen sehr schmal.

Kurzbeschreibung: Aus dem Bahnhof kommend links, nach etwa 200 Metern dem entlang der Schienen verlaufenden Fuß- und Radweg folgen. Links über die Gleise zur St.-Martins-Kirche von Westenhofen, hinter der Kirche gleich links und durch die Unterführung, später dem rechten Ufer des Bachlaufs zum Waldrand folgen. Hier rechts, dann parallel zur Bahnlinie links, an der Wegekreuzung geradeaus die Stufen hinab und weiter zum Camping Lido. Dort rechts über die Gleise, wieder links und entlang der Schienen bis kurz vor Fischhausen. Nun am Ufer entlang bis zur Hauptstraße, dann bei einem Parkplatz an der Bootsanlegestelle vorbei und diesem Weg immer folgend zurück nach Schliersee.

Schliersee (Ort)

In dem mit Abstand wichtigsten Ort am See finden sich alle wichtigen Einrichtungen, die Mehrzahl der Sehenswürdigkeiten, Unterkünfte und Freizeitangebote; hier lebt auch die Mehrzahl der rund 6.500 Einwohner der als Luftkurort ausgewiesenen Marktgemeinde. Schliersee ist eine alte Siedlung, die unter dem Namen „Slyrse“ bereits im 8. Jh. als Sitz eines Klosters erwähnt wurde. Mit schönen Bauernhäusern und vielen hübschen Winkeln macht der Ort einen ansprechenden Eindruck, der nur durch den wuchtigen Bau des modernen Kurzentrums am See etwas beeinträchtigt wird.

• *Information* **Kurverwaltung Schliersee**, schräg gegenüber des Bahnhofs. Mai–September Mo–Fr 8.30–17.30 Uhr, Sa/So 10–12 Uhr, sonst nur Mo–Fr. Bahnhofstr. 11 a, 83727 Schliersee, ✆ 08026/60650, ℻ 606520.

• *Übernachten/Essen und Trinken* **** **Hotel Schlierseer Hof (6)**, nicht weit von der Bootsabfahrtstelle nördlich des Strandbads: Nobelherberge mit eigenem Strand und Bootssteg. Unterschiedlich eingerichtete Zimmer (DZ/Bad/F 119–140 €). Panoramarestaurant und sehr schöner Biergarten direkt am See, Brotzeiten im Selbstbedienungsverfahren; bei schönem Wetter täglich geöffnet, auch im Winter, wenn die Schlittschuhläufer durstig sind. Seestr. 21, ✆ 08026/929200, 📠 9292050, www.schlierseerhof.de.

**** **Alpenclub Schliersee (2)**, keine Schönheit, aber gediegener Komfort erwartet den Gast in dem früheren Arabella-Hotel. Ruhige Lage abseits der Verkehrsströme, mit Hallenbad, Sauna, Whirlpool etc. DZ/Bad/F je nach Saison und Ausstattung ab 107 €. Das zugehörige Restaurant serviert Bayerisches und Internationales, Hauptgerichte 12–20 €. Kirchbichlweg 18 (Abzweigung von der Hauptstraße nahe Gasthof Prinzenweg, beschildert), ✆ 08026/6080, 📠 608811, www.alpenclub.de.

Hotel Terofal (4), an der Hauptstraße mitten im Ort. Traditionsreicher Gasthof, bereits im 15. Jh. als Wirtschaft erwähnt, 1891 von Xaver Terofal, dem Mitbegründer des gleich nebenan gelegenen Schlierseer Bauerntheaters erworben. Rustikal eingerichtete Zimmer, DZ/Bad/F 78–90 €. Biergarten vor dem Haus, gemütliche Stuben, bayerisch-internationale Küche um 8–12 €. Mo Ruhetag (zur Saison Mo ab 17 Uhr geöffnet). Xaver-Terofal-Platz 2, ✆ 08026/92350, 📠 9235300.

Gästehaus Franke (5), gleich südlich der Kirche. Hübsche Unterkunft in zentraler, aber recht ruhiger Lage in einer Sackgasse zum See; geschmackvolle Zimmer, Gartengrundstück direkt am See. DZ/Bad/F 68–82 €, auch eine 70-Quadratmeter-Ferienwohnung ist für 67 € im Angebot. Seestr. 8, ✆ 08026/4097, www.gaestehaus-franke-schliersee.de.

Gaststätte Ratskeller (3), im bzw. am Rathaus – ein Teil der Räumlichkeiten liegt nämlich direkt in dem historischen Gebäude, ein heller Saal ist daran angebaut. Bayerisch-internationale Küche, Hauptgerichte für 8–14 €. Mo Ruhetag. ✆ 08026/4786, www.ratskeller-schliersee.de.

Ausflugsgaststätte Hotel Café Schliersbergalm (1), in toller Aussichtslage auf rund 1050 m Höhe, freier Blick ins Schlierseetal. Ein Besuch ist vor allem auch ein Spaß für Kinder – das Haus ist nur zu Fuß oder per Kabinenbahn zu erreichen, zurück nach Schliersee geht es dann auf einer Art Schlitten über eine 950 m lange Sommerrodelbahn. (s. auch nachfolgende Kurzwanderung). Angeschlossen ist ein Kinder-Freizeitpark, dessen „Attraktionen" allerdings separat zu bezahlen sind: Minigolf 3 €, Tischtennis 2 €, Swimmingpool 3 €, dazu Bagger, Hüpfburg und Karussell. In der Schliersbergalm kann man auch übernachten, DZ/Bad/F 66–82 €. Die Talstation der Kabinenbahn ist über die Leitnerstraße, die nahe dem Gasthof „Post" von der Hauptstraße abzweigt, zu erreichen (beschildert); an ihr beginnt auch der sonnige Fußweg, der in ca. 50 Min. hoch zur Alm führt. Fahrpreise: Berg- und wahlweise Talfahrt oder Rodelbahn Erwachsene 6 €, Kinder 3–5 €, einfache Strecke 3,50 € bzw. 2 €. Kein Ruhetag. ✆ 08026/6722, www.schliersbergalm.de.

Campingplatz Lido, am Westufer, Zufahrt vorbei an der Westenhofener Kirche (nördlicher Ortseingang, beschildert). Hübsches Gelände direkt am See. Sanitäres vielleicht etwas altmodisch, aber gepflegt; kleiner Kiosk mit Einkaufsmöglichkeit. Preise: Zelt ab 4,60 €, pro Person inkl. Kurtaxe 3,10 €, Pkw 2,50 €. Geöffnet 1.4.–1.10. ✆/📠 08026/6624, www.camping-lido.de.

• *Baden* **Parkstrandbad Schliersee**, an der Seestraße im Südosten des Ortes, je nach Witterung tägl. von Anfang Juni bis Mitte September. Gepflegtes, schattiges Wiesengelände mit allen Einrichtungen inklusive (jüngst erweitertem) Kiosk, Rutsche, Sprungturm und „Iceberg" aus Plastik. Eintrittsgebühr 2 €, Kinder bis 15 J. 1,50 €, www.strandbad-schliersee.de.

• *Freizeit/Sport* **Bootsverleih**: Vermieter von Ruder-, Tret- und Elektrobooten neben dem Strandbad und dem Kurzentrum. Elektroboot 14 €/Std., Tretboot 6 €/Std., Ruderboot 4,50 €/Std., Segelboot 14 €/Std. Auch nettes Café. Am Milchhäusl (an der Promenade beim Kurzentrum), ✆ 08026/923327.

Fahrradverleih: City- und Trekkingräder bei Vespa Lammel, Miesbacher Str. 30, ✆ 08026/94449; Mountainbikes bei Radsport Rebel, Miesbacher Str. 12, ✆ 08026/2727; Karl Hiermeyer, Schlierachstr. 4, ✆ 08026/6800.

Windsurfschule: Sport Berauer, Rathausstr. 17, ✆ 08026/60690.

Geführte Touren: Von Mitte Mai bis etwa Mitte Oktober jeden Dienstag ab 8.30 Uhr geführte Rad- und Wandertouren, Bergtouren jeden Donnerstag ab 8.30 Uhr. Für Gäste mit Kurkarte (gibt's bei Übernachtung) kostenlos. Anmeldung in der Kurverwaltung, dort auch Treffpunkt.

Besuch einer Enzianbrennerei: Von Juni bis September jeden Fr 15 Uhr und Sa 11 Uhr bei der Fa. Lantenhammer, natürlich auch mit Verkauf, Mo–Fr 9–12 Uhr und 14–18 Uhr, Sa 9–12 Uhr. Urtlbachstr. 1 a (Nähe Hauptstraße/Hotel Arabella), ✆ 08026/92480, www.lantenhammer.de.

• *Veranstaltungen/Feste* Ein ausführlicher Programmkalender ist bei der Kurverwaltung erhältlich.

Fronleichnamsprozession mit Messe im Kurpark oder, je nach Wetter, in der St.-Sixtus-Kirche.

Kirchtag oder „Kirta", traditionelles Fest des Hl. Sixtus, Kirchenpatron der Pfarrkirche von Schliersee. Vor rund hundert Jahren wegen deftiger Schlägereien verboten, wurde das Fest jetzt wiederbelebt; morgens Ruderpartie der Trachtenkapellen, nachmittags großer Umzug. Am 7. August bzw. dem nächstliegenden Sonntag.

Leonhardifahrt, berühmter Umzug zu Ehren des Viehheiligen. Von Schliersee geht es den See entlang mit Pferden, Kutschen und Trachtenkapellen zur Kirche in Fischhausen; am 6. November oder dem ersten Sonntag im November.

Schlierseer Bauerntheater, neben dem Hotel Terofal, 1891 von Xaver Terofal und dem Münchner Hofschauspieler Konrad Dreher gegründet und durch viele Gastspielreisen bis nach Übersee zur Institution geworden. Regelmäßige Aufführungen ab Juni bis Mitte Oktober jeden Di, im Rest des Jahres wechselnde Zusatztermine. Kartenvorverkauf zu 8,50 € und 9,50 € beim Schreibwarengeschäft Huber, Lauterer Str. 10, ✆ 08026/4707, Mo–Fr 8–12.30 und 14–18 Uhr, Sa 8–12 Uhr und an der Abendkasse ab 19 Uhr. Aktuelles Programm unter ✆ 08026/20011, ✆ 08026/94568 oder www.schlierseer-bauerntheater.de.

Seefest, mit Feuerwerk, Marktständen und Trachtenkapellen, am letzten Sa im Juli.

Alm im Schliersee-Spitzingsee-Gebiet

Sehenswertes

Heimatmuseum Schliersee: In der Lautererstraße, gleich neben der Post, beherbergt ein schönes altes Bauernhaus das Heimatmuseum des Ortes. Errichtet im 15./16 Jh. diente es zunächst als Richterhaus und Gefängnis, später dann als Bauernhof. Die Stuben sind noch im Originalzustand erhalten; besonders sehenswert ist die Küche mit offener Feuerstelle und alten Gerätschaften.

Öffnungszeiten Mitte Mai–Ende Juni Di–Fr 16–18 Uhr, Sa 10–12 Uhr, Juli–September zusätzlich So 10–12 Uhr; danach bis Mitte Oktober nur Sa/So 10–12 Uhr. Änderung dieser Daten nicht unwahrscheinlich, aktuelle Informationen unter ✆ 08026/7617 oder 2329.

Rathaus: Auch das schöne Rathaus von Schliersee, direkt an der Hauptstraße gelegen, diente einst als Richterhaus. Erbaut wurde es um 1477, ab 1919 erfolgte die Umgestaltung zur heutigen Form.

Weinberg: Neben dem Rathaus führt ein schweißtreibend steiler Fußweg hinauf zum Weinberghügel (der Name stammt von „weinen", hat also nichts mit Trauben zu tun), von dem man eine weite Aussicht über den See genießt. Oben angekommen, lohnt sich ein Blick in die schindelgedeckte *St. Georgskapelle* aus dem 14. Jh.;

besondere Aufmerksamkeit verdient der barocke Hochaltar von 1624, der den Drachentöter unter einem Triumphbogen zeigt.

Pfarrkirche St. Sixtus: Die elegante Barockkirche steht an Stelle einer früheren Stiftskirche, die nach mehrfachen Umbauten 1712 abgetragen und durch das heutige Gotteshaus ersetzt wurde; einzig der spätgotische Turm der Vorgängerin blieb dabei erhalten. Ein guter Teil der Kirchenausstattung stammt von Johann Baptist Zimmermann, darunter der Entwurf zum Hochaltar wie auch der Stuck und die Fresken, die Leben und Martyrium des Hl. Sixtus zeigen; bemerkenswert sind auch der Gnadenstuhl von Erasmus Grasser (1480; am Wandpfeiler rechts des Hochaltars) und das Gemälde der Schutzmantelmadonna von Jan Polak (1494; über der Tür zur Sakristei). Einen sehenswerten Hochaltar birgt auch die nahe, spätgotische Friedhofskapelle *St. Nikolaus*.

Insel Wörth: Zur Badesaison wird das bewaldete Inselchen im Schliersee von den Rundfahrtschiffen angelaufen; man kann natürlich auch mit einem gemieteten Boot übersetzen. Im Sommer ist hier bei gutem Wetter sogar ein Kiosk in Betrieb. Um die Insel ragen eine Reihe von Kalkbuckeln aus dem sonst tiefen Wasser bis nahe an die Oberfläche; aufgrund ihrer hellen Farbe werden sie von der Bevölkerung „Die Weißen" genannt.

St.-Martins-Kirche von Westenhofen: Am nördlichen Ortseingang von Schliersee sieht man rechterhand, jenseits des Bahnübergangs, den spätgotischen Turm der „Mutterkirche des Schlierseer Tals" aufragen; so genannt, weil hier bereits um 770 ein Gotteshaus stand. Der heutige Barockbau stammt freilich aus den Jahren um 1734, das Innere überwiegend erst aus dem 18. Jh. Hauptanziehungspunkt für die meisten Besucher ist jedoch der Friedhof mit dem Grab des berühmt-berüchtigten Wildschützen *Georg Jennerwein*.

Es war ein Schütz in seinen schönsten Jahren ...

War es schiere Not oder bloße Jagdleidenschaft, vielleicht auch eine Mischung beider Motive? Im 18. und 19. Jh. jedenfalls blühte im bayerischen Oberland trotz äußerst harter Strafen die Wilderei, dies natürlich zum Verdruss der adeligen Jagdbesitzer und ihrer Gehilfen, der Jäger. Einer der bekanntesten Wildschützen, bis in unsere Zeit durch Lieder und Verse verehrt, war *Georg Jennerwein*, genannt „Girgl", ein gut aussehender, beim Volk beliebter Hallodri. Besonders die Frauen mochten den feschen Girgl. Und das wurde ihm letztlich zum Verhängnis: Hätte er sich nicht mit der Frau des Pföderl Johann eingelassen, sie auch noch geschwängert und den ehemaligen Freund und Kriegskameraden dadurch dem allgemeinen Gespött preisgegeben, wäre er vielleicht hochbetagt im Bett gestorben. So aber nutzte der gedemütigte Jagdgehilfe Pföderl die Gelegenheit, als er den Girgl 1877 am Peißenberg bei Tegernsee im Wald ertappte, und erschoss ihn – in den Rücken. Der Mord kam ans Licht, und der Pföderl wurde zu einer (milden) Haftstrafe verurteilt. Als er aus dem Zuchthaus kam, sprach keiner mehr ein Wort mit ihm; wenige Jahre später starb er am Alkohol und wohl auch der Einsamkeit. Den Girgl aber hat man bis heute nicht vergessen: 1976 band man ihm zu Ehren gar eine gewilderte Gams um sein Grabkreuz.

Das Jennerwein-Grab mit dem Original-Grabkreuz von 1877 liegt etwa auf der Mitte des Westenhofener Friedhofs, ungefähr auf Höhe der Friedhofskapelle.

Hier ruht in Frieden
der Wilderer
Georg Jennerwein

Kurzwanderung zur Schliersbergalm

Nur wenige Meter vom Zentrum entfernt beginnt ein schöner Wanderweg hinauf zur Schliersbergalm mit Swimmingpool und Aussichtsgasthof. Von der Lautererstraße mit ihren Buden und Cafés geht es über die Rathausstraße in die Leitnerstraße zur Talstation der Kabinenbahn und von dort den Dekan-Maier-Weg links erst am Berg entlang und dann, nach einer ersten Serpentine, langsam aufwärts. Der Belag geht von Teer zu Kies und schließlich in einen unbefestigten Pfad über, der sich in langen Serpentinen den Berg hinaufzieht. Anfangs säumen noch einige Häuser den Weg, bald befindet man sich aber abwechselnd in kleinen Waldstücken und auf freiem Almabhang. Der Aufstieg ist in anderthalb Stunden bequem zu bewältigen. Oben werden Sie mit einem herrlichen Blick auf den Schliersee und einer ganz ordentlichen Gaststätte belohnt (s. S. 162). Zurück geht es dann auf dem gleichen Weg oder mit der Kabinenbahn.

Fischhausen und Neuhaus

Am Südufer des Schliersees bilden der nur aus wenigen Häusern bestehende Weiler Fischhausen und die südlich anschließende, ausgedehntere Siedlung Neuhaus praktisch eine Einheit, besitzen auch einen gemeinsamen Bahnhof. Neuhaus zieht sich mit seinem Ortsteil Josefstal weit in die Berglandschaft hinein und ist so für Wanderer und Mountainbiker ein guter Ausgangspunkt für Touren Richtung Spitzingsee, der ebenfalls noch zum Gemeindegebiet zählt.

Eine neue Attraktion soll 2006 eröffnet werden: Markus Wasmeiers **Bauernhof- und Wintersportmuseum** in der Nähe des Bahnhofs. Erste Häuser sind bereits restauriert, insgesamt soll das altbayerische Dorf, in dem jahrhundertealte Traditionen wieder aufgenommen werden sollen, aus zehn Gebäuden bestehen. Das Konzept sieht eine Wiederbewirtschaftung aller Höfe vor (aktueller Stand unter www.wasmeier.de).

• *Übernachten/Essen und Trinken* **Gästehaus Kögl**, schönes, gepflegtes Bauernhaus mit Sonnenterrasse und Garten, zentral. Bayerische Küche, einfache Zimmer, DZ/Bad/F 58–70 €. Dürnbachstr. 1 b, ✆ 08026/71208, 📠 71510.

Jugendherberge in Neuhaus-Josefstal, günstige Lage zum Wandern, vom See allerdings rund 3 km entfernt. Josefstaler Str. 19, ✆ 08026/97380, 📠 71610, www.jugendherberge.de/jh/josefstal.

• *Baden/Freizeit* **Freibadeplätze** der bescheideneren Art am Südufer westlich von Fischhausen; sehr schmaler Uferstreifen. Etwas mehr Platz bietet das oft feuchte, wellige Wiesengelände etwa auf halber Höhe des Westufers, jenseits der Bahnlinie, Zugang nur zu Fuß.

Bootsverleih in Fischhausen, nahe der Hauptstraße von Schliersee, allerdings nicht so zuverlässig geöffnet wie die Verleihstationen in Schliersee.

Burgruine Hohenwaldeck: Hoch über Fischhausen liegen auf einem Felsvorsprung die Reste der vermutlich um 1200 erbauten Burg, die einst Stammsitz der Waldecker und Maxlrainer war. Die Gebäudereste an sich geben nicht viel her, doch der Blick über den See ist grandios. Der kürzeste Aufstieg zur Burg beginnt in Fischhausen nahe des Gasthofs Schnapperwirt (über den Maxlrainer Weg, ca. 40 Min.), es gibt auch einen schönen Wanderweg ab Schliersee, der beim Hotel Schlierseer Hof beginnt und über Unter- und Oberleiten führt (ca. 1,5 Std., Markierung W 6).

Wallfahrtskirche St. Leonhard: Etwa auf halbem Weg zwischen Fischhausen und Neuhaus steht nahe der Straße, umgeben von Feldern und Wiesen, diese schöne, 1657 errichtete Barockkirche. Im November ist sie Ziel der farbenprächtigen Leonhardifahrt von Schliersee (s. S. 163).

Auf der Schliersbergalm

Abstecher in die Umgebung: Fischbachau und Wendelstein

Beide Ziele, das hübsche Dorf Fischbachau und die Talstation der Kabinenbahn zum Wendelstein, sind über die Straße nach Bayrischzell zu erreichen.

Fischbachau im Leitzachtal liegt nördlich der Straße nach Bayrischzell (Abzweigung bei Aurach, etwa drei Kilometer hinter Neuhaus). Freunde früher Kirchenbaukunst finden hier die ehemalige Klosterkirche *St. Martin*, eine dreischiffige Basilika vom Ende des 11. Jh. Obwohl sie im 18. Jh. barock umgestaltet wurde, ist die romanische Herkunft der Wände und Pfeiler noch deutlich erkennbar. Der Stuck und die farbenprächtigen Fresken, die unter anderem das Leben des Hl. Martin schildern, stammen von Künstlern der Wessobrunner Schule; bemerkenswert sind auch die üppig mit Stuck versehene Kanzel, der Hochaltar und insbesondere der Marienaltar mit einer Madonna aus der Mitte des 18. Jh. Hinter der Martinskirche steht die in ihren Grundzügen noch ältere, bereits 1087 geweihte heutige Friedhofskirche *Mariä Schutz*, in der ein spätgotisches Holzrelief der Schutzmantelmadonna (16. Jh.) zu sehen ist.

Wallfahrtskapelle Birkenstein: Etwa einen Kilometer östlich von Fischbachau und kaum fünf Fußminuten vom Parkplatz beim Gasthof Oberwirt, steht die äußerst üppig ausgestattete kleine Kapelle, die nach dem Vorbild der Wallfahrtskapelle Santa Casa in Loretto erbaut wurde. Alljährlich ist sie Ziel einer großen, sehr traditionellen Wallfahrt mit Hunderten von Pilgern in Tracht.

Birkenstein-Wallfahrt an Christi Himmelfahrt. Der festliche Gottesdienst beginnt bereits um 9 Uhr; ratsam, noch um einiges früher vor Ort zu sein, denn der Andrang ist groß.

Fahrt auf den Wendelstein: Der 1838 Meter hohe, markant geformte Wendelstein gilt als einer der „aussichtsreichsten" Berge Deutschlands – immerhin reicht bei entsprechendem Wetter das Panorama von den Allgäuer Bergen bis zum Watzmann. Der Rundblick ist übrigens auch im Fernsehen zu bewundern: Der BR zeigt täglich von 7.30–9 Uhr Wetterbilder direkt vom Gipfel. Die Aussicht auf die Berge und ins Alpenvorland genoss schon König Max II., der 1858 in vier Stunden zur Spitze aufstieg und dadurch den Wendelstein in Mode brachte. Heute macht die Technik den Gipfelsturm leichter: Sowohl von Brannenburg (Inntal) als auch von Osterhofen führen Bergbahnen auf den Wendelstein. An der Bergstation angekommen, sind bis zum Gipfel noch rund 120 Höhenmeter zurückzulegen; der gut gesicherte Fußweg nimmt etwa 20 Minuten in Anspruch, festes Schuhwerk ist ratsam. Um den Haupt- und den Ostgipfel gruppiert sich ein ganzer Komplex von Bauten, darunter ein Observatorium, das Wendelsteinkircherl (Bergmesse So 11 Uhr), eine Sonnen- und Windenergieanlage und die Sendestation des Bayerischen Rundfunks. Andere Fußwege führen von der Bergstation zum Geo Park, einer Art Geologielehrpfad, und zur Wendelsteinhöhle, die etwa von Mai bis Oktober besichtigt werden kann. Dafür, dass niemand zu hungern braucht, sorgt eine Gaststätte mit großer Sonnenterrasse.

• *Seilbahn ab Osterhofen* Die Talstation (Bahn-, Busanschluss;) liegt an der Straße Schliersee–Bayrischzell, etwa 8 km hinter Neuhaus. Betrieb tägl. 9–17 Uhr. Berg- und Talfahrt Erwachsene 17 €, Kinder 6–15 J. 12 €; es gibt auch günstige Kombi-Karten mit der Deutschen Bahn und den RVO-Bussen. Zudem wird eine Rundfahrt angeboten: Mit der Seilbahn hinauf, mit der berühmten Zahnradbahn hinunter nach Brannenburg und per Bus zurück zur Talstation Osterhofen; Preis 25,50 € bzw. 15,50 € (www.wendelstein-ringlinie.de). Informationen zu Abfahrtszeiten und Tarifdetails: ✆ 08034/308112, www.wendelsteinbahn.de.

Spitzingsee

In fast 1100 Meter Höhe gelegen und ringsum von Bergen umgeben, ist der Spitzingsee im Sommer ein viel besuchtes Ausflugsziel. Auf den Hängen rund um das Gewässer treffen sich dann Wanderer und die Cracks der Mountainbikeszene.

Im Winter zieht es die Skifahrer und Snowboarder vor allem aus der Landeshauptstadt hierher. Als Skigebiet ist der Spitzingsee sogar fast noch beliebter denn als Sommerziel. Die Brettlfans finden sich da in bester Gesellschaft, liegt hier doch das „Heimatrevier“ des aus Schliersee stammenden Doppel-Olympiasiegers Markus Wasmeier.

Der Andrang hat dem kleinen See, der kaum einen Kilometer Länge und nur 400 Meter Breite misst (damit der größte Hochgebirgssee Bayerns ist), allerdings nicht unbedingt gut getan. Die kleine Siedlung Spitzingsee, die in den letzten Jahrzehnten im Südosten entstand, besteht nahezu komplett aus Gasthöfen, Hotels und Andenkenläden; einzige Ausnahme ist die burgähnlich wirkende Kirche St. Bernhard, die trotz ihres altehrwürdigen Aussehens erst 1938 errichtet wurde.

Rund um den Spitzingsee

Gerade mal drei Kilometer legen Wanderer – für Radler sind die Wege gesperrt – bei einer Umrundung zurück. In weniger als einer Stunde ist man also wieder am Ausgangspunkt; die Orientierung (Rundweg beschildert: K 25) gestaltet sich problemlos. Uferkontakt vermisst man nur an der Westseite des Sees, sonst verlaufen die Wege immer dicht am Wasser.

Abseits dieser Ansammlung von Fremdenverkehrsbetrieben bieten sich fantastische Möglichkeiten für Wanderer und konditionsstarke Mountainbiker (reizvoll beispielsweise die Routen über die Obere Firstalm zum Tegernsee und Schliersee). Ein ganzes Netz von Wegen erschließt die Hänge rund um den See; wer nicht ganz so gut bei Puste ist, kann die Berge im Osten und Westen auch per Kabinen- bzw. Sesselbahn erklimmen. Ein echter Badesee allerdings ist der Spitzingsee noch weniger als der Schliersee, dafür sorgt schon die Höhenlage und die damit verbundene langsame Erwärmung des Wassers.

• *Verbindungen* **Bus**: RVO-Busse (Linie 9562) von/nach Schliersee-Bahnhof Mo–Fr bis 18.30 Uhr stündl., Sa/So bis 17.30 Uhr. Busse derselben Gesellschaft (Linie 9560) durchs Valepp-Gebiet nach Rottach-Egern/Tegernsee (s. S.149ff.) Mo–So 5-mal tägl.
Auto: Anfahrt wie zum Schliersee, dann auf der B 307 Richtung Bayrischzell und etwa 1 km hinter Neuhaus rechts auf die Bergstraße. Die Parkplätze am See sind gebührenpflichtig (pro Pkw 3 €).

• *Übernachten/Essen und Trinken (s. Karte S. 170)* **** **ArabellaSheraton Alpenhotel (3)**, größtes und komfortabelstes Haus am Platz. Soletherme-Hallenbad, Sauna, Whirlpool etc. selbstverständlich. DZ/Bad/F nach Lage und Saison 300–400 €, vergleichsweise günstig sind die Wochenendpauschalen mit Halbpension, pro Person etwa 455 € für 4 Nächte. Schöne Terrasse über dem See, feine Küche, stark international geprägt, in der schönen Osteria gibt es toskanische Spezialitäten, in der König-Ludwig-Stube werden regionale Gerichte serviert. Seeweg 7, ✆ 08026/7980, ℻ 798879, www.arabellasheraton.com/alpenhotel.

Gaststätte Alte Wurzhütte (4), an der Südseite des Sees, etwas versteckt hinter der neuen „Wurzhütte". DZ/Bad/F 65 €, daneben gibt es auch 3- und 4-Bettzimmer für 85 € und 95 €. Historisches, fast 300 Jahre altes Wirtshaus, innen vielleicht etwas überdekoriert, aber gemütlich; nach hinten eine sonnige Gartenterrasse. Hauptgerichte für 8–12 €, außerdem kleinere Gerichte und Brotzeiten. Roßkopfweg 1, ✆ 08026/60680, ℻ 6068100, www.alte-wurzhuette.de.

Berggasthaus Obere Firstalm (2), auf 1370 m Höhe gelegen und in ca. 45 Min. über einen etwa 2,5 km langen, schattigen Fußweg zu erreichen, der am Spitzingsattel beginnt. Übernachtungsmöglichkeit in Zimmern (DZ/F 50 €) und 2 Schlafsälen (Person

inkl. F 20 €). Im Winter Schlittenverleih für die Abfahrt zum Spitzingsattel. Sonnige Terrasse und helle Stube nach Süden, Küche von 11–17 Uhr, gute Brotzeitauswahl, angenehme Preise: Hauptgerichte 7–9 €. Trautweinweg, Gepäcktransfer unter ✆ 08026/977944 vereinbaren, www.firstalm.de.

• *Baden* Wie erwähnt, ist der Spitzingsee nicht gerade der Badesee par excellence. Wer sich an warmen Sommertagen dennoch ins Wasser wagen will, findet die besten Möglichkeiten auf der Ostseite, im Gebiet des Hotels Arabella.

• *Freizeit/Sport* **Bootsverleih**: An der Südseite des Sees, Nähe Gasthof Wurzhütte.
Mountainbikeverleih: Im Sportgeschäft Wurzhütte, der Gaststätte angeschlossen, ✆ 08026/60680.
Kutschenfahrten um den See (1 Std.), zum Forsthaus Valepp (1 Std.) oder zum Blecksteinhaus, Abfahrt unterhalb Hotel ArabellaSheraton. Fam. Rötzer, Seestr. 25, Schliersee, ✆ 08026/4924.
Tour zum Forsthaus Valepp und weiter zum Tegernsee: Eine landschaftlich sehr reizvolle Route führt Wanderer und Radfahrer (für Kfz ist die Strecke teilweise gesperrt) durch die Täler der Roten und Weißen Valepp ins Suttengebiet und weiter zum Tegernsee; Rückfahrt mit Bussen der RVO oder mit der Suttenbahn. Näheres s. Kapitel

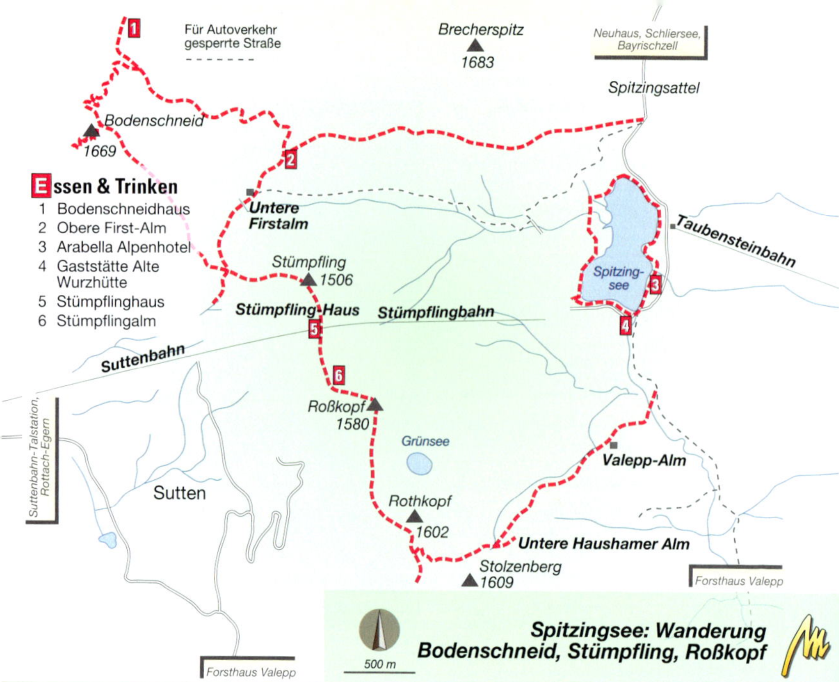

Tegernsee, „Ausflüge ab Rottach-Egern".

Wintersport: Das Wintersportangebot am Spitzingsee ist riesig. Neben zwei Bergbahnen (dort auch Informationen zu Skipässen etc.) gibt es noch 16 Schlepplifte. Auf dem zugefrorenen See sind Eislauf und Eisstockschießen angesagt etc.

Taubensteinkabinenbahn: Talstation mit Parkplätzen am Ostufer, Bergstation auf 1613 m Höhe unterhalb des Taubenstein-Gipfels (1692 m). Betriebszeiten tägl. 8.45–16.30 Uhr; Berg- und Talfahrt 13 € (Kinder 6 €), Einzelfahrt 7,50 € (Kinder 4 €). ✆ 08026/7071.

Stümpflingbahn: Seit Dezember 2004 ist der neue Vierersessellift mit Wetterschutzhaube in Betrieb. Talstation im Südwesten des Sees (Parkplätze vorhanden), Bergstation in 1506 m Höhe beim Stümpflinghaus, Fahrtzeit 5,5 Min.; Abfahrt mit der Suttenbergbahn zur Tegernseeseite möglich, zurück zum Spitzingsee dann per Bus (s. Kapitel Tegernsee, „Ausflüge ab Rottach-Egern"). Betriebszeiten tägl. 8.45–16.30 Uhr. Die Sesselbahn ist noch bis Ende Juni 2006 in Revision, Preise für den neuen Lift standen daher bei Druckbeginn dieses Buches noch nicht fest. Informationen unter ✆ 08026/7304.

• *Feste* **Skifasching**, berühmte Gaudi am Faschingssonntag auf den Firstalmen. Tausende von maskierten Skifahrern, urige Gefährte, die mehr zu Tal schlittern als gleiten – das muss man gesehen haben!

Rundwanderung: Bodenschneid, Stümpfling und Rosskopf

Eine reizvolle Tagesbergtour, die mehrere Aussichtsgipfel einschließt. Wichtig sind gutes, beständiges Wetter und die übliche Ausrüstung: feste Bergschuhe und Wetterschutzkleidung, außerdem Sonnenschutz. Gute Kondition ist auch vonnöten – elf Entfernungskilometer klingen zwar nach nicht viel, die großen Höhenunterschiede schlauchen aber ganz schön. Die Route führt sowohl durch Waldgebiete als auch über sonnige Bergwiesen, die nach Niederschlägen ausgesprochen sumpfig sein können.

Route: Spitzingsattel – Obere Firstalm – Bodenschneid (1669 m) – Suttenstein/Stümpflingsattel (1398 m) – Stümpfling (1506 m) – Roßkopf (1580 m) – Untere Haushamer Alm – Valepp-Alm – Spitzingsee. **Entfernung**: rund 11 km. **Hö-**

henunterschied: ca. 800 m. **Gehzeit**: etwa 5–6 Stunden. **Karte**: beispielsweise die Kompass-Wanderkarte Nr. 8 Bayrischzell-Schliersee, 1:35.000. **Einkehr**: Reichlich Möglichkeiten; erkundigen Sie sich aber bitte vorher nach eventuellen Betriebsferien. *Obere Firstalm (2)*, (s. o., kein Ruhetag); *Bodenschneidhaus (1)*, Mahlzeiten und Unterkunft, kein Ruhetag, ✆ 08026/4692; *Berggasthof Stümpflinghaus (5)*, Abriss des alten, Neubau in 2005, Neueröffnung zur Sommersaison; ✆ 08026/7305 oder 7304; *Stümpflingalm (6)*, traditionelle Alm, Juni–September bzw. bis zum Almabtrieb, nur Brotzeiten, kein Telefon.

Vom Spitzingsattel in westlicher Richtung dem beschilderten Waldweg hinauf zur Oberen Firstalm folgen. Hier rechts, dann bald wieder links ab auf den Sommerweg zum Bodenschneidhaus. Ein paar hundert Meter vor dem Haus zweigt links der steile Weg zum Gipfelkreuz ab; von oben weiter Blick. Nun geht es auf dem Kamm in südöstlicher Richtung abwärts zur Gabelung am Suttenstein, dann aufwärts zum Stümpfling und zum Stümpflinghaus. Weiter in zunächst etwa südlicher, ab der Stümpflingalm dann südöstlicher Richtung zum Gipfel des Roßkopf, mit Blick auf den kleinen Grünsee. Von hier auf dem zunächst fast ebenen Kamm nach Süden, dann in leichtem Linksbogen westlich am Gipfel des liegenden, bewaldeten Rothkopf vorbei, bis vor dem letzten Anstieg zum Stolzenberg (1603 m) links der Weg zur Unteren Haushamer Alm abzweigt. Diesem folgen, links an der Alm vorbei und immer weiter abwärts über die Valepp-Alm zur Straße, die nach Norden zum Spitzingsee und weiter zurück zum Spitzingsattel führt.

Seehamer See

Ohne es zu wissen, kennen viele den Seehamer See schon von ihrer Fahrt in den Urlaub: Kurz vor dem Irschenberg blinkt rechts die Wasserfläche kurz auf, ein schneller Blick erfasst noch den Campingplatz – und schon ist man vorbei am Seehamer See.

Machen Sie es das nächste Mal doch anders, warten Sie vielleicht noch in Ruhe das Ende eines Staus ab: Keine hundert Meter neben der Salzburger Autobahn liegt schon der erste Badeplatz, zwar kein Wunder an Attraktivität, aber immerhin. Wer das Radl dabeihat und sich etwas mehr Zeit nehmen will, kann den Seehamer See auch auf gemütlichen Nebenstraßen umrunden, muss dabei freilich auch auf einigen Steilstücken kräftiger in die Pedale treten.

Abseits des Nordostufers, an dem die Autobahn entlang führt und wo sich auch die Badeplätze finden, ist man hier noch richtig auf dem Land: kleine Weiler, kaum Verkehr, Hügel, Wiesen und Wälder. Das Südufer des immerhin zwei Kilometer langen und fast einen Kilometer breiten, von Landschaftsschutzgebiet umgebenen Sees ist mangels Wegen fast unzugänglich, im Westen erstrecken sich dichte Schilfgürtel, im Osten riegelt eine Staumauer den See ab.

• *Anfahrt* Von der Autobahn A 8 München–Salzburg zwischen den Ausfahrten Weyarn und Irschenberg in den Parkplatz abbiegen (nur aus Richtung München zugänglich); das Sträßchen zum Ufer zweigt direkt vor den Parkplätzen ab.

• *Übernachten* **Camping Seehamer See**, terrassiertes Gelände zwischen See und Autobahn, nur durch einen Lärmschutzwall etwas abgeschirmt – die Dauercamper, die einen Teil des Platzes belegen, halten's ja auch aus ... Geöffnet Ostern bis Mitte Oktober, Preise Person 6 €, Stellplatz inkl. Pkw 8 €. ✆ 08020/1400.

• *Essen und Trinken* **Gasthof Spießbratenhaus (1)**, in Großseeham. Kleine Dorf- und Ausflugsgaststätte mit verträumtem Wirtsgarten, außen blättert der Putz, aber noch überwiegt der Charme. Auf der Karte überwiegend Grillgerichte für 7 €, auch Brotzeiten ab 3,50 €. Mi Ruhetag. Hauptstr. 18, ✆ 08020/367.

Seerestaurant/Kiosk (2), beim Campingplatz, also noch in leichter Fußentfernung vom Parkplatz an der Autobahn. Hübsche Terrasse zum See, durch das Gebäude vom Verkehrslärm weitgehend abgeschirmt; einfache Gerichte überwiegend bis 7 €, die Halbe Bier 2,30 €. Im Sommer kein Ruhetag, im Winter nur an Wochenenden geöffnet.

• *Baden* Die eher bescheidenen Badeplätze liegen am Nordostufer, also nahe der Zufahrt von der Autobahn. Die Uferstreifen sind großteils schmal und uneben, der Wasserstand kann schwanken – unbedingt einen Sicherheitsabstand von der Staumauer einhalten. Die Wasserqualität ist gut.

Rund um den Seehamer See

Etwa acht Kilometer legt man bei einer Umrundung des Seehamer Sees zurück, bewegt sich dabei überwiegend abseits der Ufer auf verkehrsarmen Nebenstraßen, weshalb dieser kleine Abstecher auch eher für Radfahrer als für Fußgänger attraktiv ist.

Kurzbeschreibung: Vom Parkplatz in südöstlicher Richtung am See vorbei, an der ersten Straßenabzweigung rechts und über den Hof Brandlberg und den kleinen Weiler Pfisterer (Kiesabbau) nach Reichersdorf; hier rechts. Nach einem knappen Kilometer rechts in einen seewärts führenden Feldweg, an der Gabelung links und neben dem Kanal bis zum Waldrand. Hier links halten und im Bogen zur Straße zwischen Klein- und Großseeham; durch Großseeham hindurch am Nordufer zurück.

Im Westen des Seehamer Sees – Radtour rund um den Taubenberg über dem Mangfalltal

Charakter: leicht sportlich. **Start und Ziel**: Bahnhof Darching (BOB, Züge stündlich ab München Hauptbahnhof, Abfahrtszeiten unter www.bayerischeoberlandbahn.de). **Einkehr**: Gotzinger Trommel, Berggasthaus Taubenberg. **Fahrräder**: Mountainbike für die Route über den Taubenberg, ansonsten Trekkingräder mit mehreren Gängen. **Karte**: Kompass Nr. 181 (Rosenheim, Bad Aibling).

Darching liegt westlich des Seehamer Sees – und unmittelbar an der Autobahn München–Salzburg. Als Ausgangspunkt für eine Tour um den waldreichen, maximal 900 m hohen Taubenberg ist der Ort jedoch unverzichtbar. Als einziger weit und breit besitzt er Bahnanschluss. Die Bayerische Oberland Bahn (BOB) fährt Darching ab München Hauptbahnhof stündlich an, morgens öfter und beginnend ab 6.30 Uhr. Die Fahrzeit beträgt eine halbe

Stunde. Darching kann für die Nähe zur Autobahn natürlich nichts, dennoch wird wohl jeder so schnell als möglich unter der Autobahnbrücke durch und auf der anderen Seite nach rechts runter über die Mangfall ins Mühltal und rüber nach **Weyarn** fahren. Das ist schnell getan und man befindet sich nun weit genug von der Autobahn entfernt, um sie kaum noch zu sehen und gar nicht zu hören. Von Weyarn geht es auf einer einsamen Nebenstrecke nach Wattersdorf und Kleinseeham, wo man am **Seehamer See** bereits die erste Rast einlegen kann. Man ist nun inmitten einer Traumlandschaft aus Wiesen, kleinen Hügeln und Wäldern, durchzogen von schmalen, selten befahrenen Landstraßen. Eine solche führt von Kleinseeham nach Reichersdorf und Thalham, das an der Bundesstraße nach Miesbach liegt. Diese verlassen Sie jedoch bereits nach wenigen Metern und schlagen den Weg nach Oberwarngau ein. Eine rasante, sanft kurvenreiche Abfahrt führt ins **Mangfalltal** und von dort rauf (der steilste Kilometer der Strecke) zum **Gasthaus „Gotzinger Trommel"**. Der Name rührt von dem Instrument her, das die aufständischen Truppen des Schmieds von Kochel (s. S. 119) 1705 vor sich her trugen. Das mitten im Grünen liegende Wirtshaus stammt aus dem 17. Jh. und serviert gute bayerische Küche zu zivilen Preisen. Angeschlossen ist ein Salettl – eine Theaterbühne, die sich mit anzüglich-frechen Volksliedern und feinem Kabarett einen Namen gemacht hat (✆ 08020/1728, www.gotzinger-trommel.de).

Die Radtour führt jetzt bergab nach **Oberwarngau**. Seit dem Mangfalltal fährt man stets durch schattigen Laubwald auf einer schmalen Asphaltstraße. Nach etwa drei Vierteln der Distanz zweigt rechts ein unbefestigter Pfad zur **Ausflugsgaststätte „Taubenberg"** ab, der etwa 5 km durch den Wald bis auf die baumfreie Anhöhe führt, die von dem Berggasthaus mit seinem nach den Bio-Richtlinien der EU geführten Gutshof besetzt wird. Die beliebte Panoramaterrasse bietet freie Sicht auf die Alpen, serviert werden ausschließlich Gerichte vom eigenen Hof (nichts für Vegetarier) sowie selbstgemachte Kuchen. Der Schlüssel zum nahe gelegenen Aussichtsturm, von dem aus man bei schönem Wetter bis nach München blicken kann, liegt bei der Taubenberger Wirtsfamilie Maurer (✆ 08020/1705, www.taubenberg.de). Um hier hinauf zu gelangen, sind allerdings Mountainbikes zwingend notwendig. Ist man einmal da, kann man den Pfad vom Gasthaus runter nach **Schmidham** weiter verfolgen und unten rechts auf die schmale, wenig befahrene Asphaltstraße nach **Darching** einbiegen.

Nicht-Mountainbiker fahren, immer am Fuße des Taubenbergs bleibend, auf der asphaltierten Straße nach Oberwarngau und von dort weiter, rechts rum, über Schmidham nach Darching zum BOB-Bahnhof.

Am Steinsee, im Familienbad

Münchner Umland

Auch das nahe Münchner Umland wartet mit Badeseen auf. Zwei davon, der Steinsee und der Kastensee, liegen in der Nähe von Glonn, im Südosten von München. Beide werden sie gern von Einwohnern der Landeshauptstadt besucht. Ebenfalls im Sommer wie im Winter ein beliebtes und attraktives Ausflugsziel ist der Deininger Weiher im Süden von München.

Kaum 30 Kilometer beträgt die Entfernung vom Zentrum Münchens zu den beiden Seen im Südosten; an Sommerwochenenden kann es deswegen hier sehr voll werden. Immerhin lässt es sich auch erst vor Ort entscheiden, an welchem der beiden Gewässer gerade weniger los zu sein scheint: Die Seen sind, kaum fünf Kilometer voneinander entfernt, durch ein schmales Asphaltsträßchen verbunden, das über das Dorf Schlacht führt – darf allerdings Schönheit allein entscheiden, liegt der Steinsee deutlich vorn. Bei allen Seen erwärmt sich das saubere Wasser im Sommer sehr rasch. Der Deininger Weiher lockt außerdem mit schönen Wanderwegen und einer guten Einkehrmöglichkeit.

• *Anfahrt* Je nach Abfahrtsort in München und angepeiltem See entweder auf der Bundesstraße 304 bis Zorneding und weiter über Moosach (Steinsee) oder auf der Straße Richtung Aying bis Höhenkirchen-Siegertsbrunn und weiter über Egmating (Kastensee). Zum Deininger Weiher gelangt man von München über Grünwald und Straßlach nach Großdingharting. Von dort weisen Schilder den Weg zum großen Parkplatz vor dem See. Alternativ mit dem Fahrrad mit der S 7 nach Wolfratshausen, in Hohenschäftlarn aussteigen, über die Isar-Brücke nach Kleindingharting und weiter zum (ausgeschilderten) Deininger Weiher.

Steinsee

Der größere (800 Meter lang, 300 Meter breit) und nördlicher gelegene der beiden Seen im Südosten ist fast völlig von dichten Waldgebieten umgeben. Zum Baden wird der Moränensee besonders von Familien mit Kindern gerne besucht. Abgesehen von einem kleinen, frei zugänglichen Fleckchen, sind die Ufer – wie der gesamte See – jedoch in Privatbesitz. Die meisten Badegäste zieht es deshalb in das Strandbad, das hübsch gelegen und ziemlich groß, im Sommer aber oft sehr starkem Andrang ausgesetzt ist; Parkplätze werden dann zur Mangelware. Die Wasserqualität ist stabil gut.

• *Essen und Trinken* **Strandbad-Restaurant**, große Terrasse über dem See, Selbstbedienung. Im Angebot Brotzeiten und einfache Speisen, auch einige preiswerte Hauptgerichte nach Tageskarte, alles unter 10 €. Ein Kiosk ist angeschlossen.

• *Baden* **Familienbad Steinsee**, landschaftlich sehr ansprechendes, weitgehend naturbelassenes und teilweise geneigtes Gelände, gepflegte Liegewiesen und schattige Plätzchen auf Waldboden. Abgeteilter Kinderbereich, für größere Kinder ein Sprungturm im Wasser. Geöffnet solange es warm und hell ist. Eintrittsgebühr 2,50 €, Parkplätze gebührenpflichtig (Parkautomat: 1,50 € in Münzen bereithalten). ✆ 08093/788.

Extra-Tipp: **Naturbad Wiesmühle**, ein Bade-Schmuckstück: Das schön gelegene Schwimmbecken am Rand von Glonn entsteht durch den Kupferbach, der in ein von viel Wiesengrün umgebenes Betonrund umgeleitet und dort gestaut wird. Viel familiärer Trubel, viel gute Laune. Das einfache, aber freundlich geführte „Wirtshaus an der Wiesmühle" mit seinem schattigen Biergarten liegt unmittelbar davor. In Glonn Richtung Feldkirchen und am Ortsrand rechts in die Reisenthalstr. 13. Tägl. außer Mo 10–1 Uhr. ✆ 08093/5295, www.wadw.de.

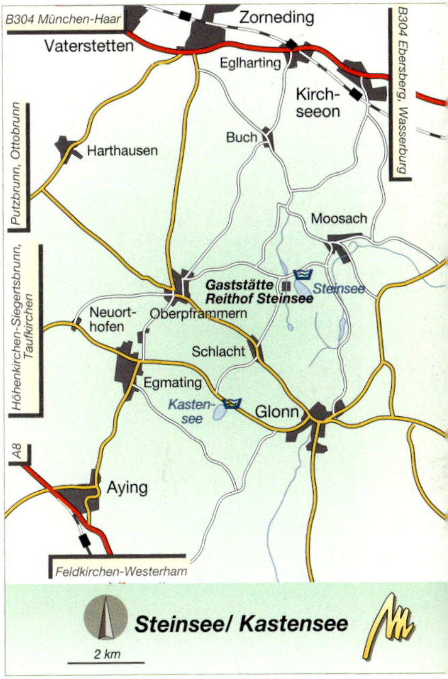

• *Freizeit/Sport* **Reithof Steinsee**, im Gut Nieder, nur ein paar hundert Meter vom Steinsee entfernt auf dem Weg zum Kastensee (Richtung Glonn). Der Reitclub Steinsee e.V. (www.rc-steinsee.de) bietet Reitkurse in der Halle an, Informationen unter ✆ 08093/4877. Die zugehörige Wirtschaft hat einen hübschen, schattigen Biergarten, von innen Blick in die Reithalle; internationale Küche, Hauptgerichte etwa 8–12 €, auch Brotzeiten und Grillstation. Mo Ruhetag.

Kastensee

Gerade mal ein Drittel des Steinsees ist der nur sieben Hektar kleine Kastensee groß, dazu nur vier Meter tief. Eigentlich heißt er ja Kastener See, benannt nach dem Ort, an dem er liegt, doch hat sich die Kurzform eingebürgert. Der Kastensee ist ein sogenannter Toteissee, am Ende der letzten Eiszeit aus einem einzelnen, langsam abschmelzenden Eisblock entstanden. Um den See erstrecken sich empfindliche, ökologisch wertvolle Moorflächen, auf denen viele selten gewordene Pflanzenarten wachsen. Seit 1980 ist das Kastener Moor deshalb unter Naturschutz gestellt und sein Betreten in der Zeit von April bis September, auch von der Seeseite her, streng verboten und mit hohen Geldbußen bedroht. Als einziger Zu-

Omnipräsent: das bayerische Wappentier

gang zum Kastensee bleibt somit das Strandbad an seiner Nordseite, das auch über ein Wasserski-Karussell verfügt.

• *Essen und Trinken* **Strand-Café Kasten**, im Strandbad. Schöne Terrasse direkt am See mit Blick auf das Wasserski-Karussell; seit einigen Jahren durch rote Stühle und Sonnenschirme aufgepeppt. Im Angebot überwiegend einfache, preiswerte Gerichte, alle unter 10 €.

• *Baden* **Strandbad Kastensee**, langgezogenes, überwiegend recht schmales Gelände mit schattigen Bäumen, weiter hinten eine breitere Liegewiese. Das Ufer ist mit Holzbohlen eingefasst, der Einstieg ins Wasser erfolgt über Treppen; außer dem Café gibt es auch einen Kiosk. Geöffnet solange es warm und hell ist. Eintrittsgebühr 2 €, auch die Parkplätze vor dem Bad sind gebührenpflichtig (1,50 €).

• *Freizeit/Sport* **Wasserski-Karussell**, ein Spaß natürlich nicht nur für die Akteure, sondern auch für die Zuschauer. Fünf Runden und drei Startversuche (!) kosten 4 €. Werktags ab 15 Uhr, am Wochenende ab 10 Uhr. Karten an der Badekasse.

Deininger Weiher

Der kleine Moorsee bei Straßlach im Süden von München erreicht, da kaum zwei Meter tief, im Sommer schnell Badetemperatur und ist daher bei vielen Münchnern recht beliebt. Links und rechts von Wald umgeben, schließt sich nach Süden hin eine ausgedehnte Schilfzone an, die der Grund für das Hundeverbot am Deininger Weiher ist. Schöne Wanderwege durchziehen rund um den See das Landschaftsschutzgebiet Gleißental. Bademöglichkeiten gibt es am rechten Seeufer. Zweite Hauptattraktion ist das Waldhaus mit seiner gute Küche und den relativ günstigen Übernachtungsmöglichkeiten.

• *Übernachten/Essen und Trinken* **Waldhaus Deininger Weiher**, schöner Außenbereich direkt am See, traditionelle bayerische Küche: Forelle 6,80 €, Sauerbraten 8,50 €, Schweinefilet 10,60 €. Die Zimmer wurden erst vor wenigen Jahren komplett renoviert und mit dunklen Bauernmöbeln ausgestattet, DZ/F 47–77 €, je nach Lage und Ausstattung (mit oder ohne Bad). Am Deininger Weiher 4, 82064 Straßlach/Dingharting, ✆ 01870/92450, 📠 92451.

Radtour: Bad Tölz – Deininger Weiher – Kloster Schäftlarn

Die relativ lange, aber meist flache Tour führt durch das malerische Tölzer Land nach Dietramszell und über Harmating und Egling zum Deininger Weiher, einem herrlichen Waldsee südlich von München. Von dort sind es nur wenige Kilometer durch das Isartal hinüber zum Kloster Schäftlarn, das in Ebenhausen einen nahen S-Bahnanschluss besitzt.

Streckenlänge: 35 km. **Charakter**: leicht sportlich. **Start**: Bad Tölz, BOB-Bahnhof (Züge stündlich ab München Hauptbahnhof, Abfahrtszeiten unter www.bayerische

oberlandbahn.de). **Ziel**: Kloster Schäftlarn, S-Bahnhof Ebenhausen-Schäftlarn. **Fahrräder**: Trekkingräder genügen. **Karte**: Kompass Nr. 180 (Starnberger See, Ammersee).

Beginn der Tour ist der **Tölzer Bahnhof**, den Sie nach Westen in Richtung Obermühlberg verlassen. Durchs Grüne entlang des Ellbachs radelnd, erreichen Sie dort die Forellenteiche (geräucherter Fisch) und biegen nach links Richtung Ellbach und Kirchbichl ab. Ab Ellbach führt eine schmale, selten befahrene Nebenstraße durch angenehm hügeliges Gelände bis **Dietramszell**, das mit seinem fast tausendjährigen Salesianerinnenkloster eine erste Rast nahe legt – unmittelbar neben dem Kloster befindet sich eine Gaststätte. Über die Münchner Straße verlassen Sie Dietramszell nach Norden in Richtung **Linden**. Unterwegs, auf grünen Fluren, passieren Sie die *Wallfahrtskirche St. Leonhard*, die jeden 3. Juli berittenes Ziel der Leonhardifahrt ist. In Linden geht es links nach Reuth und **Harmating**, das hinter einem längeren Waldstück liegt. Am Ortsausgang von Harmating folgen Sie der abwärts führenden Straße nach rechts. Aus dem Wald kommend, erreichen sie am Fuße der Anhöhe einen schilfumrandeten Weiher. Die schmale Panoramastraße führt Sie weiter nach **Ascholding** und, dort rechts einbiegend, weiter nach **Egling**. In dem Ort ist erstmals München und darunter Deining ausgeschildert (nach der Post rechts). Hinter Deining zweigen Sie nach **Kleindingharting** und dort angekommen rechts zum (ausgeschilderten) *Deininger Weiher* ab. Nach einer abschüssigen Fahrt ins Tal ist der bewirtschaftete See erreicht. Zug- bzw. S-Bahnanschluss haben Sie bei **Kloster Schäftlarn**, das etwa 5 km vom Deininger Weiher entfernt im Isartal liegt: zurück nach Kleindingharting, dort über die Hauptstraße hinweg zur Isar, die Sie nach kurzer

Zeit unten fließen sehen. Nachdem Sie die Brücke überquert haben, erreichen Sie das Kloster mit seinem Bräustüberl und dem im Sommer stets gut gefüllten Biergarten. Das letzte Stück der Strecke geht recht steil das Isarhochufer hinauf, schieben ist also vielleicht die bessere Lösung: entweder links hoch zum S-Bahnhof Ebenhausen oder rechts rauf zur Station Hohenschäftlarn.

Die Fraueninsel im Chiemsee mit dem namensgebenden Benediktinerinnenkloster

Chiemgau

Vom Simssee bei Rosenheim bis zum Waginger und Tachinger See im Osten reicht das neben dem Fünfseenland populärste Urlaubsgebiet Oberbayerns.

Im Bereich der großen Seen meist bretteleben und durch ländliche Ursprünglichkeit gekennzeichnet, beherrschen im Süden die Wintersportorte Reit im Winkl, Ruhpolding und Inzell die alpine Szenerie. Kulturelles Zentrum des Chiemgaus ist seit Jahrhunderten der Chiemsee mit seinen beiden berühmten Inseln und den vielen malerischen Orten rundum. Nördlich davon liegt inmitten des Naturschutzgebietes Eggstätter Seenplatte eine Anzahl kleinerer Badeseen.

Simssee

Vielleicht liegt es an der Nähe und Anziehungskraft des weit größeren Chiemsees, vielleicht auch am eher bescheidenen Bettenangebot – rund um den Simssee ist von Massentourismus jedenfalls nur wenig zu spüren.

Zwar kommen viele Ausflügler und Badegäste aus dem nahen Rosenheim und auch gerne bis aus München, Feriengäste sind dagegen noch ziemlich selten. Verglichen mit dem Chiemsee geht es an Wochentagen deshalb selbst im Juli und August ausgesprochen ruhig zu. Echter Andrang herrscht in den Strandbädern nur am Wochenende.

Dabei ist der Simssee kein kleiner See, besitzt immerhin eine fast dreimal größere Fläche als der weit bekanntere und stärker besuchte Schliersee. Umgeben ist er von ruhiger, sanfter Hügellandschaft, in der kleine Dörfer und anmutige Kirchen die Akzente setzen. Da die Siedlungen allesamt ein ganzes Stück weit über dem See liegen, sind seine Ufer fast völlig unverbaut geblieben; das Südufer mit seinen dichten Schilfbeständen und den anschließenden Moorgebieten ist unter Naturschutz gestellt worden. Baden kann man am Simssee mit gutem Gefühl: Zwar wird er in der letzten amtlichen Gewässergütekarte als „mäßig belastet" eingestuft, weshalb mit Algenblüte zu rechnen und das Wasser nicht immer glasklar ist, doch hat sich die Wasserqualität des nur rund 22 Meter tiefen Sees dank einer Ringkanalisation in den letzten Jahren sehr verbessert. Und an der Temperatur gibt es nichts zu mäkeln, denn da erreicht der Simssee gute Durchschnittswerte.

- *Topographische Angaben* Fläche 6,5 Quadratkilometer, Länge 5,6 Kilometer, Breite 1,5 Kilometer, Tiefe 22 Meter, Uferlänge 14,5 Kilometer.
- *Wasserqualität* Gut.
- *Wassertemperatur* Sommer 22 Grad, Maximalwert 25 Grad.
- *Information* **Kurverwaltung Bad Endorf**, nordöstlich des Sees, zuständig für den Norden. Mo–Fr 8–12 und 13–17 Uhr, Sa 8–12 Uhr. Bahnhofstr. 6, 83093 Bad Endorf, ✆ 08053/9422 oder 300822, ℻ 300830, www.bad-endorf.de.

Informationsbüro Stephanskirchen, südlich des Sees, praktisch auf dem Weg von der Autobahnausfahrt Rohrdorf nach Riedering, bei der unübersehbaren Kirche. Zuständig für den Süden des Sees, recht informativ. Mai–Juni Mo–Fr 9.30–11 Uhr, Juli–September bis 11.30; sonst nur 10–11 Uhr. Schömeringer Str. 16, 83071 Stephanskirchen, ✆ 08036/615, ℻ 303866, www.simssee.org.

- *Verbindungen* **Zug/Bus**: Züge ab München Hauptbahnhof (meist mit Zusteigemöglichkeit am Ostbahnhof) nach Rosenheim mehrmals stündl.; Fahrzeit etwa 40 Min. Ab Bahnhof Rosenheim weiter mit Bussen des Regionalverkehrs Oberbayern (RVO). Alle Orte am Simssee werden angefahren: Linien 9497, 9498 und 9510. Fahrplaninformationen bei den Verkehrsämtern.

Auto: Anfahrt von München auf der Autobahn A 8 Richtung Salzburg bis zur Ausfahrt Rohrdorf, von dort weiter nach Riedering und zum See; insgesamt rund 70 km. Für die Anfahrt zum Ostufer kommt auch die Autobahnausfahrt Frasdorf in Betracht.

Rund um den See

Etwa 18 Kilometer sind bei einer Umrundung des Simssees zurückzulegen; eine Tour, die sich eher für Radfahrer als für Fußgänger empfiehlt, da auf einem Teil der Strecke auf Fahrstraßen ausgewichen werden muss. Beschildert ist nur der Spazierweg um die Südspitze zwischen dem Strandbad Simssee im Osten und Pietzing im Westen. Zwischen Pietzing und Hirnsberg ist man auf die Straße angewiesen, da es im Landschaftsschutzgebiet in diesem Bereich keinen durchgehenden Weg gibt; von Hirnsberg aus kann man zum Campingplatz Stein absteigen und von dort der Straße nach Krottenmühl folgen. Der Schotterweg entlang des Nordostufers ist nur wenig befahren, ebenso die anschließende Asphaltstraße zurück zum Strandbad Simssee.

Das Westufer des Simssees

Der Westen des Simssees ist noch dünner besiedelt als der Osten. Im Süden liegt mit Stephanskirchen ein Wohngebiet, dessen gediegenen Häusern man schon die Nähe Rosenheims anmerkt. Sehenswert ist der Ortsteil Baierbach mit seinen nostalgischen, blumengeschmückten Bauernhäusern und der über 500 Jahre alten Kirche St. Magdalena. Im Norden des Westufers folgt das kleine Dorf Krottenmühl. Etwas kompliziert gestaltet sich am Westufer die Verkehrssituation: Auf direktem

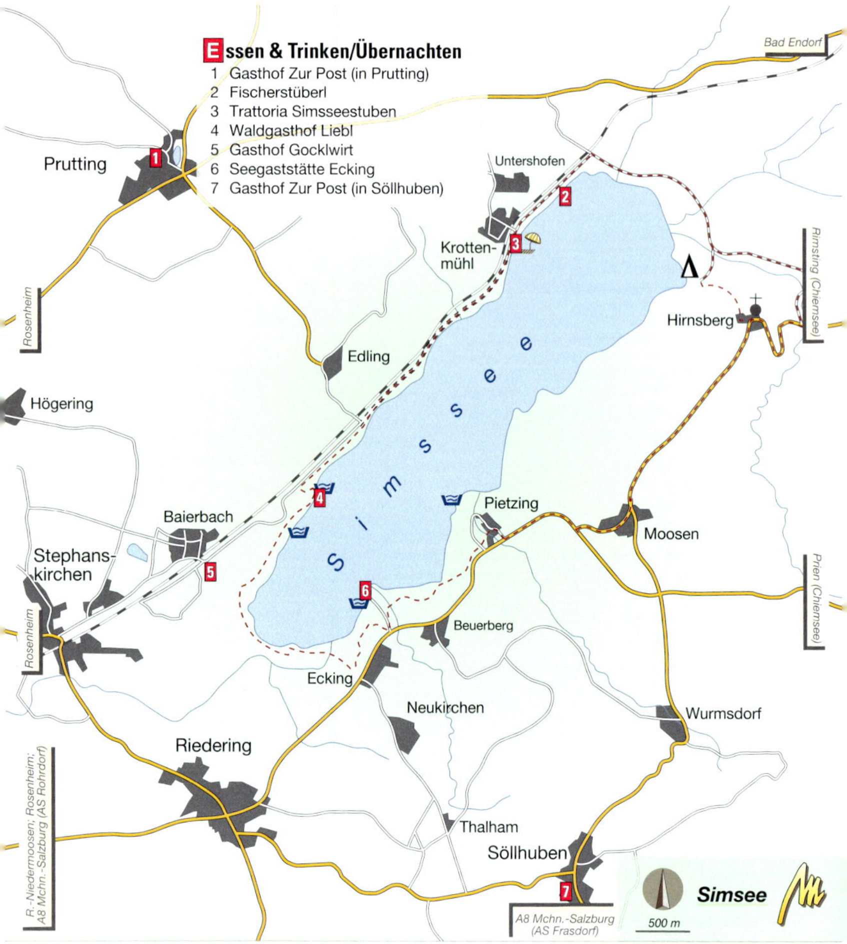

Weg sind die beiden Siedlungen nur durch ein sehr schmales, teilweise unbefestigtes Sträßchen verbunden, das seewärts der Bahnlinie von Rosenheim nach Salzburg meist parallel zum etwas entfernten Ufer verläuft. Knapp zwei Kilometer hinter dem nahe Baierbach gelegenen Strandbad Simssee wechselt der Asphalt zu Schotter; weiter nach Krottenmühl geht es per Auto nur für Anlieger. Als Alternative bleibt das Ausweichen auf die Verbindungsstraße von Rosenheim nach Bad Endorf.

• *Übernachten/Essen und Trinken* **Gasthof Gocklwirt (5)**, bei Baierbach, auf dem Weg zum Strandbad Simssee nach der Bahnunterführung rechts ab (beschildert). Sehr beliebte Ausflugsgaststätte, nicht nur der beständig guten Küche wegen. Rings um den 1955 eröffneten Gocklwirt erstreckt sich nämlich ein wahres Freilichtmuseum, mit alten Traktoren, Dampfmaschinen, Straßenwalzen: Antiquitäten, wo man geht und steht – sehenswert. Hier steht auch die „größte Kunstuhr der Welt“ (25 Zentner schwer!), geschaffen im 19. Jh. und ab einer Mindestteilnehmerzahl von 5 Personen zu besichtigen. Auch in den gemütlichen Stuben und im romantischen Gärtchen ist man von historischen Geräten umgeben. Das Essen – kreative bayerische Küche um

12–19 € für Hauptgerichte und 45 € fürs Menü – kann sich schmecken lassen, die Dessertauswahl ist üppig. Ab 12.30 Uhr, Mo und Di Ruhtag. Hier beim Gocklwirt liegt auch ein Minigolfplatz und beim Gärtchen beginnt ein ausgeschilderter Naturlehrpfad. Weinbergstr. 9, 83071 Stephanskirchen, ✆ 08036/1215, ✆ 1705, www.gocklwirt.de.

Weinbergnest, drei sehr schöne Nichtraucherzimmer gleich neben dem Gocklwirt, mit eigener Terrasse, keine Tiere zugelassen. DZ/Bad/F 70 €. Weinbergstr. 15, Stephanskirchen, ✆ 08036/2559, ✆ 3039171, www.weinbergnest.de.

Waldgasthof Liebl (4), ein paar hundert Meter nördlich des Strandbads. Idyllisch gelegenes, traditionelles Gebäude, Aussichtsgarten zum See, innen ein präparierter Riesenhecht. Im Angebot günstige Brotzeiten und einfache Speisen, außerdem bayerisch-internationale Küche um 10 €. Do Ruhetag. ✆ 08036/8341.

Simssee-Stuben (3), herrlich gelegenes italienisches Restaurant südlich kurz vor Krottenmühl, Terrasse direkt am Wasser. Im Angebot sind Fleisch- und Fischgerichte nach Wochenkarte, aber auch Nudelgerichte und Pizza für etwa 6–8 €. Tägl. ab 11 Uhr. Die Liegewiese und der Seezugang neben dem Restaurant sind der Allgemeinheit zugänglich. Im Sommer finden in der Trattoria gelegentlich Seefeste statt; ideal ist das Lokal auch für private Feiern. Seestr. 41, 83139 Krottenmühl, ✆ 08053/796464, www.simssee-stuben.de.

Fischerstüberl (2), nördlich kurz hinter Krottenmühl. Ebenfalls ein traumhaftes Plätzchen mit toller Aussichtsterrasse über dem See. Umfangreiche Speisekarte, oben am Weg hängt nur ein Teil davon aus. Spezialität ist natürlich Fisch frisch aus dem See in vielerlei Arten und Zubereitungen für etwa 12–14 €. Soviel kostet auch das Menü, Fleischgerichte ab 8 €; es gibt auch eine Kinderspeisekarte. Geöffnet ist von Ostern bis zum Oktoberfest, Di Ruhetag (außer August). Seestr. 22, 83139 Krottenmühl, ✆ 08053/2790, ✆ 49096.

Gasthof Zur Post (1), in Prutting, also etwas abseits (westlich) des Sees, an der Straße nach Bad Endorf. Sehr empfehlenswerte Wirtschaft, die beim „Wettbewerb Bayerische Küche" ausgezeichnet wurde; eigene Metzgerei, Fisch frisch aus dem See, originelle Süßspeisen. Salzburgerstr. 1, 83134 Prutting, ✆ 08036/30880, ✆ 2731, www.gasthof-zur-post-prutting.de.

Das Strandbad Simssee bei Baierbach

• *Baden* **Strandbad Simssee**, etwa 1 km nördlich des Gocklwirts bei Baierbach. Ausgedehntes, gepflegtes Wiesengelände, teilweise Schatten; Wasserwachtstation und alle Einrichtungen. Der elegant geschwungene Kiesstrand fällt flach ab, ein breiter Steg führt ins Wasser. Zum Strandbad gehört auch ein Kiosk und eine Gaststätte mit Seeterrasse, Liegestuhl- und Sonnenschirmverleih. Das beste: Der Eintritt ist frei, das Parken (am Wochenende schwierig) auch. ✆ 08036/7641.

Strandbad Liebl, ein paar hundert Meter nördlich beim gleichnamigen Gasthof. Sehr kleines Gelände, von nostalgischen Holzbauten eingefasst, ins Wasser über Treppen.

Bademöglichkeiten auch bei den Simssee-Stuben und in der Nähe des Fischerstüberls in Krottenmühl, dort allerdings sehr bescheidener Natur.

• *Freizeit/Sport* **Bootsverleih/Windsurfschule**: Ruderboote verleiht der Gasthof Liebl; eine kleine, meist nur am Wochenende geöffnete Windsurfschule findet sich bei den Simssee-Stuben.

Das Ostufer des Simssees

Hier gibt es keinen durchgehenden Weg am Ufer entlang. Die Dörfer liegen meist auf Hügelkuppen hoch über dem See und bieten oft eine sehr reizvolle Aussicht; Stichstraßen führen ans Wasser und zu den beiden Strandbädern *Ecking* und *Pietzing* in der südlichen Hälfte des Ostufers.

Hirnsberg, ein winziger Weiler ganz im Nordwesten des Sees, liegt in besonders schöner Aussichtslage auf einer solchen Kuppe. Verständlich, dass sich im Mittelalter gerade hier eine wuchtige Burg befand. 1378 ließ Herzog Stephan von Bayern das Gemäuer mit Ausnahme der Burgkapelle schleifen. Rund ein Jahrhundert später nutzte man die Reste als Baumaterial für die spätgotische Kirche *Mariä Himmelfahrt*, die deshalb nach außen ein wahrhaft trutziges Erscheinungsbild besitzt; im Unterbau des Turms sind die mächtigen Steinquader besonders gut erkennbar. In deutlichem Kontrast zum wehrhaft-schlichten Äußeren steht das verspielte Innere, in dem heiterer Rokoko das Bild bestimmt.

• *Übernachten/Essen und Trinken (s. Karte S. 180)* **Gasthof Hirzinger Zur Post (7)**, unser Tipp in Söllhuben, südöstlich von Neukirchen, also eine ganze Ecke vom See entfernt. 12 Zimmer, DZ/Bad/F 70–120 €, Hochzeitssuite 180 €. Den Abstecher ist die „Post", ein vor allem bei jungen Leuten aus der Umgebung sehr beliebter Ausflugsgasthof, aber allemal wert: Die renovierten Innenräume sind schmuck, das Prunkstück jedoch ist der große, schattige Biergarten unter Kastanien. Eigene Metzgerei; gute, dabei preiswerte Küche: Die meisten Hauptgerichte kosten nicht mehr als 8–9 €. Di Ruhetag. ✆ 08036/1266.

Seewirt Ecking (6), im kleinen Strandbad von Ecking. Reizvolle Terrasse zum See; die international ausgerichtete Küche schielt ein wenig in Richtung „gehoben", die Preise gleichfalls: Hauptgerichte etwa 10–14 €. Auch einige Zimmer mit Bad und Balkon, DZ inkl.Frühstück 65 €. Am See 27, 83083 Riedering, ✆ 08036/1289, www.seewirt.de.

Campingplatz Stein, am See unterhalb von Hirnsberg, der einzige Platz am Simssee. Terrassenartig gestuftes Gelände mit einzelnen Bäumen und Büschen, viele Dauercamper. Große Badewiese, bescheidene Einkaufsmöglichkeit. Geöffnet Mitte Mai bis Mitte September. See 10, Hirnsberg, ✆ 08053/9349, www.camping-stein.de.

• *Baden/Freizeit* **Strandbad Ecking**, kleines Gelände unter schattigen Bäumen vor der gleichnamigen Gaststätte, schmaler Zugang ins Wasser, Steg vorhanden. Parken frei. Angeschlossen ein Ruder-Tretboot- und Kajakverleih.

Strandbad Pietzing, das größte am gesamten Simssee. Riesige Liegewiese, auf der man Fußball spielen könnte, Schatten nur in Teilbereichen. Alle wichtigen Einrichtungen einschließlich Wasserwacht sind vorhanden; ein Kiosk, der leider etwas abseits des Sees liegt, offeriert Speisen und reichlich Sitzgelegenheiten. Der teils kiesige, teils sogar sandige Strand fällt gemäßigt schnell ins Wasser ab, Zugang auch über einen Steg. Eintritt gratis, geringe Parkgebühr.

Blick vom Chiemsee auf Gstadt

Chiemsee

Prachtvoll liegt er inmitten der heiteren, geschichtsträchtigen Kulturlandschaft des Chiemgaus, dabei nur ein paar Autominuten von den Bergen entfernt – eine Kombination, die den Chiemsee zu einem der beliebtesten Feriengebiete Deutschlands gemacht hat. Allein eine halbe Million Menschen besuchen jährlich das unvollendete Traumschloss von Ludwig II. auf der Herreninsel.

Das „Bayerische Meer" wird der Chiemsee gern genannt, nicht nur wegen der Ausdehnung dieses größten bayerischen Sees, der den Starnberger See an Fläche immerhin um fast die Hälfte übertrifft. Dem Meer ähnlich zeigt sich der Chiemsee auch, wenn Sturmwinde seine sonst oft spiegelglatte Oberfläche zu wütenden Wellen peitschen, dass die Gischt nur so sprüht. Manch unvorsichtiger Segler hat dann schon sein Leben auf dem See gelassen.

Entstanden ist der Chiemsee, wie die anderen großen Seen des Voralpenlandes auch, aus einem weit vorgeschobenen Gletscher der letzten Eiszeit. Mit zunehmender Erwärmung der Erde schmolz der Chiemseegletscher ab und hinterließ ein tief ausgeschürftes Becken, das sich mit dem Schmelzwasser füllte. Damals war der See noch weitaus größer als heute. Seine Fläche maß rund 200 Quadratkilometer, reichte bis an den Fuß der Alpen; der Wasserspiegel lag bis zu 18 Meter über dem heutigen. Der Verlandungsprozess, der den Chiemsee seitdem hat schrumpfen lassen, setzt sich weiterhin fort – in einigen tausend Jahren, so glauben die Wissenschaftler, wird er verschwunden sein.

Es bleibt also noch genug Zeit, die Schönheiten des Chiemsees zu genießen. Einen stimmungsvollen Abend auf der Fraueninsel etwa, die nach der Abreise der vielen

Tagesbesucher zur Ruhe zurückfindet. Einen melancholischen Nachmittag bei diesigem Wetter, wenn die jenseitigen Seeufer im Dunst verschwunden sind. Oder die im sommerlichen Sonnenlicht blitzenden Wasserspiele vor Schloss Herrenchiemsee, dem berühmten, nie vollendeten Palast Ludwigs II. Nicht zu vergessen die kulinarischen Köstlichkeiten, die der fischreiche See zu bieten hat: Aale, Hechte, Schratzen (Barsche), Brachsen, Zander ... Besondere Spezialität am See ist die Renke, frisch oder besser noch geräuchert eine Köstlichkeit.

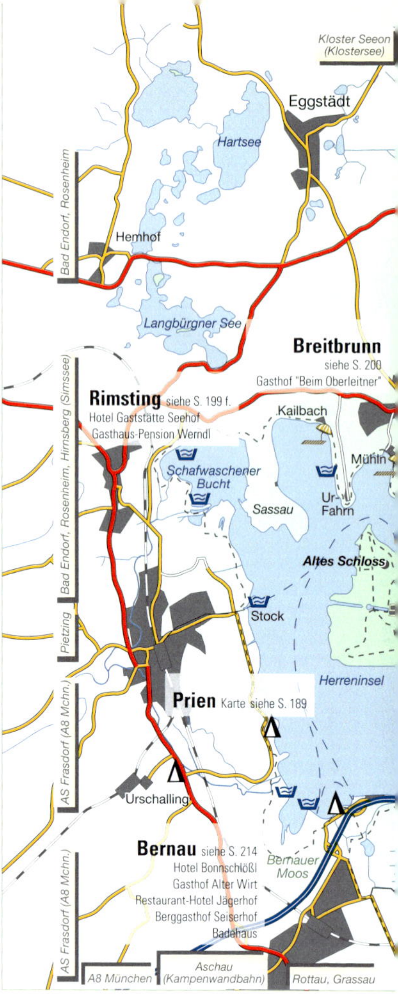

Ganz klar, dass Wassersportler aller Art am „Bayerischen Meer“ beste Bedingungen vorfinden. Überhaupt ist das Angebot an Sportmöglichkeiten rund um die weitgehend unverbaut gebliebenen Chiemseeufer riesig. Zu den wohl bezauberndsten Erlebnissen zählt eine Ballonfahrt über den See. Die ist zwar nicht ganz billig (etwa 150 € pro Kopf), dennoch sieht man an warmen Sommerabenden die bunten Kugeln fast dutzendweise über dem Wasser schweben. Wer lieber am Boden bleibt: Baden lässt es sich am Chiemsee natürlich auch prima. Für Kinder besonders gut geeignet ist das flach abfallende Ostufer des Sees. Die Wasserqualität hat sich in den letzten Jahren deutlich gebessert. Früher galt der Chiemsee als das Schmuddelkind unter den großen bayerischen Seen; immer öfter gingen den Fischern statt Renken nur Algen ins Netz. Dank der 1989 fertiggestellten Ringkanalisation und den Kläranlagen an den beiden großen Zuflüssen, der Tiroler Achen und der Prien, hat sich das geändert. Heute wird dem Chiemsee eine gute bis sehr gute Wasserqualität attestiert; Probleme bereiten allerdings manchmal noch die Schadstoffe, die durch die Düngung der umliegenden Felder eingebracht werden. Das bayerische Umweltministerium stuft den Chiemsee als mesotroph, also als wenig nährstoffbelastet ein und erklärt ihn zum „europäischen Vorzeigesee“. Das Wasserwirtschaftsamt Traunstein arbeitet mit verschiedenen Renaturierungsmaßnahmen gegen die fortschreitende Verlandung – ganz aufzuhalten ist diese jedoch nicht. Zwei Drittel seiner ursprünglichen Größe hat der Chiemsee bereits eingebüßt. Riesige Seen vor Rosenheim und Salzburg, die ebenfalls nach der letzten Eiszeit vor 10.000 Jahren entstanden, gibt es schon längst nicht mehr. Die Verlandung ist letztendlich ein natürlicher Prozess.

Als Urlaubsstandort genießt der Chiemsee den großen Vorzug der zentralen Lage inmitten eines ungemein attraktiven Umfelds: Wem an den Ufern zuviel Betrieb ist, was im Sommer schon mal vorkommen kann, der ist in wenigen Minuten in den ruhigen Dörfern der Umgebung, am stillen Simssee, im Naturschutzgebiet der Egg- stätter Seenplatte oder in den Alpen. Und bei schlechtem Wetter ist es nicht weit in die schönen alten Städte Wasserburg und Salzburg.

- *Topographische Angaben* Fläche 79,9 Quadratkilometer, Länge 14 Kilometer, Breite 10,5 Kilometer, Tiefe 73 Meter, Uferlänge 64 Kilometer, überwiegend frei zugänglich.
- *Wasserqualität* Gut bis sehr gut.
- *Wassertemperatur* Sommer 21 Grad, Maximalwert 25 Grad.
- *Information* **Chiemsee Infocenter**, am Südufer, nur wenige Meter von der Autobahn entfernt. Großer, moderner Bau inmitten eines kleinen Parks mit vielen Parkplätzen und der Erlebnisgaststätte Badehaus – die Zentrale des Chiemseetourismus. Mo–Fr 9–19 Uhr, Sa/So 10–16 Uhr (im Winter

wird jeweils eine Stunde früher geschlossen). Zusätzlich besitzt jede Gemeinde am See noch ihr eigenes Verkehrsamt (s. in den jeweiligen Ortskapiteln). Felden 10, 83233 Bernau, ✆ 08051/965550, 📠 9655530, www.chiemsee.de.

• *Verbindungen* Zug- und Busfahrpläne halten die Verkehrsämter bereit. Zentrum des öffentlichen Verkehrsnetzes ist Prien am Westufer des Sees.

Zug: Züge ab München Hauptbahnhof, meist auch mit Zusteigemöglichkeit am Münchner Ostbahnhof, verkehren nach Prien (Linie Salzburg) tagsüber etwa stündl., Fahrzeit rund 1 Std. Bernau und Übersee, ebenfalls an der Linie nach Salzburg gelegen, besitzen eigene Bahnhöfe, an denen allerdings nicht jeder Fernzug hält. Prien ist auch Startpunkt zweier Schmalspurbahnen: Das „Chiemseebockerl" (s. Prien) verbindet das Ortszentrum mit dem See; das etwas modernere „Aschauer Bockerl", ein Triebwagenzug, fährt 8-mal tägl. nach Aschau, dem Ausgangspunkt der Kabinenbahn auf die Kampenwand (s. Bernau).

Bus: Zahlreiche Buslinien erschließen ab Prien das gesamte Gebiet um den Chiemsee. Zum Nord- und Westufer führt die Traunsteiner Linie 74 des Regionalverkehrs Oberbayern (RVO). Im Süden des Sees ist zwischen Prien und Übersee der Zug dagegen die schnellere Alternative.

Auto: Anfahrt über die A 8 München–Salzburg bis zu den Ausfahrten Bernau/Prien, Felden, Feldwies/Übersee und Grabenstätt; Entfernung ab München ca. 90 km. Autofahrer sollten sich darauf einstellen, dass Parkplätze Mangelware und in vielen Uferorten (besonders Prien, Gstadt, Chieming) gebührenpflichtig sind.

• *Schiffsverkehr* *Haupthafen* der privaten „Chiemseeschifffahrt Ludwig Feßler" ist Prien-Stock. Anlegestellen sind die Herren- und Fraueninsel und Gstadt (jeweils ganzjährig); von Mai bis September auch Seebruck, Chieming, Feldwies und Bernau. Preisbeispiele: von Prien-Stock zur Herreninsel und zurück 5,90 €; Kleine Rundfahrt über Herreninsel und Fraueninsel 7 €; Große Rundfahrt über beide Inseln, zusätzlich nach Chieming und Seebruck 9,80 €. Kinder von 6 bis 15 J. zahlen jeweils die Hälfte. Wer auch die Kampenwandbahn (s. Bernau) benutzen möchte, kann beim großen Infocenter Felden, an der Kasse der Bergbahn und in der Kurverwaltung Bernau zum Preis von 24 € ermäßigte Kombitickets inkl. Bahn- oder Busfahrkarte nach Aschau kaufen (sog. „See-Gipfel-Tickets"). Fahrradmitnahme ist auf den Schiffen teilweise möglich (für 3 € extra), nicht aber auf die Inseln. Informationen bei der Chiemsee-Schifffahrt, Seestr. 108, 83209 Prien, ✆ 08051/6090, 📠 62943, www.chiemsee-schifffahrt.de.

• *Wander- und Radwegkarten* „Chiemsee, Chiemgauer Alpen" (1:50.000), topographische Karte des Bayerischen Landesvermessungsamts, recht aktuell; „Chiemsee-Simssee" (1:50.000), Kompass Nr. 10, ebenfalls mit Wander- und Radwegen, oder im Maßstab 1:30.000 als Nr. 792. Neu auf dem Markt sind die übersichtlichen und reißfesten Karten von Publicpress: „Chiemsee" ist im Maßstab 1:50.000 erhältlich.

Segler auf dem Chiemsee

Rund um den Chiemsee

Eine Umrundung des größten bayerischen Sees erfordert naturgemäß ein gewisses Maß an Kondition. Gut 60 Kilometer sind auf dem durchgängig mit „CR" und einem Fahrrad-Symbol ausgeschilderten Rundweg zurückzulegen. Am Südufer führt die Route kurz jenseits der Autobahn, aber auch dort durch flaches Gelände. Etwa nach der Hälfte der Strecke zwischen Felden und Übersee wechseln Pedalritter wieder zum See über und bleiben dort auch für die gesamte Strecke. Als praktische Orientierungshilfe erweist sich die abwaschbare Rad- und Wanderkarte im Maßstab 1:50.000, die im Verlag Publicpress erschienen ist (3.95 €).

Wanderer sieht man auf dem schmalen Rundweg eher selten – vielleicht liegt es an der großen Distanz, vielleicht schreckt sie auch die große Zahl von Radfahrern, die den Weg zumindest an Sommerwochenenden dicht an dicht bevölkern. Nur selten sind nämlich Rad- und Fußweg voneinander getrennt; Fahrradfahrer sollten aus Rücksicht auf Wanderer, aber auch wegen möglichen Gegenverkehrs sehr vorsichtig und vor allem vorausschauend fahren, keinesfalls – wie es leider immer wieder zu sehen ist – kamikazeartig um unübersichtliche Ecken fetzen.

Die landschaftlich sehr reizvolle, fast völlig ebene Strecke verläuft oft ein Stück vom See entfernt, aber auch nahezu vollständig abseits von Straßen; die einzige Ausnahme bildet die etwa einen Kilometer lange Nebenstraße zwischen dem Hotel „Zum Fischer am See" im Priener Ortsteil Harras und dem Hafen Stock. Wer nur eine Teilstrecke zurücklegen möchte, findet den interessantesten Abschnitt zwischen Prien und Seebruck. Die Orientierung gestaltet sich weitgehend problemlos, da die Strecke durchgehend beschildert ist: mal als „Chiemsee-Rundweg", mal als „Chiemsee-Uferweg", manchmal auch nur mit dem Namen der nächsten Ortschaft.

Prien

Der Luft- und Kneippkurort ist mit 10.000 Einwohnern die größte Siedlung und gleichzeitig das wichtigste Fremdenverkehrszentrum am See. Von seiner schönsten Seite zeigt sich Prien im Ortskern um die Pfarrkirche Mariä Himmelfahrt.

Bis Mitte des 19. Jh. war die heutige Marktgemeinde kaum mehr als ein verschlafenes Dorf, freilich mit einer langen Vergangenheit, die bis ins frühe Mittelalter zurückreicht. Einen ersten Aufschwung brachte 1860 der Bau der Bahnlinie von München nach Salzburg, der nächste Schub im Fremdenverkehr erfolgte 1887 mit der Freigabe des Königsschlosses Herrenchiemsee zur Besichtigung. Seit jener Zeit hat sich Prien beachtlich ausgedehnt, ist mit seinem Hafen Stock, der vom Zentrum immerhin zwei Kilometer entfernt liegt, praktisch zusammengewachsen.

Wer mag, kann diese Strecke im „Feurigen Elias" zurücklegen, einer 1887 in Dienst gestellten Dampfschmalspurbahn, die älteste Deutschlands. Von Mai bis September verrichtet die auch liebevoll „Chiemseebockerl" genannte Bahn unter asthmatischem Schnaufen, weithin hallendem Pfeifen und gewaltiger Rauchentwicklung ihren Dienst. 65 Pferdestärken beschleunigen den Museumszug, der in seiner langen Laufbahn an die zehn Millionen Passagiere befördert hat, auf rasante 15 Stundenkilometer. Das mit seinen sieben Wagen rund 60 Tonnen schwere Bockerl ist sicher das sympathischste Verkehrsmittel im Ort, der unter den Autokarawanen der an- und abreisenden Besucher von Herrenchiemsee schwer zu leiden hat.

• *Information* **Kurverwaltung Prien**, Mo–Fr 8.30–18 Uhr, Sa 8.30–16 Uhr (September–April Mo–Fr 8.30–17 Uhr). Alte Rathausstr. 11, 83209 Prien, ✆ 08051/69050, ✆ 690540.

Info-Büro im Bahnhof: Nur von Mai bis Mitte Oktober Mo–Fr 12.45–17.45 Uhr.

• *Verbindungen* **Ortsverkehr**: Zum Hafen Stock entweder mit dem „Feurigen Elias", Mai–September, Abfahrt gleich seewärts des Bahnhofs, Person 3 €, auch Kombitickets mit der Seeschifffahrt; oder mit dem Ortslinienbus ab Bahnhof.

Auto: Parkplätze im Ort und am Hafen großteils gebührenpflichtig; wer früh genug kommt, findet vielleicht eine gebührenfreie Abstellmöglichkeit auf dem Parkstreifen entlang der Straße vom Hafen nach Süden, Richtung Schramlbad und Yachthotel.

• *Übernachten/Essen und Trinken* Die Preise in Prien liegen noch über dem ohnehin recht hohen Niveau des restlichen Chiemsees. Wer sein Quartier direkt im Umfeld des Hafens nimmt, muss sich darauf einstellen, dass hier tagsüber reichlich Rummel herrscht; nachts ist es dafür recht ruhig.

**** **Yachthotel Chiemsee (8)**, etwa 1 km südlich des Hafens direkt am See, leicht am markanten Turm zu erkennen. Das Top-Hotel des gesamten Chiemseegebietes glänzt mit toller Lage, allem erdenklichen Komfort und einem umfangreichen Sportangebot – natürlich zu entsprechenden Preisen: DZ/Bad/F nach Lage und Saison 145–175 €. Das angeschlossene „Seerestaurant" ist bekannt für exquisite und einfallsreiche Küche, Hauptgerichte ab etwa 12 €. Harrasser Str. 49, ✆ 08051/6960, ✆ 5171, www.yachthotel.de.

*** **Hotel Restaurant Bayerischer Hof (6)**, großes, solides Mittelklassehotel wenige Schritte vom Bahnhof, nahe der großen Kreuzung im Ortszentrum; Garagen und Parkplätze in ausreichender Zahl vorhanden. DZ/Bad/F je nach Lage 82–96 €. Bayerisch-internationale Küche, Hauptgerichte etwa 12–20 € (Schweinsbraten 8,50 €), Tagesmenü um 14 €. Mo Ruhetag. Bernauer Str. 3, ✆ 08051/6030, ✆ 62917, www.bayerischerhof-prien.de.

*** **Hotel Café Luitpold (3)**, direkt am Hafen. Eine ehemalige Jugendstilvilla nebst Wirtschaftsgebäude, umgebaut zum komfortablen Hotel. Eigene Liegewiese am See, zum Baden wegen der Nähe der Schifffahrt allerdings kaum geeignet; angeschlossen ein Café mit hauseigener Konditorei und schöner Gartenterrasse. DZ/Bad/F nach Lage und Saison 91–112 €. Seestr. 110, ✆ 08051/609100, ✆ 609175, www.luitpold-am-see.de.

** **Hotel Restaurant Zum Fischer am See (9)**, etwa 2,5 km südlich des Hafens. Reizvolle Alleinlage unweit eines kleinen Yachthafens, aber nicht direkt am See. Gartenterrasse mit schöner Aussicht, hauseigene Liegewiese am Wasser. Komfortable Zimmer, DZ/Bad/F je nach Lage und Saison 90–110 €. Ambitionierte bayerisch-internationale Küche, deren Spezialität Fisch aus Süß- und Salzwasser ist. Hauptgerichte etwa 9–15 €. Mo Ruhetag. Harrasser Str. 145, ✆ 08051/90760, ✆ 62940, www.fischeramsee.de.

Gaststätte Lindenhof (5), direkt an der Brücke über die Prien. Schöner Biergarten und Terrasse zum Flüsschen, leider etwas vom Verkehrslärm beeinträchtigt. Die Zimmer haben nur teilweise eigenes Bad, DZ/F je nach Ausstattung ab 52 €. Bayerisch-internationale Küche für 8–12 €, es gibt auch einige vegetarische Gerichte. Mi Ruhetag. Alte Rathausstr. 24, ✆ 08051/1525, ✆ 309118, www.lindenhof-prien.de.

Gaststätte Weißbräu (4), großes, rustikales Wirtshaus in der Nähe des Heimatmuseums, prämiert beim „Wettbewerb Bayerische Küche". Umfangreiche Karte, zusätzliches Angebot bei verschiedenen Spezialitätenwochen; Hauptgerichte großteils 9–14 €. Mi Ruhetag. Höhenbergstr. 6, ✆ 08051/1640.

Gaststätte Schützenhaus (7), hübsches Häuschen in ausgesprochen ruhiger Lage nahe des Kurparks „Eichental", westlich des Zentrums. Einige wenige DZ/Bad/F für 60–70 €, die Ferienwohnung für 2 Personen kostet je nach Saison 50–60 €. Gutes Essen. Mo Ruhetag. Au 3, ✆ 08051/2701, ✆ 309823.

Winklfischer (1), am Uferrundweg etwa 800 m nördlich des Hafens. Schöne Lage am See, Biergarten, Spezialität ist Räucher- und Steckerlfisch. Nebenan ein kleiner Badesteg. Karfreitag bis Anfang Oktober. Forellenweg 28, ✆ 08051/64317 oder 1380.

Jugendherberge Prien (2), Gelegen im Bereich nördlich der Straße von Prien zum Hafen, etwa 600 m vom See. Diverse Sportmöglichkeiten; geöffnet Februar bis November. Ü/F Person 17,45 €, HP 21,55 €. Carl-Braun-Str. 46, ✆ 08051/68770, ✆ 687715, www.jugendherberge.de/jh/prien.

Camping Harras, am See etwa 2,5 km südlich des Hafens, kurz vor dem Hotel „Zum Fischer am See". Relativ schattiges Gelände in ruhiger Lage, schmaler Strand, mit

Essen & Trinken

1 Winklfischer
2 Jugendherberge
3 Hotel Café Luitpold
4 Gaststätte Weißbräu
5 Gaststätte Lindenhof
6 Hotel Rest. Bayerischer Hof
7 Gaststätte Schützenhaus
8 Yachthotel Chiemsee
9 Hotel Fischer Zum See

B Bootsverleih

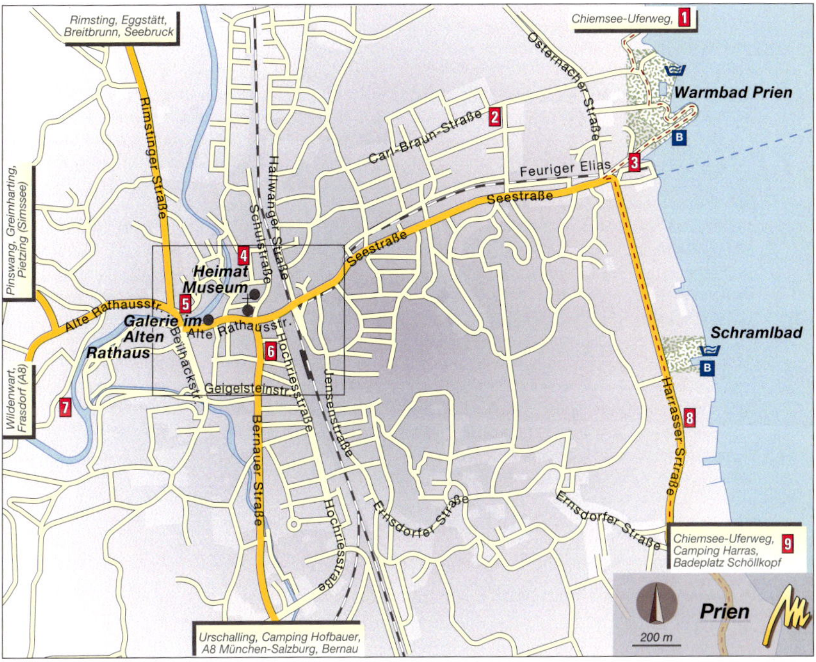

Einkaufsmöglichkeit und Gaststätte. Geöffnet Mitte April bis Mitte Oktober; Preise Person 5,40 €, Zelt ab 3,50 €, Pkw 1,60 €. Harrasser Str. 16, ✆ 08051/904613, 📠 904616, www.camping-harras.de.

Camping Hofbauer, bei Urschalling, etwa auf halbem Weg zwischen der Autobahnausfahrt und dem Ortszentrum von Prien, zum See etwa 1 km. Mäßig geneigtes Hanggelände mit etwas Schatten, Einkaufsmöglichkeit und Imbiss nur zur Saison. Geöffnet April–Oktober, Preise Person 5,50 €, Zelt 5,10 €, Pkw inkl. Bernauer Str. 110, ✆ 08051/4136, 📠 62657, www.camping-prien-chiemsee.de.

• Baden **Prienavera**, Kombination aus beheiztem Freibad (27 Grad) mit Wärmehalle und Strandbad am See. Dazu Strömungskanal, Röhrenrutsche und Wasserfall. Großes Gelände, Schatten eher mäßig, Kiosk mit Terrasse; zur Hochsaison und am Wochenende sehr gut besucht. Eintritt 14 €, Kinder 6–14 J. 6,50 €, Parkplätze vor dem Bad gebührenpflichtig. Seestr. 120, www.prienavera.de.

Schramlbad, sympathischer Badeplatz etwa 800 m südlich des Hafens. Recht großes, zum See abfallendes Wiesengelände mit einzelnen schattenspendenden Bäumen, Zugang ins Wasser über Treppen, schwimmende Badeplattform. Angeschlossen ein Kiosk mit Sitzgelegenheiten und ein Bootsverleih. Erfreulich: Eintritt frei.

Badeplatz Schöllkopf, weit im südlichen Gemeindebereich, noch etwa 500 m südlich des Hotels „Zum Fischer am See". Sehr gepflegtes, privates Wiesengelände unter alten Bäumen, schöner Blick; ins flach abfallende Wasser über den Grobkiesstrand oder einen kleinen Steg. Liegestuhl- und Ruderbootverleih angeschlossen. Eintritt 2 €, Parken gratis.

• *Freizeit/Sport* **Bootsverleih**: Elektro-, Tret- und Ruderboote, teilweise auch Segelboote in breiter Auswahl an der Promenade beim Hafen und im Strandbad Schraml.

Windsurfschule: Windsurfschule Harras, im Campingplatz Harras. Surfbretter vermietet der Bootsverleih im Schramlbad.

Segelschulen: Chiemsee-Yacht-Schule, Harrasser Str. 71, ✆ 08051/1740, auch Kinderprogramme; Segelschule Gert Kleinhans, Yachtausbildung, Sportbootführerschein, Segel- und Jollenausbildung. Gladiolenweg 3, ✆ 08051/3438, www.segelschule-prien.de.

Wanderrudern, ein ganz besonderes Pauschalangebot: Ein Boot mit Rudern und Routenkarte wird gestellt, das Gepäck zu den wechselnden Unterkünften transportiert – eine schöne Möglichkeit, den See aus einer anderen Perspektive kennen zu lernen. Anmeldung und nähere Informationen über Preise etc. bei der Kurverwaltung.

Fahrradverleih: Bahnhof Prien, ✆ 08051/2874 (täglich); Radsport Reischenböck, Bahnhofsplatz 6, ✆ 08051/4631; Fahrrad-Späth, Hallwanger Str. 22, ✆ 08051/5934; Fahrrad Volk, Schulstr. 16, ✆ 08051/1642.

Geführte Wander- und Radtouren: Wechselnde Termine und Themen (z. B. Kräuterwanderungen), für Gäste mit Kurkarte kostenlos; Information und Anmeldung bei der Kurverwaltung.

• *Feste/Veranstaltungen* Breites Programm, zur Sommersaison findet fast jedes Wochenende ein Fest der verschiedenen Vereine statt; genaue Daten bei der Kurverwaltung. Als neue Veranstaltungsorte mit überregionaler Bedeutung haben sich in jüngster Zeit der **Steinbruch Rohrdorf** (2005: Carmen, 2006: Carmina Burana), **Schlosshof und Spiegelsaal von Herrenchiemsee** (zehntägige Festspiele ab Mitte Juli) und die **Open-Air-Bühne** direkt am See (Programm unter ✆ 08051/69050, www.seebuehne.de) etabliert.

Bauerntheater: Zur Saison etwa wöchentliche Aufführungen im Kleinen Kursaal, darunter auch Auftritte des renommierten „Chiemgauer Volkstheaters"; Termininformation und Eintrittskarten bei der Kurverwaltung.

Bierfest, mit großem Bierzelt, eine ganze Woche Anfang Juni, im Eichental (Kurpark westlich des Ortskerns).

Marktfest zu Mariä Himmelfahrt, am 15. August.

Tanz unterm Maibaum, alljährlich am 1. Mai.

Sehenswertes

Pfarrkirche Mariä Himmelfahrt: Am Marktplatz von Prien bildet sie den Mittelpunkt des alten Ortskerns. Als die spätgotische Kirche 1735–1738 vergrößert und umgebaut wurde, errichtete man auch einen neuen Turm, für den der Spitzhelm des Vorgängers übernommen wurde. Beeindruckend ist die Rokoko-Innenausstattung, die in weiten Teilen auf den Wessobrunner Johann Baptist Zimmermann zurückgeht: Der vielseitige Künstler schuf den Stuck und die Kanzel, vor allem aber die grandiosen Deckenfresken, die erst in den 1990er Jahren restauriert wurden. Im Chor ist die Heilige Dreifaltigkeit zu sehen, im Langhaus die prächtige Darstellung der „Seeschlacht von Lepanto", bei der 1571 die vereinigten Flotten Spaniens und Venedigs einen wichtigen Sieg gegen die Türken errangen.

Arme-Seelen-Kapelle: Die kleine Kapelle steht direkt vor der Marienkirche; um 1500 errichtet, wurde der spätgotische Bau in den folgenden Jahrhunderten mehrmals umgestaltet.

Seglerhafen bei Prien

Heimatmuseum: Nur ein paar Schritte von der Pfarrkirche entfernt ist in einem schön bemalten Bauernhaus von 1837 das Priener Heimatmuseum untergebracht. Neben originalen Einrichtungsgegenständen jener Zeit zeigt es in 24 Räumen auch Volkskunst mehrerer Jahrhunderte, alte Trachten, Gemälde und Münzen sowie wechselnde Themenausstellungen; angeschlossen ist ein Bauerngarten.

Öffnungszeiten April–Oktober Mi–Sa 10-12 und 14–17 Uhr. Eintritt 1,50 €. Valdagnoplatz 1 (am Marktplatz), ✆ 08051/92710.

Galerie im Alten Rathaus: Schräg gegenüber der Kurverwaltung finden im ehemaligen Rathaus von Prien wechselnde Ausstellungen statt. Zu sehen ist ferner eine ständige Galerie von Chiemseemalern, wobei der Schwerpunkt auf Gemälden des 19. und 20. Jh. liegt.

Öffnungszeiten Mi–Fr 14–17 Uhr, Sa/So 11–13 und 14–17 Uhr; wechselnde Eintrittsgebühr. Alte Rathausstr. 22, ✆ 08051/92928 oder 69050, www.galerie-prien.de.

Umgebung von Prien

Urschalling: Der winzige Weiler, rund drei Kilometer südlich von Prien auf einer Anhöhe gelegen und über die Straße nach Bernau zu erreichen, birgt eine kunsthistorische Kostbarkeit allerersten Ranges. Die spätromanische *Kirche St. Jakobus der Ältere* wurde im 12. Jh. an die Mauern einer Burg der Grafen von Falkenstein gebaut; im Westteil der Kirche versteckt sich noch der Unterbau eines Wehrturms. Ihren hohen künstlerischen Rang verdankt die Kirche jedoch den romanischen und gotischen Fresken, die mehrfach übermalt waren und erst ab 1930 nach und nach wieder freigelegt wurden. Von den noch im 12. Jh. entstandenen romanischen Gemälden blieb leider nur die Darstellung von Adam und Eva im Chorraum erhalten. Etwa um 1390 nämlich wurde die Kirche ein zweites Mal fast völlig ausgemalt. Dieser frühgotische Freskenzyklus zeigt neben zahlreichen Heiligen und den Aposteln unter anderem Christus als Weltenrichter, die Passion und die Wiederauferstehung Christi. 1992 restauriert, sind diese Fresken in ihrem jetzt wieder guten Erhaltungszustand zumindest in Bayern einmalig.

• *Essen und Trinken* **Mesnerstubn**, direkt vor der Kirche. Wer schon in Urschalling ist, sollte den Besuch beim „Simmerl", wie die im alten Mesnerhaus untergebrachte Gaststätte nach ihrem Wirt genannt wird, nicht versäumen: ein uriges Dorfwirtshaus wie aus dem Bilderbuch, mit blumengeschmückten Fenstern und einem herzigen kleinen Wirtsgarten. Zu essen gibt es einfache bayerische Kost und Brotzeiten, die Preise halten sich in angenehmen Grenzen. Di Ruhetag, werktags ab 15 Uhr, So ab 10 Uhr. Urschalling 4, ✆ 08051/3971.

Obst- und Kulturwanderweg Ratzinger Höhe

Erst vor wenigen Jahren wurde dieser Lehrwanderweg auf der Höhe westlich von Prien und Rimsting angelegt. In zwei Schleifen bringt er dem Wanderer die etwas unbekannteren Schönheiten des Chiemgaus nahe. Durch beschauliche Dörfer, vorbei an einem Weinberg, an kleinen Kapellen und alten Bauernhöfen, an Bildstöcken und Pestsäulen geht es hinauf zur 690 Meter hoch gelegenen Ratzinger Höhe. Vertraut macht der Wanderweg auch mit den verschiedenen Obstbäumen, die hier seit Jahrhunderten zum Verzehr, zum Mosten und zum Brennen von Schnaps und Likör kultiviert werden. Teilweise neu angepflanzt, sind am Weg neben vielen verschiedenen Kirsch- und Birnensorten auch so seltene Bäume wie die germanische Mispel, die Maulbeere und der Speierling zu sehen: Ein wirklich lehrreicher Wanderpfad, von dem sich zudem immer wieder neue, prachtvolle Ausblicke auf den Chiemsee, die Alpenkette und den Simssee eröffnen.

Wegbeschreibung und Wanderkarte: sind bei den Verkehrsämtern von Prien, Rimsting und Bad Endorf erhältlich. Der Weg gliedert sich in zwei Schleifen von acht und neun Kilometer Länge, die jeweils etwa 2,5 Wanderstunden in Anspruch nehmen; mögliche Ausgangspunkte sind Prien (Kurpark Eichental), Rimsting, Greimharting und der Wanderparkplatz in Letten, zwischen Rimsting und Hirnsberg am Simssee.

Herreninsel

Die größte Insel im Chiemsee zählte sicher kaum halb so viele Besucher, würde hier nicht das berühmte Schloss Ludwigs II. stehen. Seinen Ruf als unumstrittene Hauptattraktion des Sees hat das über zwei Quadratkilometer große Eiland also einzig und allein dem exzentrischen König zu verdanken. An manchen Sommertagen sollen es bis zu 10.000 Besucher sein, die vom Landungssteg durch schattige Alleen zum Schloss eilen, das etwa eine Viertelstunde Fußweg entfernt ist; manche lassen es gemütlicher angehen und sich mit der Pferdekutsche hinbringen. In jedem Fall sollte man es nicht bei einer Führung durch das Königsschloss belassen, sondern sich etwas Zeit nehmen und die autofreie Herreninsel in aller Ruhe erwandern: vielleicht über den Naturlehrpfad im Südosten schlendern, die lebendigen Barockgemälde in der Kreuzkapelle an der Nordspitze bewundern oder sich einfach an den vielen schönen Ausblicken auf die Fraueninsel und den See erfreuen.

Besiedelt war die Herreninsel schon vor Jahrhunderten. Aus der Zeit der Kelten stammt eine Ringwallanlage im Südwesten der Insel. Vielleicht noch im Schutz dieser Mauern entstand im 7. oder 8. Jh. das erste Kloster der Insel, das jedoch im 10. Jh. von den Ungarn zerstört wurde. 1130 wurde erneut ein Kloster auf der Her-

Idyllisch: der Chiemsee mit Blick auf die Berge

reninsel gegründet, diesmal von Augustiner-Chorherren. Es hatte bis zur Säkularisation von 1803 Bestand. In der Folge wechselte das Eiland gleich mehrfach den Besitzer. 1875 kaufte König Ludwig II. die waldreiche Insel, deren damalige Eigentümer sie abholzen lassen wollten; drei Jahre später begann der Bau des Königsschlosses. 1918 kam die Herreninsel in den Besitz des bayerischen Staates. Heute bildet sie zusammen mit der Fraueninsel und der unbewohnten kleinen Krautinsel die eigenständige Gemeinde Chiemsee, eine der kleinsten Deutschlands.

• *Verbindungen* Die Schiffe legen von Prien, Gstadt, Seebruck, Chieming, Bernau und Übersee/Feldwies ab. Erwachsenen-Tickets kosten 6–9 € für die Hin- und Rückfahrt, Kinder bis 15 J. zahlen die Hälfte. Reservierungen unter ✆ 08051/6090. Detaillierter Fahrplan bei www.chiemsee-schifffahrt.de.

Stiftskirche und „Altes Schloss": Auf dem Weg zum Königsschloss hasten die meisten Besucher hier einfach vorbei, nicht ahnend, dass in den alten Mauern deutsche Geschichte geschrieben wurde: Vom 10. bis zum 23. August 1948 tagte hier der Verfassungskonvent zur Vorbereitung des Grundgesetzes der Bundesrepublik Deutschland. Ein **Museum** im Konvent- und Fürstenstock des „Alten Schlosses" dokumentiert dessen Entstehungsgeschichte und präsentiert historische Pretiosen wie die Bibliothek von Johann Baptist Zimmermann, die Wohnräume Ludwigs II. und etwa 50 Bilder der bedeutendsten Chiemsee-Maler. Weitere Ausstellungsräume wurden jüngst im Nordflügel eingerichtet: sie beherbergen eine **Gemäldegalerie** des Münchner Avantgardisten *Julius Exter* (1863–1939).

Ob diese ehrenwerten Versuche der Bayerischen Schlösserverwaltung das Besucherverhalten auf Dauer verändern werden, scheint jedoch zweifelhaft, denn anziehend wirken die Mauern der ehemaligen Augustiner-Klosteranlage nicht gerade. Der 1684 von Leonardo Sciasca erbauten Kirche fehlen die Türme und der Chor, da sie nach der Säkularisation in eine Brauerei umgebaut worden war. Etwas besser steht es um die teilweise restaurierten Reste der Klostergebäude, die ihren Namen „Altes Schloss" deshalb tragen, weil Ludwig II. einst einige Räume für sich hatte herrichten lassen, die nun auch für die Öffentlichkeit zugänglich sind.

• *Öffnungszeiten Museum und Gemäldegalerie* Tägl. 9–17 Uhr. Eintritt 3 €, ermäßigt 2 €.

• *Übernachten/Essen und Trinken* **Schlosshotel Herrenchiemsee**, in einem ehemaligen Seminargebäude aus dem 18. Jh. beim Alten Schloss untergebracht. Reizvolles Ambiente. 11 Zimmer, aristokratische Einrichtung, sie sind heiß begehrt, rechtzeitige Reservierung ist ratsam. DZ/Bad/F je nach Ausstattung ab 120 €. Herrlich schattiger Biergarten, von manchen Tischen Blick auf die Fraueninsel. Hauptmahlzeiten für anspruchsvolle Geschmäcker kosten ab 14 €, es wird jedoch auch eine ganze Reihe relativ preiswerter Brotzeiten und Tagesgerichte angeboten. Ganzjährig geöffnet, kein Ruhetag. Inhaber Hans Huber, 83209 Herrenchiemsee, ✆ 08051/69030, 📠 62101, www.schlosshotel-herrenchiemsee.de.

Schloss Herrenchiemsee

Der Kontrast zwischen den dahindämmernden Gebäuden des „Alten Schlosses" und dem prächtigen Bau Ludwigs II. könnte kaum größer sein. Auf den ersten Blick sieht man es dem Königsschloss wahrhaftig nicht an, dass es nie fertiggestellt wurde. Blickt man von Westen über die Parkanlagen mit ihren Brunnen und Wasserspielen auf die über 100 Meter breite Front, so glaubt man sich wirklich fast in Versailles, ganz wie es König Ludwig im Sinn hatte. Gedacht war das Prunkschloss, das ursprünglich im Graswangtal hätte stehen sollen, nämlich als steingewordener Ausdruck der Verehrung, die Ludwig II. für den französischen „Sonnenkönig" Ludwig XIV. hegte. Der absolute Herrschaftsanspruch des französischen Monarchen („Der Staat bin ich") traf genau den Nerv des königlichen Träumers, der sich von den Realitäten des 19. Jh. gebeutelt fühlte. Als Vorbild sowohl der Parkanlagen wie des Schlosses selbst diente deshalb Versailles, auch wenn Ludwig II. sich um die Innenausstattung mit der ihm eigenen Detailbesessenheit selbst kümmerte und manche Räume noch um einiges üppiger gestalten ließ. Es sollte das letzte seiner Schlösser werden ...

Bereits 1875 begannen die Planungen, im Mai 1878 ließ Ludwig II. den Grundstein legen. Eigens für dieses Schloss war bei Gut Ising eine Ziegelei eingerichtet worden, in der 200 italienische Arbeiter sechs Jahre lang Ziegel brannten. Um keine Zeit zu verlieren, wurde das Baumaterial im Winter mit Schlitten über den damals noch regelmäßig zugefrorenen See gebracht. In nur drei Jahren stand der Rohbau. 1885, ein Jahr vor dem Tod des Königs, mussten die Arbeiten jedoch eingestellt werden, um den drohenden Bankrott der bayerischen Staatskasse aufzuhalten. Mit dem Bau des Südflügels hatte man damals noch gar nicht begonnen, der Nordflügel wurde wieder abgebrochen; nur 20 der ursprünglich geplanten 70 Räume waren fertiggestellt worden. Auch die Parkanlagen, für die man eine breite Schneise quer durch den Hochwald der Insel geschlagen hatte, blieben unvollendet.

Bei der Besichtigung des Schlosses, die nur im Rahmen einer Führung möglich ist, wird der Besucher vom Prunk dennoch fast erschlagen: Wandverkleidungen aus Marmor, Täfelungen aus edelstem Holz, goldbestickte Vorhänge, kristallene Lüster, Meißner Porzellan ... Zu den Höhepunkten zählt das *Parade-Schlafzimmer*, das nie vom König benutzt werden sollte. Wie das Schloss selbst war es geplant als ein „Tempel des Ruhmes, worin ich das Andenken an Ludwig XIV. feiern will", so der Bauherr. Es ist noch größer und kostbarer ausgestattet als sein Versailler Vorbild.

Schloss Herrenchiemsee

Das gleiche gilt für die pompöse, 98 Meter lange *Spiegelgalerie*, die nahezu über die gesamte Breite des Schlosses reicht: 17 hohe Fenster ziehen sich entlang der Außenfront, ebenso viele gleich hohe Spiegel stehen ihnen gegenüber; 44 vergoldete Standleuchter und 33 Kristalllüster mit zusammen 2200 Kerzen schufen standesgemäße Lichtverhältnisse. Etwas sparsamer, wenn auch immer noch höchst luxuriös, fiel die Dekoration der nur für wenige Tage benutzten *Wohnräume* des Königs aus. Ein kurioses und bezeichnendes Detail ist das „Tischleindeckdich“ im Speisezimmer, das es dem menschenscheuen König ermöglichte, seine Mahlzeiten ohne anwesende Dienerschaft einzunehmen.

An die Führung lässt sich ein Rundgang im *König-Ludwig-Museum* anschließen. Das größte Museum seiner Art präsentiert auf zwei Etagen mehrere hundert Ausstellungsstücke aus dem Leben des „Märchenkönigs“, darunter sein Krönungsmantel, die Totenmaske, verschiedene Möbel aus seinem Besitz, aber auch Pläne und Modelle weiterer, nie realisierter Projekte. In den *Parkanlagen* vor dem Schloss sprudeln seit 1994 wieder die Wasserspiele (von Mai bis September jede halbe Stunde); besonders ins Auge fällt hier der große *Latona-Brunnen*, auch er der Nachbau eines Vorbilds in Versailles.

• *Führungen* April–September 9–18 Uhr, Oktober 9–17 Uhr, November–März 9–16 Uhr; am 1.1., Faschingsdienstag, 1.11., 24./25. und 31.12 geschlossen. Ein Schild verspricht „laufende Führungen“, in der Praxis bleibt zwischendurch aber schon mal für eine halbe Stunde die Kasse zu. Bis zu 50 Personen werden pro Führung 30–35 Minuten durch das Schloss geschleust. Eintritt 7 €, ermäßigt (Schüler, Studenten etc.) 6 €. Die Karte berechtigt zum Besuch von Neuem Schloss, Museum König Ludwig II. sowie der neu eröffneten Galerien und Museumsräume im Augustiner-Chorherrenstift. Es können auch Sonderführungen während der Öffnungszeiten (250 € für max. 40 Personen) oder außerhalb (400 € für max. 30 Personen) vereinbart werden. Ticketreservierungen unter ✆ 08051/68870, ✆ 688799, www.herrenchiemsee.de.

Fraueninsel

Die Fraueninsel, deren markanter Glockenturm schon von weitem ins Auge fällt, ist mit nur etwa 600 Metern Länge und 300 Metern Breite deutlich kleiner als die Herreninsel. Doch sie ist kunsthistorisch wesentlich bemerkenswerter und auch deutlich dichter besiedelt. Hinter den Mauern des Klosters und in den blumengeschmückten Häuschen des alten Fischerdorfes leben etwa 300 Menschen, unter ihnen sieben der insgesamt noch 18 hauptberuflichen Fischer am Chiemsee. Spezialität ist deshalb auch ganz eindeutig Fisch, insbesondere Räucherfisch, der an vielen Verkaufsstellen angeboten wird. Berühmt sind auch die Produkte des Klosters, das von Benediktinerinnen bewohnt wird. Die Abtei Frauenwörth, heute hauptsächlich der Erwachsenenbildung verschrieben, produziert leckeren Likör, Marzipan und Lebkuchen, zu erstehen im Klosterladen auf dem Weg von der Anlegestelle zur Kirche. Wer ein dauerhafteres Souvenir sucht, wird vielleicht in der Töpferei Klampfleuthner (✆ 08054/1233, www.inseltoepferei.de) fündig, die seit rund 300 Jahren tönerne Krüge und Schüsseln herstellt.

Heimat der Benedikterinnen

Die Fraueninsel ist ein so liebenswerter Fleck, dass der Rat, sich nicht auf das reine Abhaken von Sehenswürdigkeiten zu beschränken, hier ganz besonders gilt. Im 19. Jh. kamen zahlreiche Künstler auf die Fraueninsel, der Landschaftsmaler Max Haushofer wanderte 1828 gar auf die Fraueninsel aus und zog zahlreiche Nachahmer, vor allem aus München, an. Es entstand die Malerkolonie *Frauenchiemsee*, die bis ins 20. Jh. hinein existierte. Die friedvolle, idyllische Atmosphäre und die Schönheit der vielen kleinen Details erschließen sich heute freilich erst nach dem Abzug der sommerlichen Besuchermassen. Am schönsten ist es hier am Abend. Deshalb der Tipp, gleich hier zu übernachten, denn die Rückfahrt nach Prien oder Gstadt ist mit 18 bzw. 19 Uhr sehr früh terminiert. Ausnahmen gibt es immerhin an Sommerwochenenden – dann geht es nach Gstadt auch noch bis 21.30 Uhr (So) und sogar 23 Uhr (Sa) zurück.

• *Verbindungen* Neben den Schiffen der „Chiemseeschifffahrt" (Anlegesteg im Südosten) wird die Fraueninsel auch von der „MS Gstadt" angelaufen. Dieses Schiff pendelt nur zwischen Gstadt und dem Nordsteg der Insel; der Fahrpreis ist geringfügig niedriger als bei der größeren Konkurrenz.

• *Übernachten/Essen und Trinken* **Hotel Gasthof Zur Linde**, auf dem höchsten Punkt der Insel, direkt am Weg von der Anlegestelle zur Kirche. Traditionsreicher Gasthof, erstmals 1396 erwähnt. Insgesamt stehen 14 Zimmer bereit, DZ/Bad/F ab 110 €; Reservierung ratsam. Mehrere gemütliche Stuben, schöner schattiger Biergarten. Gekocht wird ausgezeichnet, nicht umsonst erhielt der Gasthof eine Auszeichnung im „Wettbewerb Bayerische Küche". Spezialität sind natürlich Fischgerichte für etwa 9–18 €, andere Hauptspeisen kosten etwa 8–15 €. Kein Ruhetag, Haus 1, 83256 Fraueninsel im Chiemsee, ✆ 08054/90366, ℻ 7299, www.inselhotel-zurlinde.de.

Inselwirt, am Westufer, nicht weit vom Kloster. Ebenfalls ein schöner, historischer Bau. Es gibt einige wenige Zimmer, DZ/Bad/F 90 €; Reservierung ratsam. Besonders reizvoll sitzt man im Biergarten oder auf der Terrasse am Abend, wenn über dem See die Sonne untergeht. Das Preisniveau der Küche entspricht etwa dem der „Linde", Spezialität ist auch hier Fisch. Mi Ruhetag. Haus 43, ✆ 08054/630, ℻ 7937, www.inselwirt.de.

Klosterwirt, praktisch direkt an der Anlegestelle, Gartenterrasse mit Blick über den See auf die Alpen. Gehobene Mahlzeiten kosten etwa 12–18 €, es gibt aber auch günstigere Tagesgerichte, sowie Brotzeiten, Salate, Eis etc. Ab 18 Uhr geschlossen, außerhalb der Saison Fr Ruhetag. Haus 50, ✆ 08054/7765.

• *Baden/Freizeit* **Strandbad West**, winziger Badeplatz unweit des Inselwirts, Zugang ins Wasser über Treppen. Angeschlossen ein Verleih von Elektro-, Tret- und Ruderbooten sowie ein hübscher Biergarten direkt am See. Außer diesem Bad gibt es nur einige sehr kleine Freibadeplätze.

Blumenpracht auf der Fraueninsel

Sehenswertes

Seit jeher dreht sich auf der Fraueninsel alles um das **Kloster der Benediktinerinnen**, eines der ältesten, fast ununterbrochen bestehenden Frauenklöster Deutschlands. Der Überlieferung zufolge wurde es um 770 vom Agilolfinger-Herzog Tassilo III. gegründet. Gesichert ist die Existenz eines Klosters auf der Fraueninsel spätestens seit dem 9. Jh.: Damals lebte hier die Äbtissin Irmengard, eine Urenkelin Karls des Großen und Tochter Ludwigs des Deutschen; das Grab der selig gesprochenen Schutzpatronin des Chiemgaus wurde erst 1961 wiederentdeckt. Die Säkularisation von 1803 überstand das Kloster relativ problemlos. Derzeit allerdings steckt es in einer finanziellen Krise, da die Landwirtschaft zu wenig einbringt und der Schulbetrieb eingestellt werden musste; ein Förderkreis hofft nun, durch die Veranstaltung von Seminaren in den ehemaligen Schulräumen zusätzliche Finanzmittel bereitstellen zu können. Der Chemie-Konzern Degussa spendete vor einigen Jahren 1 Mio. Euro für den dafür notwendigen Ausbau des Südflügels. Elf Räume stehen heute für die Kurse zur Verfügung, die vor allem religiöse und gesundheitsorientierte Themen behandeln. Die Konventsgebäude selbst können nicht besichtigt werden.

Übernachten 85 Zimmer, zwischen 20 und 50 € pro Person. Programm und Anmeldung unter www.frauenwoerth.de oder ✆ 08054/7644.

Münsterkirche Mariä Opferung: Von außen zeigt das dreischiffige Münster seine Ursprünge aus der frühen Romanik. Im 11. Jh. begonnen, wurde es im 15. Jh. spätgotisch umgebaut und im 17. Jh. mit einer barocken Innenausstattung versehen. Über den berühmten Friedhof, auf dem viele Gräber von hier heimisch gewordenen Künstlern und Schriftstellern liegen, gelangt man zum Nordportal, dessen Rundbogen noch romanischen Ursprungs ist. Der bronzene Türklopfer in Form eines Löwenkopfs stammt vielleicht ebenfalls aus der Romanik, möglicherweise sogar noch aus der Karolingerzeit. Das Innere der Kirche ist deutlich von der Architektur der Spätgotik geprägt. Zu den Kostbarkeiten der Kirche zählt der gewaltige Hochaltar von 1694, die fein ausgemalte Marienkapelle und die Taufkapelle, die einen Taufstein des 15. Jh. und das ehemalige Hochgrab der Äbtissin Irmengard birgt. Heute ruhen die Reliquien der Seliggesprochenen in der Irmengardkapelle hinter dem Hochaltar; in den Seitenschiffen liegen die Gräber weiterer Äbtissinnen.

Der freistehende *Glockenturm* des Klosters, das Wahrzeichen des Chiemgaus, stammt wahrscheinlich aus dem 10. Jh. und wurde im 13./14. Jh. umgebaut; der achteckige Zwiebelturm freilich wurde ihm erst nach einem Brand im 16. Jh. aufgepflanzt.

Torhalle: Noch älter als der Glockenturm ist die karolingische Torhalle, die gegenüber des Friedhofs liegt und noch auf die Zeiten der Äbtissin Irmengard zurückgeht. Dieser älteste vollständig erhaltene Hochbau Süddeutschlands, ein zweigeschossiges, mit einem Satteldach versehenes Gebäude, enthält uralte Kunstschätze. Erst vor wenigen Jahrzehnten wurden im Chor der Michaelskapelle im Obergeschoss Fresken entdeckt, die aus der Zeit um 860 datieren. Weitere Fresken, diesmal romanischen Ursprungs, birgt der Hauptraum der Kapelle. Außerdem ist in der Torhalle ein Museum untergebracht, das Kunstwerke der Agilolfinger und Karolinger präsentiert – wahrlich ein passender Rahmen. Zu sehen sind hier auch Kopien romanischer Fresken, die im Inneren des Münsters freigelegt wurden, dort aber von der Öffentlichkeit nicht besichtigt werden können.

Öffnungszeiten Mai–Oktober tägl. 11–18 Uhr. ✆ 08054/7256.

Die Chiemseeschifffahrt – 150 Jahre Tradition

1845, im Geburtsjahr König Ludwigs II., begann auch die Geschichte der Chiemseeschifffahrt. Am Pfingstmontag kreuzte das erste Dampfschiff von Feldwies hinüber zur Fraueninsel – die Nonnen dort sollen sich vor Schreck bekreuzigt haben. Auch andernorts war die Skepsis gegenüber dem hölzernen, fauchenden Ungetüm noch groß, das Publikumsinteresse deshalb gering. Noch im selben Jahr verkaufte der ernüchterte Konstrukteur, der Zimmermann Wolfgang Schmid, das Dampfschiff samt Konzession an den Münchner Kesselhersteller Josef Feßler, der das Unternehmen unter zähem Einsatz durch die anfängliche Durststrecke brachte. Bis heute ist die Chiemseeschifffahrt im Familienbesitz der Feßlers geblieben; 11 Schiffe befördern jährlich rund 1,2 Millionen Passagiere. Prunkstück der Flotte ist der 1926 in Dienst gestellte Schaufelraddampfer „Ludwig Feßler“, der mittlerweile freilich nicht mehr unter Dampf läuft, sondern von einem Dieselaggregat angetrieben wird. Seinen Stil hat sich das altehrwürdige Flaggschiff der Chiemseeflotte dennoch bewahrt.

Idylle in der Schafwaschener Bucht

Rimsting

Nur drei Kilometer nördlich von Prien gelegen, wirkt Rimsting (3.400 Einwohner) schon beträchtlich dörflicher als die „Metropole“ des Chiemsees. Auf einem Hügelrücken hoch über dem See scharen sich die blumengeschmückten Häuser des Ortskerns um die Pfarrkirche *St. Nikolaus*, deren Turm noch aus der Gotik stammt. Störend in der Idylle wirkt nur die verkehrsreiche Durchgangsstraße. Unterhalb des 3000-Seelen-Dörfchens erstreckt sich die *Schafwaschener Bucht*, ein fast völlig abgeschlossener Seitenarm des Chiemsees. Im Winter friert sie schneller zu als der Rest des Sees und ist deshalb bei Schlittschuhläufern und Eisstockschützen beliebt; Informationen über den aktuellen „Eisstand“ gibt es beim Verkehrsamt, am Wochenende auch beim Hotel Seehof.

Rimsting ist auch ein guter Standort für Ausflüge in die Umgebung. Etwa zum kleinen Dörfchen *Greimharting*, dessen Kirche St. Petrus und Leonhard aus Steinen einer alten Burg errichtet wurde und im Chor schöne gotische Fresken besitzt. Durch Greimharting führt auch der „Obst- und Kulturweg Ratzinger Höhe“ (s. Prien S. 192). Ein ebenfalls sehr reizvoller Abstecher von Rimsting ist das unter Naturschutz gestellte Gebiet der *Eggstätter Seenplatte* (s. S. 216).

• *Information* **Verkehrsamt Rimsting**, im Rathaus nahe der Kirche. Mo–Do 8–12 und 13–16.30 Uhr, Fr 8–12 Uhr; zur Hauptsaison auch Fr 13–18 Uhr. Schulstr. 4, 83251 Rimsting, ✆ 08051/687621, ✆ 687644.

• *Übernachten/Essen und Trinken* Gute Auswahl an Quartieren entlang der Hauptstraße durch Rimsting; mit Lärmbelästigung ist hier jedoch teilweise zu rechnen.

Hotel Gaststätte Seehof, beim Strandbad im Ortsteil Schafwaschen. DZ/F je nach Saison, Lage und Ausstattung (ohne/mit Bad) für 48–72 €. Beliebt vor allem auch der schönen Terrasse wegen, von der sich ein weiter Blick über die Bucht bis zu den Bergen bietet; die Karte verzeichnet Hauptgerichte um 8 €, Fisch um 12 €, außerdem Brotzeiten und einfache Gerichte. Schafwaschen 6, ✆ 08051/1697, www.gasthof-seehof.de.

Gasthaus-Pension Werndl, in Greimharting. Hübsch möblierte Zimmer mit Balkon, DZ/Bad/F 52–72 €. Solide, freundlich und persönlich geführte Dorfwirtschaft, prämiert beim „Wettbewerb Bayerische Küche". Kleiner Wirtsgarten zur wenig befahrenen Straße, gemütliche Stube, deren Wände mit Schützenscheiben dekoriert sind. Die Küche offeriert überwiegend Fleischgerichte für 8–12 €. Mi Ruhetag. Greimharting 30, ✆ 08051/3637, 📠 4593, www.gasthaus-werndl.de.

• *Baden* **Chiemseestrandanlage Rimsting-Westernach**, ausgedehntes Gelände in schöner Lage auf einer Halbinsel im Süden der Schafwaschener Bucht, an der Mündung des Flüsschens Prien; Zufahrt vom Ortskern Rimsting nahe der Kirche. Alle nötigen Einrichtungen sind vorhanden, hohe Bäume spenden Schatten, Zugang ins recht schnell abfallende Wasser auch über einen Steg. Netter Kiosk mit Sitzgelegenheiten im Freien; Parken sowie der Eintritt sind gratis.

Strandbad Schafwaschen, im gleichnamigen Ortsteil östlich des Zentrums von Rimsting, unterhalb des Hotels Seehof. Familiäre kleine Anlage mit nostalgischem Touch, schattiges Wiesengelände. Schmaler Zugang zum See, ins Wasser am besten über den Steg.

• *Freizeit/Sport* **Bootsverleih**: Segelboote bei Yachten Meltl, Aiterbach 6 (Ortsteil im Norden der Schafwaschener Bucht), ✆ 08054/90300; daneben verleiht Anna Fellner Ruderboote, ✆ 08054/1217.

Geführte Wanderungen: Zur Saison einmal wöchentlich (bisher Mi); Auskunft und Anmeldung im Verkehrsamt.

Reiten: Möglichkeit zum Reiten in der Halle, auf dem Sandplatz und im Gelände bietet der Fürstnerhof bei Greimharting; Fürst 1, ✆ 08051/4374, 📠 64361.

• *Feste/Veranstaltungen* Von Mitte Juni bis Anfang August veranstalten die beiden Ortsvereine Rimsting und Greimharting an praktisch jedem Wochenende irgendein Fest, Informationen dazu beim Verkehrsamt.

Leonhardiumritt, am 6. November in Greimharting; jahrhundertealtes Fest zu Ehren des Viehheiligen.

Seefest des Trachtenvereins Rimsting, in der Chiemseestrandanlage am ersten Sonntag im Juli; bei schlechtem Wetter eine Woche später.

Breitbrunn

Wie in Rimsting liegt auch in Breitbrunn (1.400 Einwohner) der Ortskern ein ganzes Stück vom See entfernt. Die *Pfarrkirche St. Johannes*, die sich malerisch über einem kleinen Ententeich erhebt, wirkt barock, ist es aber nicht, sondern entstand erst zu Anfang des 20. Jh. Der Tourismus scheint in Breitbrunn weniger stark ausgeprägt als in den Nachbarorten. Zu den treuesten Gästen des Dörfchens zählen vor allem Yachtbesitzer: Die beiden Buchten unterhalb des Ortes, der *Kailbacher Winkel* und der *Mühlner Winkel*, weisen gleich mehrere Sporthäfen auf.

• *Information* **Verkehrsamt Breitbrunn**, Gollenhausener Str. 1, 83254 Breitbrunn, ✆ 08054/234, 📠 1272.

• *Übernachten/Essen und Trinken* **Gasthof „Beim Oberleitner"**, südlich des Ortskerns an der Mühlner Bucht. Der Gasthof vermietet insgesamt sechs Zimmer, davon fünf DZ, die mit Frühstück je nach Lage und Ausstattung (ohne/mit Bad) 40–50 € kosten. Seeterrasse mit reizvollem Blick, gemütliche Stube mit Kachelofen. Gutes Essen, Hauptgerichte etwa 8–11 €, auch einige einfachere, preiswerte Gerichte; Spezialität ist Fisch, der Kuchen kommt aus der eigenen Konditorei. Mi Ruhetag, Di ab 14 Uhr geschlossen. Geöffnet von April bis Oktober. Seestr. 24, 83254 Breitbrunn, ✆/📠 08054/396.

• *Baden/Freizeit/Sport* **Badeplatz Kailbacher Winkel**, kleiner Platz ohne besondere Einrichtungen, beim gleichnamigen Weiler westlich des Ortskerns. Etwa 20 m Kiesstrand, der vom schmalen Liegebereich durch den Uferweg getrennt ist; es gibt einen Steg und einen Bootsverleih.

Gemeindebad Breitbrunn, westlich des Ortes auf der Halbinsel Urfahrn; sicher das angenehmste der drei Strandbäder des Ortes. Langgezogenes, eher schmales Wiesengelände mit langem Strand, bis etwa mittags gut schattig. Schöner Blick über den See auf die Berge, mehrere Stege, Badeplattform, Kinderspielplatz, Wasserwachtstation und Surfer-Einlassstelle. Eintritt frei, der Parkplatz ist allerdings gebüh-

Segler im Hafen Breitenbrunn

renpflichtig. Angeschlossen eine preiswerte Gaststätte mit Aussichtsterrasse.

Badeplatz Mühln, ein Stück südöstlich vom „Gasthof am See", an der Ostseite der Mühlner Bucht. Weitgehend naturbelassenes, recht schattiges Gelände, nach Regenfällen oft sehr morastig.

Bootsverleih: beim „Gradlhof", Badstr. 2. Ruder-, Tret-, Elektro- und Segelboote.

Gstadt und Gollenshausen

Das touristische Kapital des Ortes **Gstadt** ist in erster Linie der schöne Blick auf die nahe Fraueninsel, zu der ein reger Schiffsverkehr besteht. Eng waren die Beziehungen zwischen dem kleinen Dorf und der Insel schon immer, schließlich entstand Gstadt („am Gestade") vor über einem Jahrtausend als Außenposten des Klosters, die Kirche St. Petri als Klosterpfarrei. Heute lebt Gstadt fast ausschließlich vom Fremdenverkehr. An Sommerwochenenden wird das Dorf von einer wahren Besucherlawine überrollt. Besonders im Umkreis der Schiffslände bietet fast jedes Haus Privatunterkünfte an, beherbergt einen Souvenirstand oder Bootsverleih. Und wenn mit einem Grundstück sonst gar nichts anzufangen ist, wird es eben in einen gebührenpflichtigen Parkplatz verwandelt – freie Parkflächen zu finden, ist in Gstadt praktisch unmöglich.

Gollenshausen, das etwa vier Kilometer nördlich von Gstadt liegt und mit diesem eine Gemeinde bildet, zeigt sich da ganz anders. Der kleine Ort, durch einen Waldstreifen vom See getrennt, besitzt eine wesentlich ruhigere Atmosphäre, wirkt im Vergleich zu dem betriebsamen Gstadt geradezu familiär. Berühmt ist Gollenshausen durch seine renommierte Yachtschule; Kunstfreunde sollten einen Besuch in der spätgotischen *Pfarrkirche St. Simon und Jonas* nicht versäumen.

• *Information* **Verkehrsbüro Gstadt**, wenige Meter oberhalb der Schiffslände. Mai–September Mo–Fr 9–12 und 14–16 Uhr (Mi nachmittags geschlossen), im Juli/August auch Sa 9.30–12 Uhr; restliche Monate nur Mo–Fr 9–12 Uhr. Im selben Gebäude finden

Chiemgau

im Sommer wechselnde Ausstellungen statt. Seeplatz 5, 83257 Gstadt, ✆ 08054/442, ℻ 7997.

• *Schiffsverkehr* Neben den Schiffen der Chiemseeschifffahrt, die von Gstadt aus alle anderen angeschlossenen Ortschaften bedienen, legt hier auch die „MS Gstadt" zur Fraueninsel ab. Deren Fahrpreis ist geringfügig günstiger als bei der größeren Konkurrenz, vor allem für größere Gruppen, allerdings liegt der Anlegesteg auf der Insel ein Stück weit vom Kloster entfernt. Seeplatz 7, ✆ 08054/7420 oder 0175/2415832, www.schiffer-gstadt.de.

• *Übernachten/Essen und Trinken* ** **Landgasthof Schalchenhof**, rund 1,5 km nördlich von Gstadt, zu erreichen über die Straße und den bis kurz vor dem Haus parallel laufenden Seeweg Richtung Gollenshausen. Ein Schmuckstück in schöner Alleinlage über dem See; idyllische Sonnenterrasse, innen ein stilvolles historisches Gewölbe; eigener Badestrand direkt unterhalb des Anwesens. Die gemütlichen DZ/Bad/F kosten je nach Saison, Lage und Ausstattung 78–93 €. Hauptgerichte für 8–15 €, auch vegetarische Gerichte, hausgemachte Kuchen und Torten. Mi Ruhetag, geöffnet von Palmsonntag bis Anfang November. Schalchen 1, ✆ 08054/230, ℻ 7932, www.schalchenhof.de.

Café Inselblick, direkt am Ufer, südlich der Anlegestelle der „MS Gstadt". Moderner Bau, von der kleinen Terrasse die schöne Aussicht, die der Name verspricht. Ein kleines Strandbad ist angeschlossen. Leichte internationale Küche für 8–11 €, daneben auch kleine Gerichte. Zur Saison tägl. ab 9 Uhr; Oktober bis April werktags erst ab 14 Uhr, Sa/So ab 10 Uhr, Mi/Do Ruhetage. ✆ 08054/7815, ℻ 902866.

Campingplatz Anner, nahe der Hauptstraße im Ort, nur ein paar hundert Meter von der Schiffslände. Wiesengelände, teilweise etwas Schatten durch Obstbäume; geöffnet etwa von Ende März bis Ende Oktober. Preise Person 5,50 €, Zelt 4,50–7,50 €, Pkw 1,70 €. Breitbrunnerstr. 8, ✆ 08054/909807, ℻ 902752, www.camping-anner.de.

• *Baden* **Strandbad „Nord"**, am nördlichen Ortsrand. Langgestrecktes, zum See geneigtes Wiesengelände, Schatten nur in einigen Teilbereichen; Zugang ins flach abfallende Wasser über einen Steg. Der angeschlossene Kiosk mit schöner Terrasse zum See bietet eine recht breite Speisenauswahl zu Preisen, die für örtliche Verhältnisse ausgesprochen günstig sind. Eintritt 2 €, Parken oberhalb oder im Ort jeweils gebührenpflichtig.

Badeplatz des Schalchenhofs, unterhalb der gleichnamigen Gaststätte (s. o.). Gepflegtes Gelände mit schattigen Bäumen, keine Einrichtungen.

Strandbad Gollenshausen, beim gleichnamigen Dorf. Mittelgroßes, relativ schattiges Gelände, mit Steinen befestigtes Ufer, flach abfallender Grund, Zugang zum Wasser über Treppen. Im angeschlossenen Kiosk isst man recht gut und preiswert. Eintritt 2 €.

• *Freizeit/Sport* **Bootsverleih**: Ruder-, Tret- und Elektroboote in breiter Auswahl im Umkreis der Schiffslände. Äußerst reizvoll ist es, die Fraueninsel einmal gemütlich zu umrunden; Vorsicht allerdings vor dem starken Schiffsverkehr! Segelboote verleihen die die Gästehäuser Grünäugl, Seeplatz 7, ✆ 08054/90880, und Heistracher, Seeplatz 1, ✆ 08054/251.

Windsurfschule und -verleih: Surfschule Gstadt, Peter Reichl, Waldstr. 20, ✆ 0171/5460755, ℻ 08054/7150, www.chiemsee-surfcenter.de.

Chiemsee-Yachtschule, alteingesessene, angesehene Segelschule am Ortseingang in Gollenshausen, Mitterstr. 3 a, ✆ 08054/7170 oder 0172/8400704, ℻ 7931, www.cyg.de.

• *Feste/Veranstaltungen* Von Juni bis in den August finden in Gstadt und den Dörfern der Umgebung zahlreiche Feiern statt, so das **Stadlfest** im Juni, das **Sommerfest** im Juli, ein **Pferde- und ein Weinfest** im August. Die genauen Termine wechseln allerdings jährlich; zu erfragen sind sie im Verkehrsamt.

Seebruck

Obwohl Seebruck nur wenig mehr als 1500 Einwohner zählt, bildet es doch die wichtigste Ortschaft am Nordufer. Hier, am Abfluss der Alz und an der alten Römerstraße von Salzburg nach Augsburg, gab es bereits seit den Tagen von Kaiser Claudius (41–54 n. Chr.) eine unbefestigte römische Siedlung, *Bedaium* genannt. Gegen Ende des 3. Jh. wurde sie mit einem Kastell befestigt, das bis etwa um 400

Der Raddampfer „Ludwig Fessler"

Bestand hatte. Heute dokumentiert ein Museum die Funde, die bei der Entdeckung des römischen Friedhofs gemacht wurden.

Bekannter als durch die Relikte der Römerzeit wurde der Luftkurort durch seinen Yachthafen, der zu den größten Bayerns zählt. Auch sonst wird Wassersport in Seebruck großgeschrieben, ob es nun ums Schwimmen im Strandbad und dem ausgedehnten Freibadegelände oder um eine gemütliche Bootstour auf der Alz geht. Für Wanderer und Radler empfiehlt sich besonders ein Abstecher ins Hinterland des Ortes, Richtung Truchtlaching und Seeon.

• *Information* **Verkehrsamt Seebruck**, im Gebiet nördlich des Römermuseums. Mo–Fr 9–12 und 14–17 Uhr, Juni–September auch Sa 9–12 Uhr; außerhalb der Öffnungszeiten Zimmervermittlung per Computerterminal. In der Umgebung sind ausreichend Parkplätze vorhanden. Am Anger 1, 83358 Seebruck, ✆ 08667/7139, 📠 7415.

• *Übernachten/Essen und Trinken* **Gasthof Zur Post**, knapp 200 m nördlich des Hotels „Wassermann". Gepflegtes, historisches Haus, das einst im Besitz der Mutter von Ludwig Thoma war; die „Ludwig-Thoma-Stube" erinnert noch an diese Zeit. Mindestens ebenso schön sitzt man unter den Kastanien im Biergarten mit Blick über die Traun. DZ/Bad/F je nach Lage um 70 €. Bekannt gute bayerisch-internationale Küche, Hauptgerichte 8–12 €, umfangreiche Brotzeitkarte. Von November bis April Mi Ruhetag. Für Hotelgäste steht eine Liegewiese an der Traun zur Verfügung. Ludwig-Thoma-Str. 8, ✆ 08667/8870, 📠 08667/1343.

*** **Hotel Restaurant Malerwinkel**, in Seebruck-Lambach, knapp 3 km vom Ortskern in Richtung Gstadt. Nobles, stilvolles Haus in Seenähe, nur durch den Uferweg vom Wasser getrennt. Eigene Liegewiese mit Badeplatz, auch ein Anlegesteg ist vorhanden – mancher Gast reist offensichtlich mit der Yacht an. Die komfortablen Zimmer entsprechen dem Stil des Hauses, DZ/Bad/F kosten je nach Lage 80–112 €; es gibt auch Drei- und Vierbettzimmer sowie Galeriezimmer. Die große Terrasse und der neu errichtete Pavillon bieten beste Aussicht auf den See. Bekannt gute Küche, Hauptgerichte etwa 10–18 €; beliebt ist auch der hausgemachte Kuchen. Kein Ruhetag. Lambach 23, ✆ 08667/88800, 📠 888044.

*** **Landgasthof Hotel Lambach**, nicht weit vom „Malerwinkel", jenseits der Straße.

Ebenfalls ein sehr stilvolles Haus, dessen Tradition bis 1648 zurückreicht; in der ehemaligen Posthalterei speisten schon Napoleon und König Ludwig II. Schöner Biergarten unter alten Linden, etwas beeinträchtigt durch die nahe Straße. Zum Haus gehört ein Seegrundstück mit Badeplatz, der allen Gästen offen steht. DZ/Bad/F kosten 85–130 €, es gibt auch Apartments sowie Drei- und Vierbettzimmer. Die Spezialität der gutbürgerlichen Küche sind Fisch- und Lammgerichte; Hauptspeisen 8–14 €. Di Ruhetag. Lambach 8–10, ✆ 08667/87990, ℻ 8799199, www.hotel-lambach.de.

Campingplatz Kupferschmiede, südöstlich des Zentrums an der Straßenabzweigung nach Truchtlaching und Altenmarkt; eigentlich schon im Gemeindebereich von Chieming, aber deutlich näher an Seebruck. Zweigeteiltes Wiesengelände, durch Bäume und Büsche teilweise parzelliert, gute Sanitärs, zum Freibadeplatz durch eine Straßenunterführung. Nahebei eine Gaststätte mit Biergarten und ein Kiosk. Geöffnet von April bis September, Preise Person nach Saison 4,95–5,50 €, Stellplatz mit Pkw 6,40 €, Leihfahrräder 6 €/Tag. Trostberger Str. 4, 83339 Arlaching, ✆ 08667/446, ℻ 16198, www.camping-kupferschmiede.de.

Campingplatz Lambach, im gleichnamigen Ortsteil, etwa 2 km südwestlich von Seebruck-Zentrum. In einem Landschaftsschutzgebiet am See gelegen, Schatten eher rar, viele Dauercamper. Geöffnet von Ostern bis Mitte Oktober. Preise Person 5,50 €, Zelt inkl. Pkw 7,50–10,50 €, bei Aufenthalt über drei Tage Rabatt. Badeplatz Lambach, ✆ 08667/7889, ℻ 809610, www.chiemgau-camping.de.

• *Nachtleben* **Libella** in Altenmarkt, etwa 12 km nordöstlich von Seebruck. Altgedienter Treff für Punks und Waver, mittlerweile auch für Techno- und Grunge-Freaks; im Sommer nur am Wochenende geöffnet. Von Zeit zu Zeit veranstaltet das Libella auch Tanzfahrten auf dem See, Infos bei der Chiemseeschifffahrt oder vor Ort. Trostberger Str. 6, 83352 Altenmarkt, ✆ 08621/4815.

• *Baden* Strandbad **Chiemseepark**, in der Nähe des Yachthafens. Sehr ausgedehntes Wiesengelände mit ebenso riesigem, gebührenpflichtigen Parkareal (Parkscheinautomat). Wenig Schatten, moderne Einrichtungen, Kiosk und Restaurant. Flach abfallender Grund, ins Wasser am besten über den langen Steg. Eintritt 1,50 €, 7–15 J. 1 €.

Freibadeplatz, südöstlich von Seebruck, Richtung Chieming. Sehr langgezogenes, schmales Wiesengelände, teilweise unter Bäumen, an Wochenenden oft ausgesprochen voll. Sehr flach abfallender, steiniger Grund. Durch eine Unterführung zu erreichen sind der Kiosk und die Gaststätte Kupferschmiede beim gleichnamigen Campingplatz. Weitere, wesentlich kleinere Freibadeplätze liegen in Richtung Chieming.

• *Freizeit/Sport* **Bootsverleih**: Beim Seehotel Wassermann, neben Ruder-, Tret- und Elektrobooten hier auch Kanadier und Kanus; außerdem im Umfeld des Dampferstegs, jenseits der Brücke Richtung Chieming und im Campingplatz Lambach (s. o.).

Fahrradverleih: Im Seehotel Wassermann, wo es sogar Vespas zu mieten gibt, und bei Bikes and more, Am Seefeld 4 (alle Arten, beim Chiemsee-Rundweg), ✆ 08667/876855. www.bikes-and-more.net.

Geführte Radtouren zu verschiedenen Themenbereichen, zur Saison 1-mal wöchentlich; Information und Anmeldung im Verkehrsamt.

Floßfahrten auf der Alz, ab Anfang Juli bis Mitte September, jeweils 2-mal wöchentlich (Di/Do), Dauer etwa 2 Std. mit anschließendem Rücktransport. Veranstalter ist das Verkehrsamt; nähere Informationen dort.

• *Feste/Veranstaltungen* **Hafenfest** im Strandbad, großes Fest am letzten Fr/Sa im Juli, Sa abends Feuerwerk.

Lichterfest mit Nachtflohmarkt, auch im Strandbad und ebenfalls von mehreren tausend Menschen besucht; viele Fackeln und Kerzen beleuchten das Gelände. Wechselnde Termine Ende August, genaue Daten im Verkehrsamt.

Sehenswertes

Kirche St. Thomas: Das Ortsbild von Seebruck beherrschend, steht sie auf den Fundamenten jenes römischen Kastells, das ab dem späten 3. Jh. die Römerstraße sicherte; teilweise wurde die spätgotische Kirche im 15. Jh. sogar aus den Steinen dieser alten Festung errichtet.

Römermuseum Bedaium: Am passenden Platz, nämlich direkt unterhalb der Kirche, präsentiert das Museum in erster Linie die Funde, die 1972 bei der Entdeckung eines römischen Friedhofs im nahen Örtchen Graben gemacht wurden. Einige der über 500 Exponate reichen jedoch auch bis in die Zeit der Kelten und frühen Bajuwaren zurück. Manches Stück stammt aus Byzanz oder sogar Ägypten und dokumentiert so die weitreichenden Handelsbeziehungen jener frühen Jahrhunderte. Dem Museum, das neben der ständigen Präsentation auch wechselnde Sonderausstellungen beherbergt, ist ein Freigelände angegliedert, in dem neben Mauern des spätantiken Kastells auch eine sogenannte „Darre" zu sehen ist, eine römische Anlage zum Räuchern von Fleisch und Fisch. Es liegt einige Schritte westlich des Museums, an der Römerstraße und am Seerundweg aus Richtung Lambach.
• *Öffnungszeiten* Mai–September Di–Sa 10–17, So 13–17 Uhr; sonst Di–Sa 10–12 und 15–17 Uhr, So 15–17 Uhr, Dezember und Januar geschlossen. Eintritt 2 €, Kinder 1 €. Ein italienisches Restaurant mit Gartenterrasse ist angeschlossen. Römerstr. 3, ✆ 08667/7503, www.roemermuseum-seebruck.de.

Beim Römermuseum von Seebruck

Umgebung von Seebruck

Ising: Für Pferdefreunde ist die bereits im 8. Jh. erstmals urkundlich erwähnte kleine Siedlung Ising, knapp drei Kilometer südöstlich von Seebruck und schon im Gemeindegebiet von Chieming gelegen, ein echtes Muss – hier dreht sich (fast) alles um den Reitsport. Das hiesige Reitsportzentrum, dem Hotel Gut Ising angegliedert, verfügt über drei Reithallen, mehrere Springplätze, Turnier- und Dressurplatz und ein eigenes Gestüt. Für Ausritte stehen 160 Hektar Wiesen, Weiden und Wälder mit kilometerlangen Galoppstrecken zur Verfügung. Anfängern wie Fortgeschrittenen wird eine Vielzahl von Kursen und Lehrgängen angeboten; Kutschfahrten, ein hauseigenes *Pferdemuseum* (Öffnungszeiten anfragen unter ✆ 08667/7773 oder 790) und das alljährlich stattfindende Pferdefest runden das Angebot ab. Und wer nicht „rossnarrisch", also kein ausgesprochener Anhänger des Reitsports ist, findet vielleicht Gefallen an den Theaterabenden, die an Wochenenden im Juli und August unter freiem Himmel stattfinden.

Kirche Mariä Himmelfahrt: Weithin zu sehen ist die ehemalige Wallfahrtskirche Mariä Himmelfahrt, ein ursprünglich spätgotischer, äußerlich eher schlichter Bau, der im 18. Jh. barockisiert wurde und im Inneren mit reicher Ausstattung prunkt.

Einen Blick wert sind insbesondere die zahlreichen Votivtafeln, die die einstige Bedeutung der Wallfahrt belegen. Im nahen Alten Herrenhaus ist ein Museum (Mai–Mitte September jeweils So 10.30–11.30 Uhr) eingerichtet, das vorwiegend sakrale Volkskunst präsentiert.

• *Übernachten/Essen und Trinken* **Hotel Gut Ising**, sehr komfortables und stilvolles Haus und somit vielleicht nicht nur für Reiter eine Empfehlung. Zur Ausstattung gehören unter anderem Sauna, Squash- und Tennisplätze, 9-Loch-Golfplatz (Jahresmitgliedschaft 845 €) sowie ein brandneues, sehr schönes Hallenbad. Preise fürs DZ/F dementsprechend bei 150–226 €, je nach Lage, Ausstattung und Saison. Gemütlich sitzt man im zugehörigen Gasthof „Goldener Pflug", der gehobene bayerisch-internationale Küche um 12–25 € für Hauptgerichte offeriert; Anhänger mediterraner Kost finden außerdem ein italienisches Restaurant, das natürlich „Il Cavallo" heißt. Kirchberg 3, 83339 Chieming-Ising, ✆ 08667/790, ℻ 79432, www.gut-ising.com. Unter dieser Adresse auch Informationen zum Angebot des Reitsportzentrums.

Abstecher zum Klostersee

Nur wenige Kilometer nördlich von Seebruck beginnt das Naturschutzgebiet der Seeoner Seenplatte, die insgesamt 14 kleinere Seen umfasst. Größtes dieser Gewässer, die allesamt ein Überbleibsel der letzten Eiszeit sind, ist der **Klostersee** beim Dorf Seeon. Seine besondere Bedeutung wie auch seinen Namen verdankt er dem berühmten, uralten *Kloster Seeon*, das wunderschön auf einer Insel im See liegt, mit dem Ufer durch einen aufgeschütteten Damm verbunden.

• *Information* Im Ort Seeon, Mo–Fr 9–12 und 14–16 Uhr, Sa 10–12 Uhr. Weinbergstr. 6, 83358 Seeon, ✆ 08624/2155, ℻ 2784, www.seeon-seebruck.de.

• *Verbindungen* RVO-Busse der Linie 9522 Mo–Fr 6-mal tägl., am Wochenende nur 1-mal tägl. Haltestellen in Seebruck u. a. beim Hotel Post, am Klostersee beim Kloster, zu manchen Zeiten auch im Ort.

• *Essen und Trinken* **Klostergaststätte**, im Kloster Seeon. Bestes Ambiente wahlweise auf der bildhübschen, von vielen Fotos bekannten Seeterrasse oder in den gotischen Gewölben. Bayerisch-internationale Küche, Hauptgerichte überwiegend 10–17 €; es gibt auch Brotzeiten, Salate und kleine Speisen. Von Dezember bis Ostern Mo Ruhetag. ✆ 08624/897429.

Café Bistro Leuchtenberg, am Klosterweg bei den Parkplätzen, hübsche Terrasse am See unter Kastanienbäumen, davor ein Wintergarten. Unprätentiöse Gerichte um 10 €. ✆ 08624/897221.

Im hübschen **Klosterladen** daneben werden nette Geschenkartikel verkauft (Kunsthandwerk, Taschen, Tücher).

Alter Wirt, die rustikalere Alternative im Ort Seeon. Traditionsreiche Wirtschaft mit eigener Metzgerei und Terrasse. Mi Ruhetag, von Oktober bis Ostern auch Do. Altenmarkter Str. 10.

• *Baden* **Strandbad Seeon**, am Südostufer des Klostersees, nahe des Dorfes Seeon und knapp 2 km vom Kloster entfernt. Relativ kleine, jedoch gepflegte Anlage, zum See abfallendes Wiesengelände mit wenig Schatten. Abgeteilter Kinderbereich, ins relativ schnell tiefer werdende, sehr saubere Wasser auch über Stege. Im Gelände ein Kiosk, gegenüber eine Gaststätte. Geringe Eintrittsgebühr.

Kloster Seeon: Besiedelt war das Inselchen im See bereits zu Anfang des 10. Jh. 984 gründete Pfalzgraf Aribo hier ein Benediktinerkloster, das bald zu einem kulturellen Zentrum ersten Ranges wurde. Im Mittelalter weithin geschätzt war besonders die hiesige Schreibschule – die prunkvollen Handschriften aus Kloster Seeon fanden ihren Weg zu weit entfernten Klöstern und Kirchen, zu Königen und Kaisern. Kulturelle Sternstunden erlebte das Kloster auch noch Jahrhunderte später: Zwischen 1767 und 1769 weilte mehrfach der jugendliche Mozart in Seeon, komponierte hier zwei sakrale Musikstücke.

Wird auch als Kultur- und Bildungszentrum genutzt: das Kloster Seeon

Einen tiefen Sturz brachte die Säkularisation von 1803; in der Folge sank das Kloster zwischenzeitlich gar zur Kaserne herab. Heute jedoch glänzt es wieder in alter Herrlichkeit. Rechtzeitig zur Tausendjahrfeier 1994 nämlich hat der Freistaat in mehrjähriger Arbeit und unter dem immensen Aufwand von rund 58 Millionen Mark die überwiegend barocken Gebäude sorgfältig renovieren lassen. Als Kultur- und Bildungszentrum des Bezirks Oberbayern setzt Kloster Seeon nun seine lange geistige Tradition fort, steht für Tagungen, Kongresse und Kulturveranstaltungen zur Verfügung. Besten Ruf erlangt haben insbesondere die klassischen Konzerte im Festsaal und der Klosterkirche, doch finden hier unter anderem auch Volkstänze, Theaterspiele, Ausstellungen und Vorträge statt. Von diesen öffentlichen Veranstaltungen abgesehen, sind die Gebäude leider nicht zugänglich, weshalb es manch spontaner Besucher bei einem Blick in die gotischen Gewölbe der Klostergaststätte und bei einer Visite der romanischen, im 16. Jh. reich ausgemalten Klosterkirche St. Lambert belassen muss. Dennoch lohnt sich ein Ausflug, zumal in der Umgebung auch eine ganze Reihe von Wanderwegen ausgeschildert sind; für einen kurzen Spaziergang empfiehlt sich beispielsweise der „Weinberg-Rundweg“, der kaum mehr als einen Kilometer misst.

Chiemgau

• *Veranstaltungsinformationen/Übernachten* **Kultur- und Bildungszentrum Kloster Seeon**, Klosterweg 1, 83770 Seeon, ✆ 08624/8970, 897210, www.kloster-seeon.de. Vor allem 2006, im Mozartjahr, werden diverse Veranstaltungen ihm zu Ehren angeboten. Freie Kapazitäten vorausgesetzt, können auch Einzelreisende in den komfortablen Gastzimmern des Klosters übernachten; für die ehemaligen Mönchszellen werden allerdings recht stolze Preise (DZ/F 100 €) verlangt. Rechtzeitige Reservierung ist ratsam.

Chieming

Dem Hauptort (4.500 Einwohner) des Ostufers verdanken der See und der gesamte Chiemgau ihren Namen: Wie die Dorfchronik vermeldet, leitet er sich von einem germanischen Adligen namens Chiemo ab, der sich im 5. Jh. hier niedergelassen hatte. Die Siedlung selbst ist sogar noch älter, bestand schon zu Zeiten der Römer und Kelten. Freilich erinnert außer einigen römischen Weihesteinen im Glockenturm der Pfarrkirche kaum noch etwas an die lange Vergangenheit. Heute lebt Chieming, das mit über 2000 Gästebetten die zweitgrößte Übernachtungskapazität am See besitzt, überwiegend vom Fremdenverkehr, blieb dabei jedoch von Bausünden weitgehend verschont. Für Unruhe sorgt einzig die vielbefahrene Durchgangsstraße: „800 Lkw und 7200 Pkw täglich macht uns krank" verkünden Protestschilder – grammatikalisch nicht ganz korrekt, aber in jeder Hinsicht verständlich. Am insgesamt rund sechs Kilometer langen, zum Teil von einer Promenade begleiteten Strand, der wohl den Hauptanziehungspunkt Chiemings bildet, ist davon erfreulicherweise jedoch nichts zu spüren.

• *Information* **Verkehrsamt Chieming**, Mo–Do 8–12 und 13–17 Uhr, Fr 8–12 Uhr, zur Hochsaison auch Fr 14–17 Uhr, Sa 9–11 Uhr. Hauptstr. 20 b, 83335 Chieming, ✆ 08664/988647, 📠 988619, www.chieming.de.

• *Übernachten/Essen und Trinken* **Gasthof Unterwirt zu Chieming**, im seenahen Bereich der Durchgangsstraße, nicht weit vom Dampfersteg. Solide Zimmer, DZ/Bad/F für 64 €. Große, gut geführte Wirtschaft mit langer Tradition: gegründet 1467! Gemütliche Gasträume, schattiger Biergarten mit Kinderspielplatz, Café mit Wintergarten; im Saal finden gelegentlich Theater- und Tanzabende statt. Gehobene bayerisch-internationale Küche um 9–15 € für Hauptgerichte (Chiemseebrachse 9 €, Zanderfilet 13,70 €). Hauptstr. 32, ✆ 08664/98460, 📠 984629, www.unterwirt-chieming.de.

Naturkost-Pension Moierhof, im Gemeindeteil Eglsee, jenseits der Hauptstraße Seebruck–Traunstein. Urlaubsquartier für Ernährungsbewusste: Die Verpflegung besteht fast ausschließlich aus Demeter-Produkten, die aus der eigenen Gärtnerei und artgerechten Tierhaltung stammen; auf Wunsch ist auch reine Rohkost möglich. Halbpension ist obligatorisch, pro Person werden für 2 Übernachtungen 100 € berechnet. 83335 Chieming-Eglsee, ✆ 08664/9870, 📠 987200, www.moierhof-naturkost.de.

Chieming ist die **Camper-Hochburg** am See – insgesamt vier Plätze liegen im Gemeindegebiet, darunter auch der **Campingplatz „Kupferschmiede"**, der der räumlichen Nähe wegen jedoch im Kapitel Seebruck beschrieben ist.

Campingplatz Café Seehäusl, bei Stöttham, etwa 1,5 km nordwestlich des Ortszentrums, direkt am Chiemsee-Uferweg, der mitten durch das Gelände führt. Gepflegter kleiner Platz in schöner und vor allem ruhiger Lage, Liegewiese und Badesteg, Restaurant/Café (Mi Ruhetag) mit schattigem Biergarten angeschlossen. Preise Person 5,50 €, Stellplatz mit Pkw 6 €. ✆ 08664/303, 📠 1887.

Camping Möwenplatz, ein paar hundert Meter südlich des Strandbads. Langgestrecktes, zwischen Straße und See gezwängtes Gelände mit entsprechend ausgedehntem Uferbereich, mittlerer Schatten. Zur Saison Einkaufsmöglichkeit mit Imbiss. Geöffnet April–September, Preise Person 5 €, Stellplatz mit Pkw 6 €. ✆ 08664/361, 📠 929490.

Campingplatz Sport-Ecke, ein kleines Stück weiter südlich und von der Anlage her dem „Möwenplatz" sehr ähnlich, nur ein klein wenig größer und etwas schattiger. Geöffnet April–September, Preise Person 5 €, Stellplatz mit Pkw 6 €. ✆/📠 08664/500.

• *Baden* **Strandbad Chieming**, ein Stück südlich des Dampferstegs. Familiär wirkende, ältere Anlage (Holzkabinen) mit viel Baumschatten, betongefasstes Ufer, anschließend der sehr flach abfallende, grobe Kiesstrand; ins Wasser auch über Stege. Eintritt 2 €, Kinder 1 €, Liegestuhl 3 €/Tag, Sonnenschirm 1,50 €/Tag; Parkplätze gebührenpflichtig. Direkt daneben liegt ein Biergarten mit einem der schönsten Sonnenuntergangsblicke am Chiemsee. www.strandbad-chieming.de.

Chieminger Riviera nennt sich etwas vollmundig das langgezogene Freibadegelände, das sich vom Dampfersteg kilometerweit nach Norden zieht. Die gepflegten Liegewiesen erstrecken sich hier oberhalb des Sees, zum Baden muss man über den Uferweg und hinab an den sehr flach abfallenden Kiesstrand. Für Speis und Trank sorgen ein Kiosk und die Gaststätte „Steiner Biergarten" im ehemaligen Kurhaus. Eine weitere Freibadezone findet sich südlich des Strandbads; in diesem Bereich sind allerdings die Ufer sehr schmal und die Liegeflächen begrenzt.

• *Freizeit/Sport* **Bootsverleih**: Elektro-, Tret- und Ruderboote kann man gleich neben dem Dampfersteg mieten.

Windsurfschule, im Strandbad, Andre Weidner, Kurse für Anfänger und Fortgeschrittene, Kinder ab 7 Jahren. ✆ 08056/902836 oder 0179/4717841, www.windsurfschule-chieming.de.

Fahrradverleih, am Strandbad beim Minigolf, ✆ 08664/927706

Geführte Wanderungen und Radtouren: Zur Saison veranstaltet das Verkehrsamt Touren zu verschiedenen Themenbereichen, unter anderem ins Grabenstätter Moos; die Teilnahme ist mit Kurkarte in der Regel kostenlos.

Ballonfahrten: Rund um Chieming offerieren gleich mehrere Unternehmen eine stille Fahrt durch die Lüfte: TS-Ballonfahrten im Ortsteil Egerer, ✆ 08664/8118; Norbert Schneider in Stöttham, ✆ 08664/463; Jonathan Ballooning in Chieming-Hart, ✆ 08669/79090 und Ad Astra Ballooning, Max-Kurz-Str. 3 in Chieming (gegenüber der Raiffeisenbank), ✆ 08664/927613.

Auf den Spuren von Papst Benedikt XVI.

Als am 19. April 2005 Joseph Kardinal Ratzinger, geboren 1927 in Marktl am Inn und heimisch in verschiedenen Orten Oberbayerns, zum neuen Papst gewählt wurde, war die Freude in Oberbayern groß. Viele Orte spüren nun mit speziellen Themenführungen seiner Geschichte nach.

Von der Tourismusgemeinschaft Inn-Salzach wurde anhand biographischer Stationen der 224 km lange Benediktweg entwickelt, der u. a. als Radtour geplant ist. Chieming ist eine Station auf dieser Rundtour, die in Altötting beginnt und über Marktl am Inn, Burghausen, Waging am See, Hufschlag, Traunstein, Chieming, Seebruck, Seeon, Gstadt, Eggstätt, Wasserburg, Tüßling zurück nach Altötting führt.

Ein genauer Plan des Benediktwegs sowie nähere Informationen bei der Tourismusgemeinschaft Inn-Salzach, Kapellplatz 2 a, 84503 Altötting, ✆ 08671/506228, 📠 85858, dem Chiemsee Infocenter oder im Internet unter www.benediktweg.info, wo eine Karte bestellt werden kann.

Grabenstätt

In dem bäuerlich wirkenden Dorf ist von Touristenrummel weniger zu spüren als in den Nachbarorten. Klar, denn Grabenstätt (4.000 Einwohner) liegt ja nicht direkt am See, sondern rund zwei Kilometer entfernt. Das jedoch war nicht immer so: Noch zu Anfang des 19. Jh. plätscherten die Chiemseewellen direkt am Ortsrand. Verantwortlich für die allmähliche Verlandung ist die Tiroler Achen, deren Mündungsdelta sich durch Anschwemmung immer weiter ausbreitet. Die ausgedehnten Feuchtwiesen und artenreichen Auwälder, die im Laufe der Jahrzehnte auf den Verlandungsflächen entstanden, sind heute unter Naturschutz gestellt. Einen Teil dieses Gebietes bildet das der Hirschauer Bucht vorgelagerte **Grabenstätter Moos**, das eine Fülle seltener Pflanzenarten beherbergt und, natürlich unter Beachtung der Schutzbestimmungen, auf Wanderungen erkundet werden kann. Einen Ausflug wert ist auch der idyllische **Tüttensee**, ein kleiner Moorsee, der sich östlich des Dorfes im Wald versteckt und als einer der wärmsten Seen in ganz Oberbayern gilt.

Angesichts dieser natürlichen Attraktionen lässt es sich schon verschmerzen, dass aufgrund zweier Großbrände, die Grabenstätt im 19. Jh. verwüsteten, bauliche Sehenswürdigkeiten eher rar sind; auch das *Schloss*, in dem heute das Verkehrsamt untergebracht ist, stammt erst aus dem Jahr 1836. Immerhin birgt die *Johanniskirche* einige sehenswerte spätgotische Fresken, darunter einen riesigen Hl. Christophorus. Und im kleinen *Römermuseum* wandelt man auf den Spuren der langen Vergangenheit Grabenstätts: Zu sehen sind hier Fußbodenmosaike, das älteste Schriftdenkmal Bayerns sowie Architekturfragmente – alles Fundstücke, die bei der Ausgrabung eines römischen Gutshofes im nahen Erlstätt freigelegt wurden (Anfragen im Kaufhaus Multerer; Traunsteiner Str. 1, Führung nur Sa 10 Uhr, ✆ 08661/242).

• *Information* **Verkehrsamt Grabenstätt** im Schloss Grabenstätt. Mo–Fr 8–12 Uhr, Mo–Mi auch 13.30–16 Uhr, Do 13.30–18 Uhr; zur Hauptsaison auch Fr 14–17 Uhr und Sa 9–11 Uhr. Schlossstr. 15, 83355 Grabenstätt, ✆ 08661/988731, 📠 988791.

• *Übernachten/Essen und Trinken* **Gasthof Chiemseefischer**, beim etwa 3 km nördlich gelegenen Gemeindeteil Hagenau, oberhalb der Straße nach Chieming. DZ/Bad/F kosten 60 €, ein Fahrzeug scheint angesichts der Alleinlage ratsam. Terrasse mit recht schöner Aussicht; Schwerpunkt der Speisekarte sind namensgemäß Fischgerichte um 10–14 €. Frisch renoviertes Lokal, im Sommer täglich geöffnet. Hagenau 2, ✆ 08661/982658, 📠 982657, www.chiemseefischer.de.

Gasthof Zur Post, am Dorfplatz. Kleiner Biergarten zur Straße, bayerische Küche, eigene Metzgerei. Hauptgerichte liegen um 8–12 €, auch gute Brotzeitauswahl. Mo Ruhetag. Marktplatz 10.

• *Baden* **Strandbad Tüttensee**, am Tüttensee, kaum 2 km östlich von Grabenstätt, Anfahrt vorbei am Schloss. In guten Jahren erreicht das moorige Wasser schon im Mai Badetemperatur! Gepflegtes Wiesengelände, Ruderbootverleih, Gaststätte mit hübscher Seeterrasse. Eintritt 2 €, Kinder 1 €; Parkplatz gebührenfrei. Rund um den See auch einige kleine und weniger attraktive Freibadeplätze.

• *Freizeit/Sport* **Geführte Wanderungen**: Blumen- und Pflanzenwanderungen sowie Vogelstimmenwanderungen ins Grabenstätter Moos finden in 14-tägigem Turnus jeweils Sa bzw. So von Mai bis September statt. Termine und Anmeldung im Verkehrsamt; geringer Kostenbeitrag.

Fahrradverleih: Stefanutti Hof, Hochfellnstr. 30, ✆ 08661/1069, 📠 983846.

• *Feste/Veranstaltungen* **Fest der Deutsch-Brasilianischen Freundschaft**: Unser Tipp – ein Ereignis ganz besonderer Art ist dieses Fest der Partnerschaftlichen Brasilienhilfe e. V., eines Vereins, der von einer in Grabenstätt lebenden gebürtigen Brasilianerin gegründet wurde und seit 1980 den Armen Brasiliens hilft. 1,2 Mio. Euro sind in 25 Jahren bereits investiert worden. Mittlerweile zieht das „Brasilienfest" alljährlich gut zehntausend Leute an, die sich an brasilianischen Gerichten und Zuckerrohrschnaps gütlich und dabei etwas Gutes tun. Wer dem Verein beitreten möchte, kann bei Job und Betty Wülfing unter ✆ 08661/1079 nähere Auskünfte einholen.

Schlossserenaden und andere kulturelle Veranstaltungen in der Eingangshalle des Schlosses oder im Schlosspark. Information beim Verkehrsamt.

Naturschutzgebiet Mündung der Tiroler Achen: Das Grabenstätter Moos ist nur ein Teil des großen Naturschutzgebietes, das im Umfeld des Mündungsdeltas der Tiroler Achen ausgewiesen wurde; nach Süden zu erstreckt es sich bis über die Höhe des Ortes Übersee hinaus. Die schilfreichen Uferbereiche dieses größten Binnendeltas Mitteleuropas, die feuchten Streuwiesen und Auwälder sind ein bedeutendes Rückzugsgebiet vieler seltener Vogel- und Pflanzenarten. Hier leben Fischreiher, Wasseramsel und Flussregenpfeifer, wachsen zahlreiche Orchideenarten, Mehlprimel und Trollblume; im Mai und Juni blühen ausgedehnte Bestände der seltenen Schwertlilie Iris sibirica. Am Uferrundweg bei der Gaststätte Hir-

Das Achendelta aus der Vogelperspektive

schauer Bucht informieren Schilder über die verschiedenen Lebensräume der Tier- und Pflanzenarten sowie über die Naturschutzbestimmungen – für die Kernzone des Gebietes besteht strengstes Betretungsverbot.

• *Essen und Trinken* **Gaststätte Hirschauer Bucht**, am östlichen Rand der Kernzone des Schutzgebietes, etwa 1 km südlich des Weilers Hagenau. Hübsches Holzhaus mitten im Wald, große schattige Terrasse – ein ideales Plätzchen für eine Rast, da direkt am Chiemsee-Rundweg gelegen. Spezialität ist Chiemseefisch aus eigenem Fang; pro Portion muss man, je nach Sorte, etwa 10–14 € rechnen, Fleischgerichte um 8 €, es gibt auch Brotzeiten und hausgemachten Kuchen. Do Ruhetag. ✆ 08661/525 oder 08664/929810.

Übersee-Feldwies

Umgeben von Moorgebieten, den heute teilweise trockengelegten, sogenannten Filzen, erstreckt sich der Doppelort (4.700 Einwohner) westlich der Tiroler Achen in Nord-Süd-Richtung über mehrere Kilometer Länge.

Übersee stellt mit dem Bahnhof und der besseren Infrastruktur das „Zentrum" der Gemeinde dar. Das recht neuzeitlich wirkende Dorf mit dem kuriosen Namen liegt allerdings etwa zwei Kilometer vom See entfernt. Im Süden des Siedlungsbereichs bilden die beiden idyllischen Hügelrücken des *Osterbuchbergs* und des *Westerbuchbergs* eine Art natürliche Grenze. Beides sind ehemalige Inseln im Chiemsee, der ja einst deutlich größer war als heute, und beide bieten sich mit ihren schönen Aussichtsplätzen als reizvolle Wanderziele an. Auf dem Osterbuchberg gibt es eine Drachenflugschule; der Westerbuchberg glänzt dafür mit der romanisch-gotischen Kirche *St. Peter und Paul,* die neben einem reizvollen Gewölbe auch sehenswerte Fresken des 15. Jh. aufweist. Bundesweit bekannt ist Übersee durch das *Reggae-Festival* geworden, das hier seit Mitte der 90er Jahre am letzten Augustwochenende steigt und sich zu einem der größten Europas gemausert hat.

Ab **Feldwies** hat man es schon näher zum Ufer, zum Yachthafen und zu den Badeplätzen und Spazierwegen auf der Halbinsel des Achendeltas – schade, dass die Autobahn diesen Ortsteil auf recht rabiate Weise vom See abschneidet. Das *Exter-Kunsthaus* im Blumenweg (nach Renovierungsarbeiten ab Pfingsten 2006 wieder geöffnet, Auskunft unter ✆ 08051/68870), ein über 400 Jahre altes Bauernhaus, präsentiert neben Arbeiten des Münchner Malers und Bildhauers Julius Exter auch wechselnde Kunstausstellungen. Sehenswert ist auch der *Natur-Pavillon* im Zellerpark (Mi–So 13.30–17.30 Uhr): Hier finden Ausstellungen und Vorträge zu allen Belangen des Umweltschutzes statt, man kann Videofilme sehen und Bienen durch eine Glaswand beobachten – besonders für Kinder ein interessantes Erlebnis. Gleichzeitig werden hier fachkundig geführte Wanderungen und Radtouren in die Berge und Moore der Umgebung angeboten (aktuelle Termine und Routen unter www.dernaturaufderspur.de).

• *Information* **Verkehrsverein Übersee-Feldwies**, an der Hauptstraße, seewärts nahe der Bahnlinie. Mo–Do 8–12 und 14–17 Uhr, Fr 8–12 Uhr, zur Hochsaison auch Fr 14–17 Uhr, Sa 9–12, So 9–11 Uhr. Feldwieser Str. 27, 83236 Übersee-Feldwies, ✆ 08642/295, Fax 6214, www.uebersee.com.

• *Verbindungen* **Ortsbusse** fahren von Ende Mai bis Anfang September von Wiesengröben (Abzweigung zum Westerbuchberg) über den Ortsteil Obermoosen, den Bahnhof und das Verkehrsamt bis zum Strandbad am See; die sogenannte „Chiemseelinie" stellt zudem Verbindungen bis Grassau, Marquartstein und zum Hochplattenlift her. Mit Kurkarte ist die Fahrt jeweils kostenlos.

• *Übernachten/Essen und Trinken* *** **Hotel Chiemgauhof**, im Strandbereich von Feldwies. Recht großes, ansprechendes Anwesen; sehr schöner Biergarten direkt am See. Als Hotel ruhig gelegen und gut ausgestattet, unter anderem mit Hallenbad; DZ/Bad/F nach Lage und Komfort 90–130 €. Die international ausgerichtete Küche orientiert sich am Angebot der Saison, Hauptgerichte etwa 11–15 €. Julius-Exter-Promenade 21, ✆ 08642/89870, Fax 898799, www.chiemgauhof.com.

Gasthof Alpenhof, oben auf dem Westerbuchberg nahe der Kirche St. Peter und Paul, zu erreichen über ein schmales, kurviges Sträßchen. Das hübsche ehemalige Bauernhaus ist ein echter Ausflugstipp: Die sonnige Terrasse und der Gastraum mit seinen großen Fenstern bieten eine grandiose Aussicht auf das Kendlmühl-Filz und die Alpen. Angeboten werden Ferienwohnungen und einige wenige Gästezimmer. Gehobene bayerisch-internationale Küche von sehr gutem Ruf, Fleisch- und Fischgerichte zwischen 14 und 17 €. Di und Mi Ruhetag. Westerbuchberg 99, ✆ 08642/89400, www.alpenhof-chiemgau.de.

Seewirtschaft, nur ein kleines Stück südlich des Hotels „Chiemgauhof". Hübsche Terrasse zum See; auf der umfangreichen Speisekarte stehen bayerisch-internationale Gerichte, darunter Fischspezialitäten für 12–15 €, Fleischgerichte für 9–12 €; es gibt auch Brotzeiten und sogar Frühstück. Juli/August tägl., sonst Mi Ruhetag. Julius-Exter-Promenade 11, ✆ 08642/1222.

Gasthof Sonnenhof, im Weiler Seethal, direkt nördlich der Autobahnausfahrt. Herrlich ruhige, ländliche Lage, dabei zu Fuß oder mit dem Rad kaum einen Kilometer vom See entfernt – für Kfz ist die Strecke gesperrt. Als Übernachtungsquartier (DZ/Bad/F 45-55 €) sehr gefragt, weshalb rechtzeitige Reservierung ratsam ist. Beliebte Ausflugsgaststätte mit sonniger Terrasse; hausgemachter Kuchen, bekannt gute Küche, Hauptgerichte 11–14 €. Mo Ruhetag. Seethal 43, ✆ 08642/6815, www.sonnenhof-uebersee.de.

Campingplatz Rödlgries, etwa 600 m westlich der Hafenzone von Feldwies, zwischen Autobahn (Lärmschutzwall) und See, mit Liegewiese und Strand. Nur teilweise schattiger, gepflegter Platz mit guten Sanitärs; zur Saison Einkaufsmöglichkeit und Imbiss. Geöffnet von Ostern bis Oktober, Preise Person 7 €, Stellplatz 9 €. ✆ 08642/470, Fax 1636, www.chiemsee-camping.de.

• *Baden* **Strandbad Feldwies**, das größte am ganzen Chiemsee: Über 40.000 qm gepflegtes Wiesengelände mit recht gutem Schatten und sehr flach abfallendem, teils kiesigem, teils sandigem Strand. Alle Einrichtungen inklusive Einkehr, Kiosk, Sportmöglichkeiten, Bootsverleih etc. vor-

Der Seglerhafen von Übersee-Feldwies

handen; Parkplätze gebührenpflichtig, Eintrittsgebühr 2 €.

Freibadegelände südlich des Strandbads, Ufer teils Kies, teils Sand, allerdings wenig Liegefläche. Weitere bescheidene Bademöglichkeiten entlang der durch einen Fußweg erschlossenen Uferzone nördlich des Strandbads (Richtung Nikolauskapelle).

FKK-Gelände auf einer Halbinsel etwa 4 km westlich von Feldwies, zu erreichen über den Uferrundweg vorbei am Campingplatz Rödlgries; Parkplätze vorhanden.

• *Freizeit/Sport* **Bootsverleih**: Ruder-, Tret- und Elektroboote gibt es in der Nähe des Dampferstegs zu mieten.

Fahrradverleih: Brunner, Grassauer Str. 44, ✆ 08642/6656.

Geführte Wanderungen/Radtouren: Bergwanderungen von Juni bis September jeden Sa, Moorwanderungen jeden zweiten Do, Teilnahme mit Kurkarte jeweils kostenlos; Radtouren finden eher sporadisch statt. Information im Verkehrsamt oder im Naturpavillon.

• *Feste* **Chiemsee Reggae Summer**, am letzten Augustwochenende herrscht Ausnahmezustand am Chiemseeufer. 25.000 Rastafari jubeln ihren Idolen zu, zu denen Shaggy und Sean Paul eher nicht zählen: Die Veranstalter schaffen es, ihr Grassroots-Image aufrechtzuerhalten. Die drei Tage sind meist früh ausverkauft, Komplettpreis: 74 €. Vorverkauf und Lineup unter www.chiemsee-reggae.de.

Bernau

Gemessen an der Übernachtungskapazität nimmt Bernau unter den Fremdenverkehrsorten am Chiemsee immerhin den dritten Rang ein – rund 1800 Gästebetten zählt die Gemeinde, ist Chieming damit schon recht dicht auf den Fersen. Nicht mitgezählt sind dabei die Betten der großen Justizvollzugsanstalt, deren Insassen hier zwangsweise einen etwas längeren „Urlaub" einlegen müssen. Bernaus großer Trumpf ist die Nähe zu den Bergen, die unweit südlich des Ortes aufragen und durch zahlreiche Wanderwege erschlossen sind. Ein Nachteil ist dagegen die verkehrsreiche Bundesstraße B 305, die direkt durch das Zentrum des Luftkurortes führt.

Wie in Übersee liegt auch in Bernau (6.500 Einwohner) die Autobahn zwischen Ortszentrum und See. Bernaus Uferzone erstreckt sich bei der kleinen Siedlung **Felden** und ist im Bereich des ehemaligen „Rasthauses am Chiemsee“ von dem 2003 geschlossenen Erholungszentrum der US-Armee in Beschlag genommen. Was mit den denkmalgeschützten Bauten geschehen soll, ist noch nicht entschieden. Nach Westen hin in Richtung Schiffssteg breitet sich heute der *Chiemseepark Felden* mit seinen zahlreichen touristischen Angeboten, einem Strandbad und dem großen Infocenter der Region aus.

• *Information* **Chiemsee Infocenter**, die Zentrale des Chiemseetourismus. Großer, moderner Bau inmitten eines kleinen Parks mit vielen Parkplätzen und der Erlebnisgaststätte Badehaus (s. u.). Mo–Fr 9–19 Uhr, Sa/So 10–16 Uhr (im Winter wird jeweils eine Stunde früher geschlossen). Felden 10, 83233 Bernau, ✆ 08051/965550, ✆ 9655530, www.chiemsee.de.

Kur- und Verkehrsamt Bernau, zentrumsnah an der Straße nach Aschau gelegen, nicht weit vom Gasthof „Alter Wirt“. Mo–Fr 8–12 und 13–17 Uhr, Juni bis Mitte September auch Sa 9–12 Uhr. Aschauer Str. 10, ✆ 08051/98680, ✆ 986850, www.bernau-am-chiemsee.de.

• *Verbindungen* **Ortsbuslinien** verbinden von etwa Ende Mai bis Anfang Oktober Bernau (Minigolfplatz) mit dem See und dem in den Bergen gelegenen Hintergschwendt. Außer Einzelfahrscheinen werden auch Tages-, Wochen- und Monatskarten sowie Familienfahrkarten angeboten, mit Kurkarte jeweils ermäßigt.

• *Übernachten/Essen und Trinken* *** **Hotel Bonnschlößl**, Das barockisierte, ursprünglich aus dem 15. Jh. stammende, ruhig gelegene Schloss im Ort ist mit seinem rund 3000 qm großen Park schon etwas Besonderes, dabei mit Preisen von 83–93 € für das DZ/Bad/F vergleichsweise nicht einmal teuer. Kirchplatz 9, ✆ 08051/89011, ✆ 89103, www.alter-wirt-bernau.de.

Gasthof Alter Wirt, rund 500 Jahre alte Wirtschaft. Schmuckstück der hiesigen Gastronomie – hier übernachtete 1504 schon Kaiser Maximilian I. Gleich um die Ecke vom „Bonnschlößl“, unter derselben Führung und Adresse und ebenso wie dieser Bau unter Denkmalschutz gestellt. DZ/Bad/F für 71 €. Schattiger, leider zur vielbefahrenen Straße gelegener Biergarten, gemütliche Gasträume, eigene Metzgerei. Hauptgerichte kosten etwa 8–12 €.

*** **Restaurant-Hotel Jägerhof**, ein Tipp für Feinschmecker. Leider liegt das schmucke Häuschen in weniger schöner Umgebung, nämlich schräg hinter einer Tankstelle an der Hauptstraße Richtung Grassau. Innen ist's dafür gemütlich und das Essen vom Feinsten – nicht umsonst wurde die Gaststätte im „Wettbewerb Bayerische Küche“ prämiert. Hier kommen die heimischen Gerichte kreativ und leicht auf den Tisch, die frischen Zutaten stammen alle aus der Umgebung. Spezialität sind Wild- und Fischgerichte, an Vegetarier wird auch gedacht und die Süßspeisen sind eine Sünde wert. Hauptgerichte kosten etwa 12–22 €, die freundlichen DZ/Bad/F gibt es für 74 €. Di und Mi Ruhetag. Rottauer Str. 15, ✆ 08051/7377, ✆ 7829, www.jaegerhof-bernau.de.

*** **Berggasthof Seiserhof**, mit traumhafter Aussicht auf rund 700 m Höhe südwestlich von Bernau gelegen: Von der Terrasse überblickt man den gesamten Chiemsee. Als Unterkunft insbesondere für Bergwanderer interessant, da sich in der Umgebung ein ganzes Netz von Wanderwegen erstreckt; die gemütlichen DZ/Bad/F kosten je nach Saison ab 64 €. Umfangreiche Speisekarte und bekannt gutes Essen, dessen Qualität durch eine Urkunde beim „Wettbewerb Bayerische Küche“ bestätigt wurde; Spezialität sind Forellen sowie Kuchen und Torten aus eigener Konditorei. Hauptgerichte etwa 7–13 €, auf der Tageskarte zum Teil auch darunter; kleinere Speisen und Brotzeiten sind ebenfalls im Angebot. Di und Mi Ruhetag. Anfahrt über die Straße nach Aschau, dann links ab (beschildert); von Bernau auch auf schönen Wanderwegen und zur Saison sogar mit dem Ortsbus zu erreichen. Reit 5, ✆ 08051/9890, ✆ 89646, www.seiserhof.de.

Badehaus, im Chiemseepark Felden, unübersehbar neben dem Infocenter. Szenegastronomie mit Surfsegeln, Fischernetzen und Ruder-Achter im Restaurant. Schön sitzt es sich vor allem auf der großen Terrasse an der Wiese mit Seeblick. Preise für die ganz ordentlichen Hauptgerichte 8–15 €. Tägl. ab 10 Uhr, November–April Mo Ruhetag. ✆ 08051/970300, www.badehaus-chiemsee.de.

• *Baden* **Strandbad Felden**, auf der Halbinsel nahe des Dampferstegs. Mittelgroßes, sehr gepflegtes Wiesengelände mit relativ gutem Baumschatten; ins flach abfallende Wasser über den Kiesstrand oder einen Steg, für Kinder zwei Wasserrutschen und ein Spielplatz. Erfreulich: Eintritt frei. Schön sitzt es sich auf der großen, zum See gelegenen Terrasse des Kiosks; in der Nähe diverse Sportmöglichkeiten.

• *Freizeit/Sport* **Fahrrad- und Bootsverleih**: Mehrere Vermieter im Chiemseepark Felden. Boote: ✆ 0175/3213783 (Thomas Pfliegl, beim Strandbad); Fahrräder aller Art, auch Tandems, ab 5 €/Tag und **geführte Touren**: ✆ 0170/4851930 oder 08051/7147 (Fritz Müller, www.fahrradverleih-chiemsee.de).

Windsurfschule: Surfschule Christian Kaufmann, Ludwig-Thoma-Str. 15 a (am Strandbad zwischen Wasserwacht und dem In-Treff Badehaus), Mo–So 9–19 Uhr. Einsteigerkurs 3 Tage: 125 €; Fortgeschrittene: 35 €/Std. Privatunterricht. ✆ 08051/8877, ✆ 89724, www.surfschule-chiemsee.de.

Geführte Wanderungen: Zur Saison 1-mal wöchentlich geführte Waldwanderung, im 14-tägigen Turnus geführte Inseltour zu Herren- und Fraueninsel; Information und Anmeldung im Verkehrsamt.

• *Veranstaltungen* **Bauerntheater**: Die Bernauer Volksbühne hat eine über dreißigjährige Tradition; Aufführungen von Mitte Juni bis Ende September jeweils Fr abends im Saal des Gasthofs „Kampenwand".

Auch für G'wamperte: die Kampenwandbahn

Abstecher nach Aschau und auf die Kampenwand

Aschau, etwa sechs Kilometer südwestlich von Bernau gelegen, ist der Ausgangspunkt zur Auffahrt oder zum Aufstieg auf die Kampenwand, einen der berühmtesten Aussichtsberge Bayerns. Die langgezogene Gemeinde, die erst vor wenigen Jahrzehnten durch den Zusammenschluss der beiden Dörfer Niederaschau und Hohenaschau entstand, hat aber auch einige Sehenswürdigkeiten zu bieten. In **Niederaschau** steht unweit des Bahnhofs die *Pfarrkirche Mariä Lichtmess*, ein mehrfach umgebautes, dennoch einheitlich barock erscheinendes Gotteshaus, dessen lichtes Inneres mit wundervollem italienischen Stuck geschmückt ist. Gleich nebenan bewahrt die kleine Kreuzkapelle köstlich volkstümliche Deckenmalereien, die ebenfalls aus dem 18. Jh. stammen.

In **Hohenaschau** grüßt das gleichnamige *Schloss* weithin sichtbar von seinem bewaldeten Hügel herab. Entstanden aus einer Burg des 12. Jh. ist die imposante Anlage nach weitgehenden Umbauten des 17. Jh. heute vorwiegend barock geprägt. Auf Führungen (✆ 08052/904937; Mai–September Di–Fr 9.30, 10.30, 11.30; April und Oktober nur Do) kann ein Teil der Räumlichkeiten besichtigt werden, darunter auch das *Prientalmuseum*, in dem die Geschichte des Schlosses wie auch die der Eisenindustrie im Priental dokumentiert wird. Im prunkvollen Preysingsaal finden im Sommer die *„Aschauer Schlosskonzerte"* statt.

• *Information* **Kurverwaltung Aschau**, etwa auf halbem Weg zwischen Nieder- und Hohenaschau. Kampenwandstr. 38, 83229 Aschau, ✆ 08052/904937, 📠 904945, www.aschau.de.

Aschauer Schlosskonzerte, aktuelles Programm und Tickets bei der Kurverwaltung.

• *Verbindungen* **Zug/Bus**: Von und nach Prien fährt 8-mal tägl. die Chiemgaubahn, „Aschauer Bockerl" genannt, ein possierlicher Triebwagenzug. Busverbindung ab Bernau/Minigolfplatz besteht 1- bis 2-mal tägl.

Auf die Kampenwand: „I gang so gern auf'd Kampnwand, wann i mit meiner Wampn kannt" – der alte Kalauer (hochdeutsch etwa: Ich ginge so gerne auf die Kampenwand, wenn nur mein dicker Bauch nicht wäre) zählt schon lange nicht mehr als Ausrede, ist der markante Kalkfelsen doch längst durch eine Kleinkabinenbahn erschlossen und samt der berückenden Aussicht über den Chiemsee so jedermann zugänglich gemacht worden. Freilich, direkt bis zum Gipfelkreuz wird man immer noch nicht transportiert: Die knapp eine Viertelstunde währende Fahrt ab Hohenaschau endet auf 1460 Meter Höhe, also gut 200 Meter unterhalb des 1669 Meter hohen Gipfels. Im Umfeld der Bergstation und des nahen Gasthofs bietet sich Gelegenheit zu einer Reihe schöner Wanderungen, auf denen man ebenfalls ein fantastisches Panorama genießt. Die beliebteste Tour ist der leichte, etwa halbstündige Weg zur bewirtschafteten Steinlingalm (1520 m). Hier beginnt auch der Aufstieg zum Gipfel, der inklusive Abstieg zwar nur etwa eine Stunde in Anspruch nimmt, aber erhöhte Trittsicherheit erfordert. Von der Steinlingalm kann man über den gut ausgebauten „Reitweg" in knapp zwei Stunden zur Talstation absteigen – als Aufstieg natürlich auch eine Alternative für die Sportlicheren unter den Kampenwand-Bezwingern. Ein Wanderwegweiser ist in der Talstation und bei der Kurverwaltung Aschau erhältlich.

• *Kampenwandbahn* Vom Bahnhof Aschau besteht Busverbindung zur knapp 2 km entfernten Talstation. Betriebszeit der Kabinenbahn im Juli bis Mitte September 9–18 Uhr, sonst 9–17 Uhr; Berg- und Talfahrt nach Saison 13,50–16,50 €, Kinder 7,50–9 €; einfache Fahrt nach Saison 9,50–11,50 €, Kinder 5–6,50 €. Ermäßigter „Frühtarif" für Auffahrten von 9–9.30 Uhr; im Hochsommer oft starker Andrang, weshalb frühe Auffahrt dann besonders ratsam ist. Nähere Informationen unter ✆ 08052/4411, www.kampenwand.de.

Eggstätter Seenplatte

Gleich nördlich des Chiemsees, genauer gesagt der Schafwaschener Bucht bei Rimsting, liegt eines der ältesten Naturschutzgebiete Bayerns.

Offizieller Name ist „Naturschutzgebiet Eggstätt-Hemhofer-Seenplatte". Es umfasst insgesamt 17 kleinere Seen, die durch Moränenhügel voneinander getrennt werden. Zum Teil sind sie Überbleibsel des einst deutlich größeren Chiemsees, überwiegend aber entstanden sie nach der letzten Eiszeit aus langsam abschmelzenden Toteisblöcken. An der Landschaft der Seenplatte fasziniert besonders ihre Vielfältigkeit: Mit Laubbäumen, Nadelhölzern und Mischwäldern bestandene Hügel, düstere Moore, unzugängliche Schilfflächen und üppige Blumenwiesen lösen einander ab. Und immer wieder Seen, Seen, Seen, hier türkis leuchtend, dort von tiefem Blauschwarz. Größtes dieser Gewässer, mit einer Fläche von rund einem Quadratkilometer jedoch immer noch von bescheidenen Ausmaßen, ist der **Langbürgner See**, gefolgt von **Hartsee** und **Pelhamer See**. Badeplätze finden sich an der

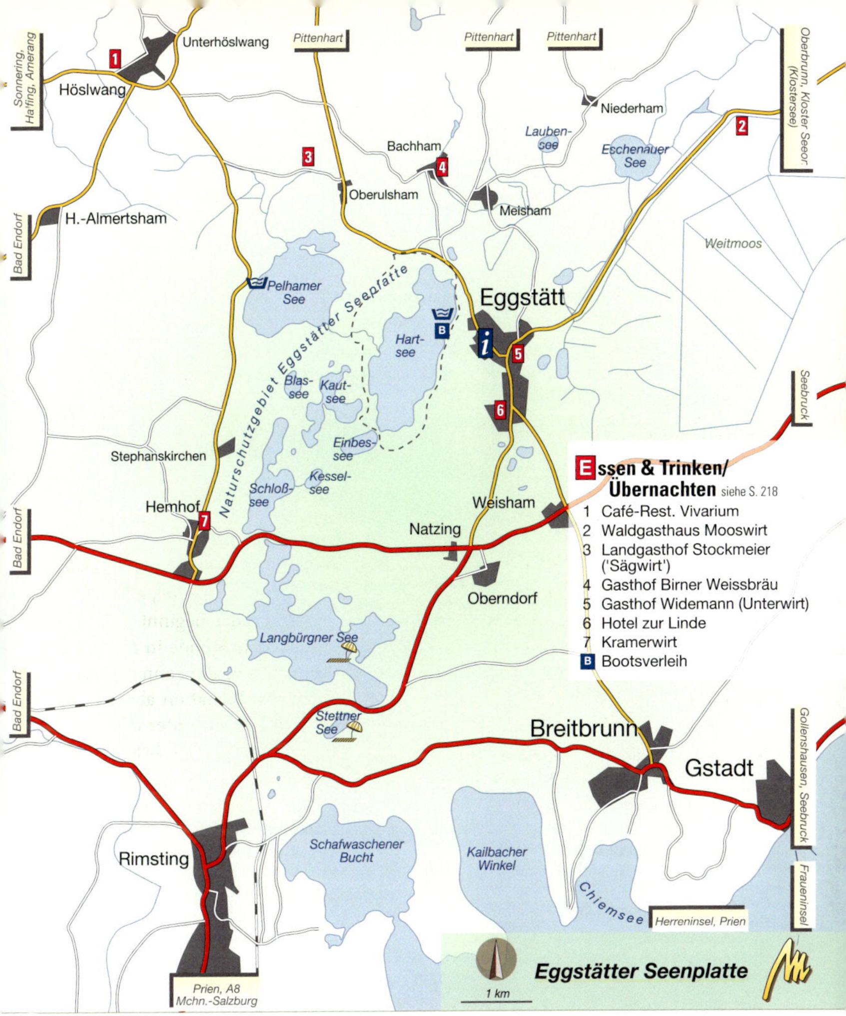

Seenplatte reichlich, das Wasser wird schon früh im Jahr warm und erreicht im Hochsommer Spitzenwerte bis zu 27 Grad. Die Wasserqualität der überwiegend von Unterwasserquellen gespeisten Seen entspricht zumeist den gesetzlichen Anforderungen an Trinkwasser – wie überhaupt die Natur hier fast überall noch in Ordnung ist. Rund um die Seen wächst eine Fülle seltener Pflanzen, darunter auch die Schwertlilie Iris sibirica, deren Blüte ab Ende Mai beobachtet werden kann. Und im flachen Weitmoos östlich von Eggstätt lässt sich gar eine wahre Duftorgie feiern: Dort erstrecken sich ausgedehnte Felder von Pfefferminze, Zitronenmelisse und anderen wohlriechenden Kräutern, die im Auftrag eines großen deutschen Teeproduzenten kultiviert werden.

Dank eines dichten Netzes gut ausgebauter Wege bietet die Eggstätter Seenplatte Wanderern und Radfahrern paradiesische Möglichkeiten; im Winter sind einige der dann zugefrorenen Seen beliebtes Ziel von Schlittschuhläufern und Eisstockschützen. Bei allen Aktivitäten sollte man jedoch nie vergessen, dass man sich in einem Naturschutzgebiet bewegt und entsprechende Hinweise und Sperrungen auch beachten.

Eggstätt

Eggstätt, auf einem flachen Hügelrücken gleich östlich des Hartsees gelegen, ist der Hauptort der Seenplatte. Dem freundlichen, rund 2.400 Einwohner zählenden Dorf sieht man nicht an, dass es über ein Jahrtausend alt ist, bereits 925 als „Ehchistat" erstmals urkundlich erwähnt wurde – Sehenswürdigkeiten sind eher rar, auch die Kirche stammt erst aus dem 19. Jh. Davon abgesehen bietet Eggstätt dem Urlauber jedoch eine komplette Infrastruktur und besitzt dank seiner geringen Größe gleichzeitig eine ganz gemütliche Atmosphäre.

• *Information* **Verkehrsamt Eggstätt**, Haus des Gastes unweit der Kirche. Freundliche, kompetente und engagierte Leitung. Mo–Do 9-12 und 14-17 Uhr, Fr 8–12 Uhr. Ein Computerterminal zur Zimmervermittlung ist rund um die Uhr in Betrieb. Obinger Str. 7, 83125 Eggstätt, ✆ 08056/1500, 📠 1422.

• *Verbindungen* **Zug/Bus**: Züge ab München Hauptbahnhof, meist auch mit Zusteigemöglichkeit am Münchner Ostbahnhof, verkehren nach Bad Endorf und Prien tagsüber etwa stündlich, Fahrzeit rund 1 Std. Ab beiden Bahnhöfen besteht Busverbindung nach Eggstätt (RVO-Linie 9571, Mo–Fr 6- bis 7-mal, Sa 1-mal tägl.).

• *Übernachten/Essen und Trinken (s. Karte S. 217)* *** **Hotel zur Linde (7)**, an der Hauptstraße. Südländisch-warme Farbgebung in komfortabler Unterkunft mit Hallenbad, Sauna, Solarium, Mountainbikeverleih etc., für Hausgäste wird auf Wunsch auch gekocht. DZ/Bad/F ab 60 €. Priener Str. 42, ✆ 08056/905590, 📠 9055918, www.hotel-linde-eggstaett.de.

Gasthof Widemann (5), auch bekannt als „Unterwirt", im Ortskern bei der Kirche. DZ/Bad/F, teilweise mit Balkon, ab 59 €, auch Ferienwohnungen. Große, bodenständige Wirtschaft mit Gartenterrasse und beliebtem Stammtisch. Solide gutbürgerliche Küche, Hauptgerichte etwa 7–11 €, auf der Tageskarte zum Teil auch darunter. Mo Ruhetag. Kirchplatz 8, ✆ 08056/337, 📠 1666, www.unterwirt-eggstaett.de.

Landgasthof Stockmeier (3), besser bekannt als „Sägwirt", bei Oberulsham, etwa 3 km nordwestlich von Eggstätt. Obwohl kein Mittagstisch angeboten wird, ist der Sägwirt eine vielbesuchte Ausflugsgaststätte mit einer an Sommerabenden oft voll belegten Terrasse. Im Angebot sind u. a. Pfannengerichte für 8–12 €, hausgemachte Kuchen und Brotzeiten in guter Auswahl. Mi Ruhetag. Es gibt auch Zimmer. Oberulsham 5, ✆ 08056/346.

Waldgasthaus Mooswirt (2), beliebte Ausflugsgaststätte an der Route nach Seeon am Klostersee (s. S. 206), etwa 4 km nordöstlich von Eggstätt, Abzweigung beschildert. Herziges Holzhäuschen beim Weitmoos, romantischer kleiner Garten. Viele Gerichte um 8 € oder darunter, auch Brotzeiten. Mi Ruhetag, sonst ab 12 Uhr, So ab 9.30 Uhr. ✆ 08056/1797.

Gasthof Birner Weissbräu (4), im winzigen Weiler Bachham, rund 2,5 km nördlich von Eggstätt. Auf den ersten Blick „nur" ein typisches Dorfwirtshaus mit einigen Tischen im Freien, aber: Das Weißbräu ist berühmt für köstliche Fischgerichte zu Preisen um 10 €. Mo und Di Ruhetag. Bachham 6, ✆ 08056/351.

Café-Restaurant Vivarium (1), in Höslwang, rund 5 km nordwestlich von Eggstätt und somit schon etwas abseits der Seenplatte; das angenehme Ambiente und die vielfältige, oft mediterran inspirierte Küche des jungen Teams lohnen jedoch den Weg. Hauptgerichte, nach Gusto auch vegetarisch, überwiegend um 8–17 €; daneben auch kleinere Speisen und ein üppiges Angebot für Süßmäuler. Do–Sa ab 14 Uhr, So ab 10 Uhr. Schönbrunner Str. 1, in einer Wohngegend westlich des Ortskerns, am leichtesten zu finden über die Straße nach Sonnering, dann rechts hoch. ✆ 08055/8270, www.cafe-vivarium.de.

Kramerwirt (6), etwas versteckt in Hemhof südwestlich von Eggstätt. Alternativ angehauchte Wirtschaft mit Biergarten, mancher Besucher kommt bis aus München. Nur Brotzeiten bayerischer und südländischer Provenienz. Mi Ruhetag.

• *Baden/Freizeit* Wie erwähnt, herrscht an Badeplätzen kein Mangel; gute Möglichkeiten finden sich insbesondere am Langbürgner und Pelhamer See sowie am Hartsee.

Strandbad Hartsee, im Norden von Eggstätt, kurz vor dem Ortsausgang links abbiegen. Gepflegtes Wiesengelände am Hang, Schattenplätze unter Bäumen. Der Badebereich liegt ein Stück unterhalb, Zugang ins relativ schnell abfallende Wasser über Treppen und zwei Stege; es gibt einen Ruderbootverleih, eine Wasserwachtstation und eine Badeplattform. Eintritt frei, der Parkplatz ist gebührenpflichtig (Parkautomat). Minigolfplatz, Volleyballfeld und Kinderspielplatz angeschlossen, desgleichen eine Wirtschaft mit hübschem schattigem Biergarten. Hier beginnt auch der ausgeschilderte, 6 km lange Hartsee-Rundwanderweg.

• *Feste/Veranstaltungen* Für einen so kleinen Ort ist in Eggstätt und Umgebung einiges geboten; zur Saison findet an fast jedem Wochenende ein Wald- oder Seefest statt.

Dorffest von Eggstätt, am ersten Samstag im August.

Ostermarkt, in der dritten Woche vor Ostern, insbesondere Kunsthandwerk.

Weihnachtsmarkt, mal ganz ohne Kitsch, am zweiten Adventswochenende (Fr–So).

Umgebung von Eggstätt

Die Itakerhöfe in Natzing: Hat Eggstätt selbst auch kaum Sehenswürdigkeiten zu bieten, so finden sich doch im kaum einen Kilometer entfernten Natzing zwei Bauernhöfe, die eine nähere Betrachtung wert sind. Der *„Peterschmiedhof"* und der gegenüberliegende *„Kistlerhof"* sind Beispiele für einen ungewöhnlichen Baustil, der auch in manch anderem Dorf des Chiemgaus anzutreffen ist und im 19. Jh. wahrscheinlich von Wanderarbeitern aus Friaul hierher gebracht wurde. Kennzeichen der prunkvollen Höfe, die sich wohlhabende Bauern von den italienischen Maurern errichten ließen, sind ihre enorme Höhe und vor allem die Vielzahl der Fenster. Im Obergeschoss dienen die üppigen Fensterreihen dabei vor allem der Dekoration, verbirgt sich hinter ihnen doch nur ein Lagerraum von allerdings sehr üppigen Ausmaßen. Besonders kurios gestaltet sind diese Fenster am „Kistlerhof": Dort erinnern sie mit ihren neugotischen Spitzbögen deutlich an die einer Kirche.

Amerang: Gleich drei Museen und ein reizvolles Schloss haben das Dorf Amerang, etwa zehn Kilometer nordwestlich von Eggstätt, zu einem vielbesuchten Ausflugsziel werden lassen. **Schloss Amerang**, seit dem 19. Jh. im Besitz der Freiherren von Crailsheim, besetzt einen Hügel außerhalb des Dorfes. Im 16. Jh. wurde die einstige gotische Burg in ein italienisch beeinflusstes Renaissanceschloss verwandelt, dessen mehrstöckiger Arkadenhof nicht nur eine Augenweide darstellt – er besitzt gleichzeitig eine fantastische Akustik, mit eigenen Ohren zu hören bei den klassischen Konzerten, die hier im Sommer stattfinden. Besichtigt werden kann das Schloss im Rahmen von Führungen, die unter anderem das Schlossmuseum sowie die aus dem 16. Jh. stammende Schlosskapelle mit ihren gotischen Fresken beinhalten.

• *Führungen/Konzerte/Übernachten* Nach umfangreichen Restaurierungsarbeiten hat das Schlossmuseum jetzt wieder geöffnet: von Ostern bis Mitte Oktober tägl. außer Mo, Führungen um 10, 11, 12, 14 und 15 Uhr. Eintritt 4 €, Kinder bis 12 J. 2 €. Wer Feuer fängt, kann auch länger bleiben: Die Suite kostet 190 €, mit Drei-Gänge-Menü und Frühstücksbuffet für 2 Personen 490 € Informationen unter ✆ 08075/91920, ℻ 919233, www.schlossamerang.de (hier auch Termine der Schlosskonzerte).

Bauernhausmuseum Amerang: Ganz ähnlich wie das Freilichtmuseum Glentleiten (s. Kochelsee S. 114) zeigt auch dieses 1977 eröffnete und seitdem stetig erweiterte Museum alte Bauernhäuser und Handwerksgebäude, die vor dem Verfall gerettet und wieder neu aufgebaut wurden. Hier stammen sie, samt ebenfalls historischer Nebengebäude wie Backhäusl und Bienenhaus, aus dem ostoberbayerischen Raum zwischen Chiemsee, Inn und Salzach. Um die einzelnen Höfe erstrecken sich sorgfältig gepflegte Bauerngärten, auf Freiflächen wachsen alte Getreidesorten und Flachs. Ländlicher Alltag wird auch in den verschiedenen Werkstätten deutlich: In Schmiede, Sägemühle und Seilerei, bald auch in Wagnerei und Getreidemühle werden traditionelle Handwerke vorgeführt, die meist als bäuerlicher Nebenerwerb betrieben wurden.

• *Lage/Öffnungszeiten* Im Hopfgarten, vom Ortskern Richtung Wasserburg. Mitte März bis Mitte November Di–So 9–18 Uhr, Einlass bis 17 Uhr; Eintritt 3 €. Angeschlossen ist ein Brotzeitstüberl mit Biergarten und ein Museumsladen mit kunsthandwerklichen Produkten. ✆ 08075/915090, ℻ 9150930, www.bauernhausmuseum-amerang.de.

EFA-Museum für Deutsche Automobilgeschichte: Ein Fest für Oldtimerfreaks ist diese Ausstellung, die auf rund 6000 Quadratmeter Fläche über 220 deutsche Automobile präsentiert, vom Benz Patent-Motorwagen aus dem Jahr 1886 bis heute. Angeschlossen sind ein Kino, ein Café sowie die weltgrößte Modelleisenbahn der Spur II.

• *Lage/Öffnungszeiten* Wasserburger Str. 38. April–Oktober Di–So 10–18 Uhr, November–März nur So und Fei. Einlass bis 17 Uhr. Eintritt Erwachsene 6,50 €, Kinder 6–15 J. 3,20 €. ✆ 08075/8141, ℻ 1549, www.efa-automuseum.de.

Was haben Sie entdeckt?

Haben Sie die gemütliche Gaststätte gefunden, ein freundliches Hotel mit Atmosphäre, einen schönen Wander- oder Radweg an den oberbayerischen Seen?

Wenn Sie Ergänzungen, Verbesserungen oder neue Tipps zum Buch haben, lassen Sie es uns bitte wissen. Wir freuen uns über jeden Brief!

Thomas Schröder
Stichwort „Oberbayerische Seen“
c/o Michael Müller Verlag
Gerberei 19
91054 Erlangen
thomas.schroeder@michael-mueller-verlag.de

Waginger See und Tachinger See

Obwohl oft nur vom „Waginger See“ gesprochen wird, handelt es sich in Wahrheit um zwei Seen, die durch einen schmalen, natürlichen Kanal miteinander verbunden sind.

Im Sommer kann das moorige Wasser der beiden Seen bis zu 27 Grad erreichen. Der Waginger und der Tachinger See gelten deshalb als wärmste Badeseen des Freistaats, in dieser Ehre freilich hart bedrängt vom Staffelsee, der sich bei entsprechender Sonneneinstrahlung ebenfalls zu Rekordtemperaturen aufheizt.

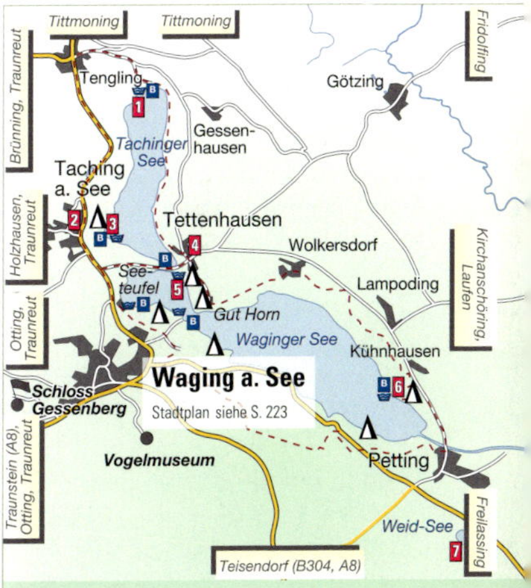

Essen & Trinken/Übernachten

1 Strandbad-Rest. Tengling (S. 227)
2 Gasthof Bergwirt (S. 227)
3 Strandbad-Rest. Taching (S. 227)
4 Gasthof Zur Post (S. 226)
5 Strandbad-Rest. Tettenhausen (S. 226)
6 Strandbad-Rest. Kühnhausen (S. 226)
7 Gasthof Seehaus (S. 225)

2,5 km

Waginger See, Tachinger See

Die beiden Gewässer gehören zu der als *Rupertiwinkel* bekannten Region zwischen Chiemsee, Salzach und Inn. Benannt wurde sie nach dem Heiligen Rupertus, dem Schutzpatron der Salzgewinnung, der um 700 in Salzburg seinen Bischofssitz genommen hatte. Kenner bemerken es vielleicht da und dort an der Architektur: Viele Jahrhunderte lang war der Rupertiwinkel dem Salzburger Bischofsstaat unterstellt, wurde erst 1816 bayerisch.

Es ist eine in sich ruhende Landschaft, die nichts Spektakuläres an sich hat, uraltes Bauernland, das schon von den Römern besiedelt war. Sanfte Moränenhügel, Wiesen, Wälder und Felder bestimmen das Bild, da und dort ein Kirchturm oder eine einzeln stehende Kapelle, im Süden die Kette der Alpengipfel. Die Seeufer sind weitgehend unverbaut geblieben, die Siedlungen haben sich ihren dörflichen Charakter bewahrt. Einzige Ausnahme ist der Hauptort Waging, der sich in seiner Strandzone ein „Freizeitzentrum“ leistet, das alle hiesigen Dimensionen sprengt.

Dem Rummel lässt sich jedoch schnell entfliehen, wahlweise zu Fuß oder mit dem Rad. Besonders Radler dürfen sich freuen, wurden in den letzten Jahren doch eine ganze Reihe von neuen Radwegen rund um die Seen ausgewiesen. Konflikte mit Fußgängern sind bislang noch eine Seltenheit, da es die meisten Gäste eher ruhig als extrem sportlich angehen lassen.

Besonders wohl scheinen sich an Waginger und Tachinger See auch die Camper zu fühlen. Nicht weniger als acht Plätze reihen sich an den Ufern, und alle sind sie im Sommer bestens besucht (Reservierung ratsam). Dabei ließe es sich hier auch in der Vor- oder Nachsaison wohl sein, denn die beiden Seen erreichen schon früh im Jahr und bis weit in den Herbst angenehme Badetemperaturen. Das liegt am Fehlen kalter Zuflüsse und auch an ihrer geringen Tiefe. Die Kehrseite ist ein relativ hoher Nährstoffgehalt, der das Algenwachstum fördert und für meist trübes Wasser sorgt; hervorgerufen wird er nicht zuletzt auch durch die starke Düngung der umliegenden Felder. Immerhin sind aber alle Dörfer am See und in der näheren Umgebung an eine Ringkanalisation angeschlossen; 1995 ging zudem ein neues Großklärwerk in Betrieb. Motorboote sind auf den Seen verboten. Wer besonders auf die Wasserqualität achtet, dem sei gesagt, dass der Tachinger See – wohl auch wegen der geringeren Zahl der Badegäste – als der sauberere von beiden gilt.

• *Fläche* 9 Quadratkilometer (Waginger See: 6,6 qkm, Tachinger See: 2,4 qkm); Länge 10 Kilometer, Breite bis zu 1,6 Kilometer, Tiefe 27 Meter, Uferlänge: 35 Kilometer (Waginger See: 25 Kilometer, Tachinger See: 10 Kilometer).

• *Wasserqualität* Prinzipiell gut.

• *Wassertemperatur* Sommer 23 Grad, Maximalwert 27 Grad.

• *Verbindungen* Fahrpläne für Zug und Bus sind im Verkehrsamt Waging (s. u.) erhältlich.

Zug: Umsteigestation zur Nebenlinie nach Waging ist Traunstein (Verbindungen München–Traunstein jede halbe Stunde). Die Anschlüsse ab Traunstein sind großteils auf die Münchner Züge abgestimmt (maximale Wartezeit 40 Min., meist jedoch nur 5–10 Min.).

Bus: Der Regionalverkehr Oberbayern (RVO) bedient mit zwei Linien die Westufer der beiden Seen: Waging–Taching–Tengling (Linie 9518 Traunstein–Tittmoning) und Waging–Petting (Linie 9519 Traunstein–Laufen). Die Verbindungen sind jedoch vorwiegend auf den Schul- und Arbeitsverkehr zugeschnitten, fallen an Wochenenden fast völlig weg.

Auto: Einfachste und schnellste Anfahrt von München über die Salzburger Autobahn A 8 bis Ausfahrt Traunstein, von Traunstein nach Waging (ca. 125 km). Die etwas kürzere Bundesstraße B 304 über Wasserburg ist chronisch stauanfällig und sehr unfallträchtig.

Rund um die beiden Seen

Etwa 30 Kilometer misst der durchgehend als „Seeweg" (grüne Schrift mit Fahrradsymbol) beschilderte Fuß- und Radweg um Waginger und Tachinger See. Obwohl nur selten direkter Uferkontakt besteht, besitzt die Route ihren Reiz, der vor allem aus den schönen Ausblicken auf die beiden Seen resultiert. Man kann sich die Strecke auch in zwei Etappen aufteilen, also einmal den Waginger See, ein andermal den Tachinger See umrunden.

Wander- und Radwegkarte: Preiswert und völlig ausreichend ist die „Chiemgau Wanderkarte 11", die auf Vorder- und Rückseite Wanderwege (1:30.000) bzw. Radwege (1:50.000) zeigt; erhältlich ist sie bei den Verkehrsämtern. Notfalls tut es auch die Gratiskarte im „Gästemagazin Waging".

Waging am See

Auch ohne das noch zum Gemeindegebiet zählende Dörfchen Tettenhausen wäre Waging die größte Siedlung am See (6.300 Einwohner). Fast glaubt man hier sogar so etwas wie städtisches Ambiente zu spüren.

Dem geruhsamen Zentrum merkt man an, dass es über die Jahrhunderte gewachsen ist. Waging blickt auf eine lange Vergangenheit zurück. Im 8. Jh. als Salzburger Besitz erstmals urkundlich erwähnt, erhielt die Siedlung bereits im 14. Jh. Marktrecht. Zwar vernichtete ein verheerender Brand 1611 den Großteil der Bausubstanz, die historische Anlage des Ortes blieb jedoch in den Grundzügen erhalten.

Längst zur weitaus größten Fremdenverkehrsgemeinde am See geworden, kann der 2.500 Fremdenbetten zählende Luftkurort über Mangel an Gästen nicht klagen. Ein

Teil des Besucherstroms fließt jedoch am Zentrum vorbei direkt in das große, auf den Karten als „Kurhaus" oder „Strandkurhaus" ausgewiesene **Freizeitzentrum**, das sich am etwa 1,5 Kilometer entfernten Seeufer über eine beträchtliche Fläche erstreckt. Von der bekannten Nobelgaststätte des Sternekochs Schubeck über zahlreiche Wassersportmöglichkeiten bis hin zum „Erlebnispark" und Souvenir-Supermarkt ist alles geboten, was das Urlauberherz offensichtlich zu begehren scheint. Wer Ruhe sucht, ist hier sicher fehl am Platz, findet in der Umgebung jedoch Ausweichmöglichkeiten genug.

• *Information* **Verkehrsamt Waging am See**, am östlichen Rand des Zentrums. Mai–September Mo–Fr 9–12 und 13–17 Uhr, Sa 9–12 Uhr, im Juli/August auch So 9–12 Uhr. Restliche Monate Mo–Do wie oben, Fr nur 13–15.30 Uhr. Außerhalb der Öffnungszeiten lassen sich freie Zimmer über ein Computerterminal abfragen. Salzburger Str. 32, 83329 Waging, ✆ 08681/313, 📠 9676.

• *Verbindungen* Ein **Ortsbus** verbindet von Anfang Juni bis Mitte September den Ortskern mit dem Freizeitzentrum am See; ermäßigte Fahrkarten für Kurkarteninhaber.

• *Übernachten/Essen und Trinken* **** **Hotel Wölkhammer (4)**, am südlichen Rand des Zentrums, unweit der Umgehungsstraße. Neu umgebautes, komfortables Haus gehobener Kategorie; DZ/Bad/F je nach Lage und Ausstattung 78–106 €. Das angeschlossene Restaurant mit eigener Metzgerei bietet bayerisch-internationale Küche. Haslacher Weg, ✆ 08681/4080, 📠 4333, www.hotel-woelkhammer.de.

**** **Hotel Eichenhof (1)**, etwas abseits des Rummels der Strandzone; dennoch nur ein paar Meter vom Seeufer entfernt, dort eine eigene Liegewiese. Komfortables Haus jüngeren Baudatums, mit Sauna, Whirlpool und Fitnessraum; angeschlossen eine Schönheitsfarm. DZ/Bad/F 112–124 €, auch Apartments für 155 €, Suite ab 130 €. Internationale Küche, Wintergarten und Sonnenterrasse. Angerpoint 1 (nahe des Golfparks), ✆ 08681/4030, 📠 40325.

Hotel Gasthof Unterwirt (2), nahe der Kirche. Durchaus als Unterkunft zu empfehlen, gut ausgestattet mit Hallenbad, Sauna und Solarium; DZ/Bad/F 64–80 €. Im Januar geschlossen. Gediegenes Gasthaus, das beim „Wettbewerb Bayerische Küche" eine Urkunde erhielt. In ruhiger Lage, verglaste Veranda, einige Tische im Freien. Eigene Metzgerei; günstige Tageskarte mit Fleischgerichten und vegetarischen Speisen, daneben auch Brotzeiten sowie gehobenere Hauptgerichte für 8–14 €. Seestr. 23–25, ☏ 08681/69330, 📠 6933200, www.tanner-waging.de.

Hotel Zur Post (3), historischer, über 200 Jahre alter Bau direkt am Marktplatz, innen sehr reizvolles Ambiente. Die Zimmer fallen recht unterschiedlich aus, sind aber alle gepflegt. DZ/F, je nach Ausstattung (ohne/mit WC) und Lage, zwischen 60 und 70 €. Seestr. 1, ☏ 08681/210, 📠 4222, www.hotel-zur-post-waging.de.

Strandcamping Waging, ausgedehnter, wegen seiner Größe etwas anonym und steril wirkender, aber sehr gut ausgestatteter Platz direkt am Rand des Freizeitzentrums; für Camper kostenloser Zugang zum Strandbad. Geöffnet von April bis Oktober; Preise Person inkl. Kurtaxe nach Saison 5,30–6,70 €, Stellplatz inkl. Pkw nach Größe und Saison 5,90–10,90 €, mit Strom, Wasser- und Kanalanschluss. ☏ 08681/552, 📠 45010.

Camping Schwanenplatz, beim Ortsteil Gaden, etwa 2 km südöstlich von Waging, zu erreichen über die Straße nach Petting. Recht hübsch und ruhig am See gelegen, teils gut schattig; mehrere Badeplätze, die gegen Gebühr auch für Tagesbesucher zugänglich sind, Einkaufsmöglichkeit und Gaststätte. Geöffnet Mai bis September, Preise Person inkl. Kurtaxe 5,60 €, Stellplatz inkl. Pkw 5,75–9,50 €. ☏ 08681/281, 📠 4276, www.schwanenplatz.de.

• *Baden* **Strandbad am Kurhaus Waging**, in besagtem Freizeitzentrum, im Sommer sehr stark besucht. Weit ausgedehntes Wiesengelände, Einkaufsmöglichkeiten, diverse Gaststätten, Wasserrutsche ... Geringe Eintrittsgebühr. ☏ 08681/552.

Strandbad Seeteufel, etwa 2 km nördlich von Waging, zu erreichen über die Straße nach Taching. Deutlich kleinere Anlage, zum See hin abfallendes Wiesengelände mit relativ wenig Schatten; angeschlossen ein Kiosk mit Terrasse und ein Bootsverleih. Geringe Eintrittsgebühr. ☏ 08681/45237.

• *Freizeit/Sport* **Bootsverleih**: Ruder-, Tret- und Elektroboote in beiden Strandbädern, beim Strandbad am Kurhaus auch Segelboote.

Fahrradverleih: Fahrrad-Schmuck, Wilhelm-Scharnow-Str. 9 (Zentrum), ☏ 08681/222; Krasauskeite, bei der Tankstelle, Traunsteiner Str. 2 (südwestlicher Ortsbereich), ☏ 08681/233.

Surf- und Segelschulen: Windsurfing-Schule Bittl, im Strandcampingplatz Waging, ☏ 089/1413155; Windsurfingcenter Rudi Schmid, im Camping Schwanenplatz, ☏ 08681/819901.

Geführte Touren: Etwa von Mitte Juni bis Mitte Sept. finden jeweils 1-mal wöchentlich geführte Radtouren, Ortsbegehungen und Wanderungen mit dem Förster statt; nähere Informationen beim Verkehrsamt.

• *Feste/Veranstaltungen* **Marktfest** am zweiten Wochenende im August.

Seefest beim Strandkurhaus, am 15.8., Beginn am Nachmittag.

Traditionelle Märkte im Ortszentrum 3-mal jährlich, Passionsmarkt am So vor Ostern, Peter-und-Paul-Markt am letzten Junisonntag, Martini-Markt am So nach Allerheiligen.

Sehenswertes in Waging und Umgebung

Pfarrkirche Sankt Martin: Die üppigen Dimensionen der nahe des Marktplatzes gelegenen Kirche spiegeln den Wohlstand wider, den Waging bereits vor Jahrhunderten genoss. Der heutige Bau entstand nach dem großen Brand von 1611 und ist innen mit Stuck der Wessobrunner Schule geschmückt; von der gotischen Vorgängerkirche stammt noch der Kirchturm, dem nur, dem damaligen Geschmack entsprechend, ein Zwiebelhut aufgesetzt wurde.

Bajuwaren-Museum: Im Gebäude des Verkehrsamtes sind Funde aus dem 6. und 7. Jh. zu sehen, die bei der Erweiterung der Friedhöfe von Waging und Petting entdeckt wurden. Sie dokumentieren die Ansiedlung von Germanen in Bayern nach dem Abzug der Römer. Die keltoromanische Restbevölkerung vermischte sich mit den Neuankömmlingen und ein neues Volk entstand: die Bajuwaren.

Öffnungszeiten Pfingsten bis Oktober Di–So 10–17 Uhr, sonst nur Fr, Sa, So 10–17 Uhr. Salzburger Str. 32 (beim Infozentrum), ☏ 08681/45870, 📠 45872.

Wallfahrtskirche Maria Mühlberg: Ein Kreuzweg mit 14 Stationen führt hinauf zu der Barockkirche, von der sich ein weiter Ausblick über den See bietet. Das um 1710 erbaute Gotteshaus liegt östlich von Waging, zu erreichen über den Ortsteil Egg.

Schloss Gessenberg: Vielleicht sogar für manchen Kenner der Gegend noch unbekannt ist das im 17. Jh. erbaute, im Kern sogar noch deutlich ältere Schloss Gessenberg, ein Wasserschloss wie aus dem Märchenbuch. Komplett mit Brücke, Schlossteich, Rittersaal und sogar einem eigenen Schlossgespenst, bildet es seit kurzem den überaus reizvollen Rahmen für Kunstausstellungen, Konzerte, Theatervorstellungen, Dichterlesungen und Vorführungen von Stummfilmklassikern. Und damit über der Kultur das leibliche Wohl nicht zu kurz kommt, ist im Schlossgarten ein Biergarten (Werbung: „ohne blede Nachbarn") eingerichtet; mittags gibt es Brotzeiten, abends warme Küche – allein dieser Garten, in dem Großplastiken des Bildhauers *Heinrich Kirchner* aufgestellt sind, ist den Abstecher wert. In einem ebenfalls höchst ungewöhnlichen Ambiente speist man in dem wunderbaren Restaurant, das im Rittersaal untergebracht ist.

Anfahrt/Öffnungszeiten Von der Straße Traunstein–Waging kurz vor Waging links abbiegen (beschildert; gegenüber ein Sägewerk). Ab 12 Uhr, Mo Ruhetag. Das Veranstaltungsprogramm kann unter ✆ 08681/4161 bzw. 4858 angefordert werden.

Petting

Der kleine Ort (2.200 Einwohner), dessen Name der Dorfjugend sicher viel Spott einträgt, liegt etwas abseits des Ufers auf einer Hügelkuppe über dem See. Von Tourismus ist in dem hübsch herausgeputzten Dörfchen deshalb nicht viel zu spüren. Der bescheidene Fremdenverkehr der Gemeinde konzentriert sich vorwiegend am See, besonders beim schönen Strandbad im Ortsteil Kühnhausen.

- *Information* **Fremdenverkehrsamt Petting**, im Rathaus. Juli/August Mo–Fr 9–11.30 und 16–18 Uhr, Sa 9–11.30 Uhr; sonst Mo–Fr 9–11 Uhr. Hauptstr. 13, 83367 Petting, ✆ 08686/200, 📠 1328.
- *Übernachten/Essen und Trinken (s. Karte S. 221)* **Gasthof Seehaus (7)**, in der Nähe des idyllischen kleinen **Weid-Sees** (Bademöglichkeit), etwa 1 km südlich des Ortes, zu erreichen über die Straße nach Freilassing. Großer, gepflegter Gasthof in ruhiger Lage, Gartenterrasse. DZ/Bad/F je nach Lage und Saison 54–60 €; für Hausgäste kostenloser Fahrradverleih. Gutes Essen; angeboten werden bayerische und internationale Gerichte, darunter auch Vollwertkost, Hauptgerichte 8–14 €. Seehaus 3, ✆ 08686/98810, 📠 988117, www.gasthof-seehaus.de.

Campingplatz Hainz am See, am Südwestufer etwa 2,5 km vom Ort, zu erreichen

Der Marktplatz in Waging

über die Straße nach Waging. Ein interessantes Konzept: „Autofreier Ferienplatz" – das bedeutet familiäre Atmosphäre, eine Woche Mindestaufenthalt und das separate Abstellen von Pkws vor dem Platz (für Wohnmobile ist der Campingplatz deshalb gesperrt). Das gepflegte Wiesengelände liegt sehr ruhig inmitten eines Landschaftsschutzgebietes direkt am See; Dauercamper gibt es hier nicht. Geöffnet ist von Anfang Juni bis Anfang September. Preise Person inkl. Kurtaxe 6 €, Zelt 6 €, Pkw (am Parkplatz) 2 €; zu bestimmten Zeiten 10 % Rabatt oder Aufschlag. ✆ 08686/287.

• *Baden/Freizeit (s. Karte S. 221)* **Strandbad Kühnhausen (6)**, mit angeschlossenem Bootsverleih. Am Ostufer, knapp 3 km nördlich von Petting, Zufahrt über die Straße nach Tettenhausen. Heimelige Anlage unter alten Bäumen, ins recht flache Wasser über Treppen und Stege; schwimmende Badeplattform. Sehr schön zum See liegt die Terrasse der zugehörigen Wirtschaft. Eintritt Erwachsene 2 €, Kinder 1 €, Parkplatz gebührenpflichtig. ✆ 08686-8087.

Fahrradverleih beim Fremdenverkehrsamt Petting.

Tettenhausen

Das Dörfchen besetzt eine Hügelkuppe direkt oberhalb der schmalen Verbindung vom Waginger zum Tachinger See. Tettenhausen gehört zwar zu Waging, zeigt aber einen ganz anderen, wesentlich ruhigeren und ländlicheren Charakter als der Hauptort; besonders auffällig wird das am kaum besiedelten Seeufer nördlich des Dorfes. Ganz anders unten am Kanal zwischen den beiden Seen, in dessen Nähe der gemeindliche Campingplatz und das Strandbad liegen – hier tobt im Sommer wahrlich das Leben.

• *Information* **Verkehrsamt Tettenhausen**, Oben im Ort, neben dem Gasthof Zur Post. Nur von Juni bis August in Betrieb, Informationen außerhalb dieser Zeit in Waging. Mo–Fr 9–11 und 15–18 Uhr, Sa 9–11 Uhr. Hauptstr. 7, 83329 Tettenhausen, ✆ 08686/1794.

• *Übernachten/Essen und Trinken (s. Karte S. 221)* **Campingplatz Gut Horn**, an der Engstelle des Waginger Sees genau gegenüber des Freizeitzentrums von Waging und etwas südlich von Tettenhausen gelegen, Zufahrt von dort im Ortszentrum beschildert. Ausgedehnter, gut ausgestatteter Platz, nach dem Strandbad am Kurhaus von Waging der zweitgrößte am See. Teils ebenes, teils leicht abfallendes Wiesengelände, mäßig schattig; zur Saison Einkaufsmöglichkeit und Imbiss. Beim Schwimmen ist etwas Vorsicht vor dem starken Bootsverkehr geboten. Geöffnet März bis November, Preise Person inkl. Kurtaxe 5,50 €, Stellplatz inkl. Pkw 6,50 €. ✆ 08686/227, ℻ 4282, www.gut-horn.de.

Gasthof Zur Post (4), im Ortskern nahe der Kirche. Schöner schattiger Biergarten, recht günstiges Essen, viele Hauptgerichte um 7 €. Außerhalb der Saison Mo Ruhetag.

• *Baden/Freizeit (s. Karte S. 221)* **Strandbad Tettenhausen (5)**, unter recht beengten Verhältnissen im Gemeindecampingplatz untergebracht, an der Verbindung der beiden Seen zudem recht starkem Bootsverkehr ausgesetzt. Liegewiese unter hohen Bäumen, ins Wasser über den etwa 40 m langen Kiesstrand, schwimmende Badeplattform vorgelagert. Hübsch gelegenes Restaurant mit ordentlicher Auswahl. Geringer Eintritt. www.strandbad-tettenhausen.de.

Bootsverleih: An der Brücke über die Engstelle zwischen den Seen (Tachinger Seite).

Taching

Am Tachinger See ist der Fremdenverkehr wesentlich schwächer ausgeprägt als beim größeren Bruder. Auch in Taching (1.900 Einwohner), dem bildhübsch um seinen Kirchberg hoch über dem See gruppierten „Hauptdorf", ist das schnell zu spüren. Hier gibt es kein Hotel und derzeit gerade mal einen einzigen Gasthof mit Zimmervermietung. Eine ländliche Idylle also, ideal zum Ausspannen. Zwischendurch lohnt sich ein Blick in den Innenraum der schönen Kirche, der noch deutlich gotische Züge trägt. Und wer Unterhaltung sucht, hat es ja nicht weit bis Waging ...

Am Waginger See

• *Information* **Verkehrsamt Taching**, im Ortszentrum nahe der Kirche, untergebracht in einem Neubau hinter dem alten Gebäude. Sommer Mo–Fr 9–12 Uhr, Sa 10–12 Uhr. Am Kirchberg 14, 83373 Taching, ✆ 08681/45231, www.taching.de.

• *Übernachten/Essen und Trinken (s. Karte S. 221)* **Gasthof Bergwirt (2)**, im Ort neben der Kirche und berühmt für den fantastischen Blick, den man vom Biergarten über den See bis zur Alpenkette genießt. Bayerisch-internationale Küche, Hauptgerichte um 8–10 €, auch Brotzeiten; Di Ruhetag. ✆ 08681/264.

Gemeindecamping Taching, unterhalb des Ortes und dem Strandbad angegliedert. Freundlicher Platz, leicht geneigtes Wiesengelände mit etwas Schatten. Zur Saison Einkaufsmöglichkeit; Gaststätte im Strandbad. Geöffnet ist von April bis Oktober; Preise Person inkl. Kurtaxe 4 €, Stellplatz inkl. Pkw 5 €. ✆ 08681/9548 oder 1246.

• *Baden (s. Karte S. 221)* **Strandbad Taching (3)**, ausgedehntes, gepflegtes Wiesengelände mit einzelnen alten Bäumen. Der recht lange Strand ist teils kiesig, teils sandig und relativ schnell abfallend; es gibt einen Sprungturm und einen Bootsverleih. Die zugehörige Gaststätte mit recht vielfältigem, preiswertem Angebot bietet von der großen Terrasse einen schönen Blick über den See. Eintrittsgebühr Erwachsene 2,50 €, Kinder 1,50 €, Parken kostenlos.

Tengling

Noch eine Spur ruhiger und ländlicher als Taching zeigt sich das kleine Dörfchen Tengling, dessen Bauernhöfe sich um eine Straßenkreuzung etwas abseits der Nordostecke des Sees gruppieren. Unterkünfte gibt es hier nur in Privatquartieren, die man sich vom Verkehrsamt in Taching vermitteln lassen kann.

• *Baden/Freizeit (s. Karte S. 221)* **Strandbad Tengling (1)**, etwa 2 km vom Ort; die Zufahrt zweigt bei der einzeln stehenden Kirche an der Straße nach Fridolfing ab. Teilweise gut schattiges Wiesengelände, abgeteilter Kinderbereich, der Strand teils sandig, teils kiesig, mit Stegen und Badeplattform mit Sprungturm. Hübsch liegt die preiswerte kleine SB-Gaststätte mit Seeterrasse; im hinteren Bereich des Geländes gibt es einen Verleih von Ruder-, Tret- und Elektrobooten. Eintritt (Parken inkl.) 2,50 €, Kinder 1,50 €.

Der Königssee und sein Wahrzeichen: die Kirche St. Bartholomä

Berchtesgadener Land

Ein Juwel inmitten faszinierender Bergwelt, vielbesungen und vielbesucht, steht der Königssee an der Spitze einer ganzen Reihe von Anziehungspunkten im Berchtesgadener Land, einer bayerischen Urlaubsregion der Extraklasse.

In der südöstlichsten Ecke Deutschlands, fast rundum von den Grenzen des Nachbarn Österreich umschlossen, konzentrieren sich die historischen, vor allem aber die landschaftlichen Attraktionen in überwältigender Fülle. Da ist zunächst die alte Salzstadt Berchtesgaden, klassischer Ausgangspunkt für den Besuch des Königssees, die mit schönem Ortskern und einer an originellen bis kuriosen Sehenswürdigkeiten reichen Umgebung jederzeit auch selbst eine Reise wert ist. Etwas südwestlich liegt Ramsau mit seiner vielfotografierten Kirche und dem nahen Hintersee, dessen Ufer schöne Waldgebiete zieren. Schließlich der Nationalpark Berchtesgaden: Der einzige Nationalpark in Oberbayern umfasst den Königssee und die ihn umgebenden, wild zerklüfteten Gebirgsstöcke, deren berühmtester sicher der Watzmann ist, das Wahrzeichen der Region. Nach Norden abgeschlossen wird das Berchtesgadener Land durch den nicht minder legendenumwobenen Untersberg, in dessen Höhlen – je nach der Sage, der man glauben möchte – wahlweise *Karl der Große* oder der Rotbart *Barbarossa* schlafend auf ihr letztes Gefecht warten.

Kein Wunder, dass diese Bilderbuchlandschaft eines der beliebtesten Ferienziele Bayerns, ja Deutschlands ist. Fuß fasste der Tourismus in Berchtesgaden und am Königssee bereits um 1870. Wie an vielen anderen bayerischen Seen waren auch hier die Künstler unter den Pionieren. Schon *Caspar David Friedrich* stellte seine

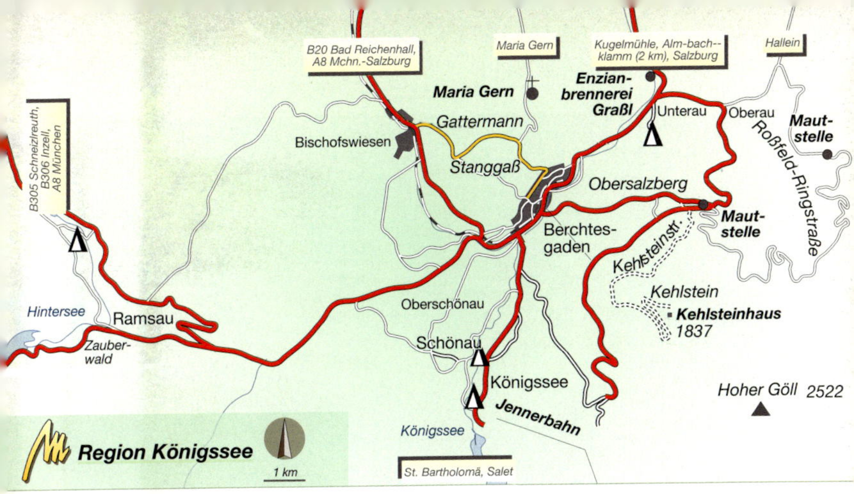

Staffelei an die Ufer des Königssees. Allein für das Jahr 1849 weist das „Fremdenbuch für Künstler" von St. Bartholomä die Eintragungen von 149 Malern auf. Ein Schriftsteller jedoch hat das Berchtesgadener Land berühmt gemacht: Der Heimatdichter *Ludwig Ganghofer* ließ gleich acht seiner weiland höchst populären Romane in und um Berchtesgaden spielen. In rekordverdächtigen Auflagenzahlen gedruckt, später auch vor der „Originalkulisse" verfilmt, sorgten die heute oft als schnulzig empfundenen Werke für die erste große Besucherwelle in der Region.

Mittlerweile ist der Tourismus die wichtigste Einnahmequelle geworden. Die Souvenirläden quellen über von pseudo-bayerischem Kitsch, im Sommer sind Staus auf verstopften Straßen, ausgebuchte Quartiere und stundenlange Wartezeiten an den Bootsstegen am See eher die Regel als die Ausnahme. Das reichlich strömende Publikum setzt sich dabei ganz unterschiedlich zusammen. Neben älteren Herrschaften zählen zunehmend auch junge Familien und vor allem erlebnishungrige Singles zur angepeilten Zielgruppe. Outdoor-Freaks aller Spielarten finden im Berchtesgadener Land auch wirklich beste Möglichkeiten vor, die von der gemütlichen Flusswanderung im Kanadier über Mountainbiking, Drachen- und Gleitschirmfliegen bis zum Rafting reichen. Dass der Nationalpark am Königssee für Wanderungen und anspruchsvollere Touren ein wahres Paradies darstellt, ist schon fast überflüssig zu erwähnen. Aber Vorsicht: Die Berge hier sind auch berüchtigt für die Vielzahl tödlicher Unfälle – oft genug trifft es falsch ausgerüstete und unerfahrene „Turnschuhtouristen".

• *Information* **Kurdirektion des Berchtesgadener Landes**, in Berchtesgaden, zuständig für die gesamte Region. Mai–Oktober, Weihnachtsferien Mo–Fr 8–18 Uhr, Sa 8–17 Uhr, So 9–15 Uhr; von November bis April eingeschränkte Öffnungszeiten. Königsseer Str. 2, 83471 Berchtesgaden, ✆ 08652/9670, ℻ 967400, www.berchtesgadener-land.com. Lokale Informationsstellen sind in Marktschellenberg, Schönau und in Ramsau eingerichtet.

• *Verbindungen* Zentrum des öffentlichen Verkehrsnetzes ist der Bahnhof in Berchtesgaden.

Zug: Tagsüber etwa stündl. Züge der Deutschen Bahn ab München Hauptbahnhof; Fahrzeit nach Berchtesgaden etwa 2,5 Std. Zusätzliche Verbindungen bestehen ab der Umsteigestation Freilassing.

Bus: Ein dichtes Netz von Buslinien des Regionalverkehrs Oberbayern (RVO) erschließt das gesamte Gebiet um Berchtesgaden, den Königssee und den Hintersee. Die zentrale Umsteigestation liegt am Berchtesgadener Bahnhof bei der Post; hier ist auch ein RVO-Büro untergebracht (✆ 08652/5473). Busse zum Königssee ver-

Die Saletalm: Endhaltestelle der Königssee-Schifffahrt

kehren tagsüber etwa 2-mal stündl., nach Ramsau/Hintersee etwa 1- bis 2-mal stündl., auf der Ringlinie nach Schönau 7- bis 11-mal tägl. Interessanter Sondertarif für Urlauber mit Kurkarte: Das „Berchtesgadener Urlaubsticket" für 18 € (Kinder bis 12 J. 9 €) erlaubt innerhalb des Aufenthaltszeitraums freie Fahrt an sechs beliebig wählbaren Tagen. Sonderfahrten führen auf den Obersalzberg und zum Kehlsteinhaus sowie auf die Roßfeldringstraße (Näheres s. „Umgebung von Berchtesgaden", S. 242).

Auto: Anfahrt ab München auf der Autobahn A 8 Richtung Salzburg bis zur Ausfahrt Bad Reichenhall, dann auf der Bundesstraße B 20 bis Berchtesgaden; insgesamt rund 150 Kilometer.

Nationalpark Berchtesgaden

Naturschutz mit Tradition – bereits 1910 wurde das Gebiet um den Königssee als „Pflanzenschonbezirk" geschützt, 1922 als Naturschutzgebiet ausgewiesen. Seit 1978 gibt es den Nationalpark Berchtesgaden; mit ursächlich für die Gründung war damals der aberwitzige Plan, eine Seilbahn auf den Watzmann zu errichten, ein Projekt, das durch die Erhebung zum Nationalpark verhindert werden konnte. Das Gebiet des Parks umfasst auf einer Fläche von 210 Quadratkilometern den gesamten Süden des Berchtesgadener Landes bis hin zur österreichischen Staatsgrenze.

Ein Kennzeichen des komplett in Staatsbesitz befindlichen Areals sind die enormen Höhenunterschiede (der Königssee liegt 603 Meter über dem Meeresspiegel, der höchste Watzmanngipfel 2713 Meter) und die damit einhergehende Artenvielfalt an Pflanzen und Tieren. Jeder Besucher ist aufgerufen, diesen Schatz zu bewahren und sich umweltgerecht zu verhalten, insbesondere keinerlei Abfälle zu hinterlassen und die Wege nicht zu verlassen.

Königssee

Inmitten faszinierender Berglandschaft gelegen, wie ein Fjord zwischen die an drei Seiten steil aufragenden Felswände von Watzmann, Steinernem Meer und Hagengebirge geschmiegt, darf man den Königssee als den wohl schönsten unter allen oberbayerischen Seen bezeichnen. Sein kühles, smaragdgrünes Wasser ist nährstoffarm und kristallklar, besitzt absolute Trinkwasserqualität. Damit dies auch so bleibt, werden die Rundfahrtschiffe auf dem See bereits seit 1909 von Elektromotoren angetrieben. Sie sind die einzige Möglichkeit, zur berühmten Kirche von *St. Bartholomä* zu gelangen, denn einen Fußweg oder gar eine Straße um den fast rundum unberührten See gibt es nicht. Sogar das Befahren mit Surfbrettern und Segelbooten ist auf dem Königssee und dem südlich anschließenden Obersee, die ja beide mitten im Nationalpark liegen, verboten.

- *Topographische Angaben* Fläche 5,2 Quadratkilometer, Länge 7,7 Kilometer, Breite bis zu 1,2 Kilometer, Tiefe 190 Meter (nach dem Walchensee der zweittiefste See Oberbayerns), Uferlänge 20 Kilometer.
- *Wasserqualität* Sehr gut.
- *Wassertemperatur* Sommer kaum über 16 Grad.

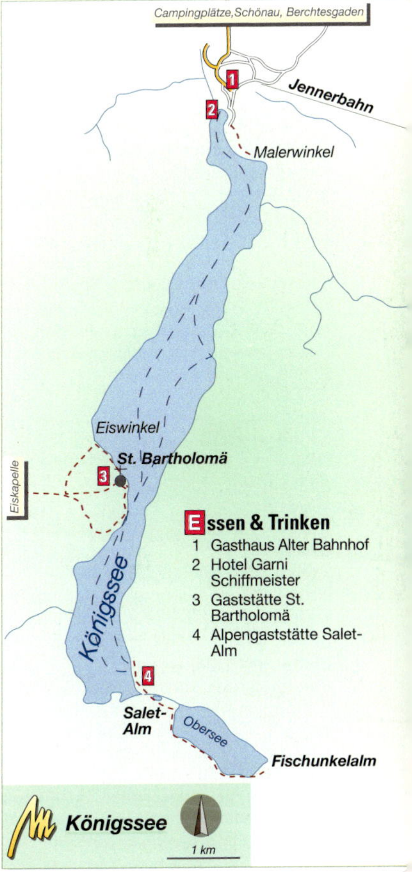

Schönau am Königssee

Seit 1978 sind die Orte Schönau und Königssee zur heutigen Gemeinde „Schönau am Königssee" zusammengefasst. Die laut Eigenwerbung „größte Fremdenverkehrsgemeinde des Berchtesgadener Landes" reicht von der Gemeindegrenze Berchtesgadens über den Königssee hinaus bis zu den mächtigen Gebirgsstöcken im Süden und Osten.

Beide Ortsteile zeigen sehr unterschiedlichen Charakter. **Schönau**, dessen Häuser weiträumig zwischen Weidewiesen verstreut sind, wirkt fast überall noch sehr dörflich. Auf dem Weg zum See erwartet den auf Natur und Idylle eingestellten Besucher jedoch ein gehöriger Schock. Hat er nämlich die einer italienischen Autobahnmautstelle ähnelnde Zufahrt zum Großparkplatz passiert, findet er sich plötzlich in einem bayerischen Disneyland wieder, muss auf dem Weg zum See vorbei an unzähligen Souvenirgeschäften, die neben Trachten, Schmuck und „Raritäten" auch so nützliche und typisch bayerische Dinge wie Gartenzwerge, Batikhemden und Filzhüte offerieren: Die kleine Siedlung **Königssee** ist zum Rummelplatz geworden, in den tagsüber die Touristenschwärme einfallen, der nach Abfahrt der Reisebusse aber fast menschenleer ist. Immerhin dürfte der Königssee ja der meistbesuchte See Oberbayerns sein: Jährlich zwängen sich rund eine Million potentielle Kunden durch die Ladenzeile zur Schiffslände. Vom See selbst ist von hier aus allerdings nur ein kleines Stück zu sehen. Seine ganze Pracht erkennt man so richtig erst bei einer Schiffsfahrt – oder aber bei einem Spaziergang zum Aussichtspunkt *Malerwinkel*, der von der Schiffsanlegestelle nur 15 Fußminuten entfernt liegt und eine wunderbare Aussicht bietet.

• *Information* **Verkehrsamt Schönau am Königssee**, im Ortsteil Schönau. Mai–Oktober Mo–Fr 8–18 Uhr, Sa/So 9–16 Uhr, restliche Monate eingeschränkte Öffnungszeiten. Rathausplatz 1, 83471 Schönau am Königssee, ✆ 08652/1760, www.koenigssee.com.

• *Übernachten/Essen und Trinken (s. Karte S. 231)* Die kulinarischen Spezialitäten der Gegend kommen natürlich aus dem See – Seeforellen und vor allem der „Schwarzreuther", ein geräucherter Saibling, sind die hiesigen Leckerbissen.

**** **Stoll's Hotel Alpina**, ein Schmuckstück im Ortsteil Oberschönau, von Berchtesgaden zu erreichen über die Oberschönauer Straße, die direkt gegenüber des Bahnhofs abzweigt. Großes Grundstück in ruhiger Aussichtslage am Rand eines Wohngebietes, mehrere hübsch dekorierte Gebäude, Hallen- und Freibad, Sauna, Solarium, Liegewiese etc; angeschlossen auch ein „Schönheitscenter". DZ/Bad/F kosten, je nach Größe, Lage und Saison 75–128 €; es gibt auch Apartments und einige einfache Zimmer mit Etagendusche. Das Restaurant ist nur abends geöffnet, Menüs um 18 €, Hauptgerichte 10–15 €. Ulmenweg 14, ✆ 08652/65090, www.stolls-hotel-alpina.de.

Stoll's Sporthotel Schönau, maßgeschneidert für den Mountainbikefreak: Mietbikes, voll ausgerüstete Werkstatt, Zubehör- und Ersatzteilverkauf, Tourentipps, in der Vor- und Nachsaison auch Pauschalangebote mit geführten Touren. Freundliche Leitung; Restaurant mit preisgünstiger Halbpension. DZ/Bad/F nach Ausstattung und Saison 60–90 €. Anfahrt ab Berchtesgaden wie Stoll's Hotel Alpina, noch etwa 1 km weiter auf der Hauptstraße. Oberschönauer Str. 19, ✆ 08652/657535, ℻ 61608, www.stolls-sporthotel-schoenau.de.

Hotel Garni Schiffmeister (2), direkt an der Schiffsanlegestelle im Ortsteil Königssee. Schönes, traditionsreiches Haus, in dem schon Ludwig Ganghofer längere Zeit wohnte. Die meisten Zimmer besitzen Balkon und Blick zum See. DZ/Bad/F 72–80 €. Seestr. 34, ✆ 08652/96350, ℻ 963518.

Gasthof Grüner Baum, unweit des Ortszentrums von Schönau, kleine Gartenterrasse. Prämiert im Wettbewerb „Bayerische Küche"; gekocht wird strikt marktabhängig – der Wirt hasst Konserven und Tiefkühltruhen, dementsprechend kommt alles absolut frisch auf den Tisch. Hauptgerichte etwa 12–18 €, auch Brotzeiten. Mi Ruhetag. Waldhauser Str. 12, ✆ 08652/2467.

Gasthaus Alter Bahnhof (1), etwas abseits des Königsseer Rummels und mit großer Gartenterrasse, auf der es sich recht nett sitzt. Hauptgerichte etwa 8–12 €; es gibt auch Kuchen und Eis. Von November bis kurz vor Weihnachten geschlossen; im Winter Mi Ruhetag. Seestr. 17.

Campingplatz/Pension Mühlleiten, ebenes Wiesengelände neben der (nachts ruhigen) Straße von Berchtesgaden zum Königssee; Schatten bietet nur ein separater Teil des Geländes. Freundliche Leitung, Einkaufsmöglichkeit, Gasthaus in der Nähe; eine preiswerte kleine Pension (DZ/F nach Aufenthaltsdauer 40–50 €) ist angeschlossen. Ganzjährig geöffnet. Preise Person inkl. Kurtaxe 7 €, Stellplatz 6 €. Königsseer Str. 70, ✆ 08652/4584, ℻ 69194, www.camping-muehlleiten.de.

Campingplatz Grafenlehen, ein Stück weiter und schon in lockerer Fußentfernung zum See gelegen, Zufahrt kurz vor dem Großparkplatz. Zweigeteiltes, überwiegend schattenloses Wiesengelände neben der rauschenden Königsseer Ache, gepflegte Sanitärs, Einkaufsmöglichkeit und preiswerte SB-Gaststätte. Ganzjährig geöffnet. Preise Person inkl. Kurtaxe 7 €, Stellplatz 6 €. Königsseer Fußweg 71, ✆ 08652/4140, ℻ 690768, www.camping-grafenlehen.de.

Nur vom Wasser aus lässt sich die Landschaft um den Königssee betrachten

• *Baden* Der Sprung ins Wasser des Königssees ist zwar nicht verboten, die selten über 16 Grad steigenden Temperaturen animieren aber kaum zum Baden. Wärmer ist's im beheizten **Schornbad** im Ortszentrum von Schönau. Mai–September, Eintritt 3,80 €, bis 18 Jahre 1,80 €.

• *Freizeit/Sport* **Bergbahn**: Die **Jennerbahn** führt vom Großparkplatz Königssee bis unterhalb des 1874 m hohen Gipfels des Jenner. Von der Bergstation und von der Gipfelkanzel bietet sich eine großartige Aussicht auf den rund 1200 m tiefer liegenden Königssee und die umgebende Bergwelt. Fahrzeit der Gondelbahn 30 Min., Berg- und Talfahrt 19,10 €. ✆ 08652/95810, www.jennerbahn.de.

Fahrradverleih: Berchtesgadener Radl-Verleih, kostenloser Lieferservice im Bereich Schönau, Mountainbike pro Tag 15 €,Hotel Lärchenhof, Am Rehwinkel 3, im Ortsteil Schwöb, ✆ 08652/96870. Außerdem bei Stoll's Sporthotel Schönau und bei Heinzelmann-Mix-Tours.

Heinzelmann-Mix-Tours, wie der Name nahelegt: gemischtes Angebot an Outdoor-Aktivitäten wie geführten Mountainbiketouren, Ballonfahrten und Rafting. Kranzbichlweg 3, ✆ 08652/63909 oder 0171/3837798, www.koenigssee.com/heinzelmann.

• *Feste/Veranstaltungen* **Almabtrieb**: Abtrieb der Kühe von ihrer „Sommerfrische" in den Bergen, gefolgt von der Verschiffung über den Königssee. Je nach Wetterlage um den Michaelitag, den 29. September; aktuelle Auskunft kurz vorher bei den Informationsstellen.

Almer Wallfahrt, eine der großartigsten Wallfahrten der Alpen: Tausende von Pilgern ziehen vom österreichischen Maria Alm über das 2000 m hohe Steinerne Meer nach St. Bartholomä. Die beschwerliche und nicht ungefährliche Wallfahrt wird im 16. Jh. erstmals urkundlich erwähnt; seit einem Schiffsunfall im Jahre 1688, bei dem über 70 Pilger ertranken, findet sie zum Gedenken an dieses Unglück statt. Eintreffen der Pilger gegen 16 Uhr am letzten Sa im August, am folgenden So Kirchweih in St. Bartholomä.

Seefest am Königssee, mit großem Feuerwerk, am letzten So im Juli oder ersten So im August; Ausweichtermin bei Schlechtwetter eine Woche später.

Schiffsfahrt über den Königssee

So heftig der Andrang sein mag – von einer Fahrt über den See sollte man sich nicht abhalten lassen. Erst von den leisen Elektrobooten aus erschließt sich die ganze Schönheit des Sees und der umliegenden Berge. Von den einzelnen Haltestellen aus ergibt sich zudem Gelegenheit zu vielfältigen, gut ausgeschilderten Wanderungen, auf denen man die Besuchermassen schnell zurücklässt.

Vom Ort Königssee aus passieren die Schiffe, die übrigens in einer eigenen Werft gebaut und gewartet werden, zunächst die kleine Insel Christlieger. Auf Höhe der berühmten *„Echowand"* werden die Motoren gedrosselt: Früher gab man hier einen Böllerschuss ab, dessen Echo siebenfach widerhallte; heute fordert der Schiffsbegleiter, meist durchaus gekonnt, das Echo mit einem Flügelhornsolo heraus. Vorbei an der Bedarfshaltestelle *Kessel*, einem Ausgangspunkt anspruchsvoller Bergtouren, gleitet das Schiff zur Haltestelle bei der Kirche St. Bartholomä, unterhalb der fast 1800 Meter hoch aufragenden Watzmann-Ostwand.

St. Bartholomä: Die kleine Kirche mit ihrem kleeblattförmigen Grundriss, in den Jahren um 1700 auf weit älteren Fundamenten errichtet, ist das vielfotografierte Wahrzeichen des Königssees; wer sein persönliches Foto von St. Bartolomä schießen möchte, sollte bei der Anfahrt einen Fensterplatz auf der rechten Seite wählen. Direkt nebenan steht das einstige Jagdhaus der bayerischen Könige, heute eine Gastwirtschaft. Im Inneren lohnt sich ein Blick auf die präparierte, reichlich über einen Meter lange Seeforelle von 27 Kilogramm, die 1976 im Königssee gefangen wurde; in den Gasträumen hängen die gemalten „Portraits" weiterer Riesenforellen aus früheren Zeiten.

St. Bartholomä ist Ausgangspunkt mehrerer ausgeschilderter Wanderwege. Zur 840 Meter hoch gelegenen *Eiskapelle* benötigt man etwa eine Stunde; festes Schuhwerk ist dringend nötig. Dieses Eisgewölbe, das auch im Sommer nicht taut, liegt am Fuß der Watzmann-Ostwand und fängt im Winter die gewaltigen Lawinen ein, die diese höchste Felswand der Alpen hinabdonnern.

Salet: Viele Besucher belassen es beim Ausflug nach St. Bartholomä und kehren von dort aus wieder nach Königssee zurück. Es lohnt sich jedoch, die Fahrt bis zur Endhaltestelle Saletalm fortzusetzen, in deren Umgebung sich schöne Wandermöglichkeiten bieten. Nahe der Anlegestelle wartet ein Wirtshaus, ein Stück weiter die „echte" Saletalm, in der man im Sommer frische Milch, Buttermilch und eine Käsebrotzeit bekommen kann.

Obersee: Der stille See liegt etwa zehn Minuten Fußweg von der Anlegestelle Salet entfernt. Fast eine Fortsetzung des Königssees, ist er zwei Kilometer lang und bis zu 60 Meter tief; über dem hinteren Ufer erheben sich die Spitzen der beiden mehr als 2000 Meter hohen Teufelshörner, die schon auf österreichischem Staatsgebiet liegen. Am Südostufer führt ein Fußweg entlang, auf dem man in etwa 45 Minuten die im Sommer bewirtschaftete Fischunkelalm erreicht.

• *Schiffsverkehr* Je nach Wetterlage rund ums Jahr; im Winter fahren die Schiffe allerdings nur bis St. Bartholomä. Zur Hochsaison herrscht starker Andrang, der bereits am frühen Vormittag zu stundenlangen Wartezeiten führen kann; ratsam, dann bereits mit einem der ersten Schiffe loszufahren. Erste Abfahrt im Juli/August um 8 Uhr, Mitte Mai–Ende Juni und Anfang September–Mitte Oktober um 8.30 Uhr, Rest des Jahres um 9 Uhr. Letzte Fahrt ab Königssee je nach Saison 18.10 oder 17.40 Uhr. Fahrpreis nach St. Bartholomä und zurück 10,90 €, Kinder bis 14 J. 5,50 €, nach Salet und zurück 13,90 € bzw. 7 €. Fahrzeit Salet und zurück knapp 2 Std., Fahrtunterbrechung an beiden Haltestellen möglich. Zu bestimmten Terminen bietet die Kurdirektion Sonderfahrten (Gourmetabende, Nachtfahrten mit Konzert in St. Bartholomä) an. Information: Staatliche Schifffahrt Königssee, Seestraße 55, Schönau, ✆ 08652/963618, ℻ 64721, www.bayerische-seenschifffahrt.de.

Schmales Wasserband zwischen Bergriesen: der Königssee

• *Essen und Trinken* *(s. Karte S. 231)*

Gaststätte St. Bartholomä (3), im ehemaligen Jagdschloss, mit großem Biergarten. Gutbürgerliche, bayerisch-internationale Küche, Hauptgerichte für 8–15 €. Die Biere kommen vom Hofbräuhaus München, die Atmosphäre zur Hochsaison manchmal anscheinend auch. Kein Ruhetag.

Alpengaststätte Salet-Alm (4), nahe der gleichnamigen Haltestelle. Terrasse mit schöner Aussicht auf umliegende Berge; Hauptgerichte um 8 €. Vom 20.10. bis 20.4. geschlossen. ✆ 08652/63007, www.saletalm.de.

Berchtesgaden

Durch den Salzabbau reich geworden, genoss die Propstei Berchtesgaden viele Jahrhunderte weitgehender Selbständigkeit. Einige Spuren dieser langen Geschichte blieben bis heute erhalten.

Heiter und freundlich wirkt der alte Ortskern von Berchtesgaden (7.700 Einwohner), der in privilegierter Lage auf einem Hang hoch über dem ungestümen Fluss Ache thront, weitläufig umgeben von einem schützenden Ring hoher Berge. Dank der 1992 erfolgten Verkehrsberuhigung des historischen Zentrums lässt es sich hier aufs Feinste flanieren – ein Vergnügen freilich, das man sich zumindest zur sommerlichen Hochsaison mit Heerscharen anderer Besucher teilt. Fast 600.000 Hotelübernachtungen werden jährlich in der Stadt gezählt. Beeindruckend bleibt das stimmungsvolle Ensemble dennoch, zumal es durch eine Reihe ungewöhnlicher und hochkarätiger Sehenswürdigkeiten ergänzt wird – nicht zu reden von der fantastischen Landschaft, die den heilklimatischen Kurort umgibt.

Die lange Geschichte Berchtesgadens reicht bis ins Jahr 1103 zurück. Augustiner-Chorherren aus Rottenbuch hatten in dem damals kaum besiedelten Gebiet ein Stift gegründet, dessen Pröpste bald auch die weltliche Herrschaft übernahmen. Bereits von Kaiser Friedrich I. Barbarossa mit Forsthoheit und der Erlaubnis zum Schürfen nach Salz ausgestattet, wurden die Pröpste im 15. Jh. von Kaiser Maximilian I. zu Fürstpröpsten und damit zu Reichsfürsten ernannt, die weitreichende Befugnisse besaßen. Insgesamt 47 an der Zahl, lenkten sie bis zur Säkularisation von 1803 die Geschicke des Berchtesgadener Landes. 1810 erst kam die Region zu Bayern.

Information/Verbindungen/Übernachten/Essen und Trinken

• *Information* **Kurdirektion des Berchtesgadener Landes**, im unteren Ortsbereich nahe des Bahnhofs, jenseits des Flusses. Mai–Oktober, Weihnachtsferien Mo–Fr 8–18 Uhr, Sa 8–17 Uhr, So 9–15 Uhr; von November bis April eingeschränkte Öffnungszeiten. Königsseer Str. 2, 83471 Berchtesgaden, ✆ 08652/9670, 📠 967400, www.berchtesgadener-land.com.

Informationsstelle/Eintrittskartenverkauf im Kongresshaus, Mo–Fr 9–18 Uhr, Sa/So 10–13 und 14–18 Uhr. Maximilianstr. 9 (oben im Ort), ✆ 08652/9445300 oder 9445340 (Zimmervermittlung), 📠 967381, www.berchtesgaden.de.

• *Verbindungen* **Zug/Bus**: Bahnhof und RVO-Busbahnhof liegen unterhalb des Ortes am Zusammenfluss der Ramsauer und der Königsseer Ache. Ins Ortszentrum führt ein Fußweg, der neben der Post auf einer Brücke die Gleise überquert.

Ortsverkehr Berchtesgaden: Eine elektrische „Marktbuslinie" erschließt das für den Durchgangsverkehr gesperrte Ortszentrum. Endhaltestellen sind das Salzbergwerk im Osten und das Hotel Berchtesgadener Hof im Westen. Parkplätze finden sich u. a. an den beiden Endpunkten der Linie und in einer großen Parkgarage beim Kurhaus.

• *Übernachten/Essen und Trinken* **Hotel Demming (4)**, ein paar Schritte abseits des Ortszentrums Richtung Fluss. Modernes, mit Hallenbad, Sauna etc. gut ausgestattetes Hotel in recht ruhiger Lage. DZ/Bad/F 80 €. Sonnenterrasse mit prächtigem Watzmannblick; gepflegte Küche (auch Vollwertkost) für 9–14 €. Mi mittags sowie ab Anfang November für 6 Wochen geschlossen. Sunklergäßchen 2, ✆ 08652/9610, 📠 64878, www.hotel-demming-berchtesgaden.de

***** **InterContinental Resort**, außerhalb des Ortes, im Frühjahr 2005 eröffnet: weltstädtische Eleganz mitten in den Bergen, 300 m vom NS-Dokumentationszentrum Obersalzberg entfernt. Eine Luxuswelt für sich, in Alleinlage auf einem Aussichtshügel. Noch hapert es allerdings mit der Akzeptanz: Dies ist für viele offensichtlich eine zu belastete Region, um unbeschwert ausspannen zu können. Die Auslastung soll bisher bei kaum 30 % liegen. DZ ab 270 €. Hintereck 1, ✆ 08652/976460, 📠 9764619, www.intercontinental-berchtesgaden.com.

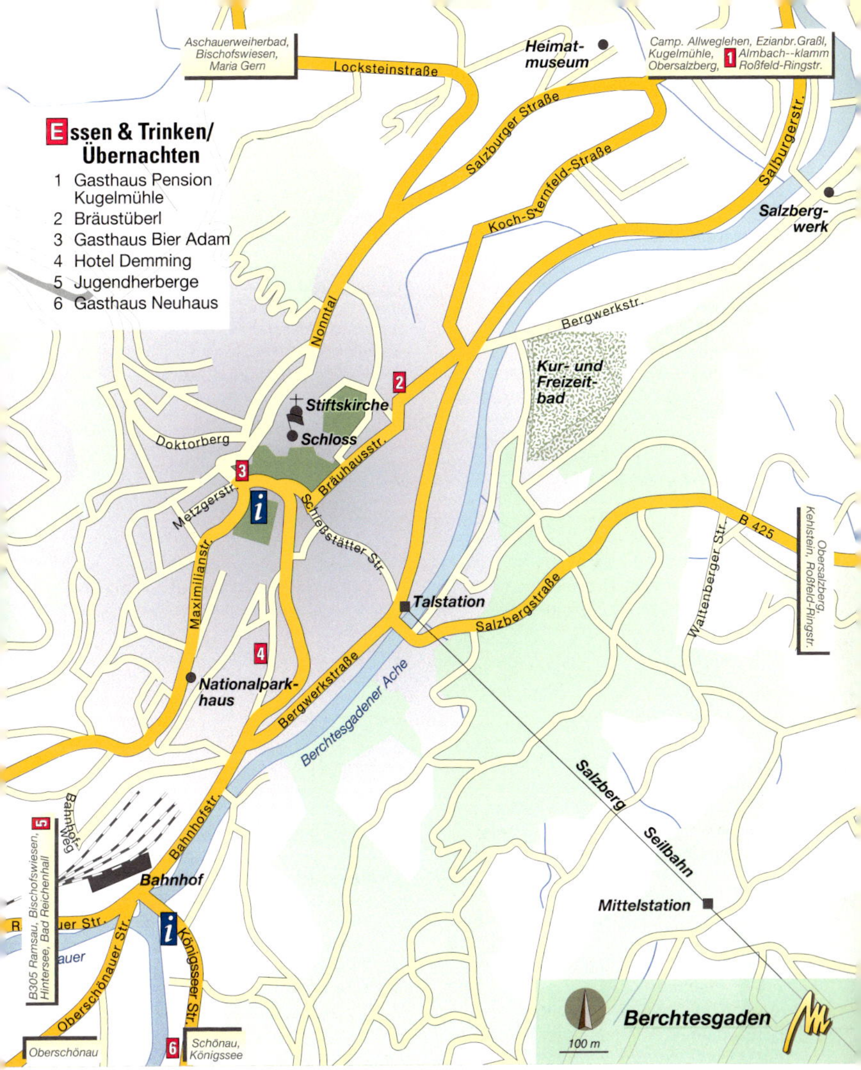

Gasthaus-Pension Kugelmühle (1), außer halb des Ortes, beliebte Ausflugsgaststätte bei der Kugelmühle am Eingang zur Almbachklamm. Gemütlich eingerichtetes, traditionelles Haus, schöner Wirtsgarten neben dem rauschenden Flüsschen. Wer hier nächtigt, kann mit absoluter Ruhe rechnen; DZ/Bad/F kosten je nach Saison und Ausstattung ab 54 €. Hauptgerichte etwa 8–14 €, Spezialität sind frische Forellen. Im Sommer durchgehend geöffnet, im Winter Di Ruhetag, zwei Monate vor Weihnachten geschlossen, Kugelmühlweg 18, 83487 Marktschellenberg, ✆ 08650/461, 🖷 410, www.gasthaus-kugelmuehle.de.

Gasthof Neuhaus (6), am südöstlichen Rand des Marktplatzes, unweit von Schloss und Kurhaus. Solide Gaststätte mit schönem Biergarten, wie er sein soll – eine Seltenheit im Ort. Gutbürgerliche Küche um 8–12 €. Kein Ruhetag. Marktplatz 1.

Gasthaus Bier Adam (3), in der nordwestlichen Ecke der gleichen Straße. Von den mehrsprachigen Speisekarten nicht abschrecken lassen – der „Bier Adam" gilt seit langem als durchaus traditionelles Wirtshaus. Viele bayerische Schmankerl für 8–14 €, daneben auch gehobenere, bayerisch-internationale Küche, Menüs und eine Auswahl einfacher, preiswerter Gerichte. Einige wenige Tische im Freien. Kein Ruhetag. Marktplatz 22.

Bräustüberl (2), dem seit 1645 bestehenden, ehemals fürstpröpstlichen „Hofbrauhaus" angegliedert und für alle Freunde von rustikalen Brauereigaststätten natürlich ein „Muss". Nach langer Renovierung hat das Bräustüberl mit seinem hübschen Innenhof mittlerweile wieder geöffnet. Kein Ruhetag. Bräuhausstr. 13 (etwas abseits des Ortskerns an der Straße zum Salzbergwerk), ✆ 08652/976724.

Jugendherberge (5), im Ortsteil Strub, ca. 25 Fußminuten vom Bahnhof, Übernachtung mit Frühstück ab 15,55 €. Struberberg 6, 83489 Strub, ✆ 08652/94370, 📠 943737, www.jugendherberge.de/jh/strub.

Campingplatz Allweglehen, etwa 4 km nordöstlich, Zufahrt von der B 305 in Richtung Unterau/Salzburg. Teils terrassiertes, teils geneigtes Wiesengelände mit schöner Aussicht. Gut ausgestattet, u. a. mit Swimmingpool, Einkaufsmöglichkeit, Gaststätte und Mountainbikeverleih, ganzjährig geöffnet. Preise Person inkl. Kurtaxe 7,20 €, Zelt 7,50 €, Pkw inkl. Allweggasse 4, ✆ 08652/2396, www.allweglehen.de.

Baden/Freizeit/Sport/Feste/Veranstaltungen

• *Baden* Ein modernes Kur- und Freizeitbad, die **Watzmann Therme**, mit verschiedenen Süßwasser- und Solebecken liegt an der Straße zum Salzbergwerk. Auch Wellness-Angebote. Tageskarte Erwachsene 15 €, Kinder 4–10 €. Tägl 10–22 Uhr. Bergwerkstr. 54, ✆ 08652/94640, www.watzmann-therme.de.

• *Freizeit/Sport* **Geführte Wanderungen**: Mehrmals wöchentlich von Mai bis Oktober, Anfragen bei der Kurdirektion und im Nationalparkhaus von Berchtesgaden.

Bergbahn: Die **Obersalzbergbahn** erschließt das rund 1000 m hoch gelegene Wandergebiet des Obersalzbergs. Die Talstation der Kabinenbahn liegt am Fluss, etwa 10 Fußminuten vom Bahnhof, die Bergstation an der Höhenstraße von Obersalzberg nach Scharitzkehl. Berg- und Talfahrt 7,50 €, Bergfahrt 5 €, Kinder ermäßigt. ✆ 08652/2561, www.obersalzbergbahn.de.

Bergschule: Erste Bergschule Berchtesgadener Land, Heinz Zembsch. Im Angebot u. a. Führungen durch die Watzmann-Ostwand. Silbergstr. 25, 83489 Strub, ✆ 08652/5371 oder 0170/8969093, 📠 08652/66935, www.berchtesgaden-bergschule.de.

Outdoor-Club Berchtesgaden, Anbieter von nahezu allen möglichen sportlichen Aktivitäten, von Ballonfahrten über Bergtouren bis zum Rafting. Gmundberg 7, ✆ 08652/97760.

Wintersport: Üppiges Angebot, das an dieser Stelle auch nicht annähernd beschrieben werden kann – genaue Informationen in der Broschüre „Winter-Folder" der Kurdirektion.

• *Feste/Veranstaltungen* **Almabtrieb**, um den Michaelitag, den 29.9. Ist der Bergsommer ohne „Unreim" (Unglück) verlaufen, wird das Vieh von der Alm mit „Fuikln" geschmückt zu Tal getrieben; eine solche Fuikl kann aus bis zu 200 kleinen Rosetten bestehen, die aus gefärbten Holzspänen geflochten sind. Das genaue Datum wechselt je nach Wetterlage, kurzfristige Anfrage in der Kurdirektion ist deshalb ratsam.

Berchtesgadener Bauerntheater, neben dem Hotel Watzmann. Spielzeiten: Von Mai bis Oktober sowie über Weihnachten und Ostern tägl., vom 7.1. bis Palmsonntag jeweils Do–Sa; von Mai bis August Freilichtaufführungen im Steinbruch am Kälberstein. Information unter ✆ 08652/2858, Karten an der Theaterkasse.

Bergknappenfest, am Pfingstmontag. Umzug zum Jahrestag der Bergknappen, nach einer Zeremonie, die bis zur Gründung des Salzbergwerks 1517 zurückreicht.

Radmarathon, Mitte Juni, mit großem Radlerfest. Infos unter ✆ 08652/6565040.

Trachtenjahrtag, am 2. Sonntag im Juli; großes Trachtenfest der vereinigten Trachtenvereine und Berchtesgadener Weihnachtsschützen, mit Umzug.

Sehenswertes

Zur ersten Orientierung empfiehlt sich ein Bummel durch den historischen Ortskern, der sich baulich seit dem letzten Jahrhundert kaum verändert hat.

Blick auf Berchtesgaden

Lüftlmalerei: Bei einem Rundgang fällt vielerorts die bunte, fantasievolle Bemalung vieler Hauswände ins Auge. Eine besonders originelle Fassade besitzt das Hirschenhaus in der Metzgerstraße nahe des Gasthofs Neuhaus: Die bereits um 1610 entstandenen Gemälde eines unbekannten Künstlers zeigen bekleidete Affen bei verschiedenen menschlichen Tätigkeiten wie der Jagd und dem Schachspiel, ironisieren und parodieren so die Gesellschaft jener Zeit.

Nationalparkhaus: Die zentrale Informationsstelle des Nationalparks, kürzlich neu gestaltet, ist im Ortszentrum von Berchtesgaden in einem ehemaligen Franziskanerkloster untergebracht. Interessierte finden hier umfangreiches Material über den Park, seine Entstehungsgeschichte, Flora und Fauna, Geologie etc., ferner eine nützliche Broschüre mit Wandervorschlägen. Zu sehen ist außerdem eine erdgeschichtliche Sammlung nebst Fossilien, es gibt stündliche Diashows, Videofilme, Vorträge und aktuelle Aufnahmen von Wettersatelliten. Ein Besuch lohnt sich auch für diejenigen, die im Park „nur“ wandern wollen.

Lage und Öffnungszeiten Am Franziskanerplatz 7, gegenüber Hotel Watzmann. Tägl. 9–17 Uhr, ✆ 08652/64343, www.nationalparkhaus.org. Die Zweigstelle im Alten Bahnhof des Ortes Königssee wurde aufgelöst.

Königliches Schloss/Schlossmuseum: Auf Anhieb gar nicht so einfach zu finden ist der Zugang zum idyllischen Schlossplatz, der sich mit wuchtigen Mauern, die nur von zwei Toren unterbrochen werden (eins davon nahe des Gasthofs Neuhaus) gegen den Ort abschirmt. Das Schloss, heute ein Museum, entstand nach der Säkularisation 1803, als die Wittelsbacher das ehemalige Augustiner-Chorherrenstift, Residenz der Fürstpröpste, übernahmen und umbauten. Es war nicht der erste Umbau in der siebenhundertjährigen Geschichte des Gebäudes, das deshalb Stilelemente der Romanik, Gotik und Renaissance aufweist. Überwiegend romanisch ist noch der um 1200 errichtete *Kreuzgang*, durch den man das Museum erreicht; an seinen

Seiten reihen sich Grabsteine, die Kapitelle der Säulen sind mal schlicht, mal aufwändig geschmückt. Das *Museum* selbst umfasst rund 30 Räume, die mit wertvollen Kunstwerken, Waffen und Möbeln aus dem Besitz der Wittelsbacher ausgestattet sind. Die Restaurierung des Schlosses und die Einrichtung des Museums sind ein Verdienst des Kronprinzen Rupprecht, der bis in die dreißiger Jahre hier lebte.
Öffnungszeiten Pfingsten bis 15. Oktober So–Fr 10–13 und 14–17 Uhr, sonst nur Mo–Fr; Einlass jeweils 10–12 Uhr, 14–16 Uhr. Eintritt Erwachsene 7 €, Kinder 3 €, Schüler/Studenten 3,50 €. ✆ 08652/947980.

Heimatmuseum: Am nordöstlichen Ortsrand von Berchtesgaden beherbergt das **Schloss Adelsheim** eine Ausstellung örtlicher Volkskunst, darunter auch Erzeugnisse, die als „Berchtesgadener War" im Mittelalter in fast ganz Europa und bis nach Kleinasien hinein guten Absatz fanden. Für die hiesigen Bauern, die sich vom kargen Ertrag ihrer Felder kaum ernähren konnten, war die Herstellung der bemalten Spanschachteln, des geschnitzten Kinderspielzeugs und der feinen Drechselarbeiten ein dringend benötigter Zusatzverdienst.
Dem Museum angegliedert ist eine *Verkaufsausstellung* dieser Berchtesgadener Handwerkskunst (Mo–Fr 9–12, 14–17 Uhr); ein weiterer, auch am Samstagvormittag geöffneter Laden findet sich am Marktplatz 24, neben der Post.
Lage und Öffnungszeiten des Museums Schroffenbergallee 6. Di–So 10–16 Uhr, November geschlossen. Eintritt für Erwachsene 2,50 €, Kinder frei. ✆ 08652/4410, www.heimatmuseum-berchtesgaden.de.

Salzbergwerk Berchtesgaden: Sicher die berühmteste, gleichzeitig die ungewöhnlichste Attraktion des Ortes ist die Möglichkeit, einmal den Spuren der Bergmänner ins Innere der Erde zu folgen. Jährlich lassen sich mehr als eine halbe Million (!) Besucher dieses Erlebnis nicht entgehen.

„Nichts ist nützlicher als Salz und Sonne"

So jedenfalls befand schon vor über 1400 Jahren der Kirchenvater Isidor von Sevilla. Zu seiner Zeit, und bis über das gesamte Mittelalter hinaus, besaß das Mineral einen immensen Wert. Nicht umsonst wurde Salz früher als das „Weiße Gold" bezeichnet. Die Schürferlaubnis, die Friedrich I. Barbarossa den Berchtesgadener Pröpsten zugestand, war deshalb fast so etwas wie eine Lizenz zum Gelddrucken.

Im Prinzip funktioniert die Salzgewinnung in Berchtesgaden heute noch wie damals. Mit Süßwasser wird das Mineral in sogenannten „Sinkwerken" (aus dem Fels geschlagene oder gesprengte Hohlräume) aus dem salzhaltigen Gestein gelaugt. Die dadurch entstandene Sole, eine mit etwa 27 Prozent Salz gesättigte Lösung, wird erhitzt: Das Wasser verdampft und das Salz bleibt zurück. Früher geschah dies in Pfannen über offenem Feuer, ein Verfahren, das einen hohen Verbrauch an Feuerholz mit sich brachte. Um die umliegenden Wälder zu schonen, baute man bereits 1816 eine Soleleitung von Berchtesgaden nach Reichenhall. Zur Überwindung des Höhenunterschieds von immerhin 350 Meter konstruierte Georg von Reichenbach die Wassersäulenmaschinen, die heute im Salzbergwerk und im Deutschen Museum in München ausgestellt sind. Seit 1961 wird die Sole aus dem Salzbergwerk Berchtesgaden – in dem heute noch 110 Bergmänner ihrer Arbeit nachgehen – in einer Doppelrohrleitung nach Bad Reichenhall gepumpt.

Vielleicht interessiert sich ja nur ein Teil der Besucher des 1517 eröffneten Salzbergwerks ernsthaft für die technischen Einzelheiten, die während der Führung erläutert werden – die Tour durch das rund 110 Meter unter der Erdoberfläche gelegene System von Stollen und aufgelassenen Sinkwerken begeistert jedoch fast jeden. In authentische, abgenutzte Bergmannskluft gewandet, geht es zunächst auf einer schmalen Grubenbahn etwa 600 Meter weit ins Innere des Berges, dann auf der Bergmannsrutsche mit heiß werdendem Hosenboden 34 Meter tief hinab in ein ehemaliges Sinkwerk. Nach einer Filmvorführung und einer weiteren Rutschpartie wartet mit der Floßfahrt über einen beleuchteten Salzsee der Höhepunkt der unterirdischen Reise, bevor ein altertümlicher Schrägaufzug und eine weitere Schmalspurbahn die Besucher wieder ans Tageslicht befördern. Insgesamt eine sehr amüsante Sache, nicht zuletzt durch die Erklärungen des Führers (eines „echten Bergmanns" übrigens), die insbesondere bei gemischtsprachigen Gruppen einer gewissen unfreiwilligen Komik nicht entbehren.

• *Führungen* 1.5.–15.10. tägl. 9–17 Uhr, 16.10.–30.4. tägl. 11.30–15 Uhr. Dauer rund 2 Std., Eintritt Erwachsene 12,90 €, Kinder 4–16 J. 7,50 €. ✆ 08652/60020, ℻ 600260.
Zu Hochsaisonzeiten tut man gut daran, sich antizyklisch zu verhalten, nämlich den Besuch auf gutes Wetter zu legen – der Wartezeitrekord an Regentagen liegt bei 5 Std.! Wer an Klaustrophobie leidet, sollte von einem Besuch unter Tage vielleicht besser absehen.

Umgebung von Berchtesgaden

Obersalzberg und Kehlstein: Seit 1999 gibt es nun das **Dokumentationszentrum** zu den Hitler-Jahren in Deutschland – der Zusatz „NS" wird weiterhin verschämt verschwiegen, vielleicht auch um Beifall von der falschen Seite zu vermeiden. Der Handel mit Nazi-Devotionalien konnte zwar nicht ganz eingedämmt werden, doch die nüchtern-wissenschaftliche Belegsammlung des renommierten Münchner Instituts für Zeitgeschichte macht es den Verblendeten schwer. Ein Wallfahrtsort für Rechtssympathisanten ist das Museum nicht geworden, aber es ist gut besucht: Rund 135.000 Menschen informieren sich hier jährlich über die immer noch unfassbare Zeit des Dritten Reichs.

Auf dem **Obersalzberg**, einem Ausläufer des Hohen Gölls, hatten Hitler und andere Nationalsozialisten sich prunkvolle Ferienhäuser errichten lassen. Die Grundstücke samt bestehender Bauten wurden anfangs noch gegen gutes Geld gekauft, später jedoch ihren Eigentümern, denen man zum Teil mit dem Konzentrationslager drohte, regelrecht abgepresst. Rund 50 Familien wurden so vom Obersalzberg vertrieben.

1952 ließ man die nationalsozialistischen Bauten auf dem Obersalzberg sprengen. Den sogenannten „Platterhof" bauten die Amerikaner jedoch wieder auf. Lange Zeit bildete er als „General Walker Hotel" den Mittelpunkt eines mit verschiedenen Lodges, Skiliften und sogar einem Golfplatz ausgestatteten Erholungszentrums der US-Armee. Nach dem Abzug der Amerikaner steht die Zukunft dieser Anlage bislang noch nicht genau fest; eine touristische Nutzung ist jedoch wahrscheinlich.

Das **Kehlsteinhaus** steht in fantastischer Aussichtslage auf dem steilen, 1834 Meter hohen Kehlstein. Mit dem Obersalzberg ist der auch als „Hitlers Teehaus" oder „Eagle's Nest" bekannte Bau durch die **Kehlsteinstraße** verbunden, die für den öffentlichen Verkehr gesperrt ist und nur von RVO-Bussen befahren werden darf. Die 6,5 Kilometer lange und vier Meter breite Straße, die mit einer einzigen Kehre einen Höhenunterschied von rund 700 Meter überwindet, ist die höchste Bergstraße Deutschlands und gilt als technische Pionierleistung; sie wurde in nur 13 Monaten während der Jahre 1937 bis 1939 aus dem Fels gesprengt. Vom Parkplatz an ihrem Ende muss der Besucher zunächst durch einen düsteren, 124 Meter langen Stollen, bevor ein mit Marmor, Messing und Spiegeln prunkender Lift ihn in nur 41 Sekunden weitere 124 Meter aufwärts bringt, direkt ins Kehlsteinhaus hinein. Das Gebäude, in dem sich Hitler übrigens nur einige wenige Male aufgehalten hat, wird seit 1960 vom Fremdenverkehrsverband Berchtesgaden verwaltet und von privaten Pächtern als Berggasthof geführt. Der Blick von der Aussichtsterrasse reicht über das gesamte Berchtesgadener Land; an besonders klaren Tagen soll man bis zu 200 Kilometer entfernte Gipfel sehen können.

• *Verbindungen/Öffnungszeiten Dokumentationszentrum* Mit dem Auto kann man von Berchtesgaden zum Parkplatz (Gebühr: 2,50 €) des Dokumentationszentrums Obersalzberg fahren. RVO-Busse fahren, je nach Schneelage, von etwa Mitte Mai bis Mitte Oktober im Linienbetrieb vom Bahnhof Berchtesgaden (Hinfahrt ab 8:55 Uhr) zum Obersalzberg (Rückfahrt bis 16.50 Uhr); von der Haltestelle Hintereck geht es mit besonders schmalen Spezialbussen weiter zum Kehlsteinhaus. Fahrpreise für Hin- und Rückfahrt: Obersalzberg 4,10 €, Obersalzberg-Kehlsteinhaus inkl. Lift 13,50 €. Zu Fuß benötigt man ab Hintereck zum Kehlsteinhaus etwa 1,5 bis 2 Std.
April–Oktober Mo–So 9–17 Uhr, November–März Di–So 10–15 Uhr. Eintritt: 2,50 €. ✆ 08652/947960, 📠 947969, www.obersalzberg.de

Roßfeld-Ringstraße: In zahlreichen Kurven und mit Steigungen bis zu 13 Prozent führt die 16,4 Kilometer lange Roßfeldstraße vom Obersalzberg bis auf eine Höhe von 1600 Meter – nach der Kehlsteinstraße ist sie damit die zweithöchste Bergstraße Deutschlands. Eine Reihe von Parkplätzen ermöglicht weite Aussicht über die umgebende Bergwelt und hinab ins rund 1000 Meter tiefer liegende österreichische Salzachtal.

Mautgebühr/Verbindungen Mautgebühr pro Pkw 4 €, jeder Erwachsene 1,50 €, jedes Kind 1 € zusätzlich. RVO-Busse befahren die Roßfeldstraße im Linienverkehr mehrmals täglich. ✆ 08652/57410 oder 57412, www.rossfeldpanoramastrasse.de.

Enzianbrennerei Graßl: Deutschlands älteste Enzianbrennerei liegt rund vier Kilometer von Berchtesgaden entfernt an der Bundesstraße 305 Richtung Salzburg. Der Betrieb und das angeschlossene Informationszentrum, das sich mit der Herstellung des ortstypischen Wurzelschnapses beschäftigt, können besichtigt werden; selbstverständlich gibt es auch Kostproben.

Öffnungszeiten Mai–Oktober Mo–Fr 8–18 Uhr, Sa 8–14 Uhr, sonst Mo–Fr 8–17 Uhr, Sa 8.30–12 Uhr. Führungen ab 5 Personen. ✆ 08652/95360, www.grassl.com.

Wanderung durch die Almbachklamm: Die wildromantische Schlucht liegt schon im Gemeindegebiet von Marktschellenberg, etwa sechs Kilometer nordöstlich von Berchtesgaden und unweit der B 305 Richtung Salzburg. Rund zweieinhalb Kilometer Länge misst die enge Klamm, die der Almbach im Laufe von Jahrmillionen in das Dolomitgestein gefräst hat. An ihrem oberen Ende reguliert eine „Theresienklause“ genannte Staumauer den Wasserfluss; errichtet wurde sie 1834, um das Triften von Holz durch die Klamm zu ermöglichen.

Der mit Drahtseilen gesicherte Weg, der auf 29 Brücken durch die von Mai bis Oktober zugängliche Klamm führt, gehört sicher zu den schönsten und erlebnisreichsten Wanderungen um Berchtesgaden und ist die Eintrittsgebühr (2,50 €, bis 18 Jahre 1,30 €, Eintrittskarte aufheben, ✆ 08650/461) mehr als wert. Festes Schuhwerk erweist sich als nützlich, denn die Wege sind oft glatt und feucht. Bis zum schmalen, aber immerhin rund 114 Meter hohen Sulzer Wasserfall und zurück läuft man etwa 1,5 Stunden, überquert dabei immer wieder das in Kaskaden rauschende Flüsschen und ausgewaschene, tiefgrüne Gumpen, in denen sich Forellen

Umweltfreundlicher Urlaubertransport: Elektroboot auf dem Königssee

tummeln. Im Umfeld bietet sich Gelegenheit zu weiteren, ausgeschilderten Wanderungen, beispielsweise zum putzigen **Wallfahrtskirchlein Maria Gern**; der Weg dorthin zweigt am oberen Ende der Klamm ab.

Kugelmühle: Am Eingang zur Klamm, direkt neben dem Gasthaus „Kugelmühle“, dreht sich die letzte der einst zahlreichen Kugelmühlen, die aus Marmor die früher so begehrten „Murmeln“ oder „Schusser“ formten. Über 300 Jahre alt ist die einfache, vom Almbach angetriebene Konstruktion, die nur aus einem feststehenden, harten Schleifstein und einer rotierenden Drehscheibe aus Buchenholz besteht. So simpel das Prinzip, so hart war die Arbeit für die einfachen Leute, die die Marmorrohlinge zurechthauen mussten: Für die Herstellung von 1000 Würfeln erhielten sie gegen Ende des 19. Jh. gerade mal eine Mark. Nachdem die Mühlen die Rohlinge in fünf bis sechs Tagen zur Kugel geformt hatten, mussten sie noch feingeschliffen und poliert werden. Als Souvenir kann man eine solche Marmorkugel am nahen Kiosk erstehen; die Preise beginnen bei etwa 5 €.

• Verbindungen/Öffnungszeiten Die Klamm ist auch mit den etwa stündl. verkehrenden RVO-Bussen nach Marktschellenberg zu erreichen; die Haltestelle liegt etwa 1 km vom Eingang zur Klamm entfernt. Parkplätze finden sich bei der Gaststätte Kugelmühle, sind aber in der Hochsaison schnell belegt. Mai–Oktober tägl. in Betrieb.

Groß und mächtig, schicksalsträchtig – der Watzmann: Der mächtige, markant geformte Gebirgsstock bildet das Wahrzeichen des Berchtesgadener Landes und ist von fast überall aus sichtbar. Eigentlich sind es ja eine ganze Reihe von Gipfeln: Die 2713 Meter hohe *Mittelspitze*, einer alten Sage zufolge der „Watz-Mann“; der 2307 Meter hohe *Kleine Watzmann* (die „Watzmannfrau“); dazwischen eine Reihe kleinerer Gipfel (die „Watzmannkinder“). Berühmt-berüchtigt ist die fast 1800 Meter tief abfallende Watzmann-Ostwand: berühmt als die höchste Felswand der Alpen; berüchtigt der vielen Todesopfer wegen, die ihre Besteigung fordert – mittlerweile sind es schon fast 100.

Romantische Malerei bei Ramsau: Kirche vor Bergkulisse

Hintersee

Zwar bleiben nur relativ wenige Besucher über Nacht, doch als Ausflugsziel zählt der Hintersee fast zum Pflichtprogramm im Berchtesgadener Land.

Im Bekanntheitsgrad und in den Besucherzahlen werden der See und Ramsau weit von den nahen Konkurrenten Berchtesgaden und Königssee übertroffen. Dank der schönen Landschaft und der Lage nahe der Deutschen Alpenstraße B 305 leiden Ramsau und der Hintersee dennoch nicht unter Gästemangel.

Zur Hochsaison herrscht an dem kleinen Gebirgssee dementsprechend auch eine sehr lebhafte Atmosphäre, insbesondere am Westufer, an dem sich mehrere Gaststätten reihen. Von einer idyllischeren Seite zeigt sich der sanfte Hintersee im Frühling und Herbst, vor allem aber im Winter, wenn hier Eisstockschützen ihrem geruhsamen Sport nachgehen und Schlittschuhläufer ihre Kreise ziehen. Besonders romantisch ist das Ostufer, an dem die riesigen Felsstürze des *Zauberwalds* bis ins Wasser ragen – eine Szenerie, die schon im 19. Jh. viele Künstler anzog; damals gab es hier gar eine richtige „Malerherberge". Auch heute sieht man gelegentlich den einen oder anderen Hobbykünstler am Werk; andere vergnügen sich bei einer Bootsfahrt oder unternehmen einen Spaziergang um den See. Um im Hintersee zu baden, sollte man dagegen schon abgehärtet sein: Das leuchtendgrüne, glasklare Wasser des von frischen Gebirgsbächen gespeisten, 789 Meter hoch liegenden Sees wird nie richtig warm.

Rund um den See: Kein Problem, in weniger als einer Stunde ist der kleine See, dessen Umfang gerade mal 2,5 Kilometer misst, umrundet. Die Orientierung gestaltet sich problemlos; am Südostufer bewegt man sich dabei auf einem Fußweg neben der Straße, sonst immer völlig abseits des Verkehrs.

• *Übernachten/Essen und Trinken* **Zum Gamsbock (1)**, Ferienwohnungen in Traumlage direkt am Westufer; 20 Jahre lang war die Spaten Brauerei Pächter der 1883 erbauten Pension, seit 2005 wird sie wieder von der Besitzerfamilie geführt. Komfortable Zimmer in vielen unterschiedlichen Kategorien, DZ/Bad/F je nach Lage, Ausstattung und Saison 50–78 €. Biergarten, Terrasse und Gasträume mit Panoramablick. Bayerische und internationale Küche um 8–15 €; es gibt auch Brotzeiten, Kuchen und Eis. Am See 75, ✆ 08657/985910, www.gamsbockhintersee.de.

Gasthof Auzinger (2), an der Straße nach Weißbach, ein kleines Stück südwestlich des Sees. Die ehemalige „Malerherberge" ist ein Haus mit langer Geschichte: bereits 1389 urkundlich erwähnt, seit 1610 Wirtshaus am Salzhandelsweg, 1863 nach Zerstörung durch eine Lawine neu erbaut. DZ/F je nach Ausstattung (mit/ohne Bad) 56–64 €. Urige Stube, Tische im Freien zur Straße, kleine Speisekarte, was ja kein schlechtes Zeichen ist. Preiswert: viele Hauptgerichte um 8–9 € oder darunter. Wechselnde Ruhetage. Hirschbichlstr. 8, ✆ 08657/230, 983338, www.auzinger.de.

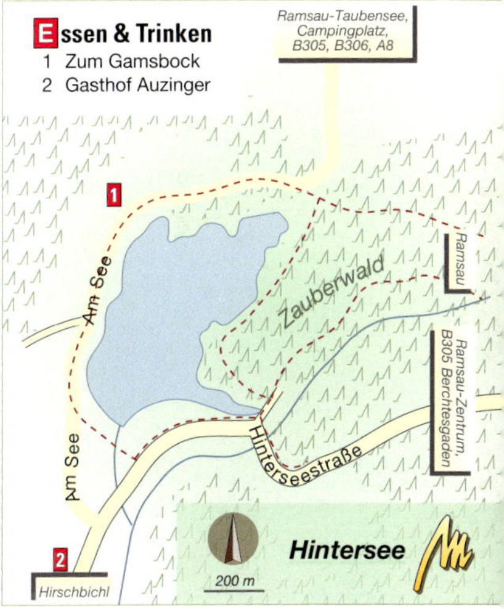

Ramsau

Der heilklimatische Kurort (1.800 Einwohner) liegt auf 668 Meter Höhe im Tal der Ramsauer Ache, umrahmt von den mächtigen Gebirgsstöcken der Reiteralpe und des Hochkalter, der mit dem Blaueis den nördlichsten Gletscher der Alpen aufweist. Doch muss man gar nicht so hoch hinaus: Im Umfeld des weit ausgedehnten Dorfes findet sich eine ganze Reihe lohnender Wanderziele, deren beliebteste der märchenhafte **„Zauberwald"** und die wilde **Wimbachklamm** sind. Seinen Kurgästen bietet Ramsau im Bergkurgarten ein sogenanntes Solegradierwerk; es handelt sich um ein Freiluftinhalatorium, in dem Sole aus Berchtesgaden, über Weißdorn geträufelt, die Luft anfeuchtet und mit Salz anreichert.

Sehenswert sind die **Kirchen** von Ramsau. Die *Pfarrkirche St. Fabian und Sebastian*, im Ortskern direkt neben der Hauptstraße gelegen, steht so malerisch vor dem Hintergrund der Reiteralpe, dass sie wohl das meistfotografierte Gotteshaus des Berchtesgadener Landes sein dürfte. Das eigentliche Juwel von Ramsau ist jedoch die *Wallfahrtskirche Unserer Lieben Frau am Kunterweg*. Der um 1730 in spätem

Barock errichtete, wunderschön in die Berglandschaft eingepasste Bau birgt einen dreigeschossigen, ganz aus Holz gearbeiteten Hochaltar.

• *Information* **Kurverwaltung Ramsau**, an der Hauptstraße beim Ortseingang, unweit der Kreuzung mit der B 305. Sommer und Weihnachtsferien Mo–Fr 8–12 und 13.15–18 Uhr, Sa 9–17 Uhr, So 9–15 Uhr. Im Tal 2, 83486 Ramsau, ✆ 08657/988920, 📠 772, www.ramsau.de.

Die Pfarrkirche von Ramsau

• *Übernachten/Essen und Trinken* **Gasthof Oberwirt**, im Ortszentrum nahe der berühmten Kirche. Traditionsreiches Haus, bereits um 1500 erbaut. DZ/Bad/F im Gasthof oder dem nahen Gästehaus 56–64 €. Gute Küche, eigene Metzgerei, gemütliche Gasträume und großer schattiger Biergarten; Hauptgerichte 8–12 €. Im Winter Mo Ruhetag, ab Anfang November bis kurz vor Weihnachten geschlossen. Im Tal 86–94 (Parkplätze unterhalb), ✆ 08657/225, 📠 1381, www.oberwirt-ramsau.de.

Gasthof/Pension Altes Forsthaus, etwas außerhalb des Ortskerns an der Straße nach Berchtesgaden. Bushaltestelle vor der Tür. Moderne Zimmer, DZ/F je nach Ausstattung (mit/ohne Bad) 42–74 €. Ebenfalls eine bodenständige, alteingeführte Wirtschaft mit schattigem kleinem Garten und bekannt gutem Essen. Hauptgerichte 8–12 €. Mo/Di ab 17 Uhr geschlossen. Berchtesgadener Str. 9, ✆ 08657/258, 📠 1374, www.forsthaus-ramsau.de.

Campingplatz Simonhof, einfach ausgestatteter Platz in ruhiger Lage hoch über Ramsau in Richtung Taubensee, etwa 5 km vom Ortskern entfernt. Zufahrt direkt von der B 305 oder über die Straße zum Hintersee, dann rechts ab. Wiesengelände mit einzelnen Bäumen, zur Saison Einkaufsmöglichkeit. Ganzjährig geöffnet, Preise Person inkl. Kurtaxe 7 €, Zelt 5 €, Pkw 1,80 €. ✆ 08657/284, 📠 983395.

• *Baden/Freizeit* **Hallenbad** im Hotel Hochkalter, neben der Kurverwaltung. Eintritt gegen Gebühr auch für Nicht-Gäste. Im Tal 4, ✆ 08657/9870.

Fahrradverleih: Mountainbikes bei Sport Brandner, Im Tal 64, ✆ 08657/790.

Ausflüge ab Ramsau

Wanderung durch die Wimbachklamm: Zwar deutlich kürzer als die Almbachklamm bei Berchtesgaden, jedoch nicht minder spektakulär ist die Schlucht, die sich der Wimbach im Laufe von Jahrmillionen gegraben hat. Etwa eine Viertelstunde dauert der Fußweg auf schmalen, gesicherten Steigen und über mehrere Brücken, auf denen die tosende Gischt überquert wird. Dann öffnet sich das Tal wieder, gibt den Blick frei auf die ungeheuren Schuttmassen, die das Flüsschen aus den Bergen heranschleppt und langsam, aber stetig zerkleinert; rund 4.500 Tonnen

In der Wimbachklamm

Beim Zauberwald am Hintersee

staubfein gemahlenes Gesteinsmaterial verlassen durch diesen Prozess alljährlich die Klamm.

Fußweg zur Wimbachgrieshütte: Folgt man dem Tal flussaufwärts, erreicht man nach insgesamt etwa 1,5 Stunden das 936 Meter hoch gelegene Wimbachschloss, ein ehemaliges Jagdschloss des letzten Fürstpropstes von Berchtesgaden, 1784 erbaut und heute zur Saison bewirtschaftet. Von hier geht es zunächst durch Wald, dann über den Schuttstrom, bis man nach weiteren 1,5 Stunden auf die Wimbachgrieshütte trifft. Auf 1327 Meter Höhe bietet die gleichfalls nur im Sommer bewirtschaftete Hütte nochmals Gelegenheit zur Rast; zurück geht es auf demselben Weg.

• *Praktisches* Die Wimbachklamm liegt südlich der B 305 von Ramsau nach Berchtesgaden. Von Bushaltestelle und Parkplatz sind es rund 10 Min. Fußweg zur Klamm, die normalerweise von Mai bis Mitte Oktober begehbar ist; Eintrittsgebühr Erwachsene 1 €, Jugendliche 0,70 € (Ticket aufheben). Gutes Schuhwerk ist ratsam, die Steige sind oft feucht. Entfernung Parkplatz–Wimbachschloss etwa 9 km, Parkplatz–Wimbachgrieshütte etwa 18 km. Wimbachschloss: ✆ 08657/343, www.wimbachschloss.de.

Zauberwald: Dieser märchenhafte Wald zwischen Ramsau und dem Ostufer des Hintersees verdankt sein Erscheinungsbild einem riesigen Bergsturz des Hochkalter. Fast glaubt man, in einem Urwald zu sein: Unter hohen Bäumen, zwischen denen sich die Ramsauer Ache mal plätschernd, mal tosend ihren Weg bahnt, liegen Tausende bemooster und überwachsener Felsen und Steine. Bei der **Marxenklamm**, gut einen Kilometer westlich des Ortskerns von Ramsau beginnt ein Fußweg, der in etwa einer halben Stunde quer durch den Zauberwald zum Ostufer des Hintersees führt; die Straße von Ramsau zum Hintersee streift das Gebiet nur.

Verlagsprogramm

Ägypten
- Ägypten
- Sinai & Rotes Meer

- **Baltische Länder**

Belgien
- *MM-City* Brüssel

- **Bulgarien** – Schwarzmeerküste
- **Dominikanische Republik**

Deutschland
- Allgäu
- Altmühltal & Fränk. Seenland
- Berlin & Umgebung
- *MM-City* Berlin
- Bodensee
- Franken
- Fränkische Schweiz
- Mainfranken
- Nürnberg, Fürth, Erlangen
- Oberbayerische Seen
- Ostseeküste – von Lübeck bis Kiel
- Ostseeküste – Mecklenburg-Vorpommern
- Rügen, Stralsund, Hiddensee
- Schwäbische Alb
- Usedom

- **Ecuador**

Frankreich
- Bretagne
- Côte d'Azur
- Elsass
- Haute-Provence
- Korsika
- Languedoc-Roussillon
- *MM-City* Paris
- Provence & Côte d'Azur
- Südfrankreich
- Südwestfrankreich

Griechenland
- Athen & Attika
- Chalkidiki
- Griechenland gesamt
- Griechische Inseln
- Karpathos
- Kefalonia & Ithaka
- Korfu
- Kos
- Kreta
- Kykladen
- Lesbos
- Naxos
- Nord- u. Mittelgriechenland
- Peloponnes
- Rhodos
- Samos
- Santorini
- Skiathos, Skopelos, Alonnisos, Skyros – Nördl. Sporaden
- Thassos, Samothraki
- Zakynthos

Großbritannien
- Cornwall & Devon
- England
- *MM-City* London
- Südengland
- Schottland

- **Irland**
- **Island**

Italien
- Abruzzen
- Apulien
- Chianti – Florenz, Siena
- Dolomiten – Südtirol Ost
- Elba
- Friaul-Julisch Venetien
- Gardasee
- Golf von Neapel
- Italien
- Italienische Riviera & Cinque Terre
- Kalabrien & Basilikata
- Liparische Inseln
- Marken
- Mittelitalien
- Oberitalien
- Oberitalienische Seen
- Piemont & Aostatal
- *MM-City* Rom
- Rom & Latium
- Sardinien
- Sizilien
- Südtirol
- Südtoscana
- Toscana
- Umbrien
- *MM-City* Venedig
- Venetien

Kroatien
- Istrien
- Kroatische Inseln & Küste
- Mittel- und Süddalmatien
- Nordkroatien – Kvarner Bucht

- **Malta**, Gozo, Comino
- **Niederlande**
- *MM-City* Amsterdam
- Niederlande

Norwegen
- Norwegen
- Südnorwegen

Österreich
- *MM-City* Wien
- Wachau, Wald- u. Weinviertel
- Salzburg & Salzkammergut

Polen
- Polen
- Polnische Ostseeküste

Portugal
- Algarve
- Azoren
- *MM-City* Lissabon
- Lissabon & Umgebung
- Madeira
- Nordportugal
- Portugal – gesamt

Schweden
- Südschweden

Schweiz
- Genferseeregion
- Graubünden
- Tessin

Serbien und Montenegro
- Montenegro

- **Slowenien**

Spanien
- Andalusien
- *MM-City* Barcelona
- Costa Brava
- Costa de la Luz
- Gomera
- Gran Canaria
- *MM-Touring* Gran Canaria
- Ibiza
- Katalonien
- Lanzarote
- La Palma
- *MM-Touring* La Palma
- Madrid & Umgebung
- Mallorca
- Nordspanien
- Spanien – gesamt
- Teneriffa
- *MM-Touring* Teneriffa

Tschechien
- *MM-City* Prag
- Südböhmen
- Tschechien – gesamt
- Westböhmen & Bäderdreieck

- **Tunesien**
- **Türkei**
- *MM-City* Istanbul
- Türkei – gesamt
- Türkei – Lykische Küste
- Türkei – Mittelmeerküste
- Türkei – Westküste
- Türkische Riviera – Kappadokien

- **Ungarn**
- **Zypern**

Aktuelle Informationen zu allen Reiseführern finden Sie im Internet unter www.michael-mueller-verlag.de

Michael Müller Verlag GmbH, Gerberei 19, 91054 Erlangen, Tel. 0 91 31 / 81 28 08-0; Fax 0 91 31 / 20 75 41; E-Mail: mmv@michael-mueller-verlag.de

Fotoverzeichnis

Christian Gehl: 18, 28, 81, 87, 89, 93, 174, 181

Dr. Thomas Rosky: 20, 53, 96, 111, 121, 125, 130, 133, 145, 156, 159, 167

Thomas Schröder: 7, 10/11, 12, 13, 15, 17, 24, 26, 31, 37, 39, 43, 45, 47, 50, 55, 59, 70, 71, 75, 79, 85, 91, 98, 115, 119, 127, 138, 142, 147, 151, 154, 163, 165, 169, 176, 183, 186, 191, 195, 196, 199, 201, 203, 205, 213, 225, 227, 228, 230, 233, 243, 246, 247, 248, 250, 252, 253, 255

Gert Zinn (Eibsee Hotel): 23, 25, 137

Tourismusverband München-Oberbayern: 105, 178, 197, 207, 235, 239, 244

Tourismusamt Murnau: 219, 256

Chiemsee Tourismus: 193, 211, 215

Was haben Sie entdeckt?

Haben Sie die gemütliche Gaststätte gefunden, ein freundliches Hotel mit Atmosphäre, einen schönen Wander- oder Radweg an den oberbayerischen Seen?

Wenn Sie Ergänzungen, Verbesserungen oder neue Tipps zum Buch haben, lassen Sie es uns bitte wissen. Wir freuen uns über jeden Brief!

Thomas Schröder

Stichwort „Oberbayerische Seen“

c/o Michael Müller Verlag

Gerberei 19

91054 Erlangen

thomas.schroeder@michael-mueller-verlag.de

Register